轨道交通检修运维关键技术创新丛书

大功率电力机车检修基地工程设计与技术创新

邱绍峰　许克亮 ◎ 主编

西南交通大学出版社
·成　都·

图书在版编目（CIP）数据

大功率电力机车检修基地工程设计与技术创新 / 邱绍峰，许克亮主编. —成都：西南交通大学出版社，2018.12
（轨道交通检修运维关键技术创新丛书）
ISBN 978-7-5643-6647-6

Ⅰ. ①大… Ⅱ. ①邱… ②许… Ⅲ. ①电力机车－车辆检修－基地工程 Ⅳ. ①U269

中国版本图书馆 CIP 数据核字（2018）第 290795 号

轨道交通检修运维关键技术创新丛书
大功率电力机车检修基地工程设计与技术创新

邱绍峰　许克亮 / 主　编

出 版 人 / 阳　晓
策划编辑 / 黄庆斌
责任编辑 / 李芳芳
特邀编辑 / 翟莉莉
封面设计 / 何东琳设计工作室

西南交通大学出版社出版发行
（四川省成都市二环路北一段 111 号西南交通大学创新大厦 21 楼　610031）
发行部电话：028-87600564　028-87600533
网址：http://www.xnjdcbs.com
印刷：成都市金雅迪彩色印刷有限公司

成品尺寸　185 mm × 260 mm
印张　22.5　　字数　557 千
版次　2018 年 12 月第 1 版　　印次　2018 年 12 月第 1 次

书号　ISBN 978-7-5643-6647-6
定价　200.00 元

《大功率电力机车检修基地工程设计与技术创新》

编委会

前言

铁路运输在经济社会发展中有特殊重要的作用，它不仅速度快、运能大、安全舒适、节能省地、减排高效，而且安全经济、便民实惠，全天候运输，是国民经济发展的大动脉。随着我国经济和社会的不断发展，土地、能源、环境问题已比较突出，这些已经成为经济社会发展的制约因素，铁路运输作为减少资源占用、提高运输效率的有效方略，对我国建立资源节约型和环境友好型的发展模式、优化我国交通运输体系结构具有非常重要的意义。

2007 年之前我国铁路机车牵引技术依然停留在直流传动水平上，这制约着铁路运输的发展。随着牵引装备技术的提升，2007 年 3 月 11 日，第一台和谐型大功率交流传动电力机车投入运营，这标志着我国货运机车的发展从此进入了一个崭新的时代。大功率电力机车采用了一系列先进的技术，包括全新的交流传动技术、大转矩异步电动机、高度集成化和模块化的总体设计、先进可靠的制动技术、完善的网络控制系统等。大功率电力机车速度快（120 km/h）、牵引质量大（20 000 t）、牵引功率大（最大 9600 kW），可靠性也有了大幅度的提高，使得我国重载货运运用能力和效率得到大幅提高。

根据国家发展和改革委员会、交通运输部和中国铁路总公司年联合发布的《关于印发<中长期铁路网规划>的通知》（发改基础〔2016〕1536 号），到 2020 年铁路网规模将达到 15 万千米以上。为满足铁路运输发展的需求，迫切要求能够适应“客运高速化、快速化，货运重载化、快捷化”的现代铁路运输装备，2020 年前后投入运营的大功率电力机车将达到一万余台，会覆盖全国干线路网。

为用好、管好、修好这批现代化大功率机车，需要开展“二次创新”，需要组织机车“造、修、用、研”，以开展大功率电力机车运用检修关键检修技术为纽带，构建大功率电力机车“二次创新”工作体系，再运用检修领域继续进行自主创新，开展兼容不同车型大功率机车运用检修研究、运用检修总体布局方式研究以及运用检修关键装备研发。在“以可靠性为中心”的先进维修理论指导下，利用系统工程方法论，优化维修策略，科学配置资源，应用现代化物流管理和先进信息化技术，建设符合中国国情的一流机车运用检修关键技术体系。

本书依托武汉、上海、广州三个大功率机车检修基地以及武昌、徐州、株洲、江村等机务段标准化整备场工程设计项目，总结在大功率电力机车领域十余年的设计、工艺、技术及装备等方面的经验和教训，旨在与业内同行进行交流，以期进一步提高我国大功率电力机车的运用检修水平，从而推动我国铁路建设和运营水平的稳步提升。

鉴于作者水平有限，书中难免有疏漏之处，恳请同行及读者批评指正。

作　者

2018 年 12 月

目 录

概述篇

工程篇

装备篇

概述篇

GAISHUPIAN

和谐

概　述

由于社会发展对能源的迫切需求，我国煤运总量从2007年的15.4亿吨增加到2017年的21.6亿吨。为了提高运输能力，实现主要货运通道5 000吨以上的重载运输，要求大量机车必须长期在“快速、重载”工况下持续运行，2007年我国开始采用以HXD1、HXD2、HXD3为主的大功率电力机车替代传统的直流传动电力机车。

相比传统韶山系列直流传动机车，大功率电力机车在速度、承载、总功率、单轴功率、牵引电机等方面均产生了变革性的差异，传统机务段检修模式无法适应大功率电力机车的检修需求。由于大功率电力机车数量大、检修工艺复杂、检修质量要求高，因此，在我国大功率电力机车检修基地内完成10 000台电力机车的各零部件、针对不同状态的高质量检修是一项庞大且复杂的工程，国内外没有类似的经验可供借鉴。

针对以上技术空白，本书主要对以下三大技术难题展开研究：大规模（12万千米）、大批量（10 000台）机车成网运营条件下路网检修体系构建；快速重载持续运行条件下转向架的安全保障和监测技术；高效节能的机车检修、试验技术。

一、大功率电力机车运用检修体系的构建

从大功率电力机车的特点及检修需求出发，提出了适应大功率电力机车检修的规范标准，建设了三个大功率机车检修基地，研发了智能、高效检修的关键技术和装备，从而构建了大功率电力机车运用检修体系。

（1）确定检修制度。

构建大功率电力机车运用检修体系首先要确定检修制度。针对我国机车检修任务量大、检修要求高的运用特点，首次提出了“集中修、互换修、状态修、均衡修”的机车检修模式。针对大功率电力机车全寿命周期检修项点、要求及检修基地工艺需求，提出了大功率电力机车C1～C6六级检修制度。

（2）完成路网基地布局。

按照常规机务段检修模式，全国10 000台的机车总量需新建或大规模改造至少50余处机务段。此方式工程量大、占地多、效率低，无法满足快速增长的机车检修需求。因此，经过对全路网系统研究，提出集中设置6处电力机车检修基地的解决思路，以实现高效、集约、节能、可持续发展的目标，与传统机务段模式相比，机车检修基地占地少、投资省，单位占地面积检修能力提高2.5倍。

（3）提出基地总图布局。

通过综合运用检修能力计算仿真、流水节拍仿真、检修工艺流程三维仿真模拟手段，提出直线、L 型等机车流水修总体布局方案。完成配套检修技术及装备研发，解决了在基地内完成机车轮对检测探伤、安全预警、转向架检修流水线、整车试验等多个技术难题，与传统机车检修作业模式相比较，检修能力提高了 5 倍以上。

（4）建设高效集约的基地。

从项目规划、设计到建成了武汉、广州、上海三个高效、集约的大功率电力机车检修基地，保障了大功率电力机车的成网安全可靠运营。

二、转向架的安全保障和监测技术

（1）检修基地转向架高效流水修。

通过三维仿真模拟手段建立转向架检修库 BIM 信息模型，对大功率电力机车转向架检修的总体工艺布置方案进行了全面模拟，并通过对工艺流程顺序、流水线节拍、台位能力检算等方面进行系统分析，提出兼容 3 型 9 种大功率电力机车的转向架组装流水线、轮对及构架检修流水线等十余条检修流水线工艺方案，各流水线之间既相互独立，又通过智能物流柔性连接，构成高效的转向架流水修布局。采用 AGV 智能化运输技术，将物料准确、及时地配送到转向架检修库的各个工位，并对采集海量数据进行分析处理，实现对其实时智能化的控制。同时研发了大数据云分析技术，实现检车进行全生命周期追溯，实现机车合理运用、科学检修。

（2）检修基地转向架全寿命监测技术。

针对机车转向架受力最为复杂、工作条件最为恶劣、易于损坏的特点，研发转向架的全寿命监测技术，重点对转向架轮对状态进行监测、分析、预警，为高精度轮对提供了有力保障，实现了对轮对全寿命周期监测，保证了机车的运营安全；研发了光截图像测量技术，实现了车轮外形轮廓及轮缘高度、踏面磨耗等参数非接触动态检测，以及机车轮对日常动态监测；基于超声波阵列探伤技术，实现了轮辋周向、轮缘顶点至根部径向缺陷覆盖扫查，在线自动完成探伤，以及定期在线检测；基于疲劳裂纹扩展理论，实现了对轮对的轮辋、辐板及过渡区缺陷进行定期检测，完成定期落轮检测。

三、高效节能的机车检修、试验技术

（1）针对大功率电力机车车型多、检修效率高的特点，为满足规模化、集中修的需求，首次在全路机务系统中提出了采用固定架车技术替代传统移动架车技术的工艺设计方案，并研发了固定式架车机装备。

（2）针对机车 C4 修后需要正线试运对运营造成干扰及引起安全隐患的问题，研发了自适应轴距调整和基于电能互馈的电功率封闭节能等技术，实现了以消耗原能耗 40% 左右的电能即可完成大功率机车整车满负荷牵引、制动试验，在基地内就可完成试验的整车动态试验，取代正线试运营。

（3）针对铁路机车大部件难以清洗干净、清洗效率低，从而增大检修停时、影响机车检修效率的问题，针对不同大部件研发了相应的清洗装备，大大提高了清洗效率，保证清洗质量，适应我国“专业化、标准化”的机车检修要求。

基于以上系列研究成果，我国成功建成了武汉、广州、上海大功率机车检修基地等工程，不仅构建了和谐型大功率电力机车全修程检修功能的重要生产力布局和“百年不落后”的大功率机车运用检修体系，而且集中体现了世界领先的交直交电力机车技术特点、“高度集约化、现代化、高效化、信息化全新维修体系”和“高标准、高质量、高效率、现代化”的设计理念。

通过坚持系统集成、系统优化，重视节能和环保，精心策划、控制投资，首创了多项新技术、新工艺、新设备，在规模能力、工艺流程、检修效率、工艺装备配置、技术水平、工程与投资规模等方面均处于国际先进水平，为我国大功率机车检修基地设计积累了成功经验，形成了检修基地技术体系成果，使我国在大功率电力机车运用检修技术领域处于国际先进水平，具有广阔的产业化及推广应用前景。

工程篇

GONGCHENGPIAN

和谐
HXD3B0001

第一章　大功率电力机车主要技术参数及修程修制

第一节　大功率电力机车主要技术参数

在铁路装备现代化之前，我国铁路牵引技术停留在直流传动水平上，六轴直流传动电力机车最大牵引功率仅为 4 800 kW，直流牵引电机最大功率为 800 kW，难以满足我国重载货运及高速客运的牵引需求。中国铁路总公司（原铁道部）为促进铁路装备技术的现代化，提高干线货运铁路运能，按照“引进先进技术、联合设计生产、打造中国品牌”的总体要求，成功引进了世界先进水平的大功率交流传动电力机车技术。

一、HXD1 型电力机车

（一）概述

HXD1 机车（见图 1-1-1）是结合 DJ1 在大秦线上的运用经验而研制的一款适用于中国干线铁路重载货运的新型机车。在其标准配置中，机车整备质量为 184 t，对应轴重为 230 kN（23 t）[①]，加上压车铁后轴重可以增至 250 kN（25 t）。

图 1-1-1　HXD1 型电力机车

① 考虑到现场施工人员的表达习惯性，括号中列出旧的行业术语对应值。

HXD1B（见图 1-1-2）与 HXD1C（见图 1-1-3）是 6 轴单节、轴式为 C_0-C_0、9 600 kW 干线货运交流传动重载电力机车。

图 1-1-2　HXD1B 型电力机车

图 1-1-3　HXD1C 型电力机车

（二）HXD1 型机车主要技术参数

HXD1C 大功率电力机车平面布置如图 1-1-4 所示。HXD1 型大功率电力机车主要技术参数如表 1-1-1 所示。

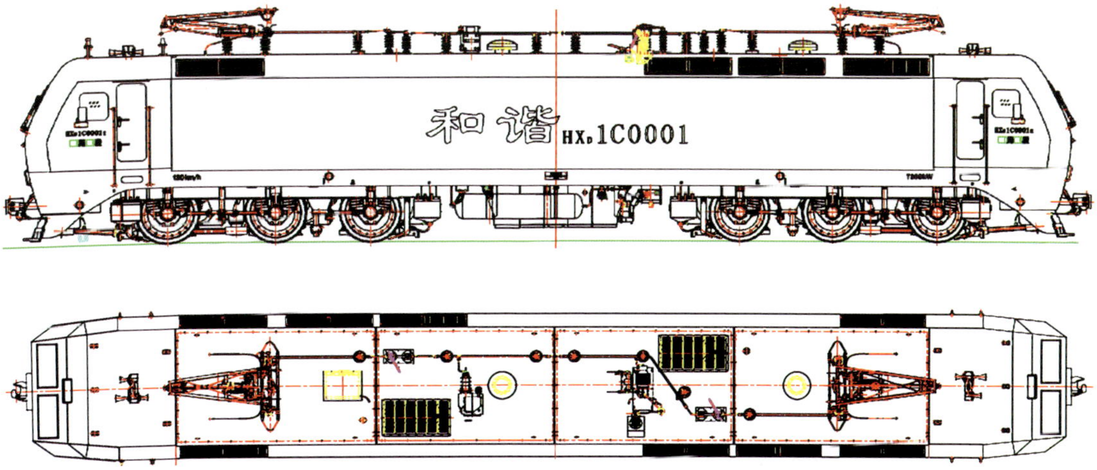

图 1-1-4　HXD1C 大功率电力机车平面布置图

表 1-1-1　HXD1 型大功率电力机车主要技术参数

项　目			
车辆型式	HXD1	HXD1B	HXD1C
电流制	交流 25 kV，50 Hz	交流 25 kV，50 Hz	交流 25 kV，50 Hz
轴　式	2（B_o-B_o）	C_o-C_o	C_o-C_o
轴牵引功率/kW	1 200	1 600	1 200
总功率/kW	9 600	9 600	7 200
机车整备质量	2×92 t/2×100 t	150 t	加配重后：150 t
轴重	230 kN/250 kN（23 t/25 t）	250 kN（25 t）	加配重后：250 kN（25 t）
转向架中心距/mm	9 000	11 760	11 760
转向架固定轴距	2 800 mm	1 轴到 2 轴　2 250 mm 2 轴到 3 轴　2 000 mm	1 轴到 2 轴　2 250 mm 2 轴到 3 轴　2 000 mm
车轮直径/mm	1 250（新轮）	1 250（新轮）	1 250（新轮）
最高速度/（km/h）	120	120	120

（三）HXD1 型机车主要部件

车下设备：在机车中部悬挂主变压器，以变压器为中心对称布置 2 台转向架，在转向架上配置有主电机等设备；另外还配置了插座、辅助/控制电路外接电源插座、行灯插座、机车电子标签、速度传感器等设备。

车内设备：1 端机械室布置有主电动机通风机、更衣箱、卫生间、蓄电池充电装置、蓄电池柜、滤波装置、TCMS&ATP 柜、控制电器柜、综合通信柜；2 端机械室布置有主电动机通风机、空压机、主风缸、辅助风缸、干燥器、制动屏柜；中央机械室布置有主变流装置、复合冷却器及复合冷却器通风机组。

车顶设备：配置分布在 3 个顶盖上：1 端顶盖、2 端顶盖配置有受电弓；中央顶盖上配置有高压隔离开关、高压电压互感器、真空断路器、避雷器、接地开关等高压电器，如图 1-1-5 所示。

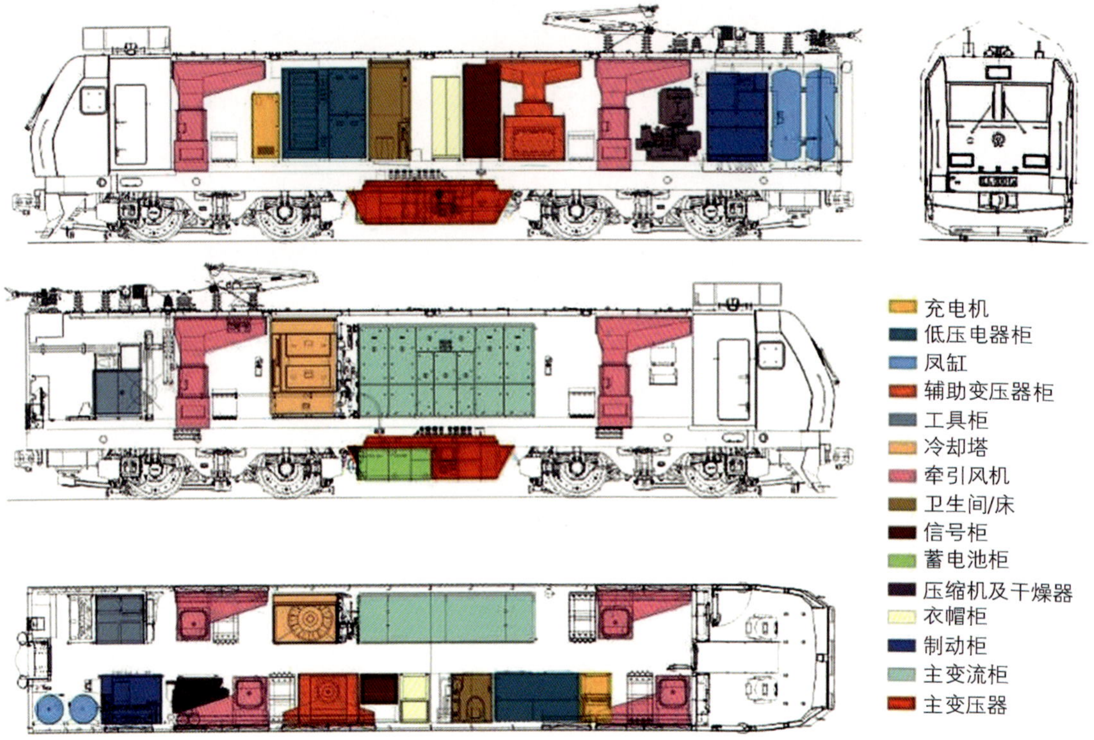

图 1-1-5　HXD1C 大功率电力机车设备布置图

二、HXD2 型电力机车

（一）概述

HXD2 型电力机车（图 1-1-6）是为中国大秦线联合设计的一种新型 20 000 t 重载货运交流传动机车。HXD2 型电力机车采用（B_o-B_o）+（B_o-B_o）轴式，由双节机车联挂组成，每节机车具有单端司机室，后端设置独立的司机生活间，机械间采用中间走廊两边布置设备模块的形式。机车具有足够的牵引和制动功率、较高的机械强度和可靠性，可以很好地满足大秦线 20 000 t 重载列车技术体系的要求。

HXD2B（见图 1-1-7）、HXD2C（见图 1-1-8）型是六轴单节、轴式为 C_o-C_o、9 600 kW 干线货运交流传动重载电力机车。

图 1-1-6　HXD2 型电力机车

图 1-1-7　HXD2B 型电力机车

图 1-1-8　HXD2C 型电力机车

（二）HXD2 型机车主要技术参数

HXD2 型大功率电力机车平面布置如图 1-1-9 所示。

HXD2 型大功率电力机车主要技术参数如表 1-1-2 所示。

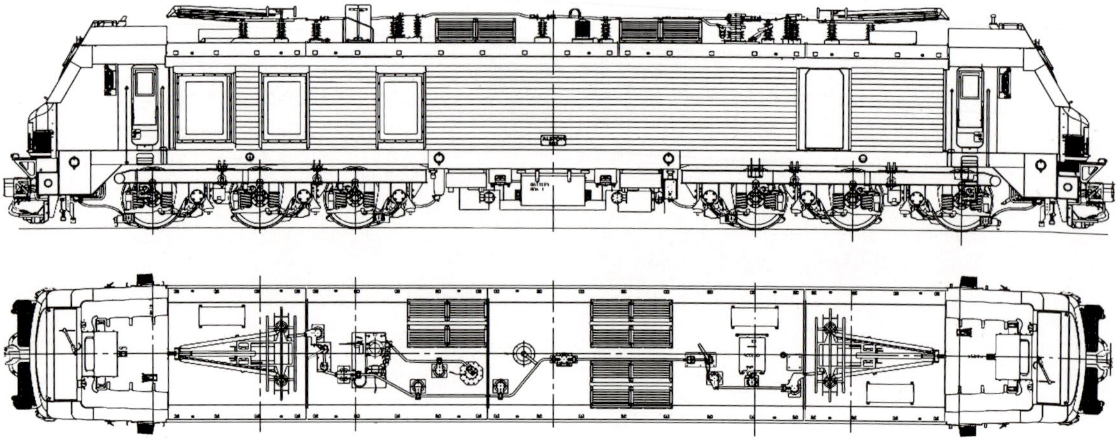

图 1-1-9　HXD2 型大功率电力机车平面布置图

表 1-1-2　HXD2 大功率电力机车主要技术参数

项　目			
车辆型式	HXD2	HXD2B	HXD2C
电流制	交流 25 kV，50 Hz	交流 25 kV，50 Hz	交流 25 kV，50 Hz
轴　式	2（B_o-B_o）	C_o-C_o	C_o-C_o
轴牵引功率 /kW	1 250	1 600	1 200
总功率/kW	10 000	9 600	7 200
机车整备质量/t	200	200	138/150
轴重	230 kN/250 kN（23 t/25 t）	250 kN（25 t）	230 kN/250 kN（23 t/25 t）
转向架中心距/mm	10 060	12 300	12 300
转向架轴距/mm	2 600	2 250+2 000	2 250+2 000
车轮直径 /mm	1 250（新轮）	1 250（新轮）	1 250（新轮）
运营速度 /（km/h）	120	120	120

（三）HXD2 机车主要部件

车下设备：在机车中部悬挂主变压器，以变压器为中心对称布置 2 台转向架，在转向架上配置有主电机等设备；另外还配置了插座、辅助/控制电路外接电源插座、行灯插座、机车电子标签、速度传感器等设备。

车内设备：1 端机械室布置有主电动机通风机、更衣箱、卫生间、蓄电池充电装置、蓄电池柜、滤波装置、TCMS&ATP 柜、控制电器柜、综合通信柜；2 端机械室布置有主电动机通风机、空压机、主风缸、辅助风缸、干燥器、制动屏柜；中央机械室布置有主变流装置、复合冷却器及复合冷却器通风机组。

车顶设备配置分布在 3 个顶盖上：1 端顶盖、2 端顶盖配置有受电弓；中央顶盖上配置有高压隔离开关、高压电压互感器、真空断路器、避雷器、接地开关等高压电器，如图 1-1-10 所示。

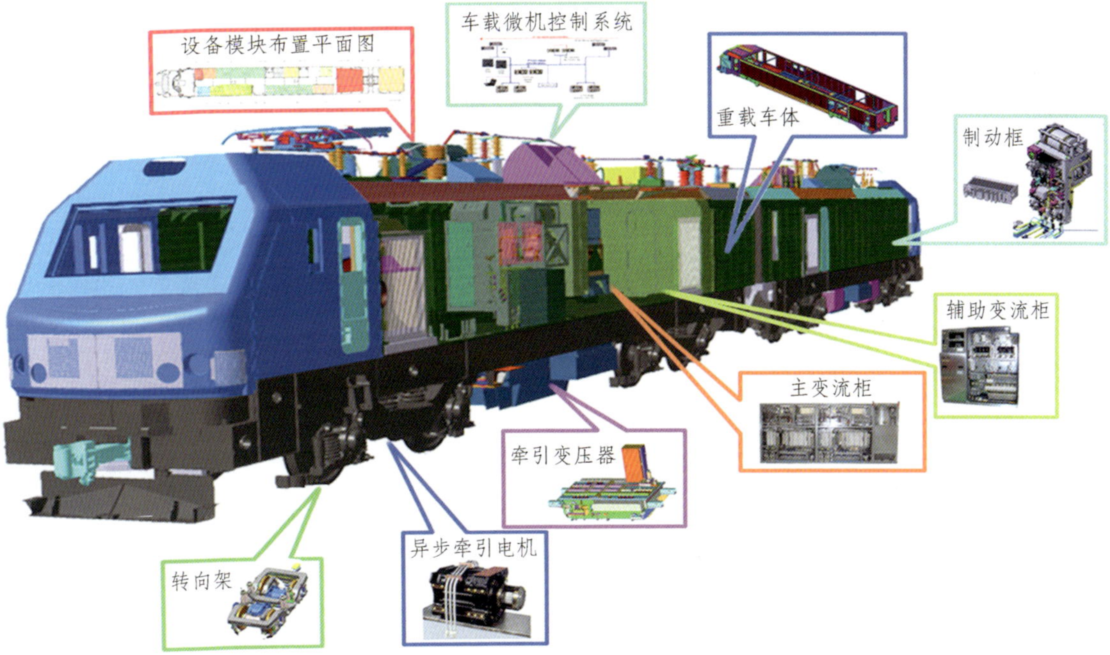

图 1-1-10　HXD2 大功率电力机车设备布置图

三、HXD3 型电力机车

（一）概述

HXD3 型大功率电力机车（见图 1-1-11）是中车大连机车车辆有限公司（原中国北车集团大连机车车辆有限公司）与东芝公司、庞巴迪公司开展技术合作生产的六轴车，主要有 HXD3、HXD3B（见图 1-1-12）、HXD3C（见图 1-1-13）、HXD3D（见图 1-1-14）四种型号。机车采用微机控制系统，具有多机重联和再生制动功能，主变流器采用由水冷式 IGBT 模块组成的四象限整流器和逆变器，机车总功率为 7 200 kW，轴式为 C_0-C_0，轴重为 230 kN+20 kN（23 t + 2 t）（可调）。该型机车具有恒功范围宽、轴功率大、黏着特性好、效率和功率因数高等优点，可满足单机牵引 5 000 t 重载列车的需要。

图 1-1-11　HXD3 电力机车

图 1-1-12　HXD3B 电力机车

图 1-1-13　HXD3C 电力机车

图 1-1-14　HXD3D 电力机车

（二）HXD3 机车主要技术参数

HXD3 大功率电力机车平面布置如图 1-1-15 所示。

HXD3 型大功率电力机车主要技术参数如表 1-1-3 所示。

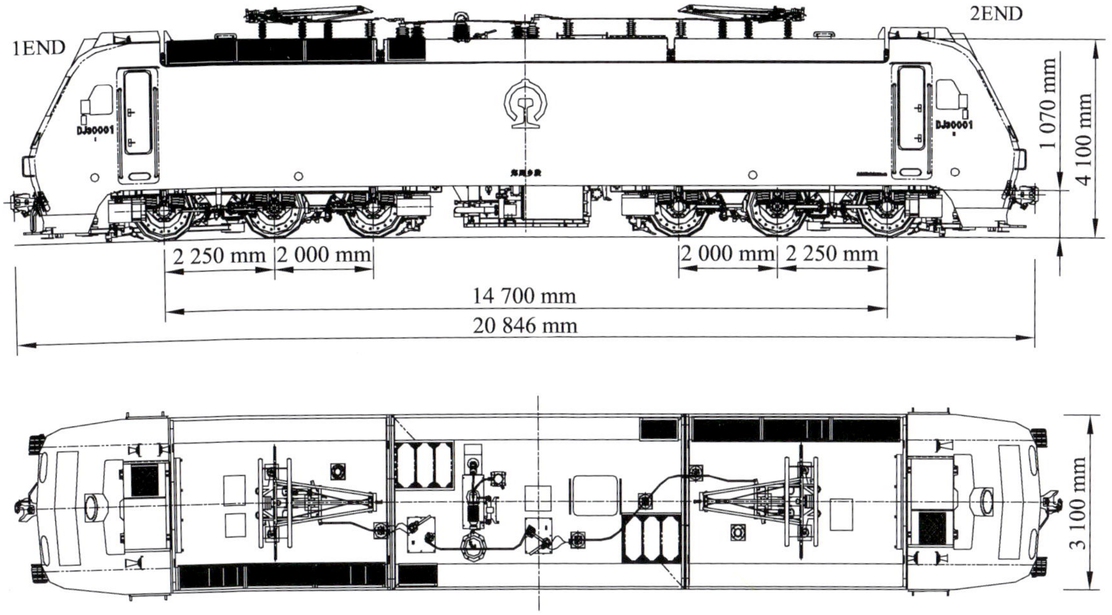

图 1-1-15　HXD3 大功率电力机车平面布置

表 1-1-3　HXD3 大功率电力机车主要技术参数

项　目				
车辆型式	HXD3	HXD3B	HXD3C	HXD3D
电流制	交流 25 kV，50 Hz	交流 25 kV，50 Hz	交流 25 kV，50 Hz	交流 25 kV，50 Hz
轴　式	C_o-C_o	C_o-C_o	C_o-C_o	C_o-C_o
轴牵引功率/kW	1 200	1 600	1 200	1 200
总功率/kW	7 200	9 600	7 200	7 200
机车整备质量/t	138/150	150	138/150	126
轴重	230 kN+250 kN（23 t/25 t）	250 kN（25 t）	230 kN/250 kN（23 t/25 t）	210 kN（21 t）
转向架中心距/mm	10 200	12 950	12 950	12 720
转向架轴距/mm	2 250+2 000	2×1 950	2×1 950	2 350+2 000
车轮直径/mm	1 250（新轮）	1 250（新轮）	1 250（新轮）	1 250（新轮）

（三）HXD3 机车主要部件

车下设备：在机车中部悬挂主变压器，以变压器为中心对称布置 2 台转向架，在转向架上配置有主电机等设备；另外还配置了插座、辅助/控制电路外接电源插座、行灯插座、机车电子标签、速度传感器等设备（见图 1-1-16）。

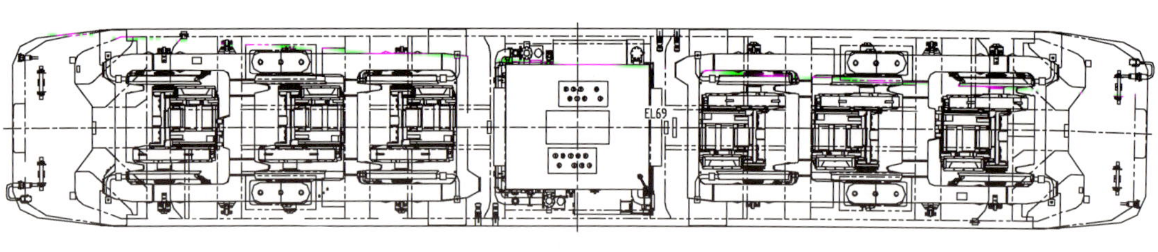

图 1-1-16　HXD3 大功率电力机车车下设备布置图

车内设备：1 端机械室布置有主电动机通风机、更衣箱、卫生间、蓄电池充电装置、蓄电池柜、滤波装置、TCMS&ATP 柜、控制电器柜、综合通信柜；2 端机械室布置有主电动机通风机、空压机、主风缸、辅助风缸、干燥器、制动屏柜；中央机械室布置有主变流装置、复合冷却器及复合冷却器通风机组。

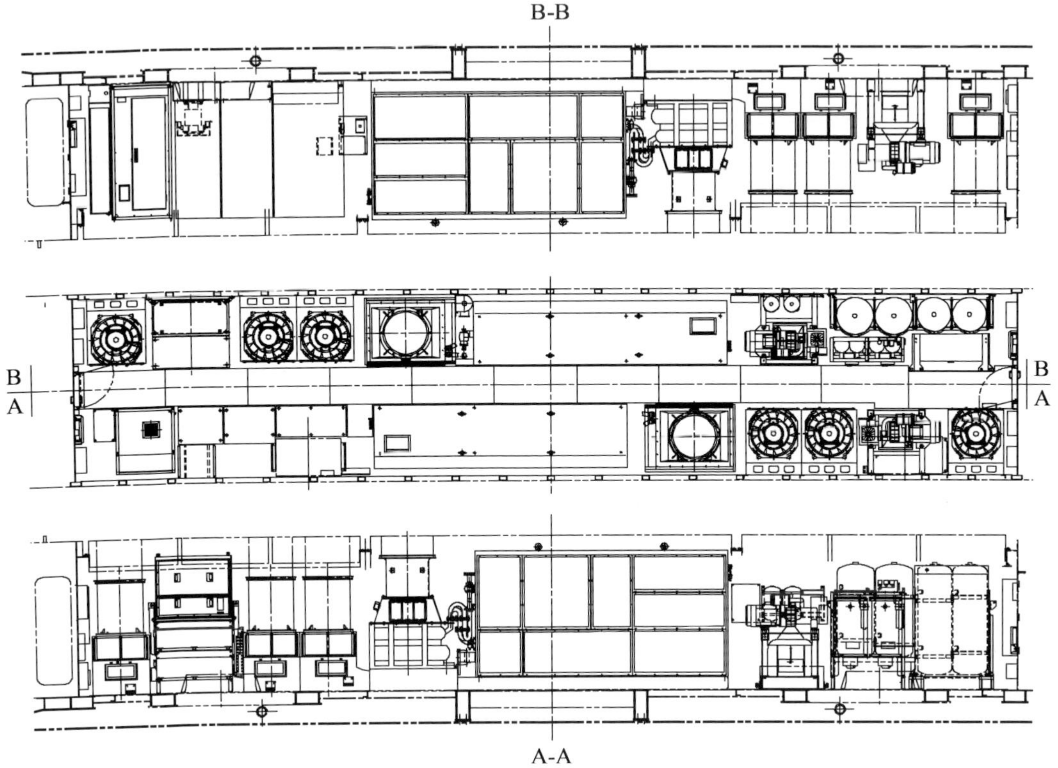

图 1-1-17　HXD3 大功率电力机车车内设备布置图

车顶设备：配置分布在 3 个顶盖上：1 端顶盖、2 端顶盖配置有受电弓；中央顶盖上配置有高压隔离开关、高压电压互感器、真空断路器、避雷器、接地开关等高压电器，如图 1-1-18 所示。

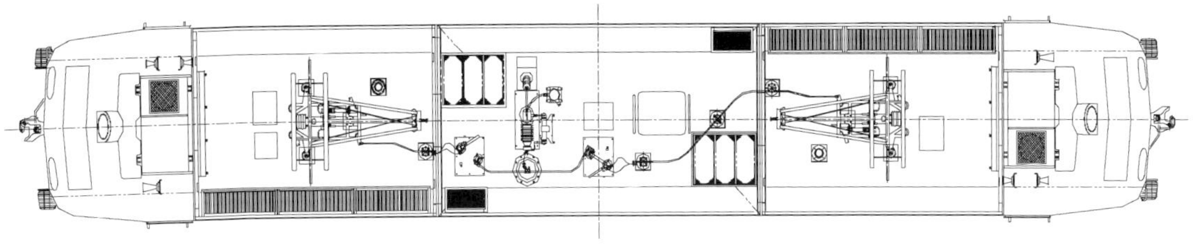

图 1-1-18　HXD3 大功率电力机车车顶设备布置图

四、大功率电力机车参数对照

各型大功率电力机车主要技术参数如表 1-1-4 所示。

表 1-1-4　大功率电力机车参数对照

型　号		HXD1	HXD1B	HXD1C	HXD2	HXD2B	HXD2C	HXD3	HXD3B	HXD3C	HXD3D
制造商		株洲-西门子			大同-阿尔斯通			大连-东芝	大连-庞巴迪		大连
轴式		2(B_o-B_o)	C_o-C_o	C_o-C_o	2(B_o-B_o)	C_o-C_o	C_o-C_o	C_o-C_o	C_o-C_o	C_o-C_o	C_o-C_o
轴重	kN （t）	250/230 （25/23）	250 （25）	250/230 （25/23）	250/230 （25/23）	250 （25）	250/230 （25/23）	250/230 （25/23）	250 （25）	250/230 （25/23）	210 （21）
最高运营速度	km/h	120	120	120	120	120	120	120	120	120	160
起动牵引力	kN	760/700	570	570/520	760/700	584	570/520	570/520	570	570/520	420
持续牵引力	kN	532/494	422	400/370	554/514	455	400/370	400/370	506	400/370	324
持续速度	km/h	65/70	81.9	65/70	65/70	70	65/70	65/70	68.2	65/70	80
恒功率速度范围	km/h	65 ~ 120 70 ~ 120	70 ~ 120	65 ~ 120 70 ~ 120	65 ~ 120 70 ~ 120	70 ~ 120	65 ~ 120 70 ~ 120	65 ~ 120 70 ~ 120	70 ~ 120	65 ~ 120 70 ~ 120	80 ~ 160
轴牵引功率	kW	1 200	1 600	1 200	1 250	1 600	1 600	1 200	1 600	1 200	1 200
轮轴功率	kW	9 600	9 600	7 200	10 000	9 600	7 200	7 200	9 600	7 200	7 200
最大再生制动力	kN	461	346	400/370	510/470	400	400/370	400/370	480	400/370	250
恒制动力速度范围	km/h	3 ~ 75	5 ~ 100	5 ~ 65 5 ~ 70	10 ~ 70.6 10 ~ 76.6	5 ~ 86.4	5 ~ 65 5 ~ 70	15 ~ 65 15 ~ 70	5 ~ 72	5 ~ 65 5 ~ 70	
恒制动功率速度范围	km/h	75 ~ 120	100 ~ 120	65 ~ 120 70 ~ 120	70.6 ~ 120 76.6 ~ 120	86.4 ~ 120	65 ~ 120 70 ~ 120	65 ~ 120 70 ~ 120	72 ~ 120	65 ~ 120 70 ~ 120	80 ~ 160
再生制动功率	kW	9 600	9 600	7 200	10 000	9 600	7 200	7 200	9 600	7 200	7 200
机车全长	mm	17 616×2	22 670	22 670	18 975×2	22 960	22 960	20 846	22 781	22 781	22 989
机车宽度	mm	3 100	3 100	3 100	2 850	2 850	2 850	3 100	2 950	2 950	3 100
车顶盖高度	mm	4 003	4 040	4 040	3 642	3 642	3 642	4 100	4 249	4 249	4 100
转向架轴距	mm	2 800	2 250+2 000	2 250+2 000	2 600	2 250+2 000	2 250+2 000	2 250+2 000	1 950+1 950	1 950+1 950	2 350+2 000
转向架中心距	mm	9 000	11 760	11 760	10 060	12 300	12 300	10 200	12 950	12 950	12 720

第二节 与常规交直电力机车比较主要特点及创新

2007年之前，我国铁路机车牵引技术停留在直流传动水平上，而国外发达国家早在20世纪80年代就已完成从直流传动到交流传动的转换。仅就机车功率而言，我国现有的六轴直流传动电力机车功率为4 800 kW，直流牵引电机的最大功率为800 kW。现有的直流传动电力机车功率因数低，传动效率小于0.82，能量消耗大，已无法满足中国铁路客运高速和货运重载发展的需要。2008年原铁道部（现中国铁路总公司）修订并颁布了《中长期铁路网规划（调整版）》，为满足铁路运输发展的需求，迫切要求能够适应“客运高速化，货运重载化、快捷化”的现代铁路运输装备。

一、韶山型电力机车简介

韶山型电力机车是从新中国成立初期到高铁时代这几十年中电力机车的领头羊兼主力军，为中国铁路运输立下汗马功劳，在全国六次铁路大面积提速中起到举足轻重的作用。随着铁路装备现代化发展，韶山型电力机车逐渐被大功率电力机车取代。

韶山1型（SS_1）电力机车（见图1-2-1），是中国铁路的第一代（有级调压、交-直流电传动）国产客、货两用干线电力机车。SS_1型电力机车首台机车于1958年试制成功，1980年基本定型并投入大批量生产。

图1-2-1 SS_1型电力机车

SS_1型电力机车是六轴干线客货运通用电力机车，采用双边内走廊主要电器设备以主变压器为中央，分平面斜对称布置为主。车顶两端相对车底转向架处各有一台受电弓，中部有一台空气断路器，车顶两端还装有制动电阻柜。车体为全金属箱式承载结构，由型钢与钢板焊接而成。机车的两端各有一个司机室，机车中部是变压器室。

韶山2型（SS_2）电力机车（见图1-2-2），是中国铁路使用的一种实验性电力机车，由田心机车车辆厂在6Y2型机车先进技术的基础上于1969年设计制造而成。SS_2型机车采用高压侧调压开关、32级调压、大功率硅整流器和弹性齿轮传动等。此后又在1971年和1974年先后两次进行实验性技术改造，应用新型大功率可控硅元件实现无级调速、换装他励牵引电动机等，大大改善机车牵引性能。不过由于受制于当时中国的工业技术水平，机车部分部件尚未具备批量生产的条件。

SS_2 型机车采用低合金钢制成的框架式整体承载结构，总体布置为双边内走廊，设两端司机室；以主变压器为中央，分室斜对称布置；两端司机室之后车顶各有一台受电弓；采用车体两侧通风方式。

图 1-2-2　SS_2 型电力机车

韶山 3 型（SS_3）电力机车（见图 1-2-3）是由株洲电力机车厂（以下简称株机厂）和株洲电力机车研究所（以下简称株机所）吸收了 SS_1 型、SS_2 型电力机车的成熟经验后，于 1979 年研制成功的客、货两用干线电力机车。1991 年，株机厂与株机所对 SS_3 型电力机车进行技术改进。SS_3 型电力机车于 2006 年停产，累计产量超过 1 500 台。

SS_3 型电力机车是六轴干线客货运通用电力机车，采用双边内走廊，设两端司机室；主要电器设备以主变压器为中央，分平面斜对称布置为主；车顶两端各装一台单臂式受电弓；车顶中部装一台主断路器。为减轻车体自重、满足轻量化要求，SS_3 型电力机车采用框架式整体承载结构形式。

图 1-2-3　SS_3 型电力机车

韶山 4 型（SS_4）电力机车（见图 1-2-4）由株机厂设计制造，是中国铁路第三代（无级调压、交-直流电传动）电力机车。SS_4 型电力机车是双机重联的八轴大功率干线货运电力机车，由两节完全相同的四轴机车通过中间车钩和橡胶联挂风挡连接而成，两机车之间设有内部电气重联控制电缆和空气制动系统的重联控制风管，车顶并设有 25 kV 高压连接线，可由司机在任何一端司机室对机车进行控制，两节机车也可以分离作为两台四轴机车独立运行。

SS_4 型电力机车的布置继承了韶山系列电力机车的传统特点，采用双侧纵向内走廊、斜对称布置；机车车体中部设变压器室，每节机车司机室之后车顶装一台单臂受电弓，中部变压器室车顶装一台主断路器；机车车体为整体承载式结构，采用低合金高强度钢板全焊接结构。

图 1-2-4　SS_4 型电力机车

韶山 5 型（SS_5）电力机车（见图 1-2-5）由株机厂和株机所在消化吸收进口 8K 型电力机车先进技术的基础上设计、制造，于 1990 年研制成功。SS_5 型电力机车属于实验性车型，采用了两段相控整流桥电路、空心轴全悬挂牵引电机、轻量化车体、再生制动、功率因数补偿等大量新技术、新结构，是当时技术最先进的国产电力机车。

图 1-2-5　SS_5 型电力机车

SS_5 型电力机车采用双边内走廊，设两端司机室；车顶两端各装一台单臂式受电弓；车顶中部装一台空气断路器；主要电器设备以机车最重设备主变压器为中央，变压器设计借鉴了 8K 型机车的技术，采用一体化结构，与平波电抗器、滤波电抗器共用油箱和冷却系统；机车采用低合金钢焊接的整体承载结构轻量化车体，设计过程中应用了有限元分析法，使车体的重量减小 20 kN（2 t）。车体结构和制造工艺均吸收了 8K 型机车的技术，采用了大顶盖结构、预布线、预布管工艺，有效缩短了机车生产周期。

韶山 6 型（SS_6）电力机车（见图 1-2-6）是为满足陇海铁路电气化需要，由株机厂、株机所联合研制，是在继承 SS_3 型电力机车的传统设计和制造经验的基础上，结合进口 8K 型电力机车的部分先进技术而成的客货通用电力机车。

图 1-2-6　SS_6 型电力机车

SS_6 型电力机车沿用韶山系列国产电力机车的传统布局特点，总体布置与 SS_3 型电力机车相似。机车采用双边内走廊，设两端司机室；主要电器设备以主变压器为中央，其他设备分平面斜对称布置为主；车顶两端各装一台单臂式受电弓；车顶中部装一台主断路器；车体采用框架式整体承载结构；通风系统采用车体通风方式，侧墙竖式百叶窗是车内设备通风冷却的进风窗口，经过通风支路为牵引电动机、整流装置、变压器、制动电阻等设备冷却。

韶山 7 型（SS_7）电力机车（见图 1-2-7）是根据山区小半径曲线区段电气化铁路而研制的客、货运两用干线电力机车，由大同机车厂、株机所于 1992 年研制成功，1996 年投入批量生产，累计生产了 113 台。SS_7 型电力机车消化吸收了进口 8K、6K 型电力机车的先进技术，应用了 B_o-B_o-B_o 轴式转向架、两段相控整流桥电路、复励牵引电动机、再生制动、功率因数补偿等技术。

SS_7 型电力机车车体采用了框架式整体承载结构，总体布置沿用了韶山系列国产电力机车的传统方式，为双侧走廊、两端司机室；主要电器设备以主变压器为中央，其他设备分平面斜对称布置为主；车顶两端司机室之后各装一台 TSG3 型或 LV-2600III 型单臂式受电弓；车顶中部装一台主断路器。

图 1-2-7　SS_7 型电力机车

韶山 8 型（SS_8）电力机车（见图 1-2-8）是由株洲电力机车厂与株洲电力机车研究所在 SS_5 型电力机车基础上研制的四轴准高速干线客运电力机车。

机车车体采用框架式整体承载全钢焊接结构，车体蒙皮结构使用耐候钢，并使用了有限元分析法进行车体轻量化设计。总体布置沿用韶山系列电力机车传统的双侧走廊、两端司机室，全车共分七个间隔室，中间为变压器室，向两侧依次为 1、2 端电气室，1、2 端机械室，1、2 端司机室。主要电器设备以机车最重设备主变压器为中央，其他设备分平面斜对称布置为主，有利于重量平衡。

图 1-2-8　SS_8 型电力机车

韶山 9 型（SS_9）电力机车（见图 1-2-9）是中国铁路研制的最后一款韶山系列电力机车，属于准高速干线客运机车，由株洲电力机车有限公司制造。

SS_9 型机车车体采用侧壁承载式全钢焊接结构，并对车体、变压器油箱、转向架及其他电气部件进行了轻量化设计，使其达到轴重 210 kN（21 t）的要求。总体布置沿用双侧走廊、两端司机室，全车共分七个间隔室：中间为变压器室，向两侧依次为 1、2 端高压室，1、2 端辅助室，1、2 端司机室。

图 1-2-9　SS_9 型电力机车

SS_{9G} 机车采用宽 600 mm 的贯通式中间走廊，放弃了中国韶山系列电力机车一贯的双侧走廊设计，车内设备随中间走廊斜对称布置，车顶盖由原来的 5 个改为 3 个。屏柜及各部件采用模块化设计，包括 1、2 号硅整流柜，1、2 号高压柜，2、3 号牵引通风机组，以便于部件维护和更换。同时，牵引变压器由壳式变压器改为芯式卧放变压器，悬挂在车体底架以下。

各型韶山型电力机车主要技术参数如表 1-2-1 所示。

表 1-2-1　韶山型电力机车参数对照表

型　号		SS_9	SS_8	SS_7	SS_6	SS_5	SS_4	SS_3	SS_2	SS_1
电流制		交直流	交直流	交直流	交直流	交直流	交直流	交直流	交直流	交直流
轴式		C_o-C_o	B_o-B_o	B_o-B_o	C_o-C_o	B_o-B_o	2（B_o-B_o）	C_o-C_o	C_o-C_o	C_o-C_o
轴重	kN（t）	210（21）	220（22）	230/220（23/22）	230（23）	215（21.5）	230（23）	230（23）	230（23）	230（23）
最高运营速度	km/h	170	170	120	100	140	100	100	100	90
整备质量	t	126	88	138	138	86	92×2	138	138	138
起动牵引力	kN	286	210	485	485	235	628	470	530	487.4
持续牵引力	kN	169	126	351	351	137	436.5	317.8	303.4	301.1
持续速度	km/h	99	100	44	48	80	51.5	49	49	43
机车全长	mm	22.2	17.5	22.1	20.2	16.7	16.4×2	21.4	22.3	20.4
机车宽度	mm	3.1	3.1	3.1	3.1	3.1	3.1	3.1	3.1	3.1
车顶盖高度	mm	4.1	4.04	4.12	4.1	4.7	4.04	4.38	4.7	4.14
轮径	mm	1 250	1 250	1 250	1 250	1 250	1 250	1 250	1 250	1 250

二、和谐型电力机车特点及创新点

（一）HXD1 型机车主要技术特点

（1）轴牵引功率 1 200 kW，总功率 9 600 kW，为大功率电力机车。

（2）采用水冷 IGBT 元件的主变流器，其中含有 4 个四象限变流器供两个单独的中间直流电压环节，2 个牵引逆变器，每个牵引逆变器供电给同一转向架的两台并联的牵引电机。辅助逆变器集成在主变流器柜中，主变流器柜的集成度高，冗余性好，电制动采用再生制动。

（3）采用西门子 SIBAS 32 位微机控制技术和 TCN 网络通信技术，实现网络化、模块化，使机车控制系统具有控制、诊断、监测、传输、显示和存储功能，具有当代机车微机控制的先进性。

（4）机车采用中央梁整体承载结构型式车体。钩缓系统采用适应重载列车运输要求的 E 级钢车钩及大容量弹性胶泥缓冲器，并采用变形吸能装置，具有高强度低重量的优点适合重载牵引。

（5）机车采用两台 C 转向架，转向架能够满足 230 kN+20 kN（23 t/2 t）轴重机车的运用要求。驱动系统采用滚动抱轴承传动的抱轴悬挂驱动，构架为箱形梁焊接构架，齿轮箱采用了高强度铝合金。一系悬挂采用轴箱拉杆加螺旋钢弹簧方式；二系悬挂采用高挠螺旋钢弹簧结构。牵引装置采用低位推挽式斜拉杆传递机车牵引力和制动力。

（6）机车采用双司机室结构，司机室结构和设备布置符合人机工程学要求和美学原理，采取多项措施降低司机室噪声，为乘务人员提供舒适的工作环境。机械间设中间走廊，设备按斜对称原则布置，采用预布线、预布管、标准化、模块化设计，便于维护检修。采用独立的机械室通风系统，使得机车的内部环境清洁，通风效果好。

（7）采用 CCBII 空气制动系统，适合重载列车制动。装有 LOCOTROL 远程重联控制系统，适合于多机分布式重载牵引。

（二）HXD2 型机车主要技术特点

（1）机车总体采用模块化设计技术，大部分部件基于 PRIMA 机车平台设计，其先进性、成熟性、通用性和可靠性得以充分的体现。

（2）机车采用宽 700 mm 的中间走廊，并在侧墙上开设了宽 787 mm 的维修门，增加了所有设备的易接近性；机车采用整体独立通风系统，防止机械间设备污染，保证了司机室的清洁。

（3）机车控制采用分布式微机网络结构，采用 WORDFIP 协议，智能定位故障部件，协助操作人员故障维护，实现了逻辑控制、自诊断功能，网络的冗余设计保证了机车通信的可靠性。

（4）机车的牵引传动控制系统采用 AGATE 3 控制单元，实行独立轴控方式，提高了机车的运行状态控制和黏着利用。

（5）机车变流技术采用 ONIX 3.3 kV IGBT 技术，使机车单轴功率可达到 1 250 kW。机车总功率达到 10 MW，是目前国内所有既有机车中功率最大的。

（6）两组相同的辅助静止变流器为机车提供辅助电源。通常一个变流器提供 380 V、50 Hz

的电源，而另一个变流器提供变频电源以减小风机的噪声等级。在降级运行模式工况下，每个变流器都能为全部辅助设备供电。

（7）带有微机控制的电空制动柜，它接受司机操纵台上制动控制器的控制指令；采用 Locotrol 多机同步控制系统，使列车的制动缓解性能更准确，减少了列车的纵向冲击。

（8）轻量化的卧式主变压器在油箱强度、高绝缘性能和全寿命周期管理方面具有独特优势。

（9）B_o-B_o 转向架，采用高强度、耐低温的原材料，具有很高的结构可靠性和很高的黏着利用性能。

（10）200 级绝缘的异步牵引电动机，机壳由牢固支撑磁路的预制焊接箱体组成，线圈由槽键保持到位，转子轴由高弹性极限的合金钢制成。

（11）整体承载式焊接车体结构，具有高强度和良好的工艺实现能力。

（三）HXD3 型机车主要技术特点

（1）转向架轴式为 C_o-C_o，电传动系统为交直交传动，采用 IGBT 水冷变流机组，1 250 kW 大转矩异步牵引电动机，具有起动（持续）牵引力大、恒功率速度范围宽、黏着性能好、功率因数高等特点。

（2）辅助电气系统采用两组辅助变流器，能分别提供 VVVF 和 CVCF 三相辅助电源，对辅助机组进行分类供电。

（3）采用微机网络控制系统，实现了逻辑控制、自诊断功能，而且实现了机车的网络重联功能。

（4）采用高度集成化、模块化的设计思路，电气屏柜和各种辅助机组斜对称布置在中间走廊的两侧。

（5）转向架采用滚动抱轴承半悬挂结构，二系采用高圆螺旋弹簧；采用整体轴箱、推挽式低位牵引杆等技术。

（6）采用下悬式安装方式的一体化多绕组（全去耦）变压器，具有高阻抗、重量轻等特点，并采用强迫导向油循环风冷技术。

（7）采用独立通风冷却技术。

（8）空气制动系统采用了集成化气路，具有空电制动功能。机械制动采用轮盘制动；采用了新型的颗粒式空气干燥器，有利于压缩空气的干燥，减少了制动系统阀件的故障率。

三、交直流电力机车特点对比

（一）交直流电力机车基本参数对比

和谐系列交流传动电力机车与韶山系列直流传动电力机车主要技术参数对比如表 1-2-2 所示。

表 1-2-2　和谐系列机车与韶山系列机车主要技术参数对比

序　号	项目	和谐系列电力机车	韶山系列电力机车
1	传动方式	交流传动	直流传动
2	变流系统	IGBT 牵引变流器 网侧变流器+电机逆变器	晶闸管相控整流器
3	牵引电机	三相交流异步电机	直流电机
4	轮周功率	1 200 ~ 1 600 kW	800 kW
5	辅助电源	IGBT 逆变器 变频调速，节能运行	旋转式劈相机 单一频率
6	控制系统	车载计算机网络控制系统 完善的自诊断系统	模拟-数字混合控制 初级水平的故障检测
7	网侧性能	$\cos\phi=1$ 功率因数 $\lambda\geqslant0.98$ $J_p<1.5$ A	$\cos\phi=0.9$ $J_p<2\times7$ A
8	电制动性能	再生制动 能量反馈电网， 制动力大，且可制停	电阻制动 能量消耗在电阻上 制动力线性下降
9	黏着利用	黏着最佳利用 $\mu>0.4$	空转/滑行保护 $\mu<0.36$
10	传动控制方式	轴控/架控	架控
11	最高运行速度	120 km/h	90 ~ 100 km/h

（二）交直交技术主要特点

大功率电力机车电传动系统为交直交传动，采用 IGBT 水冷变流机组，1 250 kW 大转矩异步牵引电动机，具有起动（持续）牵引力大、恒功率速度范围宽、黏着性能好、功率因数高等特点。在机车交流传动系统中，采用单轴控制方式，且机车牵引功率留有足够裕度，以便在牵引设备发生故障时，仍能保证机车安全可靠运行。它具有以下优点：

（1）换向容易。

改变牵引电机三相电源的相序，即可改变机车运行方向。

（2）牵引/再生转换快速、平滑。

控制牵引电机由正转差到负转差，即实现了由牵引工况到再生制动工况的转换，反之亦然。

（3）牵引性能好，黏着利用高。

由于交流牵引电机良好的控制特性，使机车获得优越的牵引性能，黏着利用系数可达到 0.4 以上。

（4）节能。

由于交流传动电力机车传动效率高，一般均大于 0.85，比直流传动机车高出 3% ~ 4%，加上再生制动能量反馈电网，节能效果显著。

（5）对电网及环境影响小。

交流传动电力机车网侧一般采用脉冲整流器，功率因数可达到 0.98 以上，谐波含量低于

1%，显著改善了对电网和周围环境的影响。

（6）维护量少，运营费用低。

交流传动机车牵引电机、牵引变流器等设备具有少维护、免维护等特点，大大减少了维护量。同时，机车具有完善的诊断系统，方便运用和维修。

（7）通用性好。

起动牵引力大，恒功率范围宽，适用于货运和客运牵引。

（8）簧下重量小，对线路作用好。

重载货运机车的交流牵引电机重量明显降低，有效减少了机车簧下重量小，改善了机车的动力学性能及对线路的作用。

HXD3 型电力机车与几种型号的韶山机车牵引性能比较如图 1-2-10 所示，充分体现出交流传动机车的优良牵引性能。

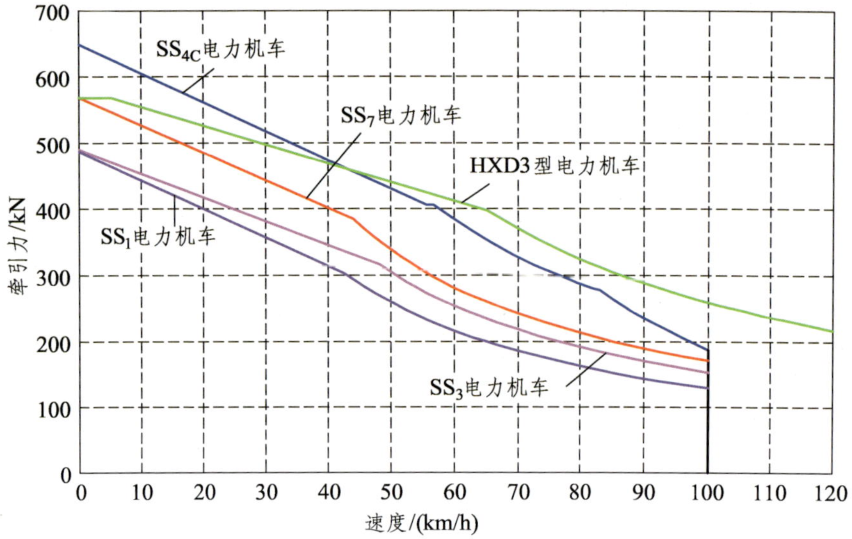

图 1-2-10　HXD3 型电力机车与韶山机车牵引性能比较图

（三）轴功率和总功率大幅度提升

我国在世界上首次实现单台电力机车 9 600 kW 功率，单轴最大牵引功率达到 1 600 kW。以往直流传动六轴电力机车最大牵引功率仅为 4 800 kW，直流牵引电机最大功率 800 kW，难以满足我国货运牵引定数及运营速度的需求。

（四）黏着利用率高，转向架强度高

转向架采用了国际先进的牵引电机和驱动齿轮箱一体化整体设计的机械驱动结构、驱动齿轮外支承或带弹性联轴节的三点支承方式，极大地提高了电机轴承和小齿轮的使用寿命。

通过对转向架构架、轮轴、牵引杆等重要承力件进行型式试验，验证了其强度性能，保证了机车满足运用中的强度要求，加强了轮轨关系的研究，充分考虑磨耗型车轮踏面与轮缘形状与钢轨轨头形状相匹配问题、车轮硬度与钢轨硬度相匹配问题，优化了与动力学性能密切相关的悬挂与结构参数。通过上述措施，使机车在增加了牵引功率、提高了运行速度的情况下，实现了良好的动力学性能。并通过采用单轴控制技术，实现最佳黏着利用。

（五）适应高速重载，车体强度高

车体采用贯通式中梁整体承载结构，车体承受压缩载荷的能力达到 3 000 kN，车体强度提高 50% 以上。通过多方面的必要措施，整体提高了机车运用的安全性、可靠性、舒适性等性能。

通过优化结构、控制材料性能、改进焊接等措施，提高加工精度，在缓冲器与车钩箱后从板之间安装变形吸能元件等，提高了机车车体、车钩及缓冲器、转向架构架以及其他重要承力件的强度标准，使机车强度能满足牵引万吨列车的要求。

（六）大功率异步牵引电机、大功率 IGBT 水冷变流、变压系统

（1）首次采用单台超过 10 000 kVA 容量的主变压器。牵引变流器采用了世界最新的 IGBT 高压功率模块和高效、环保水冷方式。辅助变流器集成到牵引变流器中，直接从中间回路取电，不仅简化了线路结构，而且实现了过分相的不间断供电，运用可靠性显著提高。

（2）采用下悬式安装方式的一体化多绕组（全去耦）变压器，具有高阻抗、重量轻等特点，并采用强迫导向油循环风冷技术。

（3）采用独立通风冷却技术。牵引电机采用由顶盖百叶窗进风的独立通风冷却方式；主变流器水冷和主变压器油冷采用水、油复合式铝板冷却器，由车顶直接进风冷却；辅助变流器也采用车外进风冷却的方式；另外还考虑了司机室的换气和机械间的微正压。

（七）集成化、模块化总体设计

采用高度集成化、模块化的设计思路，电气屏柜和各种辅助机组分功能斜对称布置在中间走廊的两侧；采用规范化司机室，有利于机车的安全运行与检修实现“集中修、互换修”。

第三节 大功率电力机车修程修制

大功率电力机车是引进国外先进技术，从联合生产逐步实现拥有自主知识产权的新型主干线机车，与常规机车相比较，有着本质上的区别。大功率电力机车采用了一系列先进的技术，包括全新的交流传动技术、大转矩异步电动机、高度集成化和模块化的总体设计、先进和可靠的制动技术、完善的网络控制系统等。因此，大功率电力机车修程修制、检修关键技术也与传统电力机车存在较大区别，本节将研究大功率电力机车修程修制，并在此基础上分析大功率电力机车检修关键技术。

一、大功率电力机车修程修制

（一）大功率电力机车原型车检修方案

HXD1 型大功率电力机车原型车采用时间和走行千米周期并行的定期性倍数增加维修方式；HXD2 型大功率电力机车原型车采用定期预防修模式，以例行检查和例外检查为主，兼顾运行时间和走行千米；HXD3 型大功率电力机车原型车采用以时间周期为主的检查方式，实行六种检查的维修模式。

大功率电力机车维修方式建立在“以可靠性为中心”的维修内涵上，从机车走行时间和走行千米及长期实践上选择了不同的重点维修方式。大功率电力机车的检修范围在对应修程下实施的主要内容是相近的，在时间周期和走行千米上差异不是很大，可以制定类同的修程修制。

（二）大功率电力机车修程修制方案

1．大功率电力机车修程修制设计的基本思路

以可靠性工程为中心，以先进的检修设施和检测装备为基础，以高度信息化的管理系统为支撑，以全面有效的检修人员培训为前提，引进国外大功率电力机车原型车先进的检修理念、检修标准和检修方式，确保实现大功率内电机车可靠检修、安全运行、高效使用的目标。

2．大功率电力机车修程修制的基本内容和框架

大功率电力机车修程修制的基本框架如图 1-3-1 所示，分为预防性检修和事后检修（或更正性检修）。

3．大功率电力机车检修周期

为降低机车全寿命周期费用、提高机车运用效率，在坚持“以可靠性为中心的维修”理论、总结分析机车运用检修数据、调研对比国外机车修程修制的基础上，结合我国当前装备制造工业水平和机车运用检修实际情况，中国铁路总公司在 2015 年 1 月公布了《和谐型交流传动机车修程修制改革方案的通知》（铁总运〔2015〕30 号）。

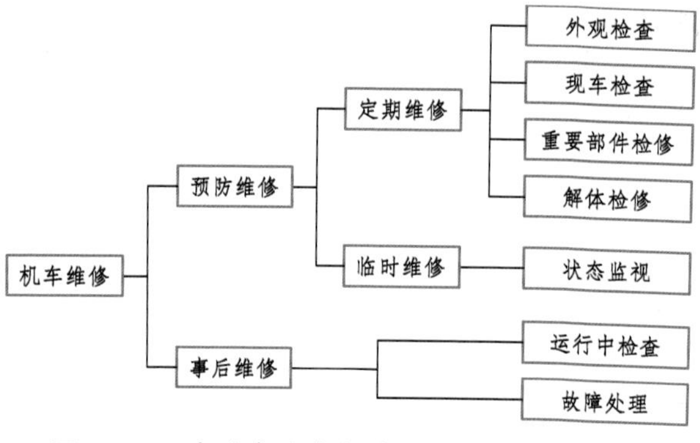

图 1-3-1　大功率电力机车修程修制基本框架

根据铁总运〔2015〕30 号文要求，和谐型交流传动机车在修程上设置 C1、C2、C3、C4、C5、C6 修 6 个等级，其中 C1 ~ C4 修为段级修程，C5 ~ C6 修为高等级修程。

各修程周期为：

C6 修：电力机车 200×（1 ± 10%）万千米，不超过 12 年；

　　　内燃机车 180×（1 ± 10%）万千米，不超过 10 年；

C5 修：电力机车 100×（1 ± 10%）万千米，不超过 6 年；

　　　内燃机车 90×（1 ± 10%）万千米，不超过 5 年；

C4 修：电力机车 50×（1±10%）万千米，不超过 3 年；
内燃机车 45×((1±10%）万千米，不超过 3 年；
C3 修：电力机车 25×（1±10%）万千米，不超过 1 年；
内燃机车 23×（1±10%）万千米，不超过 1 年；
C2 修：电力机车 13×（1±10%）万千米，不超过 6 个月；
内燃机车 12×（1±10%）万千米，不超过 6 个月；
C1 修：电力机车 7×（1±10%）万千米，不超过 3 个月；
内燃机车 6×（1±10%）万千米，不超过 3 个月。

4．各级修程下大功率电力机车的检修范围概述

C6 修：机车全面分解检修，全面性能参数测试，恢复基本性能，可同时进行机车或主要部件的技术提升。

C5 修：机车主要部件分解检修，性能参数测试，恢复机车可靠质量状态。

C4 修：机车主要部件检查，性能参数测试，修复不良状态部件，恢复机车可靠质量状态。

C3 修、C2 修：机车关键部件重点检查维修，有针对性地恢复机车运行可靠性。

C1 修：机车例行检查和保养，利用机车自检系统进行故障诊断，按状态修理。

注：C1～C6 修，读作 1 级修～6 级修，其中“C”是取英文单词“Class”首个字母，含义为“等级”，“C”也是取“中国”和“中国铁路总公司”的英文“CHINA”和“CR”首个字母，代表 C1～C6 修的修程设置方法是中国铁路自主知识产权。

（三）大功率电力机车主要检修方式

大功率电力机车检修采用高效率的检修方式，其目的是大幅度提高大功率机车的安全性和可靠性，从而大幅度提高机车的使用效率，大幅度压缩修车时间，大幅度提高检修作业效率。和谐型机车检修方式是建立在部件寿命管理系统的基础上，以先进的检修设施、工艺装备、监测及检测设备和零部件制造工厂的配套检修服务为条件和支撑，其主要形式是换件修、集中修和状态修，其主要特点是专业化、模块化、程序化。

1．换件修

无论在哪级修程，发现部件故障需要检修或更换时，都要采用换件修的方式。拆下的部件，一是由检修基地检修；二是由检修基地提供相应的检修场地和配套设施，委托制造工厂在检修基地检修；三是返回制造工厂检修。

2．集中修

大功率电力机车部件的检修主要集中在检修基地，其他运用部门仅承担日常的例行检查和部分临修作业。

3．状态修

在监测、检测中发现状态不良的部件安排就近修程实行更换部件的处理办法随检随修，使各个部件始终保持技术状态良好。对重要部件按照使用寿命的界定，在其不能适应使用要求，即将发生故障前进行更换，并采用监视型的状态修。

（四）大功率电力机车主要运用维修方式

1. 传统机车的作业流程

传统电力机车的整备作业流程：进段→洗车→整备→待班停留→出段。

传统电力机车检修流程:进段→洗车→入库检修→整备→检修→整备→待班停留→出段。

2. 大功率电力机车作业流程分析

大功率电力机车采用了一系列先进的技术，其中包括全新的交流传动技术、大转矩异步电动机、高度集成化和模块化的总体设计、先进和可靠的制动技术、完善的网络控制系统等，实现了多达 4 台机车的网络重联功能、单轴功率达到 1 600 kW，为了保证和谐大功率电力机车的轮对和受电弓的正常工作，增加了轮对及受电弓动态检测台位。

由大功率电力机车的修程可见，其运用维修作业范围是从 C1 修到 C3 修，其中 C2 修及 C3 修一般需要入库检修，其余的 C1 修及以下修程则都在整备台位上进行，检测内容也增加了很多，所以与传统机车相比，其在整备台位上不仅工作量大，而且工作内容复杂，同时对环境整洁度的要求高很多，所以为了使大功率电力机车的作业更加有效，质量更加有保证，设置一个保洁台位是非常必要的。

3. 大功率电力机车作业流程

大功率电力机车整备流程：进段→轮对及受电弓动态检测→洗车→车底车厢保洁（上砂）→整备→待班停留→出段。

大功率电力机车检修流程：进段→轮对及受电弓动态检测→洗车→车底车厢保洁→检修→整备→待班停留→出段。

二、大功率电力机车流水修模式研究

我国传统的电力机务段设计规划的车体检修一般采用定位修模式，这种模式比较适应机务段所规模相对适中的检修需要，但是当检修规模超过 4 个台位以后，检修干扰会非常严重，直接影响生产效率。因此，大功率电力机车一般采用流水修的检修模式。

按车体检修流向不同，流水修模式厂房组合形式可分为 U 型流水修、直线流水修和 L 型流水修三大类。

（一）U 型流水修模式

U 型流水修是指机车从分解至组装的移动路径呈“U”型，这种检修方式容易实现分解和组装分库作业，实现组装库的洁净度要求，保证机车检修质量。U 型流水修对机车进出段线的布置形式有一定的要求，适应机车进出段线在同侧的布置方式，而对于进段线和出段线分别位于检修基地两侧的布置方式，会增加多余的走行距离。

车体 U 型流水修主要由 12 个工位组成：① 拆卸转向架及车顶车底设备工位；② 车内设备拆卸 1 工位；③ 车内设备拆卸 2 工位；④ 备用工位；⑤ 车内清洁工位；⑥ 车体检修工位；⑦ 车内设备安装 1 工位；⑧ 备用 1 工位；⑨ 车内设备安装 2 工位，⑩ 车顶设备安装工位；

⑪ 备用 2 工位；⑫ 转向架、车底设备安装调整工位。

主要检修工艺流程为：待修机车进入分解检修库→拆卸转向架及车顶设备→车内设备拆卸 1→车内设备拆卸 2→车内清洁→车内检修→出分解检修库→移车台→进入组装库→车内设备安装 1→车内设备安装 2→车顶车底设备安装→转向架组装及调试→出库。

U 型流水修的特点是机车从分解到组装在一条流水线、两个独立的库房内完成。

U 型流水修的最大优点是分解和组装分库，容易实现组装作业对清洁度的要求。

U 型流水修的最大缺点是一条流水线，某一工位发生不能按正常节拍完成时，整备流水线就会发生堵塞现象，作业的灵活性相对较差；另外，机车出分解库时，处于无顶盖状态，对防雨防尘有特殊的要求。

（二）直线流水修

直线流水修是指机车从分解至组装的移动路径呈“直线”型，这种检修方式分解和组装合库作业，实现组装库的洁净度要求难度较大，采取分区作业，采用隔墙分区的方式，保证机车检修质量。直线型流水修适应机车进出段线在同侧或两侧的布置方式，对于进段线和出段线分别位于检修基地两侧的布置方式更显优势。

车体直线流水修由 6 个工位组成：① 拆卸转向架及车顶车底设备工位；② 车内设备拆卸工位；③ 车内清洁、检修工位；④ 车内设备安装 1 工位；⑤ 车内设备安装 2 工位；⑥ 转向架、车顶及车底设备安装调整工位。

主要检修工艺流程为：待修机车进入检修库→拆卸转向架及车顶车底设备→车内设备拆卸→车内清洁、检修→车内设备安装 1→车内设备安装 2→转向架、车顶及车底设备安装调整→出库。

直线流水修的最大优点是两条流水线，某一工位不能按节拍完成作业时，另一条流水线不受影响，作业灵活性较大；另外出库机车全部完成了分解至组装的作业流程。

直线流水修的最大缺点是分解和组装合库，实现组装作业对清洁度的要求有一定难度。

（三）L 型流水修

L 型流水修总体工艺方案综合了定位修和流水修的布置方式，具有以下特点：机车分解采用固定台位、组装采用流水台位的混合模式，这种检修方式最大限度地体现了机车解体作业“拆装快速多区域同步开展，车体移动次数少，作业灵活”的特点；体现了机车组装作业“分区域精细作业，结合部件检修及物流多工位设置”的特点；易于实现分解、组装分库作业，改善了检修作业环境；有利于检修基地形成现代化的作业环境，提升机车检修质量，压缩检修停时，减少互换件的保有量，适合应用于 C6 修检修基地作业。

主要检修工艺流程为：待修机车进入分解库拆解→车体进入检修库→车体进入喷漆库→车体进入组装库（1SP—组装准备，2SP—车内设备安装 1，3SP—车内设备安装 2，4SP—吊装车顶盖扳、车底设备安装，5SP—转向架组装、调整、落车）→机车出组装库。

L 型流水修的最大优点是解体、组装工位分界明显，车体移动次数较少，作业灵活。

L 型流水修的最大缺点是检修过程中车体移动距离较远。

经过以上分析，车体检修库直线型流水、U 型流水修、L 型流水修布置优缺点对比分析如表 1-3-1 所示。

表 1-3-1　直线型流水修、U 型流水修、L 型流水修对比表

直线型流水修		U 型流水修		L 型流水修	
优　点	缺　点	优　点	缺　点	优　点	缺　点
车体拆、修、装为直线布置，每线解体、组装共 6 个工位，节拍时间长，牵车作业相对较少，在检修量不大时更能体现优越性	解体、组装库为单线设置，需设隔断实现解体、组装库分开，实现困难	解体、组装库物理上完全分开，两个独立的库房，保障组装库洁净环境	解体、组装共 12 个工位，节拍时间短，作业时牵车相对频繁	解体、组装工位分界明显，解体区域单独设置，保障组装库洁净环境	
不存在无顶盖通过移车台转线所需考虑的防雨防尘问题	检修量增大后可发展性不如 U 型流水修；且没有备用工位，任一工位受阻将影响流水线其他作业	部件检修流向为直线，由解体库往组装库单向流水，部件间干扰较小，物流顺畅，对大部件物流优势明显	解体线出库后通过移车台往组装库转线时由于车体无顶盖，需考虑防雨防尘措施；转向架进出库线路长，对车体进出库有影响	部件进出通道完全分开便于部件运输	车体移动距离较远
解体组装库合设，相对于分设解体、组装库，可减少大吨位天车的数量	部件检修流向近似为 U 型，先解体下来的部件后组装，使物流路径较长，且存在相互干扰影响，尤其是工艺转向架存放影响拆装部件	作业工位数量较多，且有备用工位，预留一定发展条件；备用工位可作为特修工位，超出流水线的检修可在此作业	解体、组装库分设，大吨位天车需考虑两库都配置	适应 C6 修作业车体作业量较大的情况	

根据以上优缺点分析，检修基地宜尽量采用直线流水模式，具有 C6 修作业的检修基地宜采用 L 型流水修模式。

三、大功率电力机车检修关键技术

（一）检修库厂房组合研究

1. U 型流水修检修库

本方案在解体、组装库各按 1 线布置检修工位。解体库设 1 线 6 工位，其中解体 3 工位，车体清扫 1 工位，车体检修 1 工位，预留 1 工位；组装库设 1 线 6 工位，其中组装 4 工位，预留 2 工位。

解体库、组装库长 × 宽尺寸均为 216 m × 18 m，柱距 9 m。各库设库线 1 条，股道距外侧墙立柱中心距 5 m，距内侧墙为 13 m。

部件检修库房屋轴线尺寸采用长 216 m × 宽 72 m，根据主库（解体库、组装库）的布置形式，以及与主库配套的部件检修工艺流程，布置零部件检修作业区，使部件从“机车上解体→部件检修作业区→部件缓存→部件分解→部件清洗→部件检修→部件组装→部件试验→合格品存放→部件上车安装”的全部作业流程便捷顺畅，物流距离最短，运输交叉干扰最小。

部件检修车间天车的走行方向与物流方向垂直布置。

部件库内东西方向设有 7 个横向通道（其中 2 个通道设有平板车运输轨道，平板车运输连接解体库与组装库，负责检修部件横向运输），南北方向设有 2 个横向通道，可通行人员和运输车等。通道及立柱将部件库分为多个检修区，根据部件检修工艺，部件检修库从东向西、从北往南主要划分的区域有：① 室内变电所；② 中心配件库；③ 空气系统检测区；④ 制动系统检测区；⑤ 阀类检修间；⑥ 顶盖组装区；⑦ 受电弓检修区；⑧ 工具发放区；⑨ 机加工作业区；⑩ 与物流中心交换配件场地；⑪ 复合冷却器检修区；⑫ 通风机组检修区；⑬ 高压电器检修区；⑭ 牵引杆检查区；⑮ 司机操纵台检测区；⑯ 电器屏柜检测区；⑰ 空调机组检修；⑱ 顶盖与高压电器分解区；⑲ 排障器检查区；⑳ 钩缓装置检修区；㉑ 熔焊作业区；㉒ 蓄电池充电区；㉓ 泵类检修区；㉔ 辅助电机检测区；㉕ 卫生系统检修区；㉖ 牵引通风机组检修；㉗ 顶盖缓存区；㉘ 探伤作业区；㉙ 搬运车存放区。

U 型流水修解体组装库及部件检修库厂房组合如图 1-3-2 所示。

2. 直线型流水修检修库

根据工艺需求，在检修基地内应以检修库为中心，其结构决定了厂房组合的形式。直线流水模式主要组成如下：

解体、组装库长 × 宽尺寸为 234 m × 27 m，柱距 9 m，设库线 2 条，线间距 17 m，股道距侧墙立柱中心距 5 m，每股道设 6 个作业工位。

部件检修库采用 24 m 跨度天车沿车体检修线纵向走行，部件检修库中间设 2 排立柱，将部件检修库分成 3 个 234 m×24 m 区域。部件库内东西方向设有 4 个横向通道，南北方向设有 3 个横向通道，可通行人员和运输车等。通道及立柱将部件库分为多个检修区。根据部件检修工艺，部件检修库从东向西、从北往南主要划分的区域有：① 中心配备存放区；② 修竣顶盖存放区；③ 顶盖检修组装区；④ 待修顶盖存放区；⑤ 牵引杆轴箱拉杆电机吊杆排障器作业区；⑥ 中心配件存放区；⑦ 车顶高压合格部件存放区；⑧ 车顶高压部件检修区；⑨ 辅助电机存放区；⑩ 辅助电机检修线；⑪ 电器件试验检修区；⑫ 空调检修作业区；⑬ 走行安全箱检修线；⑭ 搬运车存放区；⑮ 复合冷却器检修线；⑯ 空压机检修作业区；⑰ 车钩缓冲器检修线；⑱ 小型机加工作业区；⑲ 部件分解作业区；⑳ 室内变电所；㉑ 休息区；㉒ 蓄电池柜检修线；㉓ 控制器、加热器、传感器、液位计检修区；㉔ 卫生系统检修区；㉕ 部件清洗烘干作业区。

直线型流水修解体组装库及部件检修库厂房组合如图 1-3-3 所示。

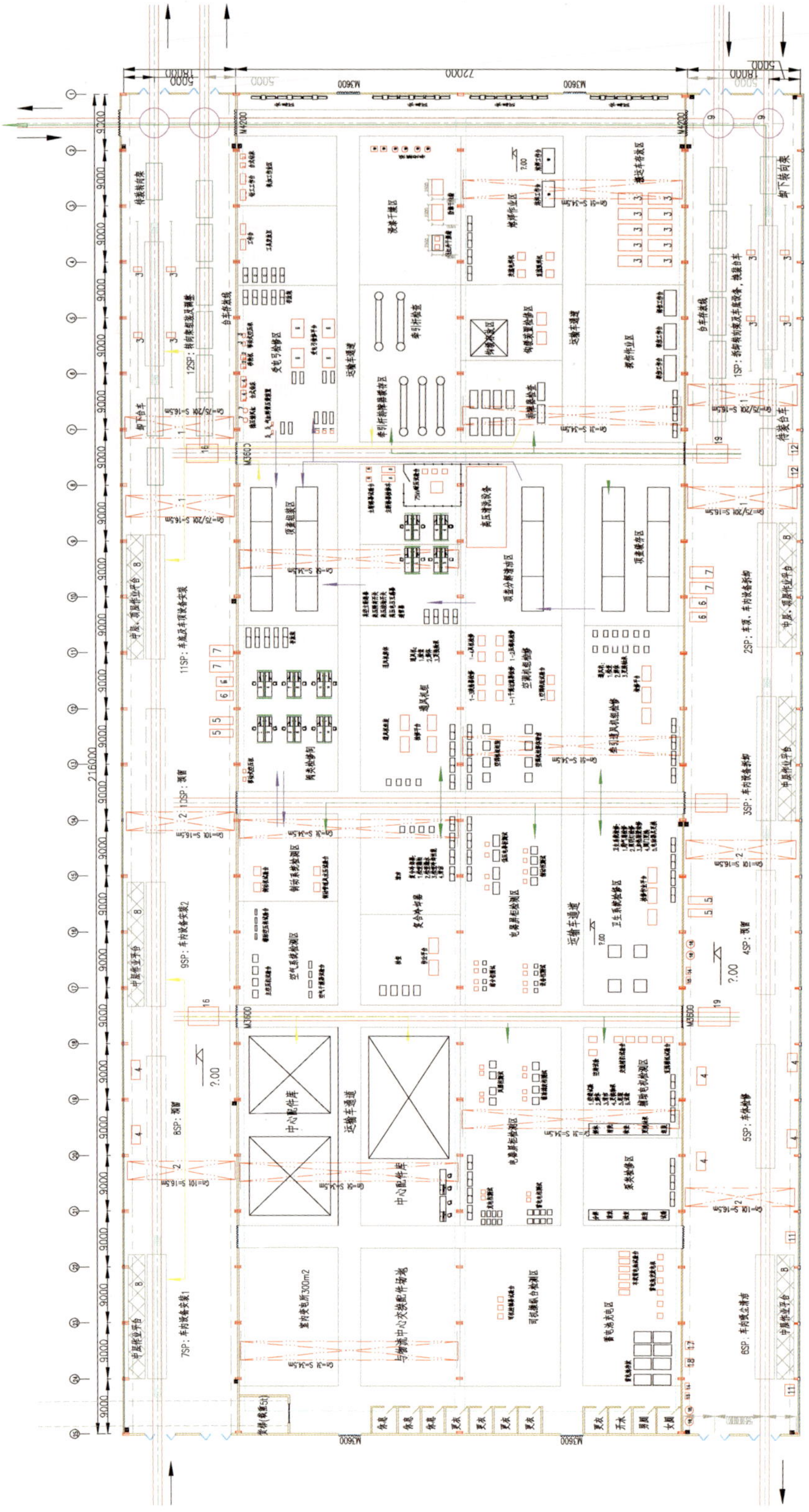

图 1-3-2　解体组装库（车体 U 型流水方案）及部件检修库（36 m 跨度天车纵向走行方案）厂房组合

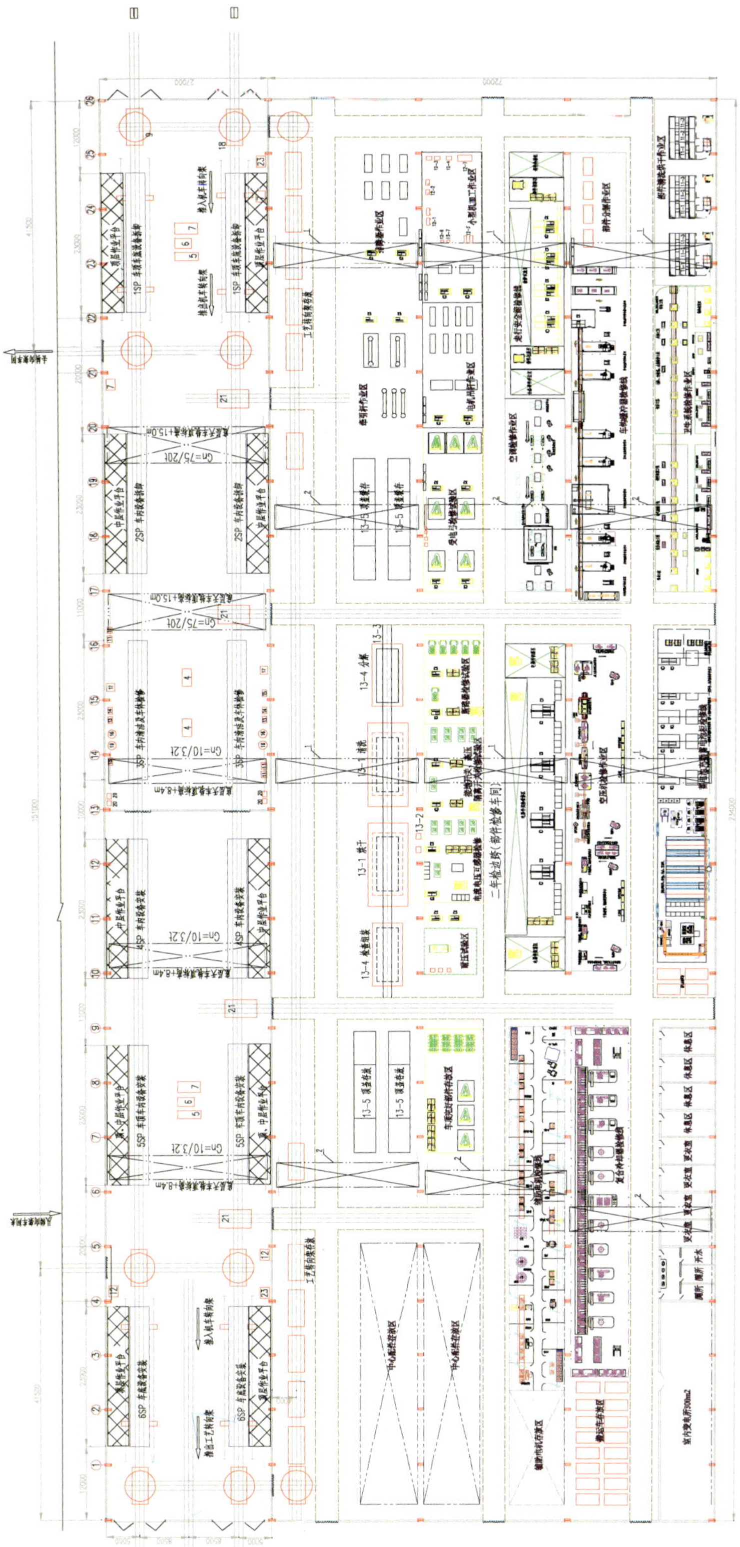

图 1-3-3　分解组装库（车体直线流水修方案）及部件检修库厂房组合

3．L 型流水修检修库

L 型流水修工艺设计，在广州检修基地得到应用，下面以该基地的检修库作为对象进行详细说明。

广州检修基地 2 年检（C4 ~ C5 修）设施规模按 3 000 台保有量的检修能力一次规划，分期实施。C6 修设施规模按 200 台/年；新造车部分规模按 200 台/年。

机车车体检修按 L 型流水修工艺设计，车体按照作业顺序在台位上移动，机车及零部件的解体、清洗、检查、检修、组装均在各自工位上进行，物流顺畅，相互干扰少。

主库长 234 m×宽（144+36）m，设有解体库、组装库、清洗库和零部件检修车间，边跨长 198 m×宽 12 m。

解体库位于该库的东北角，长 63 m×宽 72 m，含 4 线 4 台位 2 年检（C4 ~ C5 修）解体线和 2 线 2 台位 C6 修解体线，线间距均为 12 m。库内配备移动式架车机、地坑式架车机、16/5 t 起重机、牵引杆拆装设备、钩缓拆装设备、主变压器升降装置、转向架转盘、移动作业车、检查坑等。机车架车落下转向架后通过端部的转盘和运输线至转向架检修库。

组装库位于该库南侧，长 234 m×宽 36 m，含 1 条 2 年检（C4 ~ C5 修）组装线（另预留 1 条）和 1 条 C6 修组装线，线间距为 12 m。库内配备 75/20 t 和 16/5 t 双层起重机、地坑式架车机、固定作业平台、牵引杆拆装设备、钩缓拆装设备、主变压器升降装置等。每条组装线分 5 个工位，分别是 1SP—组装准备，2SP—车内设备安装 1，3SP—车内设备安装 2，4SP—吊装车顶盖扳、车底设备安装，5SP—转向架组装、调整、落车。

清洗库位于 C6 修解体库尾部，长 171 m×宽 24 m，主要配备饱和蒸汽清洗机、密闭式部件气吹吸尘装置、大功率吸尘器、超声波清洗烘干设备、移动式高压清洗机等。车上零部件在解体库拆解后通过天车或运输平板车运至该库集中清洗，清洗完成后的零部件通过运输平板车或蓄电池搬运车运至相应的检修区。零部件集中清洗可减少环境污染，改善作业环境，但零部件从解体库至清洗库的通道较少，可能成为整个流水作业的瓶颈。

零部件检修车间位于清洗库和组装库之间，按照零部件从清洗、检修到组装过程物流最顺的原则合理划分检修区域和运输通道，分别有卫生系统检修区、空调检修区、牵引杆排障器检修区、空压机检修区、制动及防滑系统检修区、车钩缓冲器检修区、TCMS/ATP 检修区、电器检修区、顶盖检修区、主变压器检修区、主辅变流器检修区、复合冷却器通风机组检修区、高压电器检修区、辅助电机检修区、小型机加工作业区、蓄电池充电存放区、小型喷漆作业区、配线配管作业区和备品存放区等。

L 型流水修解体组装库及部件检修库厂房组合如图 1-3-4 所示。

检修库实景图如图 1-3-5 所示。

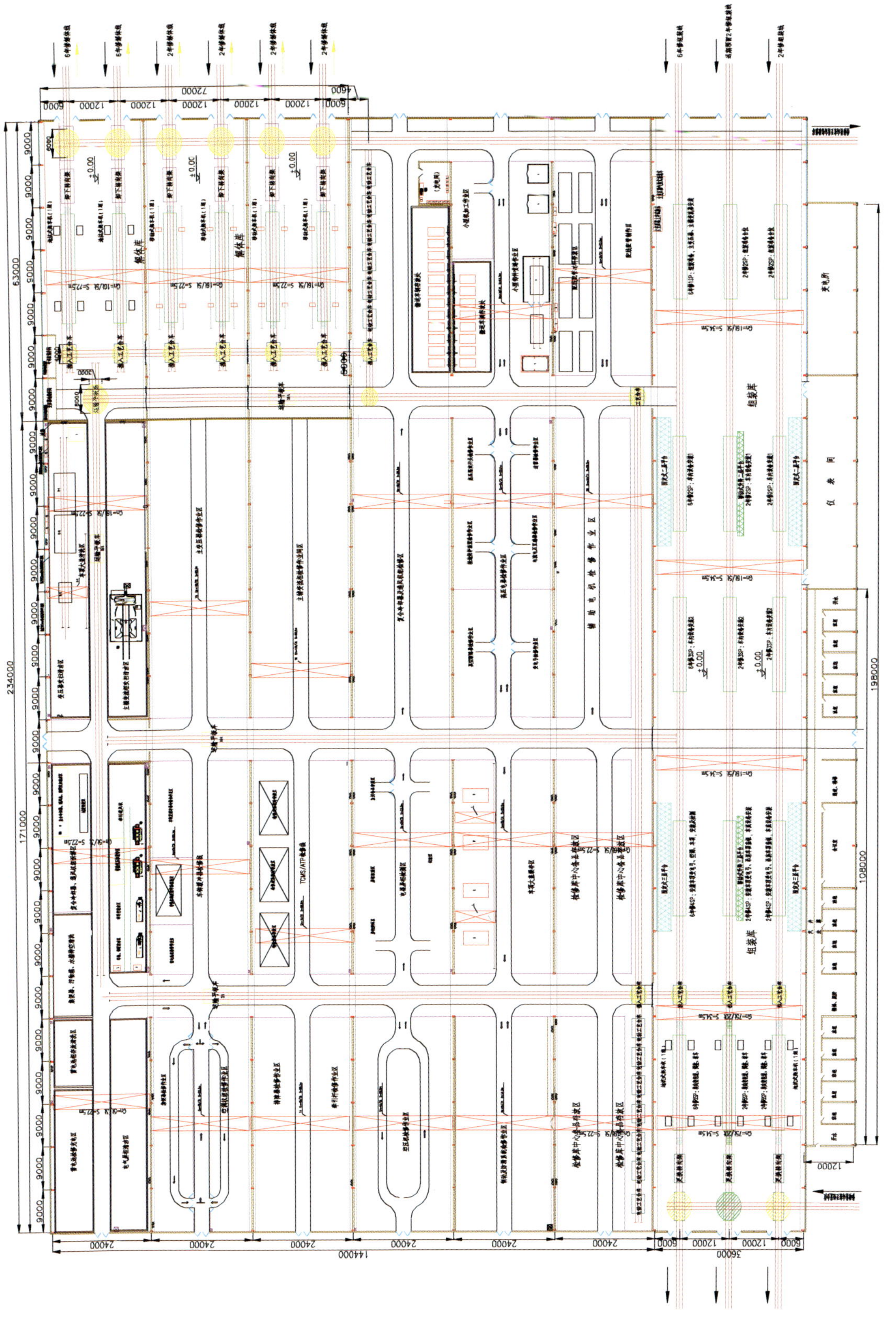

图 1-3-4 解体组装库（车体 L 型流水修方案）及部件检修库厂房组合

图 1-3-5　检修库实景图

（二）机车组装库起重方式研究

检修基地机车组装库是检修板块的重要厂房之一，主要完成车体零部件及转向架的安装。库内设有组装准备台位、车内设备安装台位、车顶设备安装台位、车体称重台位、转向架安装台位等，主要工装设备有起重机、架车机、作业平台、工艺转向架、转盘、车体称重台等。库内主要完成车底、车内及车顶设备的组装，包括变压器、变流器、电源柜、蓄电池、电器柜、制动柜、卫生间、第三方设备、牵引风机、空压机、干燥器、复合冷却器及通风机组、车顶大盖等的吊装。起重机除了起吊不同重量的零部件外，在车体称重台位及特殊情况下还应具备起吊整个车体的能力，其起吊质量在 90 kg ~ 110 t 之间。

目前国内外机车厂或机务段车间内的起重方式种类繁多，有桥式起重机、壁行吊、半门吊（门吊）、自立式悬臂吊，还有气垫式迁车台等，根据工艺需要可以设置一种起重方式或多种起重方式的组合，也可以设置双层起重机。检修库门吊外形如图 1-3-6 所示。

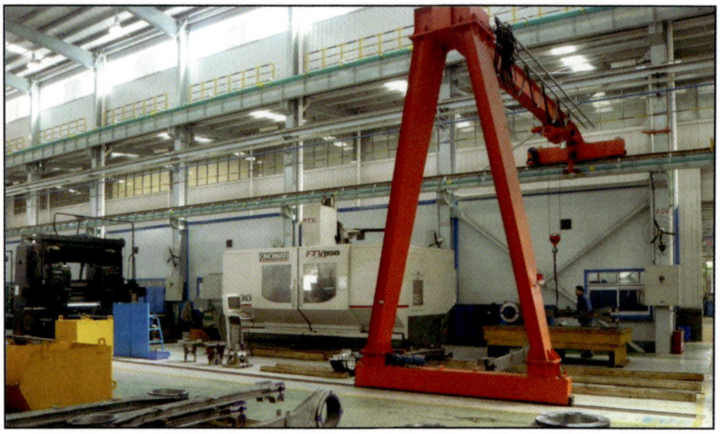

图 1-3-6　检修库门吊

每种起重方式各有优缺点和适用范围，如桥式起重机，起重范围广，但作业效率低，对操作要求高；双层桥式起重机，起吊盲区小，起重能力大，但对库房结构要求高；壁行吊、

(半)门吊、悬臂吊，操作灵活，但起重吨位小；气垫式迁车台，转运方便快捷，但对地面平整度要求较高。

广州基地机车组装库流水线上车体称重台位处（5SP）因设备安装要求不能设置轨道，车体的移动无法通过工艺转向架完成，因此需考虑设置 2 台 75 t 桥式起重机，通过 2 台起重机共同起吊车体到下一工位。

除车体外，库内吊装的零部件小至油泵（94 kg）、大至主变压器（13 t），因此需考虑设置若干台 16 t 桥式起重机。为了使吊钩范围能覆盖每一个工位，并增加起重机操作的灵活性，决定采用双层起重机方式（见图 1-3-7）。

双层起重机设置方式有以下几种组合方案：① 上层 75 t 桥式+下层 16 t 桥式；② 上层 75 t、16 t 桥式+下层壁行吊；③ 上层 75 t、16 t 桥式+下层半门吊；④ 上层 75 t、16 t 桥式+下层悬臂吊；⑤ 上层 75 t、16 t 桥式+气垫车（见图 1-3-8）。由于悬臂吊对流水线作业有干扰，且库内设有轨道不满足气垫车对地面平整度的要求，故本文先排除悬臂吊和气垫车的方案，重点对前述三种组合方案进行适应性分析和经济性比较，如表 1-3-2 所示。

由表 1-3-2 可以看出，组合方案 2 即桥式起重机和壁行吊的组合方式可以较好地适应机车组装库的起吊要求和流水线作业工艺，同时较之双层桥式组合方案可以降低库房高度，节约用钢量，且设备价格适中，因此采用桥式起重机和壁行吊的组合方案具有明显优势，其实景图如图 1-3-9 所示。

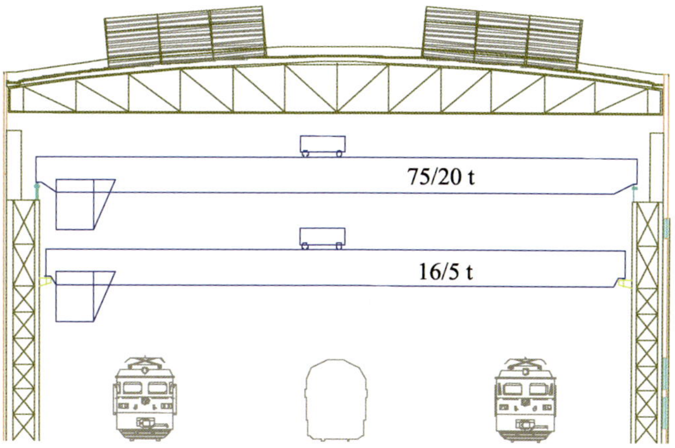

图 1-3-7　检修库起重机布置示意图

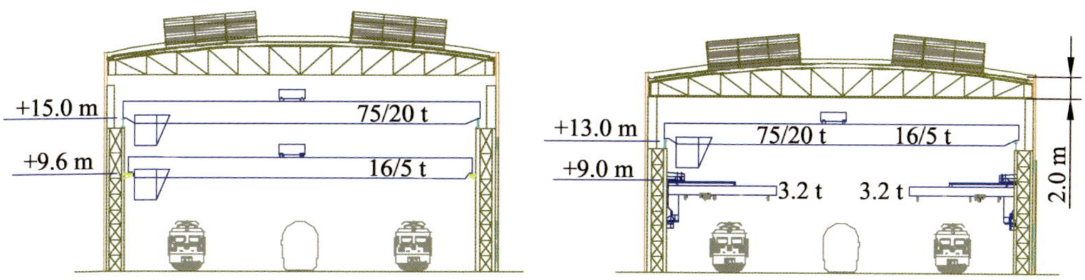

图 1-3-8　检修库起重机组合方案示意图

表 1-3-2　检修库起重机型式对比表

起重型式	适应性分析	设备购置费/元	库房高度
组合方案 1 上层桥式+ 下层桥式	设置 2 台 75 t、6 台 16 t 桥式起重机，采用双层方式，可满足不同吨位的起吊要求，但作业效率低下，尤其对于重量轻的小型零部件的吊装不够灵活	75 t 桥式：2×2 180 000=4 360 000 16 t 桥式：6×640 000=3 840 000 合计：8 200 000	上层天车走行轨顶 15.0 m，下层天车走行轨顶 9.6 m，库房下弦高 19.1 m
组合方案 2 上层桥式+ 下层壁行吊	设置 2 台 75 t、2 台 16 t 桥式起重机及 6 台 3.2 t 壁行吊，其中 75 t、16 t 天车设置在上层，壁行吊设置在下层，相互之间干扰小，适应不同重量的吊装要求，吊钩范围基本覆盖整个库房，作业灵活高效，场地整齐美观	75 t 桥式：2×2 180 000=4 360 000 16 t 桥式：2×640 000=1 280 000 壁行吊：6×396 000=2 376 000 合计：8 016 000	上层天车走行轨顶 13.0 m，下层天车走行轨顶 9.0 m；库房下弦高 17.1 m； 比组合方案 1 节约用钢量约 45.2 t
组合方案 3 上层桥式+ 下层半门吊	设置 2 台 75 t、2 台 16 t 桥式起重机及 6 台半门吊，可适应各个工位各种零部件吊装要求，作业灵活，但半门吊对作业空间有阻碍，且影响整体美观	75 t 桥式：2×2 180 000=4 360 000 16 t 桥式：2×640 000=1 280 000 壁行吊：6×230 000=1 380 000 合计：7 020 000	同组合方案 2

图 1-3-9　双 75 t 桥式起重机与壁行吊组合实景图

（三）架车方式研究

1．传统架车作业简介

以往机务段进行架车作业所采用的设备为移动式架车机（见图 1-3-10），架车台位设有检查坑。当机车停车就位后，检修人员先进入检查坑，拆除机车车体上部与走行部之间的线缆连接。检修人员从检查坑出来后，移动架车机，对准机车架车点，启动架车机，架起上部车体，实现车体与走行部的分离。

图 1-3-10 移动式架车作业现场

从传统架车作业方式及架车机的布置形式上可以看出，该方式存在以下局限性：

（1）作业场地被检查坑（长 27 m，宽 1 ~ 3 m，深 1.1 m）分割成多个部分，检修人员作业不便。

（2）大功率电力机车的主变压器、变流器是从车体下部进行拆装的，因检查坑的存在，拆装不便，适应性差。

（3）移动式架车作业方式多应用于定位修检修工艺，作业现场零部件堆放拥挤、凌乱，作业流程之间互相干扰严重。

（4）移动式架车机一般用于定位修检修工艺，在整个架修作业期间，架车台位占用时间为机车库停时间，一般为 5 天，一年检修能力为 50 台左右。按常规机务段中修库 2 条中修库线，每线设解体台位和组装台位各 1 个，常规机务段中修能力一般不超过 200 台/年。

2. 大功率电力机车架车方式分析

机车从进入检修基地到修竣验收，一般按以下流程完成其检修作业过程：入段→吹扫→洗车→待修→入库→机车解体→检修→机车组装→出库→调试→整车试验→喷漆→淋雨试验→整备、存车→验交→出段。

从大功率电力机车检修工艺流程中可知，架车作业是一个关键工序节点。完成架车作业后，机车将分解成两大部分：上部车体和下部转向架。后续作业将分别在部件库和转向架库中完成。因此，架车作业时间将直接影响后续工序是否能顺利、快捷地进行，架车机起着控制作用。传统机务段架车作业采用移动式架车机，其对位时间较长。机务段检修作业量一般年中修机车台数在 200 台以内，平均每天约 0.3 台，架车时间长短对检修时间影响不大。而大功率电力机车检修基地设计能力一般在 500 ~ 600 台，平均每天进车数量为 2 台左右，其检修工作量数倍于传统机务段。因此，每道工序要求衔接紧密，时间节拍控制紧凑。

大功率机车检修基地采用了机车解体分解台位与组装台位同一条流水线串联布置的工艺总体方案，机车架车作业是机车解体、组装作业的关键工序，其总体技术方案、作业效率对机车检修周期长短、检修质量优劣起着至关重要的作用，因此机车架车方式及架车装置应尽可能减少对上、下道流水作业工序的影响。

由于大功率交流传动机车的检修过程中既要升降车体和转向架，又要满足检修库内地面上保留机车走行轨道，采用固定式架车机是最好的选择。固定式架车作业方式作业空间通畅，适合机车主变压器等车底大部件拆装作业。固定式架车作业方式与工艺转向架的配套设置，组装架车台位占用时间可较少到 3.5 ~ 4 h，有效提升了作业效率。

综上所述，采用固定式架车技术，具有明显的技术优势：

（1）固定式架车技术更适用于流水修作业模式，可显著提高检修基地的检修能力，作业流畅。

（2）固定式架车技术，作业空间通畅，更适合大功率电力机车的主变压器、主变流器的拆装作业。

（3）固定架车作业方式与工艺转向架的配套应用，解体、组装架车台位占用时间可减少到 1 个工作日，与移动式架车机作业模式占用 5 个工作日相比较，作业效率有了大幅提升。

因此，在大功率电力机车检修基地的设计过程中，推荐采用固定架车工艺方案。

3．大功率电力机车固定架车研究

（1）转向架举升轨起升高度。

为便于检修人员拆除大线、传感器接线等管线，转向架举升高度应满足检修作业时的净空要求。从人机工程学角度出发，1 600 mm 举升高度可较好适应各种身高作业人员的需求，故转向架举升轨最大起升高度定为 1 600 mm。

（2）转向架举升轨梁提升能力。

六轴机车整备质量为 150 t，适当考虑裕量，按每台转向架举升轨梁提升能力 800 kN 计，可满足六轴机车整体举升能力需求。

（3）车体举升柱最大起升高度。

车体举升高度应满足主变压器、主变流器的拆装作业要求。各种机型的主变压器的高度范围在 1 400 ~ 2 500 mm，主变流器高度范围在 1 900 ~ 2 100 mm，考虑适当的作业空间裕量，故车体举升柱最大起升高度定为 2 800 mm。

（4）每个车体举升柱支撑能力。

六轴机车车体质量为 90 ~ 92 t，按四个架车点计算，并考虑适当的裕量，每个车体举升柱支撑能力按 250 kN（25 t）设计，可满足六轴机车车体举升能力需求。

（5）多机型兼容性研究。

受地面固定轨道尺寸和车型参数所限，现有的固定式架车机不具有通用性。要实现兼容多种型号的大功率交流传动机车的架车作业，必须研究新的布置方案和结构形式。对现有大功率交流传动机车的尺寸进行分析研究，以车体的中心线为基准线左右对齐布置车体，将所有机车转向架的轴距和定距进行分类，在图纸中进行排列组合。这样有助于减小各型交流机车的转向架的位置差异，有利于架车设备结构的简化。

所有车型的转向架轮对投影位置都能够落到转向架举升机构的举升梁上，符合这个长度的举升梁才能够满足不同车型的要求。如图 1-3-11 所示，满足投影要求的转向架举升梁的长度为 6 575 mm，举升梁的中心距为 11 525 mm。根据研究，固定式架车机的基础坑长度不得小于 6 575 mm。

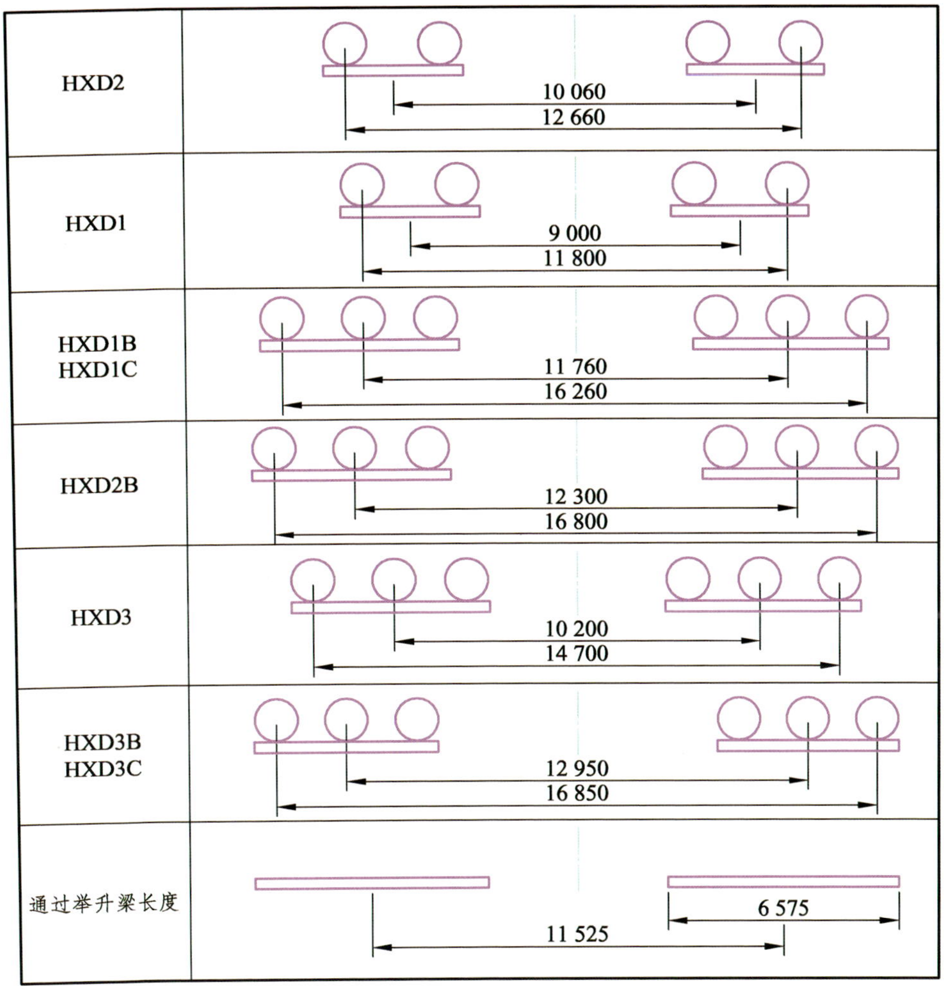

图 1-3-11　大功率机车转向架对位投影图

（6）固定式架车机主要技术特点。

大功率交流传动机车固定架车机大规模采用现代成熟的传动和电气控制技术。电气控制采用了先进的传动方案和可靠的传动控制设备，保证了整套设备的高质量及稳定、优越的性能。固定式架车机的举升由计算机全程控制，计算机内预先加装了符合用户要求的控制程序，在架车过程中操作人员操作/监控主操控台就能基本上完成各车型的架车工作，提高了工作效率，减轻了操作人员的劳动强度。

大功率交流机车固定式架车机在机械结构上有以下主要特点：① 考虑到不同用户的需要，能满足我国现有的全部和谐型大功率交流传动机车检修时的架车需要；② 举升杆为丝杠螺母传动机构，采用梯形螺纹丝杠，具备在任意位置都可以停止并锁定的功能；③ 车体举升机构能根据不同车型的架车点要求自动调整；④ 举升梁的两端设计有防蹓车的止挡机构；⑤ 举升丝杠传动机构中设置了防止工作螺母发生意外破坏的安全螺母，工作螺母与安全螺母之间在正常工作状态时保持设定间距，当设定间距变小时，控制系统报警。

兼容 HXD1、HXD2 与 HXD3 共计 9 种车型的固定式架车机如图 1-3-12 所示。

武汉、上海、广州基地固定架车工艺布置如图 1-3-13 ~ 1-3-15 所示。

图 1-3-12　兼容 HXD1、HXD2 与 HXD3 共计 9 种车型的固定式架车机

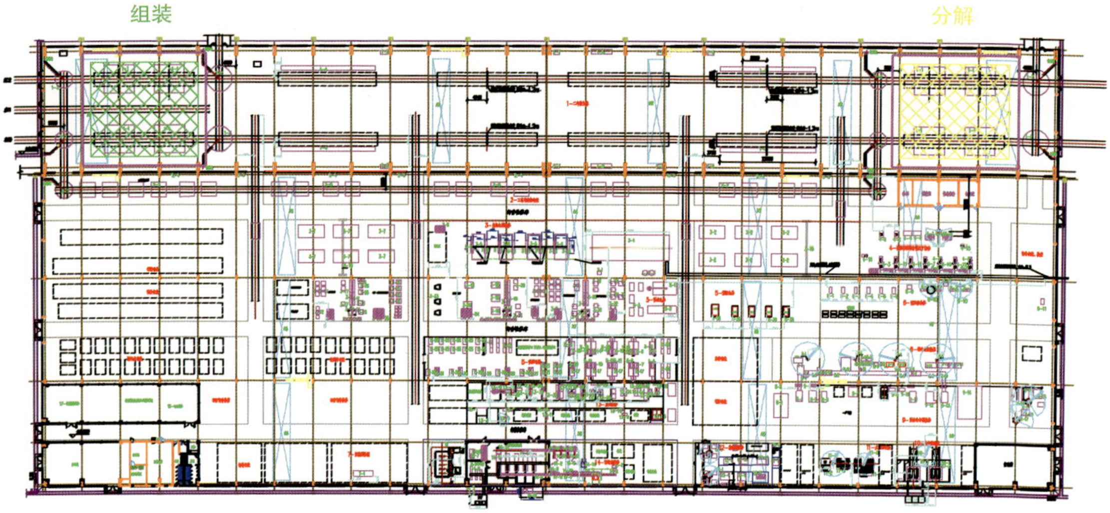

图 1-3-13　武汉基地固定架车工艺布置图

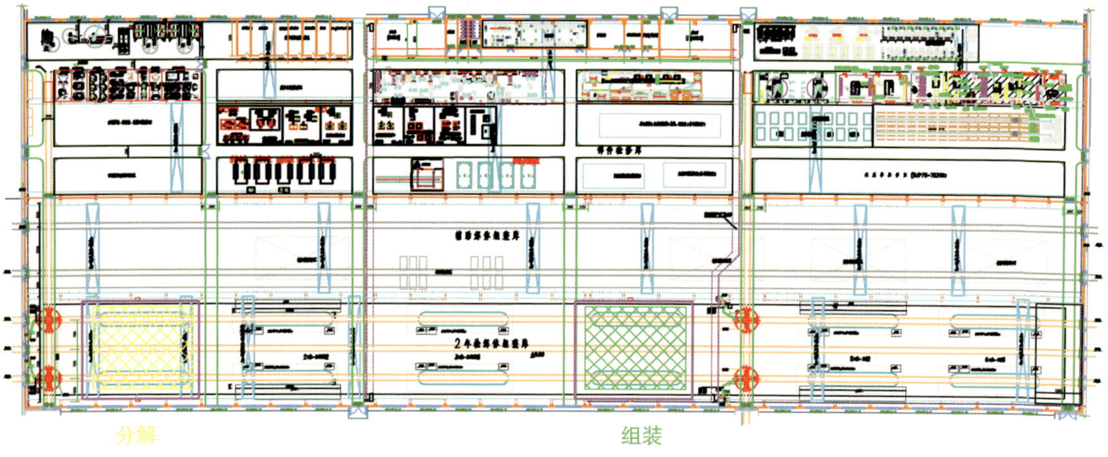

图 1-3-14　上海基地固定架车工艺布置图

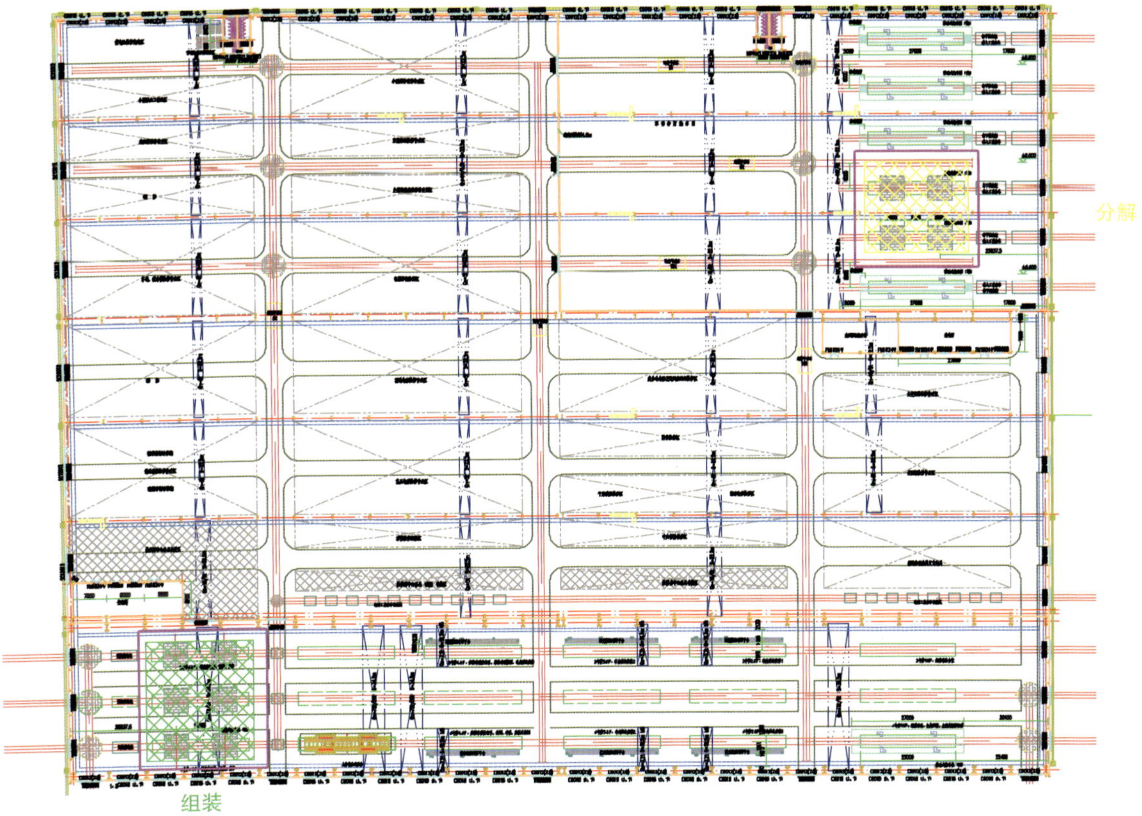

图 1-3-15　广州基地固定架车工艺布置图

（四）转向架检修技术研究

1. 检修工艺流程

1）转向架及构架检修区

转向架缓存→转向架吹尘（预留）→部件拆卸→构架轮对分离→构架清洗作业→部件分解→构架检查→构架探伤→预留工位→部件组装→构架组装→构架翻转→构架组装→轮对构架组装→部件组装→静载试验→动载试验（预留）→验收试验。

2）轮对轴箱检修区

轮对（见图 1-3-16）与构架分离后，通过设于构件检修旁边的轮对走行线，进入轮对检修间，先将轴端及牵引电机拆卸，进入轮对检修流水线。

轮对轴箱检修流水修作业流程为：

轴箱端盖分解→轴箱分解→电机齿轮箱分解（9 600 kW 齿轮箱游洗）→轮对清洗→轮对收入测量→轴承分解→磁粉探伤→磁粉清洗→轮对清磨。

其中齿轮箱分解后，运往轴箱检修线进行清洗、探伤、检修，检修完成的齿轮箱再运回轮对组装线进行组装。

轮对轴箱组装流水线作业流程为：

车轮镟修→轮辋、轮辐、车轴相控阵探伤→轴颈测量→轴承压装→轴端螺母组装→轴箱组装机械手→电机组装→轮对跑合试验→轮对立体存放。

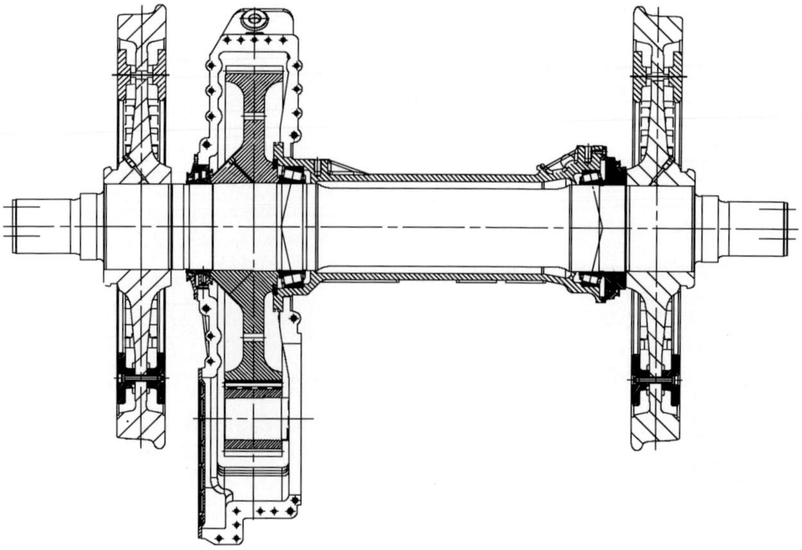

图 1-3-16　轮对装配外形结构

当检测出车轮磨耗到限（轮径小于规定要求），轮轴需进行解体作业，其轮对轴箱检修及组装流程为：

轴箱端盖分解→轴箱分解→电机齿轮箱分解（9 600 kW 齿轮箱游洗）→轮对清洗→轮对测量→轴承分解→磁粉探伤→磁粉清洗→轮对清磨→轮轴分离→车轴检修（车轮检修）→轮轴压装→车轮镟修→轮辋、轮辐、车轴相控阵探伤→轴颈测量→轴承压装→轴端螺母组装→轴箱组装机械手→电机组装→轮对跑合试验→轮对立体存放。

车轴车轮解体后分别进入车轴检修流水线及车轮检修流水线，其检修流程为：

车轴检修流程：轮轴分解→抱轴箱分解→车轴大齿轮除锈清洗→车轴大齿轮探伤→车轴旋转检查→抱轴箱组装→驱动装置跑合→车轴外径测量→轮轴组装

其中抱轴箱分解完，运往轴箱检修线进行清洗、探伤、检修，检修完成的抱轴箱再运回车轴检修线进行组装。

车轮检修流程：轮轴分解→车轮清洗除锈→车轮磁粉探伤→制动盘拆卸→车轮清洗→制动盘组装→制动盘跳动检测→车轮内孔测量→涂抹车轮防锈油→车轮立体存放。

3）牵引电机检修区

在转向架及构架检修区旁就近设置牵引电机检修区。该区域大小为 108 m×24 m。设有电机分解解体台位、试验台位、组装台位等，以及端盖等部件检修作业线、定子检修作业线、转子检修作业线、轴承检修作业线等。牵引电机及悬挂装置如图 1-3-17 所示。

电机进入检修区后，根据检修工艺将各部件分离后分别进入各自检修流水线，按照各自作业节拍时间完成检修作业。流水线上各工位因作业时间有所不同，对作业时间超出节拍时间的作业，如喷漆，此工位按照作业时间与节拍时间设计同时作业工件数量。其公式为：

某工位同时作业工件数量 = 该工位作业时间/本条流水线作业节拍时间

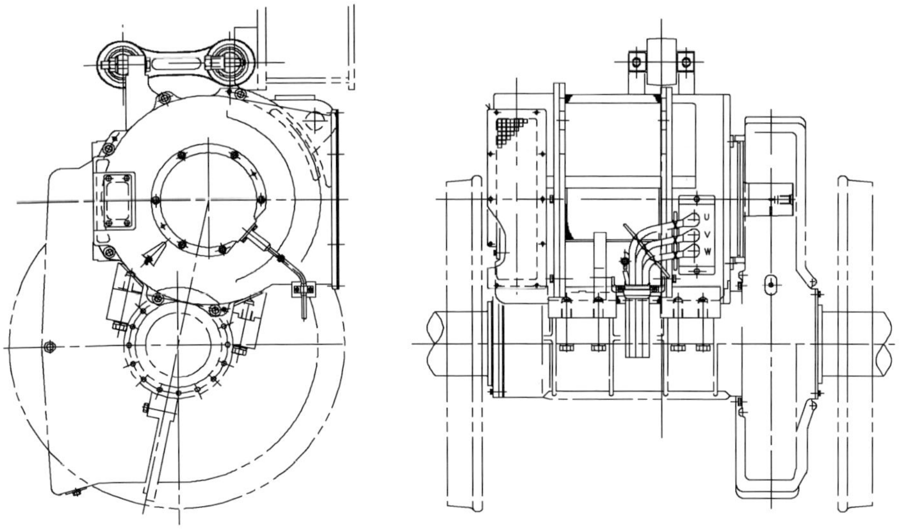

图 1-3-17　牵引电机及悬挂装置

另外一种情况，如解体、组装工位，其作业时间也大于节拍时间，在类似此工位中，设计考虑同时设置检修设备数量以满足通过能力需要。其公式为：

某工位设置检修设备套数＝该工位作业时间/本条流水线作业节拍时间

4）轴端轴承、轴箱检修区

轴箱结构如图 1-3-18 所示。轴承、轴箱检修需较洁净的环境，该区域需单独设置房屋，房屋轴线尺寸为 54 m×19.5 m，其中轴箱检修区为 54 m×10 m，轴承检修区为 54 m×9.5 m。

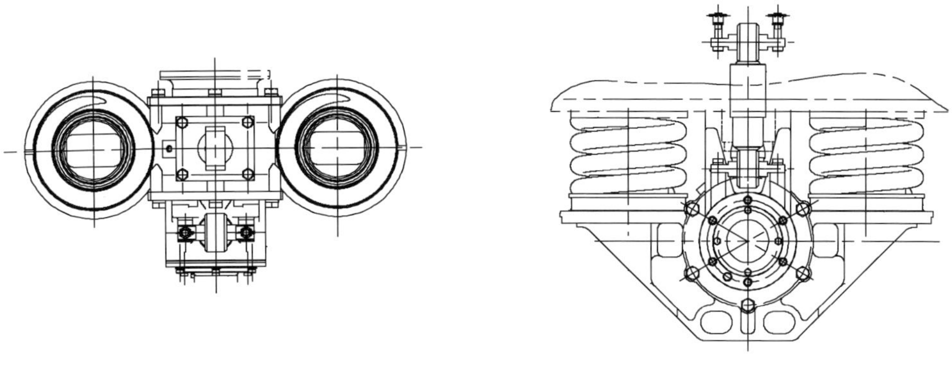

图 1-3-18　轴箱外形结构图

轴箱检修区内从轴箱进入后依次进行的作业有：

轴箱入场存放→轴箱入场检查→轴箱内孔抛光清洗→轴箱分解→轴箱检修→轴箱组装→轴箱喷漆烘干→轴箱存放。

轴承检修区内依次进行的作业有：

清洗→探伤→测量→压装→存放。

5）零部件检修区

车间内布置了几个零部件检修区域，主要有制动钳、一系及二系圆簧检修作业线、接地装置检修区、减振器检修区等。集中布置在转向架及构件检修线附近，以便从转向架及构架上拆解后就近检测及检修，在转向架及构架进行组装时，节省物流时间。

6）转向架、构架、轮对存放区

转向架、构架、轮对存放能力根据转向架在车间内作业时间3天及每天4个转向架，再考虑备用转向架及构架、轮对存放，除去在流水线作业转向架、构架及轮对后，对需存放数量进行设计。根据转向架车间转向架及构架检修工位数，考虑在线检修数量，需存放的转向架及构架分别为4~6个，另设置了2条修竣轮对存放线。

2．车间平面布置

转向架检修车间房屋轴线尺寸为：270 m×72 m。车间内根据检修工艺主要分为转向架及构架检修区，轮对检修区，牵引电机检修区，轴端轴承、轴箱检修区，零部件检修区，转向架、构架、轮对存放区等。

转向架车间设备平面布置如图1-3-19所示。

3．转向架检修兼容性分析

转向架及构架检修：可将不同车型的检修工艺安排在同一条流水线上，设计以主型车转向架的检修工艺流程进行工位布置，在不同车型作业内容相同的工位上，通过改进设备和工具以兼容不同车型的要求；并针对兼容车型转向架检修增设专用工位。

轮对检修：轮对的分解、组装和车轮检修作业不同车型的区别较小，也采用不同车型共线设置流水线的方式；对于区别较大的工位采用线下布置设备的方式。

车轴及齿轮箱检修：车轴及齿轮箱检修上，HXD3B、HXD1B为整体式齿轮箱结构，与其他车型结构型式区别较大，检修工艺兼容较难，一般单独设备专用工位及装备。

（五）轮对检测

1．普通机车轮对检测方式

普通机车车轮有带箍轮（见图1-3-20）和整体轮（见图1-3-21）两类，目前尚未建立完善的车轮综合保障体系，主要采用磁粉或常规超声技术检测机车轮对表面或内部缺陷，属粗放型的管理模式。

2．大功率机车轮对特点

大功率机车在车轮、轮辋厚度、轮辐结构上与普通机车存在较大差异。在相关设计开发时，应具备各型机车轮匹配兼容功能。

大功率电力机车与普通机车轮轴对比如表1-3-3所示。

普通机车轮对与大功率机车轮对对比如图1-3-22所示。

大功率机车根据机车轴功率的不同，即使是同一类型的机车，如HXD1B和HXD1C，其车轴结构也存在差异，如图1-3-23所示。

由于大功率机车牵引吨位重，运用条件恶劣，轮对承受的负荷大，为了确保大功率机车轮对的安全，必须对机车轮对进行严格的质量监控，单靠日常动态探测车轮表面缺陷，或者只是定期落轮对、轮辋探伤，或者是单靠某一个探伤设备是行不通的。只有根据轮对缺陷形成规律，结合车轮检修实际应用特点，形成轮对探伤技术体系，从日常动态、定期在线和定期落轮检修层次上应用相对应的系列探伤设备对轮对进行探伤，才能严格保障轮对全生命周期内的质量安全。

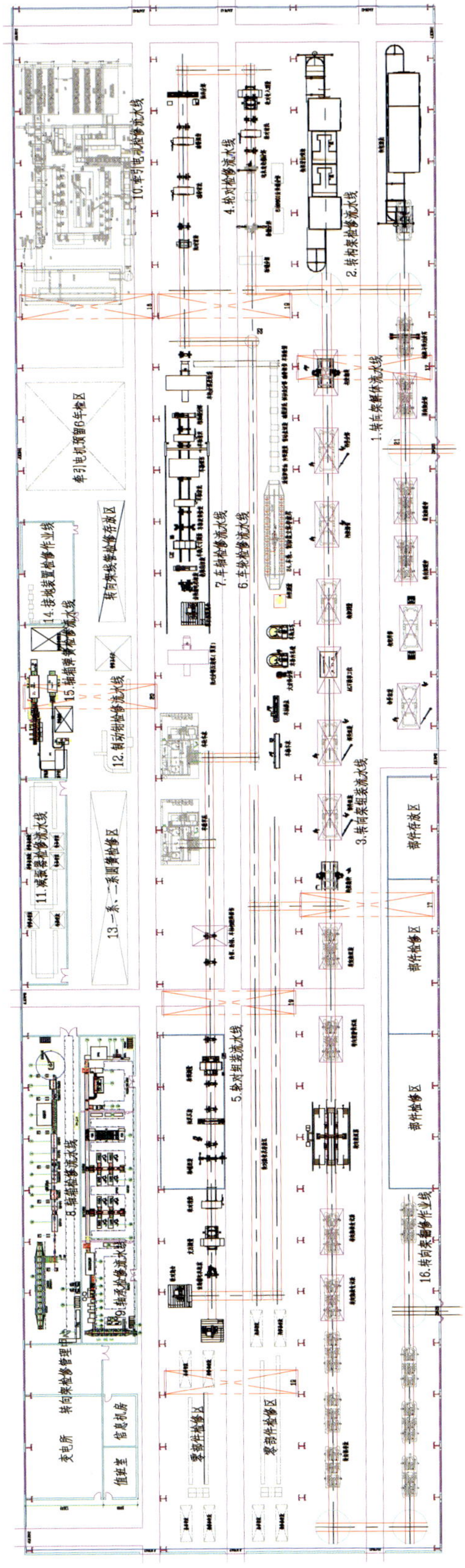

图 1-3-19　转向架检修车间设备平面布置

图 1-3-20　带箍轮

图 1-3-21　整体辗钢轮

表 1-3-3　大功率电力机车与普通机车轮轴对比　　单位：mm

车型	类型	车轮直径	全磨耗	轮辋厚度	轮辋宽度	轮辐形状	轮辐厚度	辐板孔
SS 系列	带箍轮 整体轮	1 250	1 150	—	140	直	—	有
HXD1	整体	1 250	1 150	80	140	直	30	有
HXD2	整体	1 250	1 150	85	140	内直外曲	18+12	无
HXD3	整体	1 250	1 150	75	140	直线	35	有

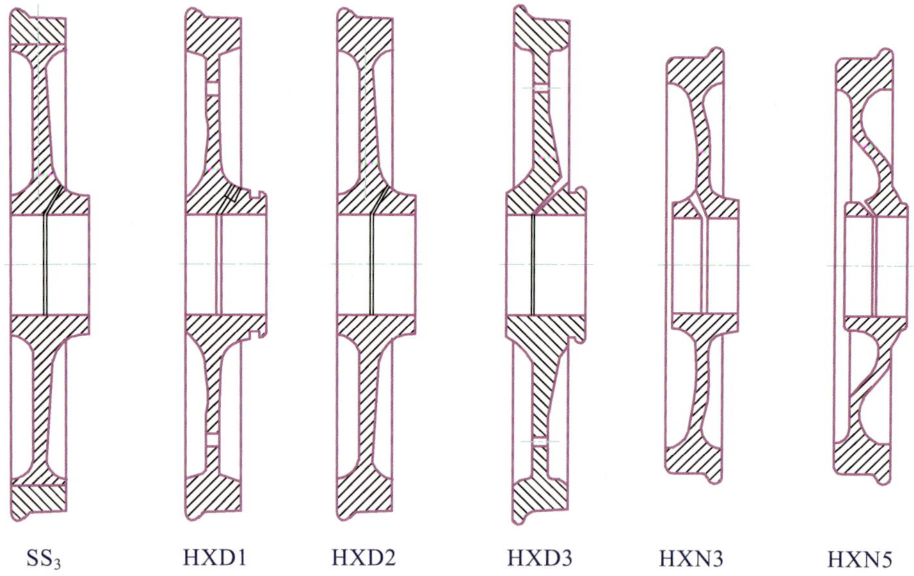

图 1-3-22　普通机车轮对与大功率机车轮对对比

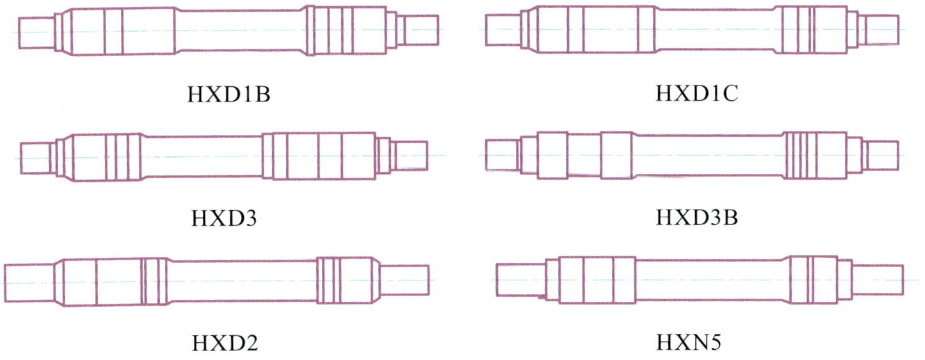

图 1-3-23　大功率机车车轴

对于车轮探伤，需要从车轮踏面表面到轮辋轮辐内部缺陷进行全面检测，重点监测部位如图 1-3-24、1-3-25 所示。

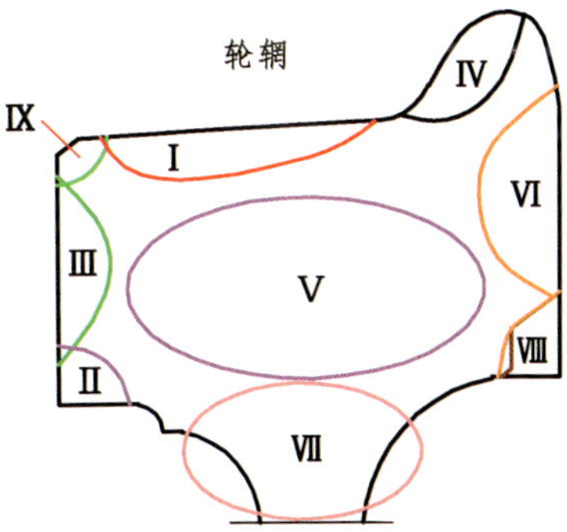

图 1-3-24　大功率机车轮辋重点检测区域

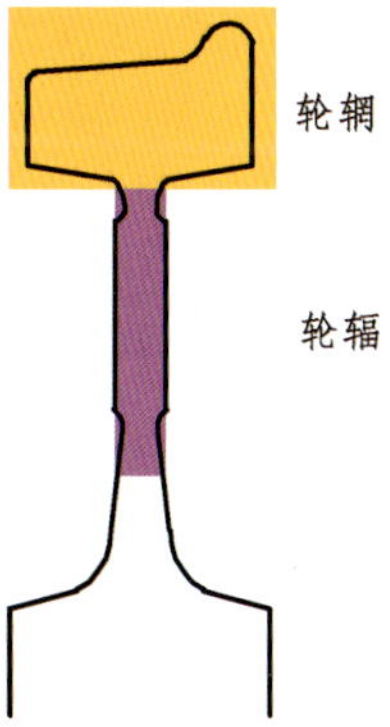

图 1-3-25　轮辋轮辐检测范围

对于车轴探伤，在车轴的齿轮座、轮座区域、卸荷槽区域容易产生横向裂纹，必须进行重点监控。

3. 大功率机车轮对检测体系

大功率电力机车牵引吨位重，制动时容易造成踏面擦伤、剥离等缺陷。另外，由于采用制动盘制动，轮辐的制动盘安装孔、辐板孔及近轮毂部位是应力集中区，容易出现裂纹。随着机车对高速、重载需求的不断增加，要对大功率电力机车走行部进行严格的质量监控，单靠日常动态探测车轮表面缺陷，或者只是定期落轮对轮辋探伤，或者是单靠某一个探伤设备是行不通的。

鉴于我国大功率电力机车同时具有高速和重载的特点，迫切需要重点监控车轮车轴的质量。为了全面保证大功率电力机车轮对的质量，应在日常动态检测、定期在线检测和定期落轮检测三个层次上建立和谐机车轮对综合检测体系，在各检修层次的设备配置方面根据大功率电力机车的运用检修特点进行配置。目前，定期落轮检测已经在各大功率基地逐步实施。

大功率电力机车轮对缺陷综合检测体系如表 1-3-4 所示。

表 1-3-4　大功率电力机车轮对缺陷综合检测体系

序号	检测层次	等级	检测内容	运用地点
1	日常动态检测	运用维修	踏面缺损、不圆度及轮轨作用力	机车运行正线
			车轮外形尺寸及踏面擦伤	机务段、机车运用维修段入库线
2	定期在线检测		车轮缺陷	机务段、机车运用维修段检修线
			车轴缺陷	机务段、机车运用维修段检修线
3	定期落轮检测	检修	车轮缺陷	大功率机车检修基地轮对检修线
			车轮缺陷	大功率机车检修基地车轮检修线
			车轴缺陷	大功率机车检修基地车轴检修线
4	故障诊断综合诊断	轮对综合管理	轮对故障综合管理、联网分析	机务段管理信息系统

4．检修基地定期落轮检测关键技术

1）定期落轮检测

定期落轮探伤检测在大功率机车检修基地进行，而大功率机车检修又分为 C1 ~ C6 共 6 个检修周期，且不同检修周期轮检修项目也不相同。因此，宜采用不同探伤设备对不同状态下的轮轴状态探伤检测。

2）定期落轮检测方法

定期落轮检测主要使用相控阵及常规超声多探头组合探伤技术，结合检修应用周期对车轮轮辋、轮辐和车轴进行超声波探伤，严密监控车轮车轴质量。

3）定期落轮检测设备

定期落轮检测设备运用于和谐型大功率检修基地，根据解体状态不同配置相应设备，主要设备包括 LAZ、LW、LZ、LX（见图 1-3-26，表 1-3-5）。

（a）车轮车轴定期落轮探伤

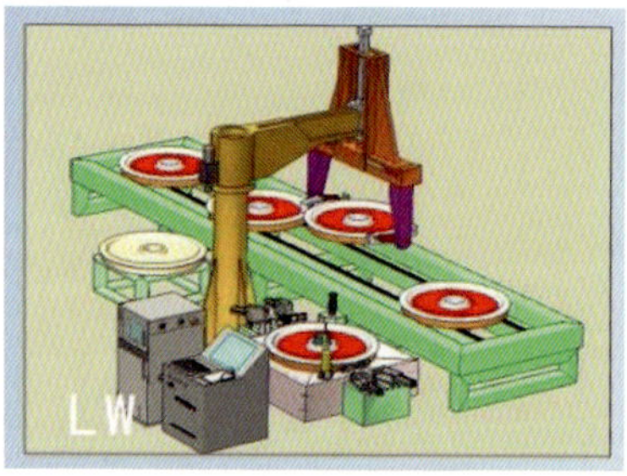

（b）车轮定期分解探伤

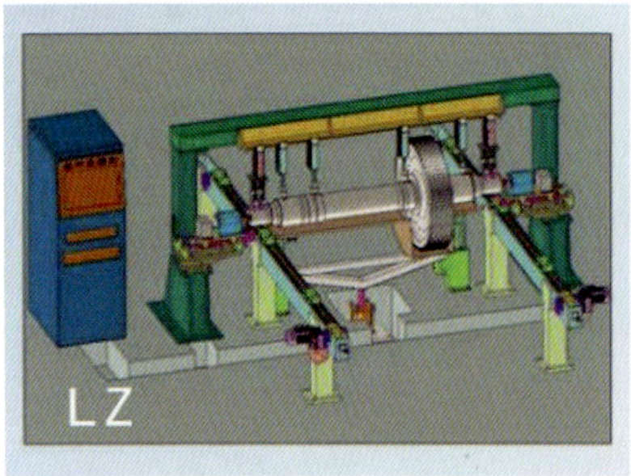

（c）车轴定期分解探伤

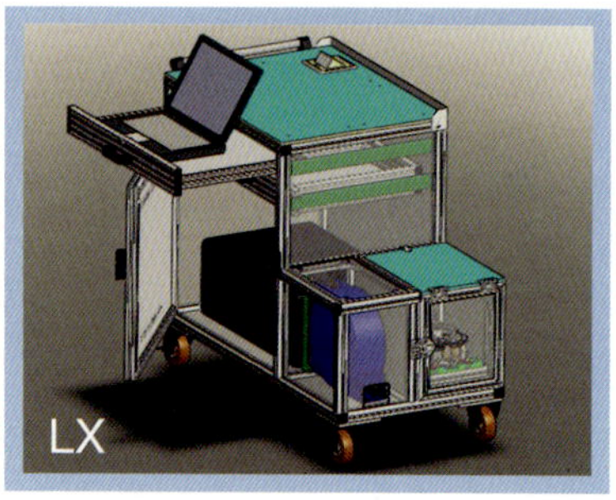

（d）便携式相控阵车轮车轴探伤仪

图 1-3-26　大功率电力机车轮对探伤设备

表 1-3-5　定期落轮检测设备（机车检修基地）

等　级	检修级别	检测内容	配置的设备	安装/使用地点
轮对检修层次探伤设施	C4～C5	车轮缺陷	固定式车轮车轴探伤系统（LAZ） 便携式相控阵车轮车轴探伤仪（LX）	机车检修基地轮对检修线
	C6	车轮缺陷	车轮相控阵探伤系统（LW） 便携式相控阵车轮车轴探伤仪（LX）	机车检修基地车轮检修线
	C6	车轴缺陷	车轴相控阵探伤系统（LZ） 便携式相控阵车轮车轴探伤仪（LX）	机车检修基地车轴检修线

（六）牵引电机检修

牵引电机悬挂在大功率电力机车转向架上，转向架置于大功率电力机车底部，与轨道接触，为大功率电力机车提供动力。

HXD3 型电力机车转向架如图 1-3-27 所示。

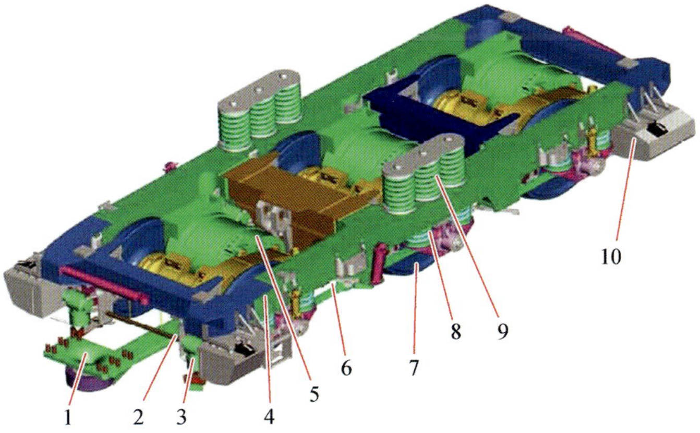

图 1-3-27　HXD3 型电力机车转向架总图

1—牵引装置；2—排石器；3—基础制动装置；4—构架；5—电动机悬挂装置；6—轮缘润滑装置；7—轮对；8—一系悬挂（轴箱）装配；9—二系悬挂（支承）；10—砂箱

大功率电力机车牵引电机的外形和主要参数如表 1-3-6 所示。

表 1-3-6　大功率电力机车牵引电机外形及主要参数

机车型号	电　机　外　形	主　要　参　数
HXD1 HXD1C		电机型号　JD160 电机长度　1 070 mm 电机宽度　845 mm 电机高度　815 mm 电机质量　2 580 kg 功率　1 224 kW 电压　1 375 V 电流　598 A 额定转速　1 719 r/min

续表

机车型号	电机外形	主要参数
HXD1B	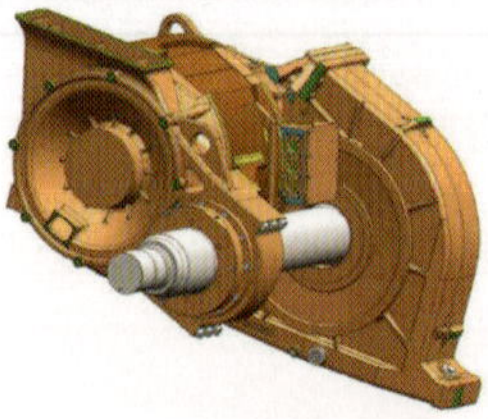	电机型号 YQ-1633 电机长度 1 230 mm 电机宽度 915 mm 电机高度 890 mm 电机质量 2 980 kg 功率 1 633 kW 电压 2 750 V 电流 405 A 额定转速 2 274 r/min
HXD2		电机型号 YJ90 电机长度 1 270 mm 电机宽度 950 mm 电机高度 897 mm 电机质量 2 660 kg 功率 1 275 kW 电压 1 391 V 电流 620 A 额定转速 1 499 r/min
HXD2B		电机型号 6FRA4567D 电机长度 1 250 mm 电机宽度 930 mm 电机高度 877 mm 电机质量 2 540 kg 功率 1 633 kW 电压 2 944 V 电流 376 A 额定转速 1 753 r/min
HXD2C	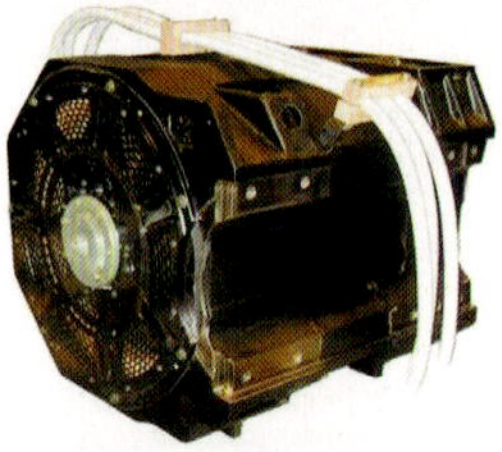	电机型号 YJ170 电机长度 1 220 mm 电机宽度 920 mm 电机高度 847 mm 电机质量 2 560 kg 功率 1 250 kW 电压 2 150 V 电流 380 A 额定转速 1 499 r/min
HXD3		电机型号 YJ85 电机长度 980 mm 电机宽度 956 mm 电机高度 917 mm 电机质量 2 613 kg 功率 1 250 kW 电压 2 150 V 电流 390 A 额定转速 1 365 r/min
HXD3B		电机型号 4FIA7854 电机长度 1 070 mm 电机宽度 828 mm 电机高度 680 mm 电机质量 2 150 kg 功率 1 633 kW 电压 2 183 V 电流 489 A 额定转速 1 483 r/min

1．技术方案与技术路线

大功率电力机车交流牵引电机检修流水线采用了先进的信息管理系统和技术装备，极大地提高了电机检修的数量和质量，实现了检修作业的机械化、自动化、文明化和信息化。

交流牵引电机检修流水线的总体布置如图 1-3-28 所示。按检修功能分为 4 条检修流水线（电机解体线、转子及附件检修流水线、定子检修流水线、电机组装试验线）、1 个喷漆区和 1 个信息管理系统。设计内容包括工艺流程和工位设计、物流设计、设备设计和信息化管理系统设计。

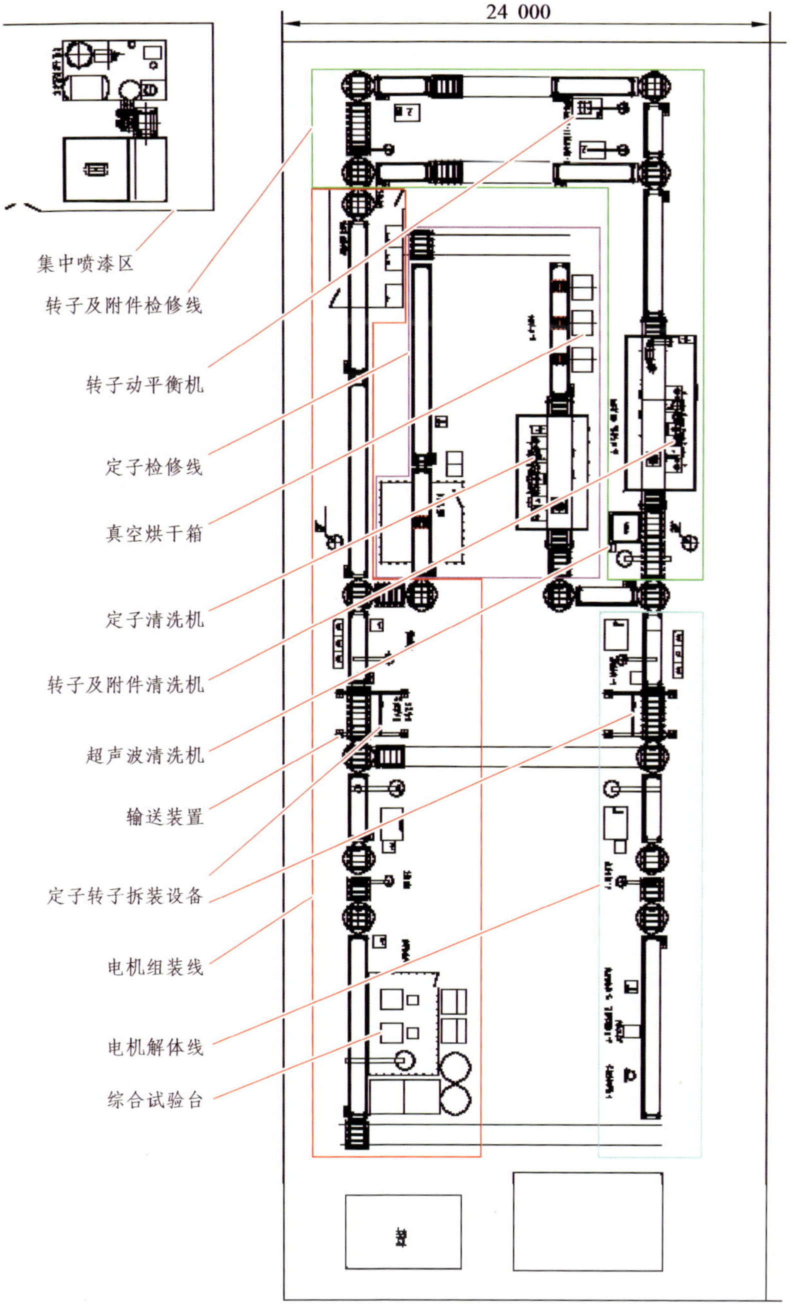

图 1-3-28　交流牵引电机检修流水线布置

2．工艺流程和工位设计

工位设计根据工艺流程进行，将交流牵引电机的检修工艺流程的内容分解和合并为若干工位，以达到检修时间均衡分配的目的。

交流牵引电机检修流水线（见图 1-3-29）：由电机解体线、转子及附件检修流水线、定子检修流水线、电机组装试验线、1 个喷漆区和 1 个信息管理系统组成。

图 1-3-29　牵引电机检修流水线总图

电机解体线（见图 1-3-30）：主要完成电机定子机体部件和电机传动轴两端附件、电机定子与转子以及端盖与轴承的分解等任务。电机解体前首先用起重机将待修牵引电机吊入检修流水线的电机托盘上，然后由输送装置依次传递到后续工位。

图 1-3-30　牵引电机检修电机解体线

转子及附件检修流水线（见图 1-3-31）：主要完成电机转子和附件的清洗、吹干及烘干，转子固有频率检测、磁粉探伤、动平衡试验和及附件尺寸测量。

定子检修流水线（见图 1-3-32）：定子检修流水线与转子及附件检修流水线并列布置，主要完成电机定子的清洗、吹干、真空烘干、吊座探伤和电压、电阻的测试，并将检测数据通过数据采集终端输入数据中心。

图 1-3-31　转子及附件检修流水线

图 1-3-32　电机定子检修流水线

电机组装试验线：主要作用是完成转子组装、定子组装、电机总装及电机综合试验等。

利用感应加热器、烘箱和液压压装机进行转子传动端和非传动端的轴承组装。先将转子传动端的轴承内环和内封环装入轴承端盖中，再将转子非传动端的轴承、内封环和轴承外盖装在转子轴上，然后紧固轴承端盖和轴承外盖的螺栓。

利用机械手将定子端盖安装在定子上。

利用定子转子拆装设备进行转子与定子的拆卸和装配。首先将转子传动端的轴身紧密地与定子转子拆装设备的升降装置连接，并水平升起转子，与转子托盘脱离接触，然后转子托盘通过输送装置返回工位 5，形成转子托盘的循环。接着全面微调定子转子拆装设备的方位，使转子外径与转子内径对准，并缓慢地将转子装入定子。待转子与定子装配到位后，即可拆下转子。

电机定转子压装如图 1-3-33 所示。

进行电机附件组装，安装次序为：传感器支架安装，测速齿轮止动垫片和螺栓、速度传感器出线板、接线盒、引出线、导线支架和线夹等。

图 1-3-33　电机定转子压装

利用液压拆装器将联轴器压装在电机转子的轴伸上。

组装完成的牵引电机由输送装置输送至电机综合试验台工位，利用悬臂吊将牵引电机从输送装置吊至电机综合试验台，依次进行电机冷态直流电阻测量、轴承对地绝缘电阻值测量、绕组对地绝缘测量、转速传感器输出波形测量、空载试验、磨合试验、轴承温升试验、绝缘耐压试验。完成综合试验的电机进行喷涂面漆、收尾及存放（见图 1-3-34）。

图 1-3-34　电机综合试验

（七）整车动态试验

大功率电力机车整车试验动态检测系统及装备主要包括基础设计、机械系统、移动式接触网供电系统、四象限交流传动控制系统、计算机网络控制系统、计算机数据处理系统六大关键技术，是运用现代控制理论、采用最先进的交流传动和计算机网络控制的现代大型综合试验系统。根据系统关键技术制定如下技术方案和技术路线。

1．主要技术路线

根据机车整车试验动态检测系统整体设计方案与基础设计考虑 150 t 机车自重、300 t 设备自重和 120 km/h 速度下 9 600 kW 负荷的动载荷，确定地基尺寸、承载要求、电源功率和电源引入方式，据此设计机车整车试验动态检测系统土建结构和试验电源引入点。

为满足检修基地年检修 500 台不同型号机车的生产能力，根据不同机车轴距排列规律，研究由不同空行程组合的成组驱动机械机构，根据成组驱动机构特点研制电动轴距自动调整电气控制系统。

试验库内是非标准接触网供电条件，试验库内同时设置用于设备安装和维护的单梁起重机，针对试验库的结构，研制适用于全系列大功率电力机车的侧移式刚性接触网供电设备，满足试验库内非标准接触网条件下向被测试机车提供 25 kV 动力电源，同时开发高压供电侧移式刚性接触网与库内作业人员和设备的安全联锁控制系统。

被测试机车最大功率为 9 600 kW，主电路采用电功率封闭技术大大降低了能耗。机车处于牵引工况时，机车从接触网获取电能，轨道轮通过传动装置驱动陪试电机发电，将电能反馈到接触网；机车处于电制动工况时，陪试电机从接触网获取电能，轨道轮通过传动装置驱动机车轮对，机车电机处于发电状态将电能反馈到接触网。接触网只需要提供 40% 左右的电功率，即可进行全功率 9 600 kW 的试验，极大地节约了电能。陪试电机采用大功率四象限变流器驱动，研制直接转矩控制系统满足 2 000 kW 交流变频陪试电机的速度和转矩双闭环自动调节，实现轨道轮自动同步运转，同步精度控制在±1% 以内。制作四轴电机对拖控制系统样机，测试电功率封闭技术在工业环境下的工作稳定性和可靠性。

研制车载微机数据视频图像分析系统，研制图像获取模块、图像识别模块、数据传输模块，实现车载微机数据的自动传输和提取，便于试验数据的存储与查询，试验数据全部进入计算机数据库管理系统，为机车提供实验履历数据，便于机车状态的跟踪。

通过以上关键技术的突破，研制适用于 HXD1B、HXD1C、HXD2B、HXD2C、HXD3、HXD3B、HXD3C 大功率电力机车的动态检测系统，在大功率检修基地示范应用。

2．主要功能

大功率电力机车整车试验动态检测设备适用于 HXD1B、HXD1C、HXD2B、HXD2C、HXD3、HXD3B、HXD3C 型六轴交流传动电力机车进行 C4 修及以上修程后的线路试运行试验，机车更换大部件后进行大部件运行试验。主要功能有：

（1）试验不同的车型时，能够根据不同车型的轴距对试验台轨道轮的轴距进行调整，确保轨道轮轴距调整工作在 1 个小时之内完成。

（2）机车能够快速、安全地自行上、下试验台。

（3）试验台各装置设置较完善的接地回流电路，试验台接地回流电路与试验间 25 kV 高压电源贯通接地回流线连接。

（4）整车试验装置确保各轴之间同步运行。

（5）试验间库采用侧移式刚性活动接触网给试验机车供电。

（6）系统电气控制部分采用集成化、模块化的设计思路，采用 PLC 控制技术，实现逻辑控制。

（7）系统具有较完善的保护功能。

（8）为了达到环保节能的目的，系统具有能量反馈功能。

（9）系统轨道轮承重 300 kN，单轴试验功率 1 600 kW。

3．主要技术方案

大功率电力机车整车试验动态检测设备机械部分主要由轨道轮、导轨、轮缘轨道及举升装置、传动装置（包括万向轴、增速齿轮箱和联轴器）、安装平台和轴距调整装置、电动车钩、侧移式接触网等部件组成。机械系统总体设计框图如图 1-3-35 所示。

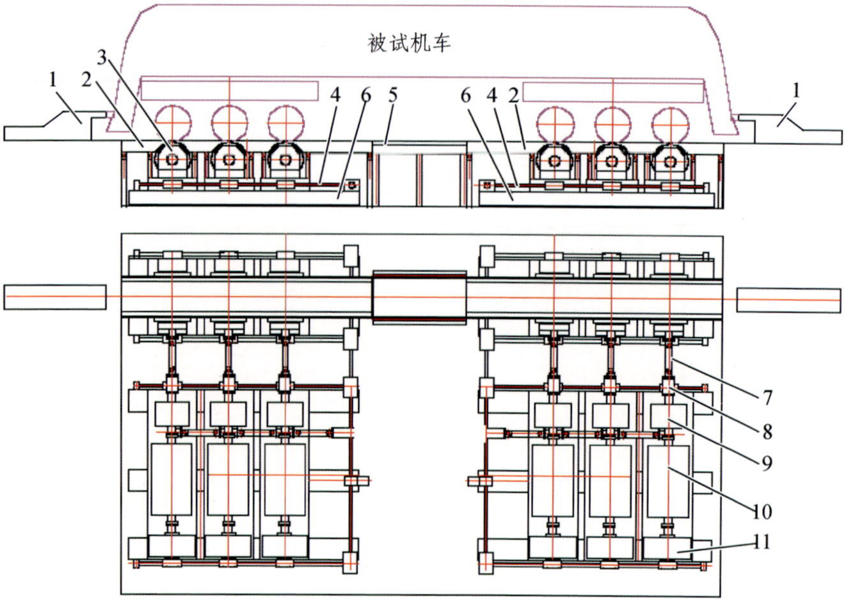

图 1-3-35 整车试验台机械系统总体设计框图

1—地面车钩；2—轮缘轨道及升降装置；3—轨道轮总成；4—轴距调整装置；5—中间支承；
6—导轨；7—万向轴；8—扭矩传感器；9—同步增速齿轮箱；
10—陪试电机；11—飞轮

大功率电力机车整车试验动态检测设备总体布置如图 1-3-36 所示。

	轴距调整丝杠				轴距调整丝杠			
地面车钩	轨道轮 1	轨道轮 2	轨道轮 3	连接轨道	轨道轮 4	轨道轮 5	轨道轮 6	地面车钩
	轴距调整丝杠				轴距调整丝杠			
	万向轴	万向轴	万向轴		万向轴	万向轴	万向轴	
	轴距调整丝杠				轴距调整丝杠			
	扭矩传感器	扭矩传感器	扭矩传感器	轴距调整驱动装置	扭矩传感器	扭矩传感器	扭矩传感器	
	同步增速齿轮箱	同步增速齿轮箱	同步增速齿轮箱		同步增速齿轮箱	同步增速齿轮箱	同步增速齿轮箱	
	陪试电机	陪试电机	陪试电机		陪试电机	陪试电机	陪试电机	
	飞轮	飞轮	飞轮		飞轮	飞轮	飞轮	
	轴距调整丝杠				轴距调整丝杠			

图 1-3-36 大功率电力机车整车试验动态检测设备总体布置

4. 整车试验库设备平面布置

整车试验库尺寸为 54 m×21 m，设有动态试验设备、起重机、移动接触网等；地面标高同轨顶标高，在库末端设有高架平台，标高+2.8 m；库尾部设班组间和设备间。

整车试验库设备平面布置如图 1-3-37 所示。

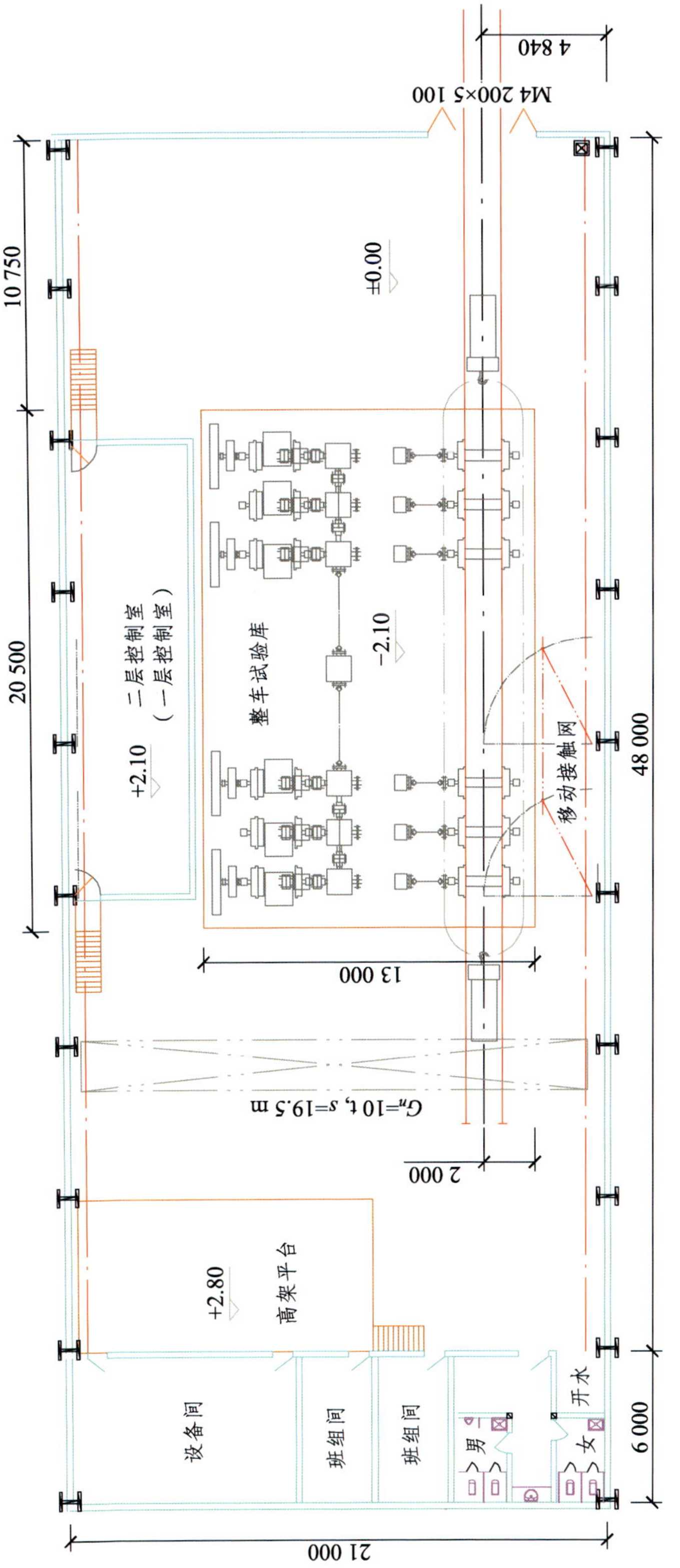

图 1-3-37　整车试验库设备平面布置

第二章　大功率电力机车检修基地工程

第一节　概　述

2008年年底，原铁道部（现中国铁路总公司）修订并颁布了《中长期铁路网规划（调整版）》，到2020年铁路网规模将达到12万千米以上，为满足铁路运输发展的需求，迫切需求能够适应“客运高速化、快速化，货运重载化、快捷化”的现代铁路运输装备。按照“引进先进技术，联合设计生产，打造中国品牌”的总体要求，我国成功引进了世界先进水平的大功率交流传动电力机车技术，通过几年的消化、吸收，实现了大功率交流传动电力机车国产化，使我国电力机车技术装备制造水平达到世界先进水平。

2007年3月11日，第一台和谐型大功率交流传动电力机车投入运营，预计到2020年投入运营的大功率电力机车将达到一万台，会覆盖全国。为用好、管好、修好这批现代化大功率机车，中国铁路总公司在天津、广州、武汉、上海、哈尔滨、成都、西安建设了7个大功率电力机车检修基地和若干个运用维修段。

大功率电力机车技术从“引进、消化、吸收、再创新”发展到了新的阶段，需要开展“二次创新”，组织机车“造、修、用、研”，以开展大功率电力机车检修基地关键检修技术为纽带，构建大功率电力机车“二次创新”工作体系，在检修领域继续进行自主创新。开展大功率机车检修理论、检修关键技术的研究应用，在“以可靠性为中心”的先进维修理论指导下，利用系统工程方法论，优化维修策略，科学配置资源，应用现代化物流管理和先进信息化技术，建设符合中国国情的一流机车检修关键技术体系。

一、全路既有机务设备概况

从铁路系统经历多次提速以来，特别是第六次大面积提速，机务系统充分发挥生产力布局调整优势，贯彻长交路、轮乘制、专业化、集中修的制度，全路机务段数量由高峰时期的一百多逐步减少到目前的六十左右。

（一）机车交路

随着铁路速度和机车技术的不断提升，货机交路逐步推行从编组站到编组站的直达交路，客机逐步实现了大站到大站、点到点的长交路、直通交路。长大干线货运机车交路一般达到了500～600 km，个别达到了1 000 km，如哈尔滨南—大连；客运机车交路达到了600～

800 km，个别达到了 2 000 km，如北京西—广州。

（二）机务设备概况

目前全路共有 18 个铁路局（集团公司），每个铁路局所管辖的路网、运输线路客货运量、客货运设施都有着较大的不同。因此，每个路局所管辖的机务段数量也都不同。统计数据表明，每个路局平均所辖机务段数量在 2～4 个。

二、既有机务段检修规模分析与主要技术指标

（一）机务段检修规模分析

根据既有电力机车检修的修程修制，机车检修按定检千米进行计划修。机务段检修工作量按担当交路所产生的年走行千米数来分析计算其检修能力需求，并据此确定机务段检修规模。

1）机务段检修能力需求分析与规模的确定

以武昌南机务段为例，该段承担京广线武昌南—岳阳北、株洲北的货机交路以及武九线武昌南—九江西、向塘的货机交路。枢纽内客运机车所产生的检修工作量亦由该段承担。该段自建段以来，随着相关线路客货运运量增长逐步达到当初设计能力以及武汉枢纽内机务设施的调整，该段电力机车检修能力渐趋饱和。

2）机务段布局研究

以武汉局为例，武汉局范围内主要铁路干线有京广线、焦柳线、宁西线、武九线，路网性编组站有武汉北编组站，区域性编组站有武昌南编组站、襄阳北编组站，区域性客运中心站有武汉、武昌、汉口站。依托路网、编组站及大型客站，武汉局管辖范围内分布有武昌南机务段、江岸机务段、襄阳机务段，分别位于武昌南编组站、武汉北编组站、襄阳北编组站。

（二）机务段主要技术指标

1）主要技术指标

根据调研统计结果，机务段主要技术指标如表 2-1-1 所示。

表 2-1-1　机务段主要技术指标

序　号	项　目	技术指标
1	中　修	2～4 台位
2	中修年检修能力	100～200 台/年
3	检修生产厂房及辅助房屋	25 000～35 000 m^2
4	占　地	25～45 ha*
5	检修定员	500～800 人

* 1 ha（公顷）= 10 000 m^2。

2）主要生产房屋

机务段一般设有小修库及零部件检修车间、中修库、联合检修车间、清洗车间、设备车间、

材料库等检修厂房以及检修办公楼、班组楼等辅助检修房屋。各检修房屋面积如表 2-1-2 所示。

表 2-1-2　机务段主要检修房屋面积

序 号	车间名称	面积/m^2
1	中修库	2 106
2	喷漆库	450
3	清洗间	648
4	转向架间	1 296
5	轮对间及存轮场	540 存轮场：（24 ~ 30）m×15 m
6	电机间	1 000 ~ 1 200
7	屏柜及电器器械间	800 ~ 1 000
8	电子器械间	120 ~ 140
9	受电弓间	150 ~ 220
10	蓄电池间	180 ~ 200
11	制动及空压机间	110 ~ 130
12	仪表间	80 ~ 100
13	探伤间	50 ~ 60
14	熔焊间	50 ~ 60
15	滤油间	70
16	备品间	270 ~ 360
17	计量室	50 ~ 60
18	化验室	100 ~ 120
19	其他辅助房屋	3 200 ~ 3 800

第二节　检修基地功能设施和建设要求

一、大功率电力机车检修基地布局研究

按照“引进先进技术，联合设计生产，打造中国品牌”的总体要求，我国实现了大功率交流传动电力机车的国产化，建立了具有中国特色、世界一流水平的铁路机车装备技术平台。大功率电力机车已经成为我国铁路客、货运的主要牵引动力。到 2020 年，全路投入的大功率电力机车将达到 10 000 台。如何用好、修好这些数量庞大的大功率电力机车，一个崭新的课

表 2-2-5 大功率电力机车检修基地主要零、配件辅助检修设施

主要设施	基本要求	配备设备明细
主要部件检修间	主要部件检修间依托检修库主体设置	① 转向架间（含转向架分解、清洗、组装、试验以及构架、轮轴、牵引电机、轴承轴箱、牵引拉杆、制动装置、减振器等各部件检修区） ② 变压器间 ③ 变流器间 ④ 受电弓间 ⑤ 电气及控制设备间 ⑥ 空压机及制动单元间 ⑦ 空调设备间 ⑧ 车内设备间 ⑨ 主要部件喷漆间
配件修配间	配件修配间依托检修库主体设置	① 蓄电池间 ② 计量仪表间 ③ 材料库

3）车体喷漆库

车体喷漆库负责车体喷砂除锈、喷底漆及烘干、司机室阻尼浆喷涂及烘干、刮腻子、打磨、中涂、喷面漆烘干、标记等工作。

4）高低压调试库

调试库负责机车总组装后的预调试、耐压试验、空气管路试验、升弓试验、状态调整等工作。

5）走行部故障诊断设施

轮对踏面诊断装置（可兼顾设置受电弓动态检测装置）设置在库前走行线上，实现对走行部的实时在线故障诊断。

6）轮对探伤和不落轮镟加工设施

轮对探伤设施可对走行部（转向架、轮对、车轴、轴承）进行解体探伤检查，主要配置为走行部各部件探伤检测设备（探伤、外形），设备配置在大库和检修车间内。

不落轮镟加工设施可进行不落轮镟加工及动平衡检测，需单独设置不落轮镟库，配置不落轮镟床及镟削加工后动平衡检测设备。

7）车体外部自动清洗设施

车体外部自动清洗设施采用通过贯通式布置方式设置在基地入口或单独清洗线上，结合和大功率电力机车清洗要求和机车顶部高压部分构造（是否清洗端部、走行部裙板洗净程度、是否清洗侧面斜角）确定的设备设置方案。

清洗设备两端满足 1 ~ 2 台机车停放、待班要求。

8）机车整车试验台

完成机车线路试运行工作。

9）机车检修管理信息中心

机车检修管理信息中心配置如表 2-2-6 所示。

表 2-2-6　机车检修管理信息中心配置表

主要设施	基本要求	配备设备明细
机车检修管理信息中心	① 以机车技术管理、生产管理、物流管理、调度指挥、安全监控为主要内容 ② 网络结构采用基地中心和生产单元两级组成，由局域网和无线宽带接入连接 ③ 基地中心与上级指挥中心由宽带广域网连接 ④ 机车信息系统与铁路既有信息系统交换信息 ⑤ 信息中心设小型机，并采用双机热备方式运行	① 机车检修管理信息系统 ② 安全监控系统接口（三层平台安全、工位作业、场区安全监控） ③ 生产调度模块与股道自动化联锁系统接口 ④ 生产管理模块与各设备工作状况、检测数据接口 ⑤ 物流管理模块与零部件配送中心接口

10）主要零部件配送中心

主要零部件配送中心设置在检修库较便利、物流方便的地点，配送任务及流水传输线由信息化管理系统管理。其主要设备包括配件及材料备品立体存储库、自动配送传输流水线、物流装配、搬运设备。

第三节　工程设计与创新

为适应我国铁路货物运输“快速、重载”的发展需要，从 2007 年开始，我国逐渐采用速度快、承载重、牵引功率世界最大的交流传动电力机车，取代传统直流传动机车。传统直流机车检修模式已经无法满足我国大规模、成网运行大功率电力机车的全新检修需求。

针对大功率电力机车检修关键问题，历经数年攻关、自主创新，我国开发并应用了大量新技术、新工艺、新设备、新材料，形成了一系列的科研、专题报告等成果；设计并建成广州、武汉、上海三处大功率机车检修基地工程，为我国铁路设计规范中有关大功率机车运用检修内容的编制奠定了基础，也直接为后续其他大功率机车检修基地设计建设提供了技术支持。

一、广州大功率机车检修基地

（一）总体设计

广州和谐型大功率机车检修基地是全路电力机车两个“修造合一”基地之一，是我国和谐型大功率电力机车生产制造、全修程检修功能的重要生产力，是构建我国“百年不落后”的大功率机车运用检修体系的关键工程。

广州大功率电力机车检修基地除负责广铁集团、南宁局、南昌局运用的大功率电力机车所产生的检修量外，还兼备生产大功率电力机车的制造能力。设计 2 年检（C4～C5 修）设施规模：按近期 500 台/年实施，远期 1 000 台/年的检修能力进行合理预留；设计 6 年检（C6 修）设施规模：按 200 台/年的能力规模进行设置；机车制造按 200 台/年的能力规模进行设置，并适当预留发展条件。

广州大功率检修基地位于广州市花都区狮岭镇西头村，在京广线军田站北端西侧接轨，紧邻江村编组站，利于大功率电力货运机车检修回送。检修基地区位（见图 2-3-1）环境良好，西北两侧被青山环抱，东南两侧有大沙河与花赤引渠等水系环绕，检修基地主场区长约 1 420 m、宽约 580 m，呈南北向布置。检修基地选址所在区域对外交通发达，广清高速和珠三环从旁侧通过，大沙河从京广线两侧蜿蜒南流。

图 2-3-1　检修基地选址区位示意图

广州大功率机车检修基地站段关系如图 2-3-2 所示。

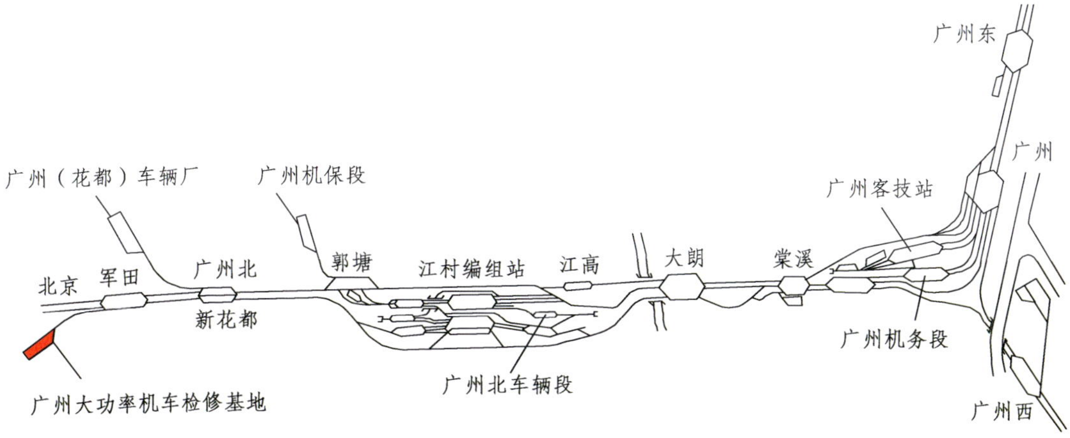

图 2-3-2　广州大功率机车检修基地站段关系示意图

（二）总平面布置方案

检修基地呈东西向布置，采用横列式布置，存车线设于基地的北侧，南侧设置检修厂房，基地内设 1 条出入段线与军田站接轨，1 条动态试验线设于基地最北端，试验线南侧布置 1 条机车预检走行线兼外皮清洗线，并在其一端反接一股道设置机车预检棚。7 股道存车场紧邻走行线设置，线间距为 5.0 m。检修基地内除存车线、高压调试库线、整车试验库线、动态试验线挂网外，其余股道不挂网，采用公铁牵引车方式走行。

在存车场南侧，从北至南依次布置检修生产区、辅助生产区和厂前区。制造生产区位于检修生产区西侧，两者除共用综合办公楼外，其他设施相对独立，便于管理。

检修生产区新建检修库主库一座，内设 6 台位解体库、3 线组装库、零部件集中清洗区、零部件检修区和三层边跨。以该库为检修组合厂房核心，两端设移车台。移车台东侧设车体检修库、车体喷漆库，移车台西侧设低压调试库、高压调试库、称重限界库、返修库、整车动态试验库、淋雨试验线等设施。检修库主库南侧新建转向架检修车间，转向架检修车间东侧设物流中心。厂前区设有综合办公楼、单身宿舍、乘务员公寓、食堂等，厂前区大面积绿化，具有良好办公环境。

制造生产区位于检修生产区西侧，制造生产区新建冲压备料车间、车体联合厂房、转向架联合厂房、组装联合厂房等，联合厂房端部设移车台，移车台西侧设涂装库、调试库及整车试验库等。

检修基地总房屋面积约 23 万平方米。广州检修基地总平面布置如图 2-3-3 所示，广州检修基地总平面效果如图 2-3-4 所示。

（三）主要车间设计

1．主检修库

主检修库长 234 m×宽（144+36）m，设有解体库、组装库、清洗库和零部件检修车间，边跨长 198 m×宽 12 m。主检修库鸟瞰图如图 2-3-5 所示。

1）解体库

解体库位于该库的东北角，长 63 m×宽 72 m，含 4 线 4 台位 2 年检（C4 ~ C5 修）解体线和 2 线 2 台位 C6 修解体线，线间距均为 12.0 m。库内配备移动式架车机、地坑式架车机、16/5 t 起重机、牵引杆拆装设备、钩缓拆装设备、主变压器升降装置、转向架转盘、移动作业车、检查坑等。机车架车落下转向架后通过端部的转盘和运输线移至转向架检修库。

2）组装库

组装库（见图 2-3-6）位于该库南侧，长 234 m×宽 36 m，含 1 条 2 年检（C4 ~ C5 修）组装线（另预留 1 条）和 1 条 C6 修组装线，线间距为 12.0 m。库内配备 75/20 t 和 16/5 t 双层起重机、地坑式架车机、固定作业平台、牵引杆拆装设备、钩缓拆装设备、主变压器升降装置等。每条组装线分 5 个工位，分别是 1SP—组装准备，2SP—车内设备安装 1，3SP—车内设备安装 2，4SP—吊装车顶盖扳、车底设备安装，5SP—转向架组装、调整、落车。

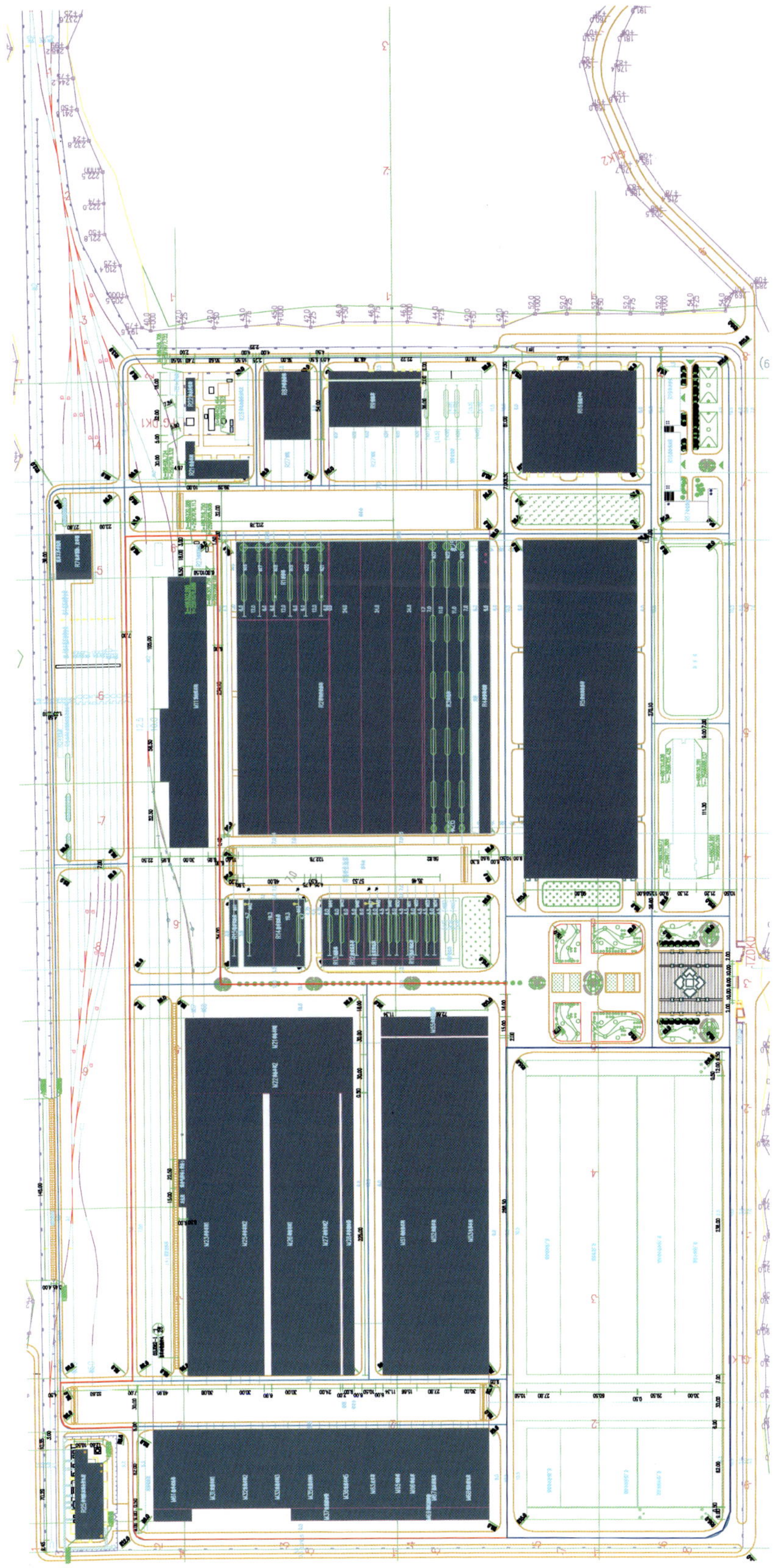

图 2-3-3 广州检修基地总平面布置

图 2-3-4 广州检修基地总平面效果

图 2-3-5　主检修库鸟瞰图

图 2-3-6　组装库

3）清洗库

清洗库位于 C6 修解体库尾部，长 171 m×宽 24 m，主要配备饱和蒸汽清洗机、密闭式部件气吹吸尘装置、大功率吸尘器、超声波清洗烘干设备、移动式高压清洗机等。车上零部件在解体库拆解后通过天车或运输平板车运至该库集中清洗，清洗完成后的零部件通过运输平板车或蓄电池搬运车运至相应的检修区。零部件集中清洗可减少环境污染，改善作业环境，但零部件从解体库至清洗库的通道较少，可能成为整个流水作业的瓶颈。

4）零部件检修车间

零部件检修车间位于清洗库和组装库之间，按照零部件从清洗、检修到组装过程物流最顺的原则合理划分检修区域和运输通道，分别有卫生系统检修区、空调检修区、牵引杆排障器检修区、空压机检修区、制动及防滑系统检修区、车钩缓冲器检修区、TCMS/ATP 检修区、电器检修区、顶盖检修区、主变压器检修区、主辅变流器检修区、复合冷却器通风机组检修区、高压电器检修区、辅助电机检修区、小型机加工作业区、蓄电池充电存放区、小型喷漆作业区、配线配管作业区和备品存放区等。

2．转向架检修库

转向架检修车间长 270 m × 宽 90 m。车间内根据检修工艺主要分为以下区域：转向架及构架检修区，轮对检修区，牵引电机检修区，轴端轴承、轴箱检修区，零部件检修区，转向架、构架、轮对存放区等。

3．机车预检棚

按照机车作业流程，机车入段后首先需要进行机车状态检查、记录、放砂、放水、放电、排污等工作，故设预检棚一座，长 42 m × 宽 12 m，地面标高同轨顶标高，棚内设检查坑、砂箱、放电仪、搬运车、移动式卸污车等设施。

4．整车试验库

机车动态检测系统（整车试验）可以检测机车静态、动态性能，检验各机组状态，查找机组静态和动态故障；可重复再现机车工况、反复测试机车在不同条件下的性能和参数，替代机车线路试运行作业，缩短机车在修时间，提高检修效率。

基地设整车动态试验库 1 座，另预留 1 座，库房尺寸为长 54 m × 宽 21 m。其内设有动态试验设备、起重机、移动接触网等。本库地面标高同轨顶标高，在库末端设有高架平台，标高+2.8 m。库尾部设班组间和设备间，如图 2-3-7 所示。

5．返修库

基地设置 1 座 2 线 2 台位返修库，承担调试或试验后机车返修作业，尺寸为长 54 m × 宽 21 m，线间距 9 m，地面标高同轨顶标高，配备移动式架车机、起重机、移动作业平台、检查坑等。库尾部设班组间和工具室。

6．称重、限界库

基地设置 1 座 1 线 1 台位称重、限界库，用于机车称重调簧和限界试验，尺寸为长 54 m × 宽 12 m，地面标高同轨顶标高，配备移动式架车机、称重台、限界测量装置等。库尾部设班组间和工具室。

7．调试库

基地设 3 座 2 线 2 台位低压调试库和 1 座 2 线 2 台位高压调试库（另预留 1 座），负责机车的静态调试及高压调试。每座库尺寸均为长 54 m × 宽 15 m，线间距 6 m，库内地面除前端同轨顶标高外，其余均为 – 0.50 m，设固定式轨道桥、检查坑和调试系统。低压调试库内不挂网，高压调试库内挂固定接触网，并设安全监控系统。库尾部设班组间和设备间。

图 2-3-7 整车动态调试库

8．车体检修库

基地设 2 座 2 线 2 台位车体检修库，承担车体及车上、车外部件的检修以及车体的清洗作业，每座库尺寸均为长 54 m×宽 18 m，线间距 8 m，库内地面标高同轨顶标高，配备起重机、固定式平台、车底车内吹扫装置、车体清洗装置等。库尾部设班组间和工具室。

9．交车库

基地设 1 座 2 线 2 台位交车库（见图 2-3-8），用于机车出段前的交车作业，尺寸为长 54 m×宽 15 m，线间距 6 m，库内地面标高同轨顶标高。库尾部设班组间和工具室。

10．喷漆库

设 8 座 1 线 1 台位喷漆库，另预留 2 座，每座库尺寸为长 36 m×宽 12 m，为密闭式喷漆房，设有具漆雾处理功能的喷漆烘干设备，如图 2-3-9 所示。每座库前设 36 m 宽的整备棚，用于喷漆前打磨除漆等预处理工作。库尾部设班组间、工具室和淋浴室。

图 2-3-8　交车库-修竣机车

图 2-3-9　喷漆库

11．机车外皮清洗库

基地设 1 座外皮清洗库，尺寸为长 52 m × 宽 9 m，设有机车外皮清洗机一套，含端洗功能，清洗库北侧设 24 m × 6 m 的边跨。

12．零部件配送中心

零部件配送中心为长 90 m × 宽 81 m。库内主要分大部件存放区，包括转向架构架存放区、轮对存放区、牵引电机存放区、车顶大盖存放区、主变压器、主辅变流柜存放区、电器屏柜存放区等；另设有零配件 AS/RS 库、小部件 AS/RS 库等立体存放库及相应的堆垛设备；在库内一侧还设有蓄电池叉车存放区，并对基地内所有的运输车进行集中控制管理。

库内配有 32/5 t、5/3 t 起重机各一台，主要为起吊各种大部件及配件。

13．设备车间

设备车间为长 42 m×宽 15 m，设有 2 t 电动单梁起重机、普通车床、数控车床、牛头刨床、铣床、钻床等中小型通用机加工设备，辅跨长 29.7 m、宽 5.1 m。

14．淋雨试验线

在整车试验库北侧设一条淋雨试验线，对检修后机车顶盖进行漏雨检测。

15．试验线

基地最北侧设有一条长 1.4 km 的试验线及一座长 145 m 的站台，用于对检修后、新造机车的低速运行试验。

16．移车台

基地内检修部分设置 2 处共 4 套移车台，用于检修机车在各个库之间的运送。

17．存车场

基地内设置了 6 条存车线，能够存放 70 台检修机车或新造机车，满足检修机车不均衡到达、离开基地，以及临时存放的需要。

（四）技术创新

广州检修基地是我国路网性新型交直交电力机车检修基地中的代表工程，集中体现了世界领先的交直交电力机车技术特点和维修需求，是“高度集约化、现代化、高效化、信息化全新维修体系”的体现。其设计、施工过程始终贯彻高标准、高质量、高效率、现代化的设计理念，坚持系统集成、系统优化，重视节能和环保，精心策划、控制投资，首创多项新技术、新工艺、新设备，为我国大功率机车检修基地设计积累了成功经验。

（1）开创全新交直交电力机车检修体系。

广州和谐型大功率机车检修基地在设计过程中组织“造、修、用、研”等单位，以开展和谐型机车检修基地关键技术为纽带，构建了和谐型机车“二次创新”工作体系。在“以可靠性为中心”的先进维修理论指导下，应用系统工程方法论，以及自行开发的检修体系三维仿真模拟技术平台，优化维修策略，科学配置资源，在检修领域进行自主创新。系统比较大功率机车修程修制与常规模式的区别，实现了“集中修、互换修、状态修、均衡修”以及“大幅提高检修效率、检修质量，大幅度压缩检修停时”目标。

相比欧洲国家大功率机车检修基地检修能力最大 200 台，其实现了我国大功率机车检修基地最高年检修 1 000 台 C4～C5 修、200 台 C6 修的最大能力目标，检修基地规模能力和检修效率均远高于国外。

相比欧洲国家大功率交流机车年走行 20 万千米以内，其实现我国大功率机车年走行千米数达到 30 万千米以上，实现了“大幅度提高检修效率、检修质量，大幅度压缩检修停时，大幅度提高机车运用效率”的目标。

相比我国常规机车检修模式，其能力和效率较以往有了 5～8 倍的大幅提升，单位面积检修能力提高了 2.5 倍，实现了高度的集约化、现代化、高效化、信息化。

广州检修基地的规模能力、工艺流程、检修效率、工艺装备配置、技术水平、工程与投资规模等方面均处于国际先进水平。

广州检修基地首批二年检机车落成如图 2-3-10 所示。

图 2-3-10　检修基地首批二年检（C4 ~ C5 修）机车落成

（2）综合运用检修体系三维仿真模拟技术平台，首次提出 L 型流水修总体工艺方案。

广州检修基地总体工艺流程规划，借鉴了大功率机车新造及大修的工艺，采用“先车体涂装、后组装”总体流程，机车检修按照“L 型流水修”工艺设计（见图 2-3-11），车体按照作业顺序在台位上移动，机车及零部件的解体、清洗、检查、检修、组装均在各自工位上进行。

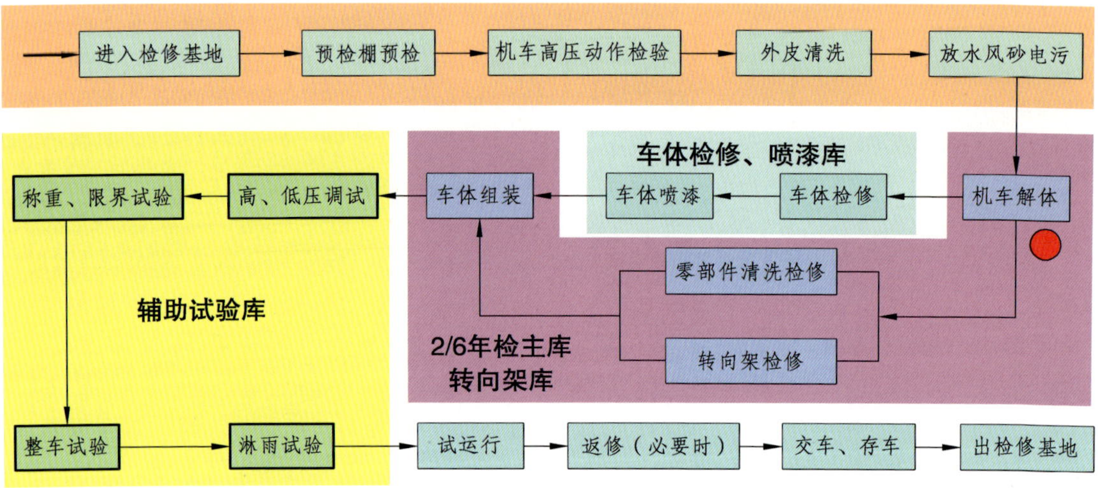

图 2-3-11　广州检修基地“L 型流水修”总体工艺流程示意图

采用的 L 型流水修总体工艺方案综合了定位修和流水修的特点，机车分解采用固定台位、组装采用流水台位的混合模式，这种检修方式最大限度地体现了机车解体作业“拆装快速多区域同步开展，车体移动次数少、作业灵活”的特点；体现了机车组装作业“分区域精细作业，结合部件检修及物流多工位设置”的特点；易于实现分解、组装分库作业，改善了检修作业环境；有利于检修基地形成现代化的作业环境，提升机车检修质量，压缩检修停时，减少互换件的保有量。

检修基地总体布局全景如图 2-3-12 所示。检修基地总体布局分区示意如图 2-3-13 所示。检修基地西侧库房及边坡鸟瞰图如图 2-3-14 所示。

图 2-3-12　检修基地总体布局全景图

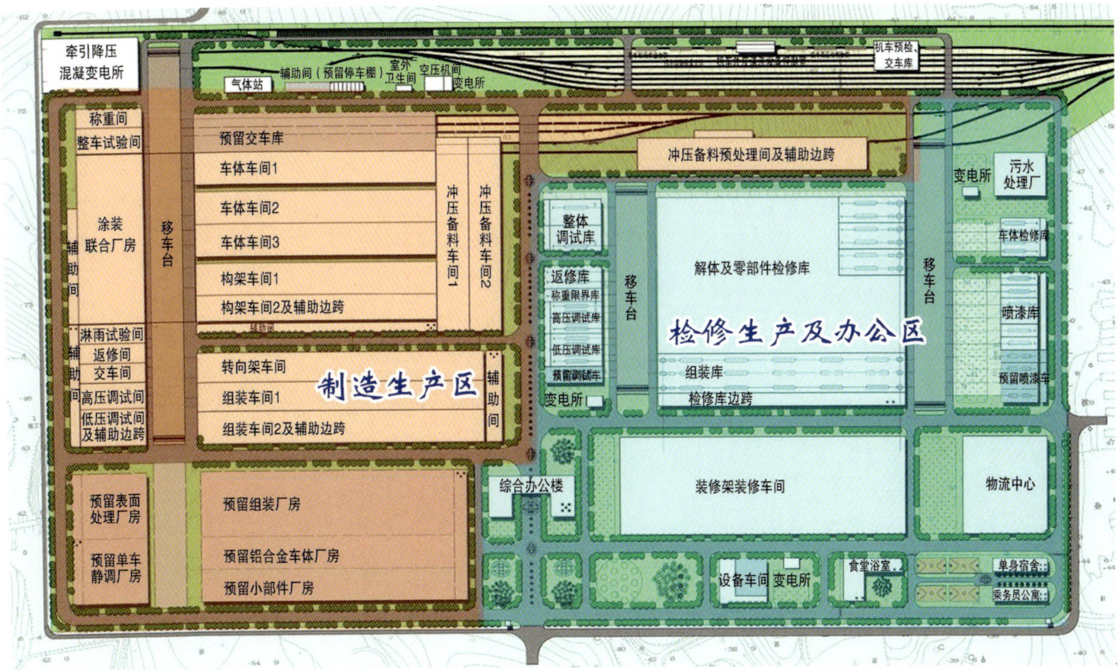

图 2-3-13　检修基地总体布局分区示意图

图 2-3-14　检修基地西侧库房及边坡鸟瞰图

（3）系统集成检修、制造工艺，检修基地功能分区清晰明了，最优化工艺流程布局、以人为本设计思路贯穿总体布局各个层面。

基地统筹考虑检修和制造工艺，以场区中部 18 m 道路为界，按功能划分总平面不同区域，检修与新造工艺界面清晰（见图 2-3-15），相互之间无生产交叉干扰。东西向主物流通道沿新造、检修区主要生产库房、物流中心设置，并分别设置检修区、新造区物流出入口，避免对场区、办公生活区影响。市政主干道位于基地南侧，考虑人员和车辆出入方便，办公、生活厂前区设于基地南侧。综合办公楼前形成大面积景观绿化广场，营造良好的现代企业环境。整车动态试验库、喷漆库、动力中心（含污水处理场、空压机、变电所）等噪声、污染大库房，在满足工艺流程和布置要求的前提下，尽量远离办公、生活区。存车整备场、110 kV 牵引降压变电所布置在检修基地的北侧（见图 2-3-16），紧邻军田站引出走行线和外电引入径路布置，避免穿越、干扰检修基地中心生产区域。

图 2-3-15　检修基地场区中部 18 m 主干道明晰划分检修、制造区域

图 2-3-16　检修基地北侧存车整备场

（4）系统优化检修基地竖向设计，统筹处理复杂地形大体量挖填平衡、复杂山区丘壑排水。

大型场坪竖向标高的设计是一项复杂的工程，竖向标高合理与否直接决定项目的实施难度、成本高低。广州检修基地自然地形为丘陵间谷地形，相对高差近 80 m，地势高低起伏很大，填挖方量巨大。为确定合理的竖向标高，做到挖填平衡（见图 2-3-17），减少弃土数量，节省投资，设计了检修基地走行线以及东端咽喉坡度，进而抬高场坪标高的方案，并从行车组织、牵引计算检算、站场土石方、路基支挡、房屋建筑基础、进场道路以及高填方压实沉降控制等几个方面进行综合比较，最终明确将场坪标高抬高至 55.586 m，将站场土石方工程量优化至挖 409 万立方米、填方 267 万立方米，节省成本数千万元。同时加大路基、房建专业专题研究与设计，重点关注高边坡挡墙的稳定性、安全性，改善高填方区沉降控制。

图 2-3-17　检修基地站场土石方挖填平衡

广州检修基地场区地质很大部分为花岗岩全风化层，对水的作用十分敏感，水稳性很差，处理不好极易引起边坡垮塌、路基沉降等灾害发生。同时基地西、北两侧处于高岭环抱，丘壑间水量很大，对检修基地场区内的设施、运营安全影响重大。通过站场、地路专业的系统设计，边坡挡墙天沟与侧沟、截水沟与侧沟贯通，在路堤坡脚外设置排水沟，排水沟与路堑的侧沟相连，并与桥涵等排水设施衔接配合，形成排土体地下水与地表水有机结合，构成完整的排水系统（见图 2-3-18）。

图 2-3-18　检修基地高岭边坡防排水工程措施

检修基地主场区内排水设计综合集成站场、建筑、给排水等多专业，采用西高东低、南高北低的雨水管道排放系统，将雨水统一收集后排入大沙河。

（5）首次在我国机务检修领域实现大跨度双层复合式桥式起重机、壁行吊的组合工艺方案，有效降低工艺作业间的相互干扰。

检修基地主检修库的组装库内起吊范围广，起吊作业频繁，起吊方式的制定是影响流水作业节拍的关键因素。在深入研究了各种起重方案起吊范围、与流水线工艺的适应性、不同工位起吊作业相互影响比较以及库房结构高度与用钢量后，首次在我国机务检修体系范围实现了 75/20 t 天车、16t/3.2 t 天车以及 5 t 壁行吊综合集成的双层复合式起重工艺方案（见图 2-3-19）。这种方案可以很好地适应机车组装库的起吊要求和流水线作业工艺，壁行吊设置在下层相互之间干扰小，适应不同重量的吊装要求。吊钩范围基本覆盖整个库房，作业灵活高效，场地整齐美观。与传统机车检修作业模式相比较，检修能力提高了 5 ~ 8 倍。同时较双层桥式组合方案可以降低库房高度，节约用钢量约 20%，设备配置数量适中。

图 2-3-19　36 m 大跨度机车组装库采用双 75 t 桥式起重机与壁行吊组合方案

（6）结合流水修总体工艺方案，首次提出并实现兼容 HXD1、HXD2 与 HXD3 共计 9 种车型固定式架车技术总体方案。

传统机务段检修作业量一般年中修机车台数在 200 台以内，平均每天不到 1 台，架车时间长短对检修时间影响不大。而广州和谐型大功率机车检修基地设计能力 1 000 台，平均每天进车数量为 4 台。因此，每道工序要求衔接紧密，时间节拍控制紧凑。架车作业时间将直接影响后续工序是否能顺利、快捷地进行，架车作业方式及工艺设计起着控制性的作用。

结合流水修总体工艺方案，大功率机车检修基地解体组装流水线设置固定式架车机，实现了兼容 HXD1、HXD2 与 HXD3 共计 9 种车型固定式架车技术总体方案（见图 2-3-20），解决了大功率电力机车整备重量大，转向架轴式、定距、轴距、架车点位置差异大，车底大部件布置复杂、拆装困难的难题，显著提高了上、下道工序通过能力。固定式架车机采用自动对位控制技术，有效提高架车作业效率和检修台位的利用率，压缩检修作业时间和机车作业库停时间。解体组装架车台位占用时间可减少到 3.5 ~ 4 h，作业效率提高 5 ~ 6 倍。

图 2-3-20　兼容 HXD1、HXD2 与 HXD3 共计 9 种车型的固定式架车机

（7）对转向架检修流水线总体工艺方案进行了全面三维模拟，实现不同车型、不同修程转向架检修共线设置的兼容性目标。

转向架检修包含的检修流程数有数十条之多，各零部件的检修流程与转向架总体工艺流程的结合方式繁多，合理地组合各条检修流程，合理地制定每条检修流程内工艺设备的布置方案，将直接影响到整个转向架检修库设计的规模、能力和投资。

广州检修基地设计利用自主开发的三维设计仿真技术，对大功率电力机车转向架检修流水线的总体工艺布置方案进行了全面模拟（见图 2-3-21），实现了不同车型，不同修程共线的兼容性目标。转向架牵引电机流水线检修能力可达 12～16 台/天，是传统牵引电机检修效率的 5～6 倍。基地提出转向架检修的工艺、流线、设备、工装、工具等全系统的设备集成理念，通过数字化的管理手段和高效的物流设施将各类设备有机衔接，并提出流水线检修的理念，和传统的定位检修相比具有效率高的明显优势，能有效应对和谐型大功率电力机车大规模应用带来的集中检修难题。检修基地轮对检修流水线如图 2-3-22 所示。

图 2-3-21　三维仿真转向架流水线总体工艺方案

图 2-3-22　检修基地轮对检修流水线

（8）实现大功率电力机车轮对综合检测体系，综合保障机车走行部运行安全。

由于大功率机车牵引吨位重，运用条件恶劣，轮对承受的负荷大，为了确保大功率机车轮对的安全，必须对机车轮对进行严格的质量监控，单靠日常动态探测车轮表面缺陷，或者只是定期落轮对轮辋探伤，或者是单靠某一个探伤设备是行不通的。

根据轮对缺陷形成规律，结合车轮检修实际应用特点，将相控阵及常规超声多探头组合探伤技术应用于车轮、车轴的定期在线不落轮和定期落轮状态下超声波探伤，实现了对车轮轮缘、轮辋和辐板综合探伤、车轴全覆盖综合探伤以及对车轮轮缘、轮辋、辐板和车轴的一体化探伤。提出大功率机车的车轮车轴综合探伤技术体系，结合既有的检修规程，提出了建立日常动态检测、定期在线检测、定期落轮检测三个层次的车轮车轴综合探伤技术体系（见图 2-3-23），严格保障轮对全生命周期内的质量安全。

图 2-3-23　和谐型机车固定式车轮车轴探伤系统

（9）提出适应大功率交流传动电力机车特点的整车动态试验技术方案。

基地能实现机车静态、动态性能综合检测功能，重复测试机车不同工况、不同条件下的性能参数，满足 1 500 kN（150 t）机车自重、3 000 kN（300 t）设备自重和 120 km/h 速度下 9 600 kW 负荷的动载荷试验要求。其对释放长大干线运输能力、提高机车周转率和检修质量、改善劳动条件具有重大意义。

和谐型机车整车动态试验装置如图 2-3-24 所示。

图 2-3-24　和谐型机车整车动态试验装置

（10）复杂地形高岭丘壑边坡综合防护施工设计。

检修基地西侧、北侧为高丘陵，以花岗岩全风化层为主，西侧边坡高 15～27 m，北侧边坡高 20～30 m。南侧和东侧为谷地区，以填方为主，东侧填土边坡高 10～12 m，南侧边坡高 12～18 m，下部分布有 4～6 m 厚的谷地相软土。场坪填筑和边坡防护为修造基地的前期三通一平工程，直接影响后续厂房建设、设备安装调试，根据总工期要求，边坡支护防护和场坪填筑要求在两个月内完成。复杂地形高岭丘壑边坡综合防护施工设计是地路工程的重难点。

北侧和西侧为花岗岩全风化层高堑坡，上部采用锚杆混凝土框架梁，采用三维网植草护坡，下部采用桩板墙（见图 2-3-25）。上部边坡边开挖边施工锚杆挂三维网防护，有效防止了边坡被雨水冲刷，恶化边坡。下部桩板墙跳槽开挖，235 根桩、100 多个施工作业面，可以快速施工。

图 2-3-25　桩板墙+锚杆框架+三维网内植草护坡

东侧和南侧边坡地处谷地区，场坪南侧部分边坡高度达 15 ~ 18 m，下部有厚 4 ~ 6 m 的淤泥，难以挖除换填，搅拌桩、旋喷桩等处理方式难以满足软土高路堤边坡稳定性要求，经分析检算南侧东侧软土地基采用锚固一定深度的抗剪强度较大的 CFG 桩处理的方式，上部填土高度 15 ~ 18 m，填筑顺利，没有出现坍塌。本项目软土边坡设计经施工和运营检验，证明工程措施科学合理、安全有效。

软土高路堤边坡下部采用加筋挡墙，筋带采用含炭黑防紫外线的高强格栅，外包三维生态袋植草护坡（见图 2-3-26）。每 5 个生态袋中有 4 个装土、1 个装砂，砂袋排水。加筋土挡墙填土与场坪填土同步，挡墙面板用绿色防护替代，施工快捷，绿化美观。

图 2-3-26　检修基地南侧加筋土挡墙+三维生态袋植草护坡

一般工程建设不可避免地会对天然植被存在一定程度的破坏。广州检修基地工程设计在保证路基边坡稳定的同时结合花岗岩全风化层边坡的特点，采取了因地制宜地边坡绿色防护措施，恢复植被、美化环境。

（11）复杂地基条件下的综合基础设计（见图 2-3-27）。

图 2-3-27　复杂地基条件下的综合基础设计

广州检修基地基础设计条件复杂，具有以下两个工程特点：地质复杂、地层分布不均匀及相邻区域回填土厚度相差悬殊。上部结构、机务设备及构筑物等对地基变形耐受力不同，必须分别考虑各种不同沉降变形要求。因新填土和软弱淤泥土等土质不稳定，压缩模量大，为地基变形的主要原因。因此，本工程结合地勘详细报告，将各个基础下地质条件分为挖方区、浅回填区（回填深度小于 5 m）、中回填区（回填深度大于 5 ~ 15 m）、高回填区（回填深度大于 20 m，且其下层多含淤泥等软弱土层）。将需设基础的上部结构归类为以下几类：带重型吊车（对沉降敏感）的厂房、普通厂房，重要机务设备（对沉降敏感）、普通设备（对沉降要求一般）以及其他结构或构筑物（对沉降基本无要求）。

按照上述地质条件和基础要求的分类，考虑结构的安全性（承载力要求、结构的自身基础沉降、相连结构的协调变形、各种基础相互间的影响），考虑基础设计的经济性（根据实际承载力、沉降要求分类考虑，而不是统一按最高要求考虑），同时考虑上部结构、基础和地基的共同作用关系，对基础进行变刚度调平设计，从而避免不均匀沉降，令基础变形能满足结构或设备的要求。对填方区重型厂房柱下基础采用钻孔灌注桩，对填方区的其他厂房采用预应力管桩基础，对挖方区的厂房基础采用独立基础。设备基础下根据工艺沉降要求分别采用预应力管桩基础，浅基础下进行旋喷桩加固以及普通浅基础。

按照上述的基础设计方法，在保证结构安全性的同时，较大地降低了基础工程的造价，取得了良好的经济效益。如广州检修基地基础设计较单一基础设计方案，节省 30% 造价。

（12）系统优化铁路大型检修库房设计技术，综合解决大跨度大吨位天车库房结构设计、保温隔热新型围护结构和自然通风等难题。

① 大跨度大吨位天车库房结构设计。

解体组装库是大功率机车检修基地中检修工艺生产线上最重要，也是最复杂的一个环节。其结构设计难点具体可分为以下三个方面：

a. 吊车种类繁多。解体组装库具有上、下两层吊车，走行范围通长布置。上层吊车一般为大吨位中级工作制桥式吊车；下层吊车根据工艺要求可以选择壁行吊，也可以选择桥式吊车，工作级别有轻级工作制，也有中级工作制。

b. 吊车吨位较大。铁路行业工业厂房吊车吨位一般不超过 30 t，而大功率电力机车检修基地车体组装库双层吊车厂房仅上层吊车就达到载重 750 kN。

c. 厂房跨度大，长度超长。本工程解体组装库及零部件检修车间轴线长 234.1 m、宽 194.5 m，其中组装库跨度 36 m，其余跨均为 24 m。超长大跨对厂房平面布置、纵向刚度和纵向温度应力问题都是难点。

针对广州检修基地库房的工艺要求和结构特点，从柱子系统、屋盖系统、吊车梁及其制动系统等几个方面研究双层吊车厂房的结构特点，比选适用于大功率机车检修基地双层吊车钢结构厂房的结构形式。同时进行了厂房纵向刚度和温度应力以及纵向柱距对结构用钢量的影响等几方面的研究。

36 m 大跨度重载双 75 t 天车库房结构设计如图 2-3-28 所示。

② 采用新型检修库房围护结构形式，改善墙体屋顶隔热效果

之前铁路行业受建设标准、投资以及施工工艺的限制，检修库房多采用彩钢板 + 普通保

温棉围护结构，南方炎热地区不能很好解决隔热问题，另外彩钢板施工好坏将直接影响细部效果。为了解决库房内通风难题，本次设计主体结构依旧采用钢结构，侧墙及屋顶采用新型复合岩棉板保温结构，既可保证主体结构工期，改善墙体屋顶、侧墙隔热效果，亦可解决隔音和稳定性的问题（见图 2-3-29）。

图 2-3-28　36 m 大跨度重载双 75 t 天车库房结构设计

图 2-3-29　采用新型复合岩棉板围护结构，外立面整洁美观，库房隔热保温性能好

在侧窗的设置上，一方面降低侧窗高度，另一方面加大侧窗的面积，采用便于开闭的可全开启式大尺寸电动窗（见图 2-3-30），大大改善了邻近侧墙区域的通风效果。改屋顶传统气楼为流线型采光通风器（见图 2-3-31），该通风器为流线型结构，布局合理，空气流通顺畅，具有可靠的防止雨、雪渗透作用。

图 2-3-30　侧墙全开启式大尺寸电动窗

图 2-3-31　屋顶流线型采光通风器

二、武汉大功率机车检修基地

（一）总体设计

武汉大功率机车检修基地是全路七个和谐型电力机车检修基地之一，是我国和谐型大功率电力机车全修程检修功能的重要生产力，是构建我国铁路机车产业升级的大功率机车运用检修体系的关键工程。

武汉大功率电力机车检修基地检修范围覆盖武汉铁路局、郑州铁路局、西安铁路局所辖以下线路：侯月线、太焦线、宁西线、阳安线、武九线、武汉至安康线、新荷日兖线、西康线、太焦线太原至长治北段、邯长线、邯济线、焦柳线洛张段、京广线丰台西至株洲北段、陇海线郑州至新丰镇段、宜万线、沪汉蓉铁路、长治至泰安铁路、邢台至黄骅铁路、西安至平凉铁路。

武汉大功率机车检修基地工程利用既有武昌东机务折返段及其与货车外绕线形成的三角地，占地 458.3 亩，接轨站为武昌东编组站，其主要工程包括：新建房屋建筑面积约 8.157 万平方米（含在建武昌东机务折返段工程），2 000 多台（套）检修设备、铺轨 7.184 km。其承担 1 400 台运用机车产生的检修量，设计能力为每年完成 466 台机车的 C4 ~ C5 修作业，并预留建 C6 修库的条件。武汉大功率机车检修基地卫星图如图 2-3-32 所示。

图 2-3-32　武汉大功率机车检修基地卫星图片

新建武汉大功率机车检修基地站段关系示意如图 2-3-33 所示。

为提高检修效率和检修质量，总平面布置采用机车车体流水修工艺进行设计。

检修流程为：机车进入检修基地→交车→整备→车底吹扫→外皮清洗→C4 ~ C5 修（部件分解、检修、车体、车内检查和清洁、部件组装）→高低压试验→整车动态试验→机车局部喷漆→交车→存车→出检修基地。

为使解体组装作业靠近存车场、转向架检修间、调试返修库、整车动态试验库、喷漆库、零部件配送中心，减少运输干扰，将检修库及部件检修库设于检修基地的中心位置。

在检修库主库及部件检修库东侧设转向架检修库，南侧设喷漆库、整车动态试验库、调试返修库、空压机间。

在调试返修库西侧设存车场，共设存车线 4 条，进段作业线、出段作业线、淋雨试验线各 1 条。在整备台位设整备棚，整备棚旁设交车房屋。在进段作业线上设有车底吹扫设备、洗车机等设备。

为便于部件进出基地及各检修库的便利，在转向架检修库北侧设零部件配送中心。

办公生活区主要集中在检修基地北部，设有综合楼、食堂浴室、110 kV 变电站、锅炉房；检修基地南侧设有设备车间、开闭所等，并预留 C6 修检修库场地。

武汉检修基地总平面布置如图 2-3-34 所示，武汉检修基地总平面效果如图 2-3-35 所示。

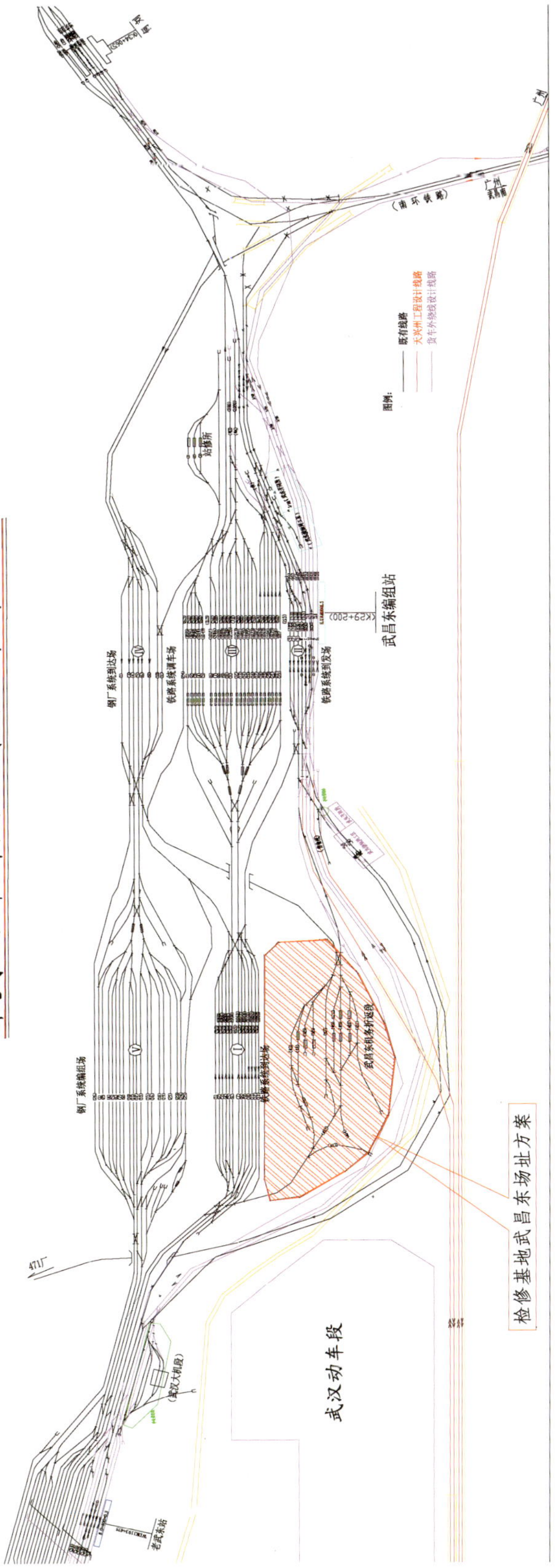

图 2-3-33　新建武汉大功率机车检修基地站段关系示意

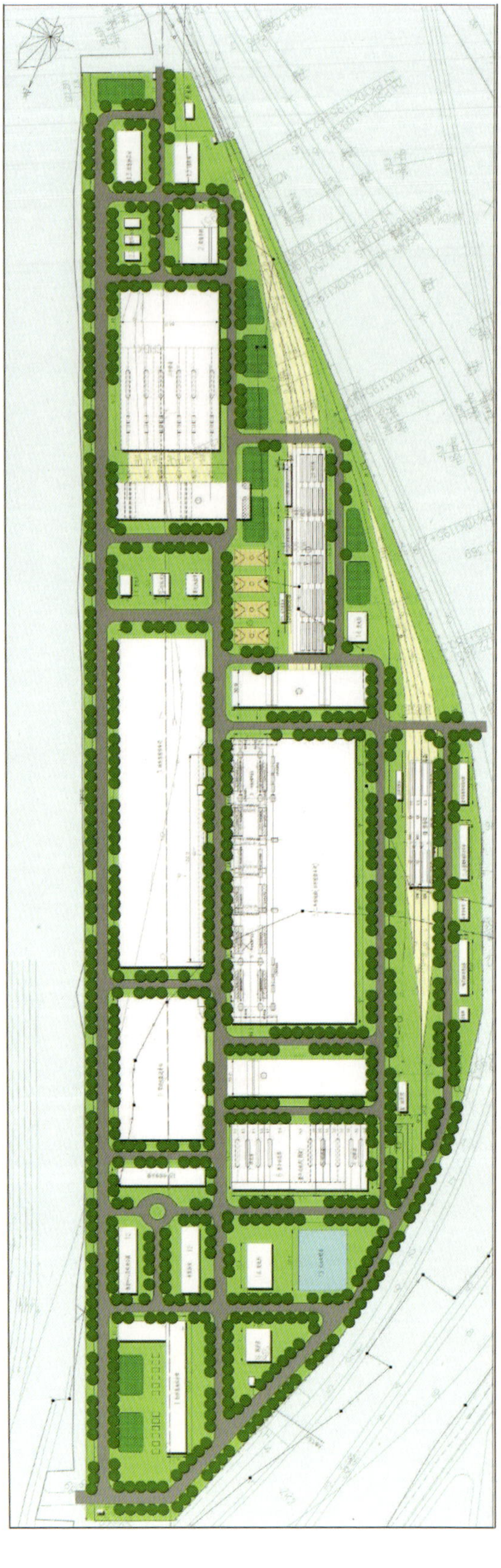

图 2-3-34　武汉检修基地总平面布置

图 2-3-35　武汉检修基地总平面效果

（二）主要车间设计

1. 检修库主库

检修库主库设 2 线 12 工位，房屋尺寸为 234 m×27 m，如图 2-3-36 所示。

图 2-3-36　检修库主库

2. 部件检修车间

部件检修车间房屋尺寸为 234 m×72 m，位于检修库主库的西侧，紧邻检修库主库，如图 2-3-37 所示。部件检修区域包括：中心配备存放区；修竣顶盖存放区；顶盖检修组装区；待修顶盖存放区；牵引杆轴箱拉杆电机吊杆排障器作业区；中心配备存放区；车顶高压合格部件存放区；车顶高压部件检修区；辅助电机存放区；辅助电机检修线；电器件试验检修区；空调检修作业区；走行安全箱检修线；搬运车存放区；复合冷却器检修线；空压机检修作业区；车钩缓冲器检修线；小型机加工作业区；部件分解作业区；室内变电所；休息区；蓄电池柜检修线；控制器、加热器、传感器、液位计检修区；坐便器检修区；部件清洗烘干作业区。

图 2-3-37　部件检修库

3．转向架检修车间

转向架检修车间房屋尺寸为 270 m × 72 m，如图 2-3-38 所示。根据检修工艺主要分为以下区域：转向架及构架检修区，轮对检修区，牵引电机检修区，轴端轴承、轴箱检修区，零部件检修区，转向架、构架、轮对存放区等。

（a）转向架组装作业区

（b）高压电器检修流水线

（c）低压电器检修流水线

（d）电器检修区

图 2-3-38　转向架检修车间实景图

4．零部件配送中心

零部件配送中心房屋尺寸为 117 m × 72 m。库内主要分大部件存放区，包括转向架构架存放区，轮对存放区，牵引电机存放区，通风机、空调存放区，变流器存放区，电器屏柜存放区等；另设有零配件 AS/RS 库、小部件 AS/RS 库等立体存放库（见图 2-3-39）及相应的堆垛设备等。

5．调试库

检修基地设调试库 1 座，房屋尺寸为 54 m × 27 m。其负责机车的静态调试及高压调试。库内主要设备有固定式轨道桥、螺旋式登车楼梯、固定接触网、和谐机车调试系统，另设有检查地沟。库内设 2 个调试台位，并预留 1 台位。

图 2-3-39　立体仓库

6. 整车动态试验库

检修基地设整车动态试验库 1 座，另预留 1 座，房屋尺寸为 54 m×21 m。整车动态试验库主要承担机车的动态模拟试验，完成各种动态试验，如启动、加速、制动等动作，库内设有动态试验设备 1 套。该试验系统取代检修机车上线试验，避免对铁路正线运输造成干扰。

检修基地整车试验动态检测系统如图 2-3-40 所示。

图 2-3-40　检修基地整车试验动态检测系统

7. 喷漆库

设喷漆库 1 座，房屋尺寸为 54 m×24 m，其中预留 1 台位。

8. 其他

另外，检修基地还设有机车外皮清洗泵房及操作室、基地综合楼（含检修中心、技术中心、信息中心）、检修综合楼、教育培训中心、食堂、浴室、锅炉房、空压机站等生产及辅助房屋。

（三）技术创新

武汉大功率机车检修基地在我国机车检修基地设计建设中，开发并应用了大量的新技术、新工艺、新设备、新材料，成果丰硕；形成了一系列的科研技术、专题报告等成果，为我国铁路设计规范中有关大功率机车运用检修内容的编制奠定了基础。

（1）吸收国外大功率电力机车检修技术，针对国产大功率交流电力机车的特点提出“集中修+状态修+互换修”的检修模式。

随着我国铁路机车车辆行业快速发展，国情、路情也不停改变，我国大功率电力机车保有量及运输密度将远远高于欧洲。为了尽量提高机车的使用效率，缩短库停时间，检修工艺需对定位修、流水修等工艺模式进行比较，研究出适应我国铁路发展的检修工艺和检修管理模式，确定最经济的检修规模，以达到节约工程投资、降低工程造价的目的，实现投资效益最大化。

武汉大功率检修基地在设计实施过程中，深入分析和系统研究了我国和谐型大功率交流电力机车的结构特点、运用特点及其修程修制提出我国大功率电力机车实行“集中修+状态修+互换修+均衡修”的检修模式。系统研究了检修基地总体功能合理布局和主要检修工艺流程，深入研究了固定式架车、转向架检修、牵引电机检修、走行部综合检测保障和整车动态试验等关键技术，形成了系统的检修基地规划总体方案。

大功率电力机车检修采用高效率的检修方式。其目的是大幅度提高大功率机车的安全性、可靠性，大幅度提高机车的使用效率、压缩修车时间、提高检修作业效率。和谐型检修方式是建立在部件寿命管理系统的基础上，以先进的检修设施、工艺装备、监测及检测设备和零部件制造工厂的配套检修服务为条件和支撑。其主要形式是换件修、集中修、状态修和均衡修，主要特点是专业化、模块化、程序化。

武汉大功率机车检修基地检修库实景如图 2-3-41 所示。

（2）通过综合运用检修能力计算仿真、流水节拍仿真、检修工艺流程三维仿真模拟手段，确定总平面布置方案。

该基地利用既有武昌东折返段及周边既有用地，根据地形条件采用纵列式布置型式，存车场设于基地南侧，检修库设于中部，北侧设置辅助设施，本方案 C4 ~ C5 修库采用直线流水检修。

解体、组装库合设为 1 库，库内并行布置两条检修作业线，库长 × 宽为 234 m × 27 m。在检修库主库的解体、组装库西侧布置部件检修库，库长 × 宽为 234 m × 72 m，由 3 个 24 m 跨组成。

解体、组装库及部件检修库位于检修基地中部，与东侧转向架检修车间及零部件配送中心邻近，物流顺畅。

调试库、整车动态试验库、喷漆库、返修库呈连排形式布置在主检修库北侧，机车经过检修以及组装完成后，直接进入调试作业，调试以及喷漆完成后的机车，出库后通过走行线及移车台去往存车场。

（a）检修库　　（b）部件检修库

（c）电器检修区　　（d）修竣机车

图 2-3-41　武汉大功率机车检修基地检修库实景

根据机车检修作业流程，通过综合运用检修能力计算仿真、流水节拍仿真、检修工艺流程三维仿真模拟手段，实现基地土木、机电、工艺一体化系统集成方案的交互设计、动态修改、多种设备布局方案校验比选、总体方案优化。

（3）大量采用按系统设流水线检修作业方式，与传统机车检修作业模式相比较，检修能力提高了 5 倍，单位面积检修能力提高了 2.5 倍。

武汉大功率检修基地在设计实施过程中，针对大功率机车修程，进行严密的精确检修专业化管理，采用节拍流水线方式，提高了检修专业化水平，充分发挥每个工位的劳动生产率。

武汉大功率检修基地工艺流程采用直线流水线检修作业方式：机车进入检修基地→交车→整备→车底吹扫→机车外皮清洗→移车台→分解组装库（部件分解、检修、车体、车内检查和清洁、部件组装）→移车台→高低压试验→移车台→整车动态试验→移车台→机车车体喷漆→移车台→交车棚→整备→存车→出检修基地。

直线型流水修机车检修工艺方案采用机车分解、组装采用流水台位的模式，采用工艺转向架自走行的新型工艺设备，最大限度地体现了机车解体组装作业“共线流水、作业流畅”的特点；实现了机车解体、组装作业“按专业班组分区域精细作业，结合部件检修及物流多工位设置”的设计目标，极大地提高了检修作业效率；有利于检修基地形成现代化的作业环境，提升机车检修质量，压缩检修停时，减少互换件的保有量。

根据流水工位及作业时间，合理设置检修台位、工装设备，与传统定位修作业模式相比，检修能力提高了 5 倍，单位面积检修能力提高了 2.5 倍。

转向架检修流水线如图 2-3-42 所示，牵引电机检修流水线如图 2-3-43 所示。

图 2-3-42　转向架检修流水线

图 2-3-43　牵引电机检修流水线

（4）为确保运行安全基地，应用了先进的“相控阵超声探伤”技术，配置了一批自动化程度高、技术先进的车轮车轴探伤设备，综合保障机车走行部运行安全。

针对大功率机车重载、高速的特性，提出在我国和谐型大功率交流传动电力机车走行部实施状态检测、诊断、综合探伤、寿命管理系统以及高效检修作业系统，保证了我国大功率机车年走行千米数最高、运用效率最高、可用性最大、在修时间最短。

大功率机车牵引吨位重，运用条件恶劣，轮对承受的负荷大，为了确保大功率机车轮对的安全，必须对机车轮车轴对进行严格的质量监控，单靠日常动态探测表面缺陷，或者只是定期落轮对轮辋探伤，或者是单靠某一个探伤设备是行不通的。

武汉大功率检修基地采用先进的“相控阵超声探伤”技术。其中，LAZ 固定式车轮车轴探伤系统用于和谐机车 2 年检（C4 ~ C5 修）周期下的落轮探伤，固定安装在大功率电力机车检修基地的轮对检修线（见图 2-3-44）上，利用相控阵和压电超声探伤技术自动检测落轮镟修后轮对的轮辋、轮辐和车轴缺陷，适用于各型和谐型大功率内燃、电力机车轮对，适应大功率电力机车检修基地的布局要求。LW 车轮相控阵探伤系统用于和谐机车 C6 修周期下的车轮车轴分解探伤，安装在大功率机车检修基地车轮检修线上，利用相控阵和压电超声探伤技术自动检测拆解并镟修后车轮的轮辋、轮辐和轮毂缺陷，适用于各型和谐型大功率内燃、电力机车轮对，适应大功率电力机车检修基地的布局要求。LZ 车轴相控阵探伤系统，安装在大功率机车检修基地车轴检修线上，在机车 C6 修状态下检测分解车轴缺陷。LZ 设备采用先进的相控阵超声探伤技术和常规超声探伤技术，自动扫查轴颈、轴身、防尘板座、轮座、齿轮座等部位。武汉大功率机车检修基地轮对探伤设备如图 2-3-45 所示。

图 2-3-44　轮对检修线

（a）车轮车轴定期落轮探伤

（b）车轮定期分解探伤

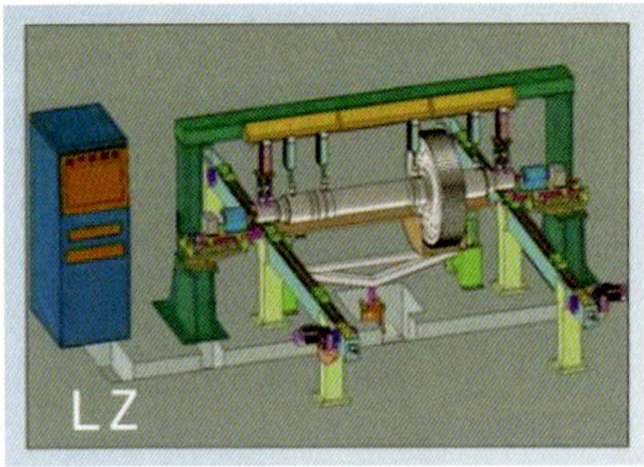

（c）车轴定期分解探伤

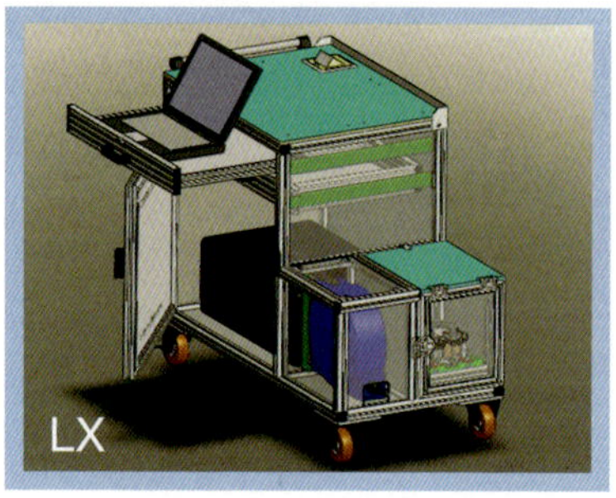

（d）便携式相控阵车轮车轴探伤仪

图 2-3-45　武汉大功率机车检修基地轮对探伤设备

武汉大功率机车检修基地，针对机车车轮车轴的缺陷形成规律，结合车轮检修实际应用特点，形成轮对探伤技术体系，从日常动态、定期在线和定期落轮检修层次上应用相对应的系列探伤设备对轮对进行探伤，严格保障轮对全生命周期内的质量安全。

（5）采用了新的整车动态试验技术方案替代上线试运行，实现重复测试机车不同工况、不同条件下性能参数的功能，同时避免对正线运输的影响。

检修后的机车，必须经过线路负荷试验后方可投入正常运用。由于铁路干线运输繁忙，受多方条件制约，机车进行线路试运十分困难。同时，机车的线路试运又是一种风险行为，一旦试验机车在线路上发生故障，将对铁路运输造成严重干扰。为此，在大功率机车检修基地中采用能够替代机车线路负荷试运，并为查找机车动态故障提供技术平台的大功率交流传动机车整车试验动态检测系统（见图 2-3-46），无论从缓解铁路运输紧张矛盾、缩短试运时间、提高机车运用周转率，还是提高机车检修质量来说，都具有十分重要的意义。

图 2-3-46　检修基地整车试验动态检测系统

武汉大功率机车检修基地，采用适用于 HXD1B、HXD1C、HXD2B、HXD2C、HXD3、HXD3B、HXD3C 型六轴交流传动电力机车线路试运行试验的整车试验动态试验台。试验台各装置设置较完善的接地回流电路，试验台接地回流电路与试验间 25 kV 高压电源贯通接地回流线连接。系统轨道轮承重 300 kN，单轴试验功率 1 600 kW。为了达到环保节能的目的，系统具有能量反馈功能。此外系统电气控制部分采用集成化、模块化的设计思路以及 PLC 控制技术，实现逻辑控制。机车能够快速、安全地自行上、下试验台，实现了：① 试验不同的车型时，能够根据不同车型的轴距对试验台轨道轮的轴距进行调整，确保轨道轮轴距调整工作在 1 个小时之内完成；② 整车试验装置确保各轴之间同步运行。

机车整车试验动态检测系统采用轮缘轨道，可使机车快速上下试验台；基于电功率封闭技术的试验系统，节约了试验能源，符合节能环保的要求；快速轴距调整装置解决了试验多种机型快速调整轴距的技术难题，现场应用效果良好；基于机械同步的转矩均衡控制技术和基于电气同步的转速跟踪技术适用于轴控和架控不同控制模式的机车，自动化程度高；采用车载微机视频数据分析系统，解决在没有通信协议的情况下获取试验机车数据的技术难题，并且该技术具有通用性，可以适用于各型机车。

该系统作为检修后机车进行整车试验动态检测的一个全方位的技术平台，可取代机车检修后的正线试运，减少对繁忙干线铁路的运输干扰，并可节省时间及人力，提高检修基地机车的检修质量。

（6）采用先进的柔性检修线，实现不同车型兼容修。

基地结合中国的实际情况、国际的发展趋势进行了大量创新，主要表现在物流路径、设备配备、局部检修方式、检修厂房、节能环保等方面。特别是高级修车型兼容性方面，采用先进的柔性检修线，适用于 HXD1B、HXD1C、HXD2B、HXD2C、HXD3、HXD3B、HXD3C 型六轴交流传动电力机车进行两年检（C4 ~ C5 修）修程，充分适应我国车型较多、使用条件差异大的特点。

武汉大功率机车检修基地，在设计实施过程中，针对大功率机车上部荷载重达 1 600 kN，兼容车型复杂，转向架轴式、定距、轴距差异大，不同车型架车点位置差异大，车底大部件布置复杂拆装困难的情况，结合对流水修总体工艺方案的比较，提出固定式架车关键技术总体方案。

大功率和谐型机车交流牵引电机检修流水线采用先进的信息管理系统和技术装备，极大地提高电机检修的数量和质量，实现检修作业的机械化、自动化、文明化和信息化。交流牵引电机检修流水线，布置在长 68 m、宽 24 m 的区域内，具备兼容各型和谐型大功率六轴交流传动电力机车和每天 12 台交流牵引电机的要求。

（7）在检修领域开展多项关键技术研究，为构建和谐型机车“二次创新”工作体系提供有效的技术支撑。

武汉大功率机车检修基地在检修领域进行自主创新。开展大功率机车检修关键技术研究，在“以可靠性为中心”的先进维修理论指导下，利用系统工程方法论，优化维修策略，科学配置资源，应用现代化物流管理和先进信息化技术，建设符合中国国情的一流机车检修关键技术体系。

① 提出检修工作量与检修能力匹配的计算方法，对同等检修需求下，常规机务段和大功率交流机车两种模式进行功能定位、能力匹配、规模设施、技术经济性等方面的综合比较。

② 研究适应多种检修基地的总平面布局方案，提出流水修、定位修不同工艺流程总平面布局方案。研究直线流水、U 型流水和混合修不同工艺流程厂房组合方案，为检修基地总体设计提供依据。

③ 研究双 75/20 t 天车、16 t 天车以及 5 t 壁行吊双层复合式起重工艺方案，满足大功率机车组装流水线各工位起吊需求，解决机车起吊作业对工位之间相互干扰的问题。

④ 针对大功率机车上部荷载重达 1 600 kN，兼容车型复杂，转向架轴式、定距、轴距差异大，不同车型架车点位置差异大，车底大部件布置复杂拆装困难的情况，结合对流水修总体工艺方案的比较，研究固定式架车关键技术总体方案。

⑤ 研究大功率电力机车转向架流水修以及转向架等关键部件检修流水线的工艺流程及装备总体方案。

⑥ 研究适应大功率交流传动电力机车特点的整车动态试验关键技术总体方案，实现机车静态、动态性能综合检测功能，实现重复测试机车不同工况、不同条件下的性能参数功能。整车试验动态检测系统考虑到了各种不同型号大功率交流传动机车的试验需要，能实现我国现有的全部六轴（C_o-C_o 轴式）和谐型大功率交流传动机车检修后的整车试验检测，填补了

国内外该领域研究空白。其设备本身性能稳定、安全可靠、兼容性好，满足了铁路行业大力发展现代化技术装备的需求。

⑦ 综合分析检修基地总体能力、工艺流程顺序、流水线节拍、台位能力检算、主要设备能力检算进行，提出检修基地总体工艺方案。

（8）功能完备，高度信息化管理。

大功率机车检修基地是高新技术集成体，技术含量高，其运用、维修方式与既有传统机车、车辆的方式有较大差异。特点是高度的专业化、程序化、集约化和社会化，依托覆盖面广、功能强大、集成度高的管理信息系统，快速、准确、及时地完成各种业务信息的采集、处理和传递，实现生产流程高效运转，充分发挥维修资源能力，保障大功率机车高效检修、安全运营。

大功率机车检修基地信息系统以大功率机车运用检修为核心，围绕大功率机车运营调度、站场调车作业、运用检修作业、办公、视频监控等业务进行构建。大功率机车检修基地内信息系统主要包含运用检修系统、运营调度系统。

（9）采用先进的机电设备监控系统（BAS）。

大功率机车检修基地房屋多、面积大、设备多，为了方便运营值班人员对设备运行状态进行监控管理，确保设备安全运行，在机车检修基地设置机电设备监控系统（BAS），监控机车检修基地内各变电所高低压配电柜进出线开关的状态，电流、电压、功率因数及有功、无功电量的值；监控污水处理场内废水处理设备（污水泵、投药计量泵、空压机、回流水泵等）、污水处理设备（污泥提升泵、螺杆泵、板框压滤机等）、氧化氯消毒装置的运行状态，故障报警等；监控给水加压站内各水泵的运行状态、手/自位状态、水池内水位高度、超高水位报警、控制箱故障报警、水泵故障报警等。

三、上海大功率机车检修基地

（一）总体设计

上海和谐型大功率机车检修基地是全路七个和谐型电力机车检修基地之一，是我国和谐型大功率电力机车全修程检修功能的重要生产力，是构建我国铁路机车产业升级的大功率机车运用检修体系的关键工程。

上海和谐型大功率机车检修基地负责上海局、济南局运用的约 1 500 台和谐型大功率电力机车所产生的机车检修工作量。C4 ~ C5 修设施规模：按近期 500 台/年实施；远期预留 C6 修 120 台/年检修能力。

新建机车检修基地利用原上海机务段南翔机务车间及周边地块新建。该建设用地地块长度方向为东西走向，长度约 1.5 km，宽度方向为南北走向，最大宽度约 260 m，地块由东向西逐渐收窄。地块北面是编组站下行达到场，南面是桃浦路和沪杭正线，东侧紧邻在建的市政道路—嘉闵高架桥，西端位于南翔编组站下行线和沪杭正线之间。

上海检修基地区位鸟瞰图如图 2-3-47 所示。

图 2-3-47　上海检修基地区位鸟瞰图

上海大功率机车检修基地利用既有南翔编组场内既有用地，地形狭长，采用纵列式布置型式。存车场设于基地西侧，检修库设于中部，东侧设置辅助设施，检修库采用直线流水检修。

检修基地分东西两区（以中间移车台为界），西区为接车交验及办公生活区，北侧设 1 条出入段线、1 条转车盘线、1 条走行线、3 条存车线、1 条机车清洁库线、35 kV 变电所，西区股道均挂网，南侧布置综合办公楼、设备车间、食堂浴室；东区为主要生产区，新建 1 条机车越行线、3 线 C4 ~ C5 修库（含部件检修）、转向架检修库、移车台 2 座、7 线联合车库（含 2 线涂漆库、2 线返修库、2 线调试库、1 线整车试验库。另预留 1 线涂漆库、1 线整车试验库）、淋雨试验装置、物流中心、蓄电池间、空压机间、危险品库、锅炉房、污水处理场、10 kV 变电所等生产设施及房屋。基地内大面积绿化，具有良好办公环境。

检修基地总房屋面积约 7.36 万平方米。上海检修基地总平面布置如图 2-3-48 所示，上海检修基地总平面鸟瞰图如图 2-3-49 所示。

（二）主要车间设计

1. 检修库

检修库（见图 2-3-50）从南往北依次为解体组装库 270 m × 27 m（12 台位）、辅助解体组装库 270 m × 24 m、部件检修 270 m ×（24+21）m，建筑面积 26 907 m^2。库东西两端分别与移车台接通。

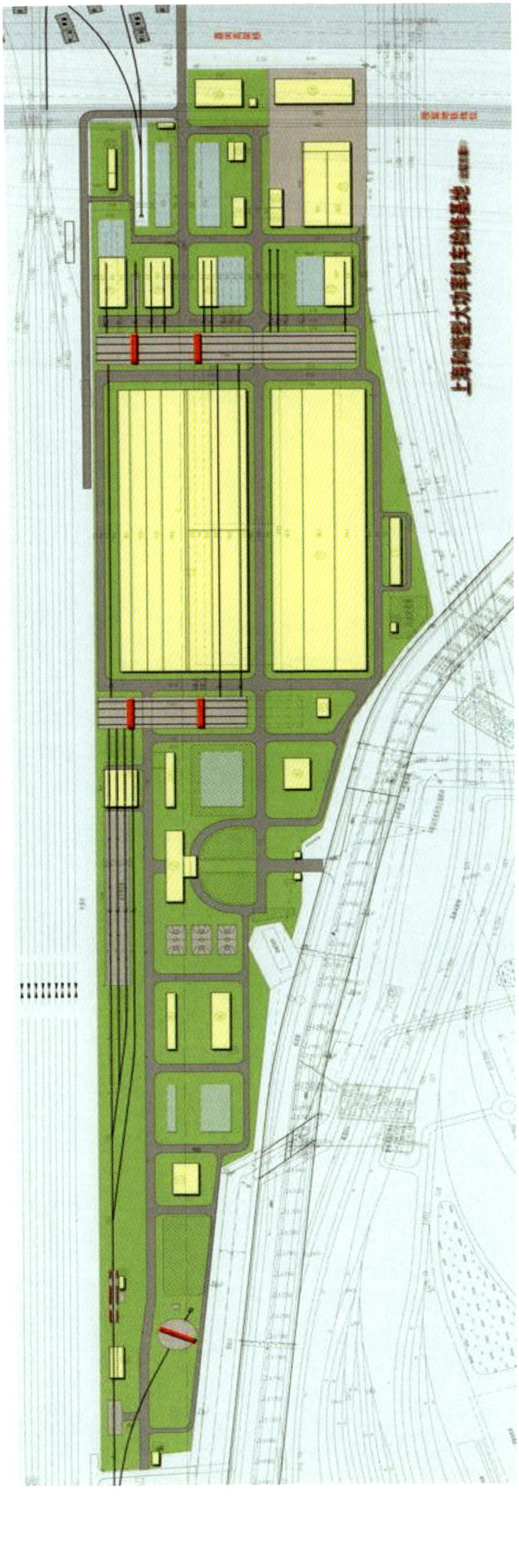

图 2-3-48　上海检修基地总平面布置

图 2-3-49　上海检修基地总平面鸟瞰图

图 2-3-50　检修库

解体组装库设 3 条股道。其中，库内设双层起重机，上层起重量 750 kN（75 t）（2 台）、轨顶标高 14.10 m，下层起重量 100 kN（10 t）（4 台）、轨顶标高 10.20 m，机车进出检修库均通过移车台、公铁两用车牵引完成。

库北半部为部件检修库，包括清洗、吹扫、复合冷却器检修、顶盖及高压电器检修、空调检修、卫生间检修、仪表检修、门窗桌椅检修、减震器检修、制动空压机检修、高压电器检修、标准电子作业等检修分区及分间，库北侧还布置有通信、信号检修间、10 kV 变电所两座、信息机房及车间调度室。从解体组装库到部件检修库设两条南北运输轨道，供部件运输用，这两条股道向南延伸分别与转向架库股道接通。

2．转向架检修库

转向架检修库（见图 2-3-51）轴线尺寸为 270 m×（24+24+24）m，库内分为 18 个作业区，分别设置转向架解体流水线、构架解体流水线、转向架组装流水线、轮对解体及检修流水线、车轮检修流水线、车轴检修流水线、轴承检修流水线、牵引电机检修流水线、圆簧检修流水线、减震器检修流水线、接地装置检修流水线、轴箱齿轮箱抱轴箱检修流水线、零部件检修区、制动钳及踏面清扫器检修流水线、杆件检修流水线、钩缓检修流水线。各流水线除本线控制外，还通过信息通道实现数据共享。

库南侧设置有 10 kV 变电所两座、信息机房及车间调度室、FAS/BAS 控制室、厕所等分间。转向架的运输通过与检修库连接的南北向股道进行。

图 2-3-51　检修基地转向架检修库

3．联合车库

从北往南依次为涂装库 48 m × 21 m、返修库 48 m × 21 m、调试库 48 m × 15 m、整车试验库 48 m × 21 m，建筑面积 4 064 m^2。库西侧通过移车台与检修库主库接通。

涂装库设 2 台位车体喷漆干燥设备，设备自带漆雾处理装置；返修库设 2 个返修台位，配备双梁起重机、电动落轮机、移动架车机、机车称重等设备；调试库设 2 个静态调试台位，配备地面试验电源、安全监控设备各一套，库内有高压接触网引入；整车试验库进行机车模拟动态运行试验，设试验台位 1 个，整车试验装置 1 套，库内有高压接触网引入（见图 2-3-52）。机车进出联合车库均通过移车台、公铁两用车牵引完成。

图 2-3-52　大功率电力机车整车动态试验装置

4．淋雨试验装置

淋雨试验装置设在涂装库北侧空地上，机车通过移车台牵引到该装置上进行试验（见图 2-3-53）。

图 2-3-53　大功率电力机车淋雨试验装置

5．蓄电池检修间

蓄电池检修间设在转向架库南侧，包括真空浸漆干燥设备和蓄电池检修设备各一套。

（三）技术创新

上海和谐型大功率机车检修基地是全路七个和谐型电力机车检修基地之一，是我国和谐型大功率电力机车全修程检修功能的重要生产力，是构建我国铁路机车产业升级的大功率机车运用检修体系的关键工程。

上海检修基地是我国路网性新型交直交电力机车检修基地中的代表工程，集中体现了交直交电力机车技术特点和维修需求，是“高度集约化、现代化、高效化、信息化全新维修体系”的体现。设计过程始终贯彻高标准、高质量、高效率、现代化的设计理念，坚持系统集成、系统优化，重视节能和环保，精心策划、控制投资，且首创多项新技术、新工艺、新设备。上海检修基地的规模能力、工艺流程、检修效率、工艺装备配置、技术水平，为我国大功率机车检修基地设计积累了成功经验。

主要技术创新如下：

（1）开创全新交直交电力机车检修体系，规模、能力、效率达到国际先进水平。

相比欧洲国家大功率机车检修基地检修能力最大 200 台能力，上海大功率机车检修基地实现了年检修 500 台 C4～C5 修能力的目标，检修基地规模能力和检修效率均远高于国外。

相比欧洲国家大功率交流机车年走行 20 万千米以内，上海检修基地实现我国大功率机车年走行千米数达到 30 万千米以上的目标，实现了“大幅度提高检修效率、检修质量，大幅度压缩检修停时，大幅度提高机车运用效率”的目标。

相比我国常规机车检修模式，能力和效率较以往有了 5～8 倍的提升，单位面积检修能力提高了 2.5 倍，实现了高度的集约化、现代化、高效化、信息化。

上海检修基地的规模能力、工艺流程、检修效率、工艺装备配置、技术水平、工程与投资规模等方面均处于国际先进水平。

（2）综合运用自行开发的检修体系三维仿真模拟技术平台，提出适用于 C4～C5 修“直线型流水修”总体工艺方案。

上海检修基地总体工艺流程（见图 2-3-54）按“入段→吹扫卸污→待修机车交接→洗车→入库→机车解体→检修→机车组装→出库→涂漆→调试→整车动态试验→淋雨试验→存车、整备→验交→出段”总体流程规划，机车检修按照“直线型流水修”工艺设计，车体按照作业顺序在台位上移动，机车及零部件的解体、清洗、检查、检修、组装均在各自工位上进行。

直线型流水修机车检修工艺方案采用机车分解、组装，以及流水台位的模式、工艺转向架自走行的新型工艺设备，最大限度地体现了机车解体、组装作业“共线流水、作业流畅”的特点；实现了机车解体、组装作业“按专业班组分区域精细作业，结合部件检修及物流多工位设置”的设计目标，极大地提高了检修作业效率；有利于检修基地形成现代化的作业环境，提升机车检修质量，压缩检修停时，减少互换件的保有量。

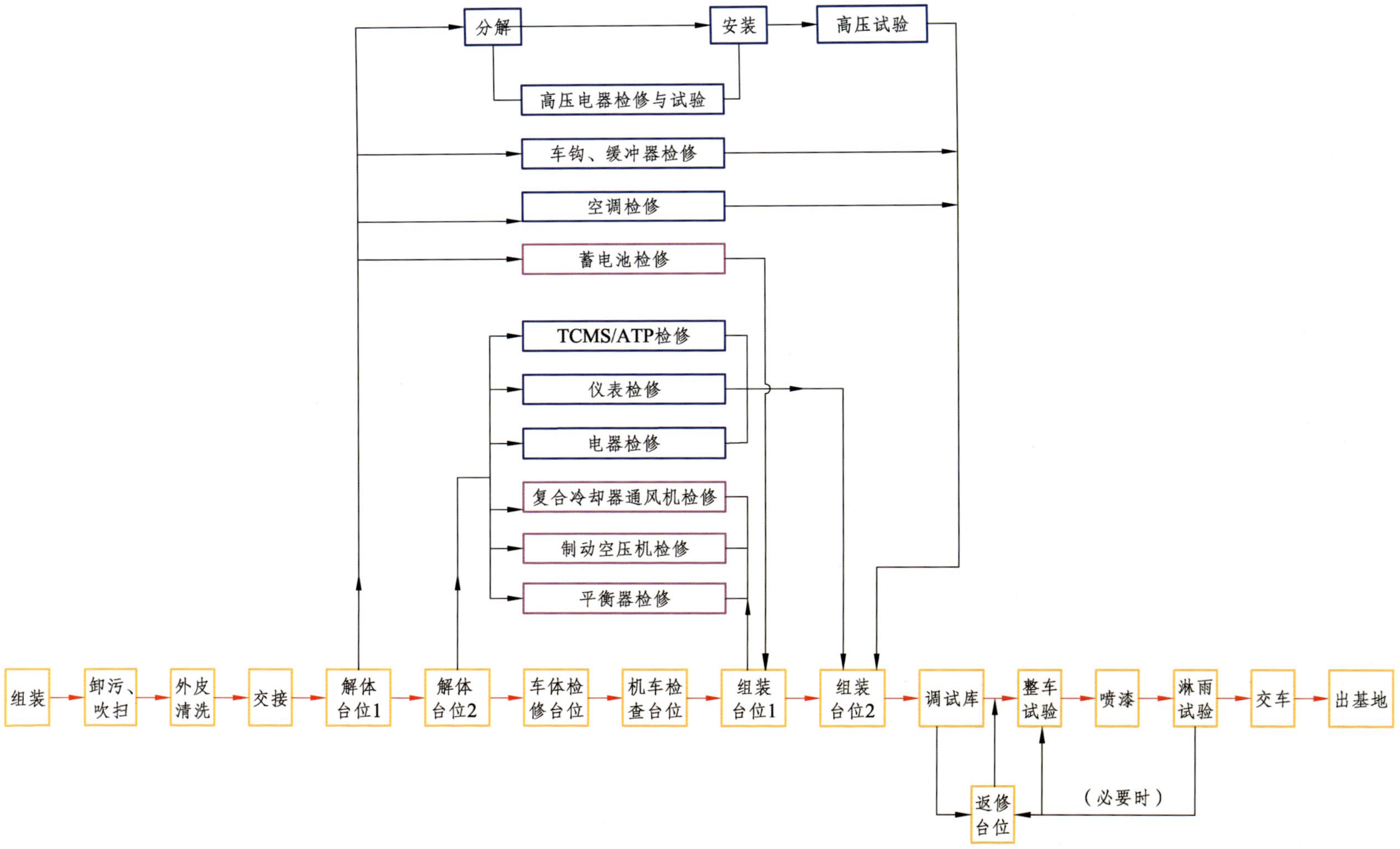

图 2-3-54　检修基地“直线型流水修”总体工艺流程示意图

（3）检修基地功能分区清晰明了，最优化工艺流程布局，以人为本设计思路贯穿总体布局各个层面。

统筹考虑检修工艺分区，以场区中部东西向贯通的 7 m 道路为界，按功能划分总平面不同区域，并结合消防安全的需要，形成环场物流、人流、车流通道，交通顺畅，相互之间无生产交叉干扰。东西向主通道的北侧从东至西主要设置有：材料棚、整车试验库、调试库、返修库、喷漆库、解体组装库、部件检修库、生产办公楼等生产办公房屋；主通道的南侧从东至西主要设置有：物流中心、锅炉房、压缩空气动力站、转向架检修库、设备车间、食堂浴室等生产生活房屋。生产办公楼、检修班组楼、食堂、浴室等办公生活设施位于场区中部，既紧邻检修作业区，利于生产管理人员、检修作业人员的人员组织，周边场地又相对空阔，建筑物密度低，可形成大面积景观绿化广场，营造良好的现代企业环境。

污水处理场、锅炉房、压缩空气动力站、整车试验库、喷漆库等噪声、污染大库房，在满足工艺流程和布置要求的前提下，尽量远离办公、生活区，布置在场区边缘地带。

检修基地总体布局全景如图 2-3-55 所示，检修基地总体布局分区示意如图 2-3-56 所示。

图 2-3-55　检修基地总体布局全景

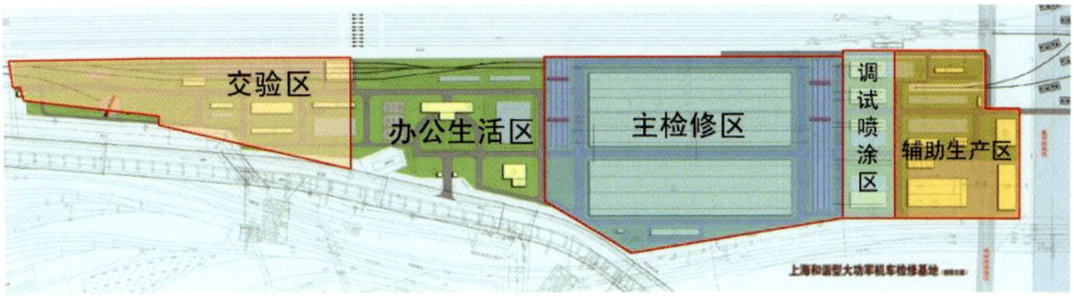

图 2-3-56　检修基地总体布局分区示意

（4）采用大跨度双层复合式桥式起重机、壁行吊的组合工艺方案，有效降低工艺作业间的相互干扰。

检修基地 C4～C5 修库机车组装库内起吊范围广，起吊作业频繁，起吊方式的制定是影响流水作业节拍的关键因素。在深入研究了各种起重方案起吊范围、与流水线工艺的适应性、不同工位起吊作业相互影响以及库房结构高度与用钢量后，上海大功率和谐机车检修基地采用 75/20 t 天车、16/3.2 t 天车双层复合式起重工艺方案（见图 2-3-57），可以很好地适应机车组装库的起吊要求和流水线作业工艺，适应不同重量的吊装要求。吊钩范围基本覆盖整个库房，作业灵活高效，场地整齐美观。与传统机车检修作业模式相比较，检修能力提高了 5～8 倍。

图 2-3-57　机车解体组装库采用双层桥式起重机组合方案

（5）结合流水修总体工艺方案，实现兼容 HXD1、HXD2 与 HXD3 共计 9 种车型固定式架车技术总体方案。

传统机务段检修作业量一般年中修机车台数在 200 台以内，平均每工作日 0.8 台，架车时间长短对检修时间影响不大。上海和谐型大功率机车检修基地设计能力 500 台，平均每工作日进车数量为 2 台。因此，每道工序要求衔接紧密，时间节拍控制紧凑。架车作业时间将直接影响后续工序是否能顺利、快捷地进行，架车作业方式及工艺设计起着控制性的作用。

结合流水修总体工艺方案，大功率机车检修基地解体、组装流水线设置固定式架车机，实现了兼容 HXD1、HXD2 与 HXD3 共计 9 种车型固定式架车技术总体方案，解决了大功率电力机车整备重量大，转向架轴式、定距、轴距、架车点位置差异大，车底大部件布置复杂、拆装困难的难题；显著提高了上、下道工序通过能力。固定式架车机采用自动对位控制技术，有效提高了架车作业效率和检修台位的利用率、压缩了检修作业时间和机车作业库停时间。解体组装架车台位占用时间可减少到 3.5～4 h，作业效率提高 5～6 倍。

（6）对转向架检修流水线总体工艺方案进行了全面三维模拟，实现不同车型、C4～C5/C6修转向架检修共线设置的兼容性目标。

转向架检修包含的检修流程数多达十条，各零部件的检修流程与转向架总体工艺流程的结合方式繁多，合理地组合各条检修流程、制定每条检修流程内工艺设备的布置方案，将直接影响到整个转向架检修库设计的规模能力和投资。

上海检修基地设计利用自主开发的三维设计仿真技术，对大功率电力机车转向架检修流水线的总体工艺布置方案进行了全面模拟。实现了不同车型、不同修程共线的兼容性目标。转向架牵引电机流水线检修能力可达12～15台/天，是传统牵引电机检修效率的5～6倍。上海检修基地提出转向架检修的工艺、流水线、设备、工装、工具等全系统的设备集成理念，通过数字化的管理手段和高效的物流设施将各类设备有机衔接。流水线检修和传统的定位检修相比具有效率高的明显优势，能有效应对和谐型大功率电力机车大规模应用带来的集中检修难题。

（7）实现大功率电力机车轮对综合检测体系，综合保障机车走行部运行安全。

由于大功率机车牵引吨位重，运用条件恶劣，轮对承受的负荷大，为了确保大功率机车轮对的安全，必须对机车轮对进行严格的质量监控，单靠日常动态探测车轮表面缺陷，或者只是定期落轮对轮辋探伤，或者单靠某一个探伤设备是行不通的。

根据轮对缺陷形成规律，结合车轮检修实际应用特点，将相控阵及常规超声多探头组合探伤技术应用于车轮、车轴的定期在线不落轮和定期落轮状态下超声波探伤，实现了对车轮轮缘、轮辋和辐板综合探伤、车轴全覆盖综合探伤以及对车轮轮缘、轮辋、辐板和车轴的一体化探伤。上海检修基地提出大功率机车的车轮车轴综合探伤技术体系，结合既有的检修规程，同时提出建立日常动态检测、定期在线检测、定期落轮检测三个层次的车轮车轴综合探伤技术体系，严格保障轮对全生命周期内的质量安全。

（8）提出并实施了适应大功率交流传动电力机车特点的整车动态试验技术方案。

检修基地实现机车静态、动态性能综合检测功能，重复测试机车不同工况、不同条件下的性能参数，满足1 500 kN机车自重、3 000 kN设备自重和120 km/h速度下9 600 kW负荷的动载荷试验要求，对释放长大干线运输能力、提高机车周转率和检修质量、改善劳动条件具有重大意义。

第四节　总结与回顾

武汉、上海、广州大功率电力机车检修基地的设计与建设，打破了传统局界、段界的约束，从全路网角度出发，综合考虑路网分布密度、客货运量、机车配属数量、机车调配半径、客货运设施分布以及地区经济发展程度、地理环境特点等因素，按“专业化、集中修”的思路，实现了建设与运营的规模化效益，节省了投资，提高了生产效率的目标，为铁路安全运营提供了可靠保障，也为后续改进积累了丰富的经验。

一、构建快速安全、高效集约的大功率电力机车检修保障体系

首次提出了“集中修、状态修、互换修、均衡修”的机车检修模式，开创了兼容9种车型、不同修制的流水修总体布局。

（1）首次提出了“集中修、互换修、状态修、均衡修”的机车检修模式，考虑路网分布密度、客货运量、机车配属数量、机车调配半径以及客货运设施分布等因素，按“专业化、集中修”的思路，结合交流电力机车的运用与检修特点，统筹路网分工，在华南、华中、华北、西南、华东、西北地区集中设置六大电力机车检修基地，实现高效、集约、节能、可持续发展的目标。与传统机务段模式相比（既有电力机车约9 000台，57个机务段），机车检修基地节省占地约4 800亩，减少房屋面积约105万平方米，减少定员约2万人，节约投资约100亿元，单位占地面积检修能力提高2.5倍。

（2）通过综合运用检修能力计算仿真、流水节拍仿真、检修工艺流程三维仿真模拟手段，提出直线、U型、L型机车流水修总体布局方案。75/20 t天车、16/3.2 t天车以及5 t壁行吊综合集成的双层复合式起重、库内整车试验等工艺方案，很好地适应了机车组装库的起吊要求和流水线作业工艺。与传统机车检修作业模式相比较，检修能力提高了5~8倍。

（3）研究了大功率电力机车全寿命周期检修项点、要求及检修基地工艺需求，通过调节不同车型大功率机车的检修节拍，显著提高上、下道工序通过能力。机车解体、组装台位占用时间可减少到4 h，作业效率提高5~6倍，很好地适应了大功率电力机车C1~C6六级检修制度。

（4）武汉、广州、上海大功率电力机车检修基地，以先进的检修设施、工艺装备、检测手段和零部件配套检修服务为基础，保障了2 000余台大功率机车的安全可靠运行，实现了检修基地最大1 000台的年检修能力。

二、研发智能、柔性的转向架流水修及全寿命监测技术

基于智能物流、大数据云分析、信息化仿真管理等技术，研发了智能、柔性的转向架流水修工艺及装备，实现了转向架检修能力5倍提升；同时研发了相控阵及超声多探头组合探伤技术，实现了车轮车轴全覆盖一体化探伤，解决了重载快速货运机车转向架全寿命安全保障的难题。

（一）兼容、柔性的转向架流水修总体工艺布局

转向架是大功率电力机车的核心组成部分，其检修具有技术新、难度大、工艺流程繁多、集成复杂的技术特点。HXD1、HXD2、HXD3共计9种车型转向架轴式、定距、轴距、构架及主要部件差异大。传统的转向架检修、选型、定位、定线，国内没有与之相适应的检修技术可以解决兼容、柔性的难题。

结合项目实践，通过三维仿真模拟手段建立转向架检修库BIM信息模型，对大功率电力机车转向架检修的总体工艺布置方案进行了全面模拟。通过对工艺流程顺序、流水线节拍、

台位能力检算、主要设备能力检算进行系统分析，提出兼容 HXD1、HXD2、HXD3 共计 9 种车型的转向架解体流水线、构架检修流水线、转向架组装试验流水线、轮对解体检修流水线、车轴检修流水线、车轮检修流水线和轮对组装检修流水线等十余条检修流水线工艺方案，各个流水线之间既相互独立，又通过智能物流柔性连接，构成高效的转向架流水修布局。

（二）检修基地智能物流技术

通过研发信息集成技术、物联网技术和智能物流管理技术，实现了机车检修过程中工件和物料的信息化、智能化、自动化、网络化、集成化配送。利用物联网技术，把 RFID 读卡器、RFID 电子标签、传感器等物联网设备紧密联系起来，通过射频信号识别目标以获取相关数据，实现物流智能管理功能。研发检修基地转向架 AGV 智能化运输技术，形成由自带举升机构的自动引导车（AGV）、任务管理系统、AGV 车载控制系统和数据采集系统组成的智能输送线，将物料准确、及时地配送到各个检修工位，并对采集的海量数据和信息进行分析和处理，实现对其实时智能化控制。

（三）检修基地大数据云分析技术

大功率电力机车在日常运行、检修过程中产生的大量数据，其体量庞大，又缺乏一定的规律性，通常仅用作静态存储。为充分利用数据信息，项目研发了大数据云分析技术，借助云平台高效的数据分析能力，挖掘数据隐藏的运用和检修规律，从而实现机车合理运用、科学检修、减少运营成本的目的。

通过数据采集与分析，结合信息化管理、数据处理、智能分析等手段，实现机车车辆及核心部件全生命追溯。形成面向生产组织全过程的决策服务信息系统，实现从数据到信息、从信息到智能的升级，帮助打造精益生产企业。

通过大数据云分析，可对检车进行全生命周期追溯，其具备以下三个优点：

（1）通过趋势分析，规避一些修程内的检修漏洞，对一些还没到修程，却已经出现劣变的零部件进行提前更换，确保机车的运行安全性。

（2）通过数据分析，寻找零部件最佳更换时机，对于一些已经到达修程，但仍然具备使用条件的零部件进行延期更换，大大降低机车检修运用成本。

（3）对于机车检修工艺提供全面数据支撑，针对当前检修周期先到而走行千米不足的现状，从实际数据上给出指导。可以适当对机车检修周期进行有依据的延长，提高机车实际运用率，从而降低运用维护成本。

（四）检修基地信息化综合管理平台

既有机车检修信息系统种类繁多，相互独立且缺乏统一的管理，各系统间由于接口和协议不同，无法实现信息共享。结合具体项目，研发了信息化综合管理平台，对“人、机、料、法、环”的质量全面管控，建立机车及零部件“一车一档”的数据档案，统一生产调度指挥系统、检修管理系统、整备管理系统、配件管理系统、设备管理系统、视频监控管理系统等信息系统之间的接口和通信协议，将各系统业务流程关联，形成统一协作的管理平台，从而实现信息共享，以提高管理效率和信息化水平。

（五）检修基地转向架全寿命安全监测技术

大功率电力机车牵引质量大、速度快，轮对和构架是机车转向架中受力最为复杂、工作条件最为恶劣的部件。大功率机车采用整体碾钢轮，在重载、快速运行条件下，轮辋、轮辐、车轴易在应力集中环带产生轴向、径向、疲劳裂纹，直接危及行车安全。现有探伤技术采用人工超声横波扫查方式，仅运用于直流电力机车套轮、毂轮的径向裂纹探伤。对于大功率机车各部位周向裂纹无法探测，且探测质量、效率低。

项目研发了光截图像测量技术，实现了车轮外形轮廓及轮缘高度、踏面磨耗等参数非接触动态检测；基于接触式测量方法，采用高精度位移传感技术测量轮轨接触区域的车轮擦伤和剥离；基于超声波阵列探伤技术，研发了相控阵及超声多探头组合探伤技术，实现轮辋周向、轮缘顶点至根部径向缺陷覆盖扫查。项目基于疲劳裂纹扩展理论，定期对轮对和构架的损伤进行动态检测，及时掌握轮对状态，同时运用计算机技术、网络技术、信息化技术整合机车转向架全寿命周期监测数据，并实现信息化管理，这有利于决策、分析及管理效率。

三、首创替代机车正线试运行、节能经济的整车试验系统

采用基于电能互馈的电功率封闭节能技术，攻克了 2 000 kW 交流变频陪试电机速度和转矩双闭环自动调节的难题，以消耗原能耗 40% 左右的电能即可完成大功率机车整车满负荷牵引、制动试验。

受技术条件限制，既有机车试验台功能单一，只能进行机车牵引特性试验，不能进行机车电制动特性试验，这影响了机车整车试验质量。机车试验时电能均转换为热能耗散，造成大量的能源浪费。轴距调整为人工方式，试验效率低、制约了机车进行整车试验的通过能力，不能满足检修基地多种型号机车频繁进行试验的要求。陪试电机采用直流电动机，功率较小不能满足大功率和谐型电力机车进行负荷试验的需要。因此，研发能够实现机车静态、动态性能综合检测功能，能够替代机车正线试运行、节能经济的整车试验系统是保证机车运用安全、提高机车使用效率的迫切需求。主要采用以下关键技术：

（1）研发了机车快速安全上下试验台的轨道装置技术，满足六轴不同轴距和谐型电力机车的快速轴距调整技术，实现了大功率机车库内动态试验，缩短了辅助试验时间，可以取代机车的正线试验，消除对繁忙铁路正线的干扰。

（2）研发了基于电能互馈的电功率封闭节能技术，以消耗原能耗 40% 左右的电能即可完成大功率机车整车满负荷牵引、制动试验；装备各环节采用高功率因数优化设计，电能传输效率高，节能效果显著。

（3）开发了速度和转矩双闭环自动调节保障轨道轮同步运转技术，实现了轨道轮自动同步运转；开发了车载微机数据视频图像分析技术，实时掌握试验状态，确保机车动态试验的准确、安全和稳定。

四、研发兼容 9 种车型的固定式架车机

传统机务段检修作业量一般年中修机车台数在 200 台以内，平均每工作日 0.8 台，架车时间长短对检修时间影响不大。上海和谐型大功率机车检修基地设计能力 500 台，平均每工作日进车数量为 2 台。因此，每道工序要求衔接紧密，时间节拍控制紧凑。架车作业时间将直接影响后续工序是否能顺利、快捷地进行，架车作业方式及工艺设计起着控制性的作用。

结合流水修总体工艺方案，大功率机车检修基地解体组装流水线设置固定式架车机，实现了兼容 HXD1、HXD2 与 HXD3 共计 9 种车型固定式架车技术总体方案，解决了大功率电力机车整备重量大，转向架轴式、定距、轴距、架车点位置差异大，车底大部件布置复杂、拆装困难的难题，显著提高了上、下道工序通过能力。固定式架车机采用自动对位控制技术，有效提高了架车作业效率和检修台位的利用率、压缩了检修作业时间和机车作业库停时间。解体组装架车台位占用时间可减少到 3.5 ~ 4 h，作业效率提高 5 ~ 6 倍。

五、大跨度双层复合式桥式起重机，有效降低作业干扰

检修基地检修库的机车组装库内起吊范围广，起吊作业频繁。起吊方式的制定是影响流水作业节拍的关键因素。在深入研究了各种起重方案起吊范围、与流水线工艺的适应性、不同工位起吊作业相互影响比较以及库房结构高度与用钢量后，上海大功率和谐机车检修基地决定采用 75/20 t 天车、16/3.2 t 天车双层复合式起重工艺方案，可以很好地适应机车组装库的起吊要求和流水线作业工艺，适应不同重量的吊装要求，吊钩范围基本覆盖整个库房，作业灵活高效，场地整齐美观。与传统机车检修作业模式相比较，检修能力提高了 5 ~ 8 倍。

第三章 大功率电力机车标准化整备场工程

第一节 概 述

一、标准化整备场建设背景

（一）建设背景

随着我国上线运营大功率电力机车数量的急速增长，大功率机车的日常运用、整备、维修任务量越来越大。既有机务设施改造和配套设施的完善越来越紧迫，而全路配套的大功率机车运用维修设施布点及标准化整备作业建设标准尚未建立起来，因此大功率电力机车标准化整备作业技术的研究显得尤为重要和迫切。

大功率电力机车是引进国外先进技术、从联合生产逐步实现拥有自主知识产权的新型主干线机车。此类机车在国外具有成熟的运营管理和检修经验，在国内虽然已陆续有大量机车投入运营，但机车的运用、维修尚依赖既有的机务设施，基本维持传统的机车运用模式，这制约了大功率机车的运用效率和周转。

和谐型大功率交流传动电力机车与常规机车相比较，有着本质上的区别。大功率电力机车采用了一系列先进的技术，其中包括全新的交流传动技术、大转矩异步电动机、高度集成化和模块化的总体设计、先进和可靠的制动技术、完善的网络控制系统等，实现了多达 4 台机车的网络重联功能、机车故障的远程监控及自诊断功能。

大功率电力机车运用、维修技术引入先进高效的立体平行作业理念，同时通过先进可靠的手段确保作业人员安全，体现以人为本的思想，大大提高机车检修、整备能力，进而提高上线机车的质量，降低机破发生率，提高机车周转率，实现机车运用效率和检修质量的全面提升。传统的运用检修模式显然无法满足新型电力机车的运用维护和检修要求，因此如何根据新型电力机车的特点和使用情况，结合运用、检修方案，管好、用好、修好这批机车，是目前摆在我们面前十分迫切的任务。

为制定大功率电力机车标准化整备作业及流程，需要了解目前我国大功率电力机车整备现状，理清存在的问题，才能制定合理的整备作业流程，选用符合铁总运〔2013〕90 号文规定的整备设备及设施，形成标准化整备作业体系。

（二）铁总运〔2013〕90 号文的要求

2013 年铁路总公司发布铁总运〔2013〕90 号文《关于印发加强机车整备能力建设的指导

意见的通知》，文中要求各铁路要根据《“十二五”铁路运输设备技术改造规划》，结合机车整备能力建设的重点项目，按照建设程序规划，统筹安排，分步实施。2013 年各铁路局要分别建成 1 ~ 2 个示范标准化整备场。到 2025 年，全路要完成日均整备货运机车 60 台次以上和日均整备客运机车 40 台次以上的整备场标准化建设目标，全面提升机车整备能力，为运输提供优质高效的牵引动力保障。

二、大功率电力机车整备现状及问题

（一）大功率电力机车整备现状

1．整备资源逐渐整合，呈现路网性、区域性集中整备的新需求

近几年来，随着铁路快速发展，生产力布局不断进行调整，机务段大幅度减少，机务段管理的范围不断扩大，每个机务段下辖 6 ~ 7 个整备车间（整备点）。

按照中国铁路总公司（原铁道部）统一部署，围绕挖潜、扩能、提效目标组织实施了机车交路调整、重载、提速等机车运用体制的改革。特别是大功率电力机车投入使用以来，“长交路、轮乘制”得到进一步推行。货运机车交路实现了编组站对编组站，交路长度大幅度提高，直接带来了一次整备走行距离的延长，交路区间内的整备点整备任务量大幅度减少。各铁路局结合本局的实际情况，撤销了部分整备点，有的整备点调整为折返点。

机车交路延长后，机车跨段、跨局整备的局面成为普遍现象。路网性编组站、区域性编组站内机务整备任务量大幅度提高，形成路网性、区域性集中整备的现状。

2．检修、整备作业分工不同，整备模式多样化

大功率电力机车的投入使用，不仅是装备现代化的体现，同时也带来了运用、维护体制的重大的变革。按照大功率电力机车的技术特点，结合全路“十二五”发展规划，C4 修以上维修实现了全路大区域化集中布局。

现在大功率电力机车 C4 修以下的运用维护保养模式，是各铁路局按照配属及机车支配情况，相对分散设置。

从调研情况来看，各铁路局是在既有直流机车运用维护管理模式的基础上，结合大功率电力机车的特点及本局的情况，进行了不同的调整。大致可分为以下三种模式。

模式一：日常检查由整备车间承担，C1 修及以上由检修车间承担。

整备车间承担大功率电力机车的日常检查及常规整备作业。检修车间承担 C1 修及以上修程的检修作业。与既有机车的整备模式接近，在原有整备、检修车间的作业格局不变的情况下，由两个车间分别完成机车不同修程的检查作业。

模式二：各修程检查作业均由检修车间承担。

整备车间仅承担大功率电力机车的常规整备作业。检修车间承担所有修程的检查作业。这种模式主要基于充分发挥检修车间的技术能力。

模式三：各修程检查作业均由整备车间承担。

检修车间不承担任何修程的检查作业，全部由整备车间来承担。这种模式主要基于机车质量责任主体出发，强整备、弱检修。按照大功率机车 C3 修及以下修程主要以检查、检测

为主的技术特点，弱化原机务段的检修车间，将检修工作纳入整备车间，强化整备车间，减少机车质量多部门负责制，体现全段一台车、全局一台车的整备理念。

3．沿用既有整备设施

既有整备设施有的是从蒸汽过渡到内燃，再改造为电力，有的是近年来由于新线建设而配套设置，均是与传统直流机车配套设置的。

大功率电力机车投入使用以来，基本采用既有的整备流程，利用既有人工作业为主的整备设施。部分机务段按大功率电力机车的整备要求进行了建设或改造，但由于缺乏相应的标准及规范，建设标准不统一，整备设施不完善。

（二）大功率电力机车整备存在的问题

1．跨段、跨局机车整备缺失

“长交路、轮乘制”的实施，大功率电力机车跨局、跨段整备成为普遍现象。

目前，跨局、跨段机车整备缺失。各机务段均有外局、外段机车专用的整备场或整备线。其在整备标准、范围上确与本段机车完全不同，仅进行上砂、上油等基本整备内容。

跨局、跨段机车整备内容的缺失，造成担当长交路的机车技术状态难以保证，增加了机破率和事故的隐患，严重影响到运输和行车安全，是当前必须立即着手解决的关键问题。

2．整备流程不统一、不合理

经过对多个机务段整备设施调研，各个段整备作业流程各不相同。究其原因，一方面是各机务段经过多年的改造，各段的管理方式不同；另一方面由于各段配置的整备设施的不同，也决定了整备流程的不同。

整备流程基本采用分散式。主要表现为机车的日常检查（包括高低压试验）、日常整备（上油、上砂、上水）、保洁三项设备检测不集中在整备台位进行，分散在整备台位、待班台位、整备台位前的准备位置或段内其他整备位置。

分散整备造成整备作业不能同时进行，整备时间延长，在段内频繁启停机车，整备效率降低。

整备流程不合理的主要原因，还是由于整备设施不配套。例如整备台位没有三层作业平台，无法实现立体化作业，整备作业难以集中。由于整备台位没有理想的上砂设备，为了不对整备台位环境造成污染，只能选择在段内其他位置进行集中上砂。

因此，整备流程不科学、不合理的现状，需要通过完善配套设施来解决。

3．整备条件恶劣

整备场是机车整备专用的场所，机车整备作业主要集中在整备场的整备台位上。整备作业全天候二十四小时进行，是机务段内日常作业量最大的工种，作业环境和条件最为恶劣。

机车装备发展经过蒸汽、内燃、电力时代，目前已发展到交流转动的机车时代，但整备台位设施设置的理念和模式却一直未改变。多数机务段整备场一直采用的露天作业方式，无论风沙还是雨雪天气，整备作业都在露天进行，甚至机车还需登顶作业，机车整备质量完全靠敬业精神来保证。近几年来，随着对整备质量的逐渐重视，部分机务段设置了整备作业棚，这些作业棚大部分较为简易。虽然改善了作业条件，但没有从整备作业的需求综合考虑，效果并不理想。

4．整备作业自动化水平低，与大功率电力机车技术的先进性不相适应

大功率电力机车的技术达到了世界先进水平，采用了先进的车载计算机网络控制技术，设备状态监测与系统自诊断功能完善，具有机车状态数据无线传输的功能。

因此，在机务段内需要有配套的系统设施，能够自动将机车车载的众多安全监控、监测设备信息汇集并整合，通过无线方式及有线网络自动传到地面，并能够通过对机车安全设备的远程实时监测和动态分析，判断各种安全隐患、设备故障的类型和级别，生成预警或报警信息，为机车维护保养提供数据支持。机车入段后，能够利用无线网络实现车载设备的全程检测记录文档等数据信息的自动转存下载，为机车整备、质量管理、统计分析提供数据支持。最终实现全面实时掌握机车运行状态，达到机车远程控制的目的。

目前全路各段在这方面的配套设施几乎为空白，仅有江岸机务段在进行一些尝试。

另外，整备作业以人工为主，主要表现在人工联系出入库径路、人工办理检修报活手续、人工隔离开关作业、人工实施安全措施等。

5．信息化水平低

提高整备效率和整备质量，需要现代化的检修制度和管理方法，同时更需要现代化的管理设施。现代化的管理设施也就是信息化管理。整备作业在一个小时左右，要完成入段、机车状态检测、保洁、机车整备、碎修、三项设备检测。大量的作业人员、作业内容、与段内其他单位的协调配合以及机车基础运用状态数据的采集和分析，需要一套完整的、能辐射整个作业环节的信息化管理平台，建立从入库车号识别到最后出库完毕各作业状态实时显示的信息化平台。没有信息化难以实现科学精细的管理，也难以真正实现跨局、跨段标准化作业。

目前仅有个别机务段（例如武汉局江岸机务段）配置了生产调度信息平台，涵盖了整备信息化管理的功能。其仍处于试运用阶段，基础数据来源依赖车间人工输入（如作业情况、活件情况），暂时还无法代替自动输入，而大部分机务段整备信息化系统基本缺失。

6．关键设备严重不配套

近年来，我国铁路客货运输装备快速发展。客运配套设施从动车组到动车组运用维护设备的配置水平，已与世界先进技术同步。货运牵引动力从直流机车向交流机车逐渐过渡，机车装备技术平台也达到世界先进水平。

全路机务设备虽然近年来也在一定程度上进行了局部的补强和改造，但主要都集中在规模和能力方面。特别是整备设施，在能力补强中未得到足够的重视，基本沿用传统的理念和设施，远远落后于运输装备现代化的发展。正是由于整备设施配置水平的落后，整备作业质量难以保障，直接影响到机车运用效率和安全，从而反映到铁路的运输生产中。

1）机车入段动态综合检测设备

随着机车交路的延长，重载列车大面积开行，机车运用技术状态的保证成为近段时间以来，以及今后必须深入研究的课题。由于机车牵引定数的增加、连续走行距离延长，使得机车走行部承受的负荷大幅度增加，疲劳裂损的速度加快，加剧了机车故障的概率，直接影响到行车的安全。同时，受电弓作为电力机车运行过程中的受流部件，其性能状态以及技术参

数是良好的弓网关系的重要保证，直接影响电力机车运行的稳定性。

因此，必须对日常入段机车走行部、受电弓及车顶设备的技术状态进行高密度、短周期的检测和监控，切实保证机车的运用质量。

目前，在各个机务段内，仅有少量段配置了轮对或受电弓动态检测设备，缺少对制动系统的动态监测，缺少对车顶、车底及侧部的监控设备。大部分机务段仍然采用人工检测或目测的方式，难以保证机车的运用状态。

2）整备台位作业平台

整备台位是整备作业集中的工位，整备台位设施的配置，决定了整备效率和质量。整备台位作业特点是作业内容多、作业人员多、作业时间短、作业面多、空间狭小、安全风险大。

目前整备台位均采用检查坑加硬化地面方式，个别段配置了作业平台，配置的模式各不相同。

目前作业平台设置模式，没有综合考虑各项作业需求，没有真正解决车底、车下侧、车内、车顶同时作业的问题，也没有充分考虑电、水、风、信息的使用条件。

3）整备台位安全作业设施

整备场是机车、人员、作业密集交叉的场所，特别是电力机车整备场均处在高压作业环境，安全作业是第一原则。近些年来，整备登顶作业人员安全事故频发，因此整备台位的安全联锁监控是必须尽快解决的问题。

目前大部分机务段隔离开关、接地杆采用人工监控的方式，存在巨大的安全隐患。个别机务段配置了安全联锁监控系统，但由于系统设置不尽完善，也曾出现伤亡事故。

有的路局采用整备台位，不设置接触网的方式，达到了完全无电作业，保证了安全，但需要配置牵引车辆，作业效率大为降低，整备场成为“断桥”。另外需要受电作业的高低压试验，还需在其他整备台位来完成。

4）机车整备综合检测设备

整备作业中的日常检查属于大功率电力机车的修程范围，是保证机车整备质量的重要环节，检查作业质量将直接影响到机车运用安全。

日常检查的范围广、工作量大。少量检查作业需要工具和仪器，大部分以目测检查为主。日常检查的作业特点，要求检查结果数据快速汇集和分析，并快速进行维修处理。目测检查只有具有可追溯性，才能真正落实责任主体。

目前检测数据没有信息快速汇集、分析的配套设施，难以做到快速处理。目测检查有很强的随意性，走过场现象严重，且缺少机车整备综合检测系统作为保证。

5）股道自动化管理系统

股道自动化管理系统作为机车入段、段内走行、调度的自动化管理系统，已在规范中较为明确。目前仍有部分机务段采用人搬道岔的方式，整备效率低、安全隐患大。

配置了股道自动化管理系统的机务段，大部分均未含检修区道岔，机车临修或入库检修时，就无法掌握机车的位置，难以全段统一调度。

此外，还需要在入段线上配置车号识别系统，并接入股道自动化管理系统，才能准确显示任何车号机车的准确停留位置。目前该系统反映运行不稳定，故障率高。

6）洗车设备

机车外皮清洗、保洁是保证机车质量和文明运输的关键环节。

有部分机务段配置了机车外皮清洗机，基本为露天形式，需要人工补洗。南方地区，气候温暖，这种方式四季均可使用。但在北方地区，由于气候寒冷，冬季无法使用。若仍采用人工清洗的方式，作业人员的工作环境极其恶劣，清洗也难以达到预期效果。

7）上砂设备

大功率电力机车采用成品石英砂，与传统直流机车用砂完全不同。目前各个段有采用人工推车或改造的叉车上砂方式，有利用传统的管道输砂方式，还有采用提升加砂灌的方式。这些方式在实际的运用过程中效果均不理想，工人劳动强度大。上砂设备是各段整备设施中急需解决的问题。

8）车顶高压电器保洁设备

车顶高压电器放电故障在机务系统中频频发生，车顶瓷瓶的保洁成为机车整备的关键环节，目前仍采用人工擦拭的方式。

9）卸污设备

大功率电力机车配置了卫生间。目前仅有少数铁路集团公司（如武汉、上海）启用，并配置地面真空卸污设备，大部分路局大功率电力机车的卫生间均处于封闭停用状态。

启用卫生间，配置卸污设备不仅是人性化、文明运输的体现，也可以降低运输安全隐患。

第二节　标准化整备场功能设施和建设要求

一、大功率电力机车标准化整备建议

（一）建立完善“全路一台车”的整备管理制度

“长交路、轮乘制”的实施，需要有配套的运用、整备设施，更为重要的是要有完善的管理制度作为保证。这是解决跨局、跨段机车整备缺失的根本办法。

配套的管理制度一方面是需要明确整备责任界定，另一方面要制定费用的清算制度。两者缺一不可，这是目前跨局、跨段机车整备缺失的根本原因。

明确整备责任界定，首先应制定全路统一的整备技术标准。以标准来作为责任界定的基准，并具有对整备标准进行量化和检验的相关办法，也要配套具有可追溯的信息化管理设施，并能进行实施查询和监控，最终要落实到质量事故的责任认定。

建立费用的清算制度，是在明确整备标准的基础上，制定合理的计费办法。要保证整备责任单位基本收益，也要鼓励和提高整备责任单位的积极性。

建立完善“全路一台车”的整备管理制度，涉及的因素很多，是复杂和漫长的，也是必须和急迫的。

（二）统一整备模式

大功率电力机车的投入使用，维护保养的模式，也就是整备模式，已成为一个重要的课

题。目前不同路局采用不同的整备模式，仍处在不断尝试和调整的阶段。

整备模式的确定，首先立足于高质量、高效率完成机车整备，立足于保证铁路运输的高效和安全。

大功率电力机车可以借鉴动车组的运用、维修模式。动车组一、二级修也是以检查、检测为主，包括临修设施都划归到整备的范畴。动车组常规整备和一、二级修、临修统筹管理，不再分设车间。动车组质量责任主体明确，管理简单，有利于高效、快捷、高质量完成整备作业。

大功率电力机车 C4 修以下修程同样是以检查、检测为主，类似于动车组的一、二级修。不同的是大功率电力机车日常整备要求的频率更高。这就要求整备的模式更加简洁，减少多个车间的参与和多个责任主体。否则责任主体越多，也就没有了责任主体。

大整备、综合整备是大功率电力机车运用维护的发展趋势，由于涉及对机务系统既有管理方式根本性的改变，需要另行深入研究。

（三）尽快制定大功率机车标准化整备设施建设及设备配置标准

大功率机车运用、维修设施，特别是整备设施，是大功率机车运用状态的根本保证。利用既有整备设施，存在流程不合理、整备设施不配套等一系列问题，远不能满足大功率机车整备作业的需求，也没有充分利用大功率机车先进的技术条件。因此，需要按照大功率机车的技术特点，结合“长交路、轮乘制”集中化整备的需求，利用大功率机车投入使用以来积累的整备经验，尽快制定大功率机车标准化整备设施建设及设备配置标准，作为完善、改造既有整备设施及新建整备设施的依据。

标准化整备设施建设及设备配置标准主要包括：建设基本原则、主要设施建设标准、附属设施建设标准以及整备设备配置标准。

二、大功率电力机车标准化整备场功能设施和建设要求

标准化整备建设主要包括制定标准化整备流程和标准化整备设施配置。标准化整备流程是通过设置合理的作业程序，达到机车整备路径最短、效率最高的同时。标准化整备设施配置主要考虑设施配置满足大功率电力机车整备的作业需求，通过配置技术先进的设施来保证整备质量和效率。

经过对多个机务段的整备设施的调研，以及借鉴动车组运用、维修设施的经验，形成如下方案：

（一）整备流程

标准化整备建设的对象主要还是针对既有的机务段，调研机务段的整备设施，各不相同，特别是在整备流程方面。由于各段总平面布局均不同，流程很难达到绝对的统一。可以制定一个标准，各个机务段整备流程可以参照标准化流程，结合自身的实际情况来设计实施。

维持运用维修段、派驻机车折返段、折返段三种整备流程模式。三种模式基本能够反映全路机务设备性质，也能够适应未来机务设备的发展。

对照铁总运〔2013〕90号文，逐条梳理标准化整备方案，对和谐机车标准化整备作业所需设备及设施进行分析，形成机车整备作业流程如图3-2-1所示。

整备流程包括机车入库至整备后出库的全过程，应依次按照机车车号自动识别、车载数据下载、走行部及受电弓检测、机车卸污、机车清洗、机车季检（C1）检/半年（C2）检/一年（C3）检、油水砂补充、检查检测、维护保养、机能试验等流程进行统筹考虑，以实现整备作业高效的目的。

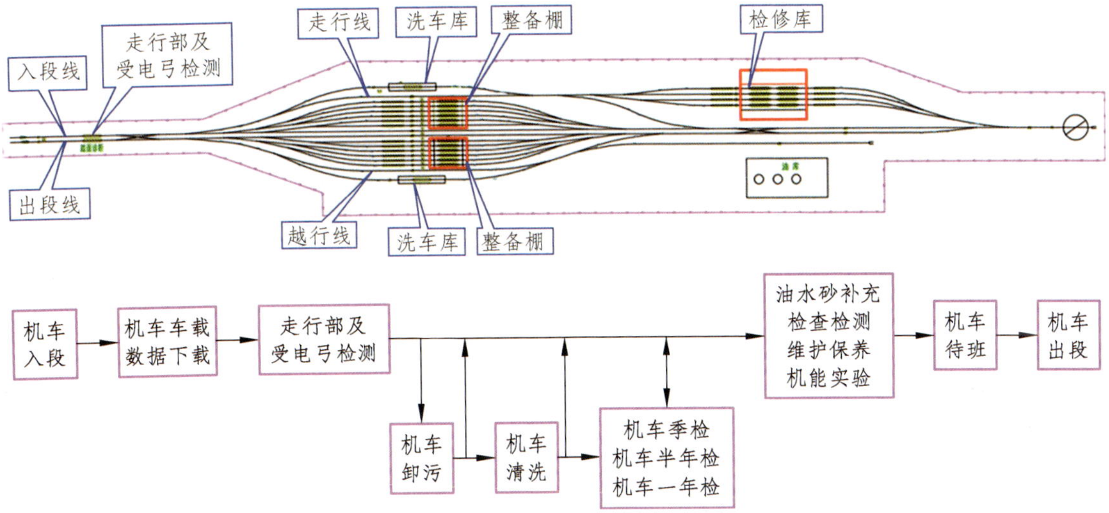

图3-2-1　整备作业示意图及流程图

注：图3-2-1中机车季检、半年检、一年检分别对应新修程C1、C2、C3修，示意图及流程图仅为参考平面及作业流程，各机务段需结合各整备点实际情况进行适当调整。

（二）整备场功能设施和建设要求

1）车号识别系统

入段线上设置车号识别系统，实现机车车号的自动识别和传输，为机车段内运用、整备和调度管理提供身份证明。

目前配置的车号识别系统运行状态均不稳定，仍需提高设备质量和相关技术。

2）车载数据无线下载系统

目前尚未有成熟的产品，需要加快开发，并需要协调机车车载接口的开放。

3）走行部动态检测系统

（1）轮对动态检测系统。

借鉴动车组经验，针对大功率电力机车进一步提升检测技术。

（2）轮对动态探伤系统。

需要能够自动检测大功率电力机车轮辋、轮辐内部不同深度的缺陷。

（3）闸瓦磨耗检测系统。

要求检测数据应作为闸瓦维护的依据。

（4）车底及侧部图像监控系统。

动态监控机车车底及侧部部件的外观状态，要求保证监控图像清晰度和图像对比故障判别的准确率。

4）车顶设备监测及受电弓状态检测系统

需要进一步提升设备的稳定性。

5）洗车机

南方地区机车不进行端面洗刷时，机车设备可设置在入段线或走行线上。

北方地区既有段改造，无条件设置贯通式洗车库时，可设为尽头式。

6）整备场设施

（1）整备棚。

整备棚设置范围应包括待班台位。整备棚应充分考虑照明、采光条件。

（2）整备作业平台。

新建段的整备作业平台应优先采用屋架悬挂式。

改建段的整备作业平台，已设整备棚的采用地面固定式，无整备棚的优先采用屋架悬挂式。

作业平台应满足各种机型作业需求。

（3）整备台位上接触网设置模式。

既有江岸机务段设置为移动接触网方式，机车可自走行进入整备台位。作业时移动式接触网侧移，能够保证车顶作业时车底成为无电区。全天候可以整备作业，解决了传统模式在雷雨天气下，车顶无法作业的问题。

部分局采用整备台位无网方式，需要牵引机车进出整备台位，作业复杂，整备场成为“断桥”。且由于整备台位无电，不能进行机车高低压试验作业。

因此，整备台位上设移动接触网，既能满足作业需求，也保证作业人员安全。

（4）整备场安全联锁监统。

借鉴动车组检查库内安全联锁的设置经验模式，针对机车整备作业频率高的特点，设置挡车杆，增加检查坑内作业人员的安全监控和联锁。

（5）卸污设备。

目前动车组卸污，主要采用固定式真空卸污，配置移动式卸污车作为辅助及备用，卸污作业在室内进行。部分大型客站也设有固定式真空卸污系统，作业在室外进行。从实际运用来看，在北方地区，室内固定式真空卸污方式可以满足卸污需求，而室外固定式真空卸污系统使用运用不太理想。南方地区室内、室外固定式真空卸污系统使用效果较为理想。

大功率电力机车污箱仅有 200 L，每台机车卸污的时间在 2 min 以内，卸污作业主要在室外进行。根据工作量及使用条件，可采用固定式真空卸污方式或移动式卸污车方式。

（6）机车综合检测系统。

大功率电力机车的日常整备中，日常检查是重要的作业内容。检修范围和技术标准均以制造厂商提供的维修手册为基础，通过不断运用检验，逐渐修订而成，各局基本相同。也有部分机务段 C1 修工作在整备场完成。

机车综合检测系统包括检查仪器智能化，具有检测数据记录、存储、通信等功能。人工检测应信息化，配置手持记录仪可存储、记录、传输检测对象的图像信息，使人工检测具有可追溯性。并且机车综合检测系统应实现集成化，能够对检测数据分析、处理并作为机车故障处理和运用的原始数据。

（7）股道自动化管理系统。

股道自动化管理系统需要满足机务段内统一调度和安全要求，将段内所有道岔纳入联锁，并实现视频监控。

（8）整备信息化管理系统。

整备信息化管理需要将整备所有作业内容纳入其中，特别是外局段机车整备。

第三节　总体设计

结合大功率电力机车标准化整备作业流程，本节对大功率电力机车标准化整备设备设施设计、标准化整备场总平面布局及主要设施参数设计进行介绍。

一、大功率电力机车标准化整备设备设施设计

（1）实施股道管理自动化。使用股道管理自动化系统（见图 3-3-1），对库内道岔实行集中控制；配备视频设备，监视咽喉地段机车移动情况；显示机车位置，显示机车整备作业实施进度，实现库内机车集中管理。

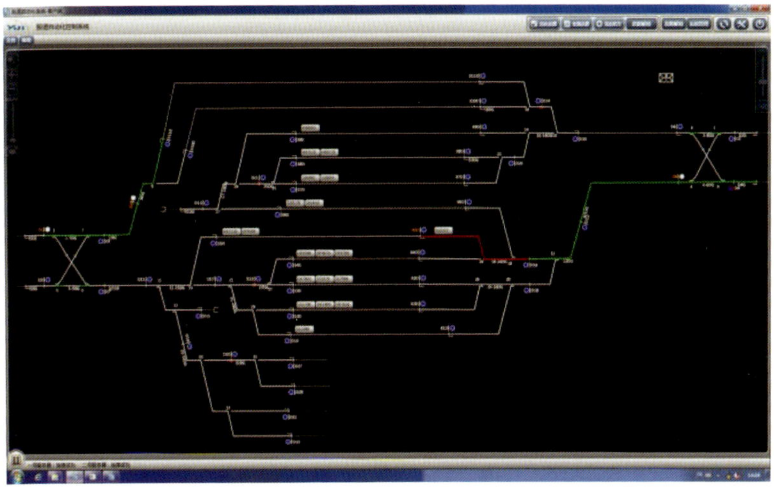

图 3-3-1　股道自动化系统软件界面

股道管理自动化系统由“道岔集中控制子系统”“视频监控子系统”“机车库内定位子系统”三个子系统构成。道岔集中控制子系统实现机务段内道岔、信号、轨道电路集中联锁控制；视频监控子系统（见图 3-3-2）实时监视整备场咽喉地段、进出段处等重要位置机车移动情况；机车库内定位子系统能直观地表示整备场的机车相对位置信息。

股道管理自动化系统应预留与机务段整备作业管理系统、检修管理系统、综合管理系统及车号识别系统等的信息化接口。

图 3-3-2 视频监控子系统控制界面

（2）增加机车待班线能力。对于受客运列车夕发朝至开行方式影响较大的客运机车整备场以及路网性、区域性编组站货运机车整备场，要充分考虑运输不均衡因素，一股待班线应可停留 3～4 台机车。整备棚外正在待班的机车如图 3-3-3 所示。

图 3-3-3 整备棚外正在待班的机车

（3）增加出入库通过能力。日均整备货运机车 60 台次以上和日均整备客运机车 40 台次以上的整备场，出、入库线应分开设置（见图 3-3-4），增加机车出入库走行通过能力。

图 3-3-4 入库线与出库线分开设置

（4）闸楼应配置车号识别系统（见图 3-3-5）接收器（AEI），识别和传输机车号及机车端别，自动记录机车出入段时分，准确提供机车占用数据。

图 3-3-5　车号识别系统

车号识别系统的车号识别模块由车载电子标签、地面识别天线、车号识别主机三部分组成。

① 车载电子标签（见图 3-3-6）用于识别机车、车辆车号信息。

图 3-3-6　车载电子标签

② 地面识别天线（见图 3-3-7）用于接收电子标签中的信息，并向车号识别主机传输。

图 3-3-7　地面识别天线

③ 车号识别主机（见图 3-3-8）用于解读电子标签中的车号信息，从而实现机车、车辆车号的自动识别。

图 3-3-8　车号识别主机

（5）闸楼应配置数据无线下载系统接收器（见图 3-3-9）。采用无线方式，自动下载和传输机车车载数据。

无线 AP 网络：通过构建 IEEE802.11b/g/n 标准的车-地无线通信网络，实现机车入段后数据的自动下载。

图 3-3-9　数据无线下载系统接收器

（6）机务段、折返段整备场应在入库走行线上配置机车检测棚。

电力机车机务段、机车运用维修段、折返段应设置检测库（棚）（见图 3-3-10），检测库（棚）内宜设置三层作业平台、机车顶层作业安全监控系统及机车电器等关键部件检测设备。

图 3-3-10　检测棚外景

（7）检测棚应配置车轮磨耗检测系统、车轮在线探伤检测系统、踏面擦伤检测系统、闸瓦及车底图像动态检测系统、自动过分相功能检测系统、受电弓及车顶状态动态检测系统。

检测棚轨边设备布局如图 3-3-11 所示。检测棚棚顶设备布局如图 3-3-12 所示。

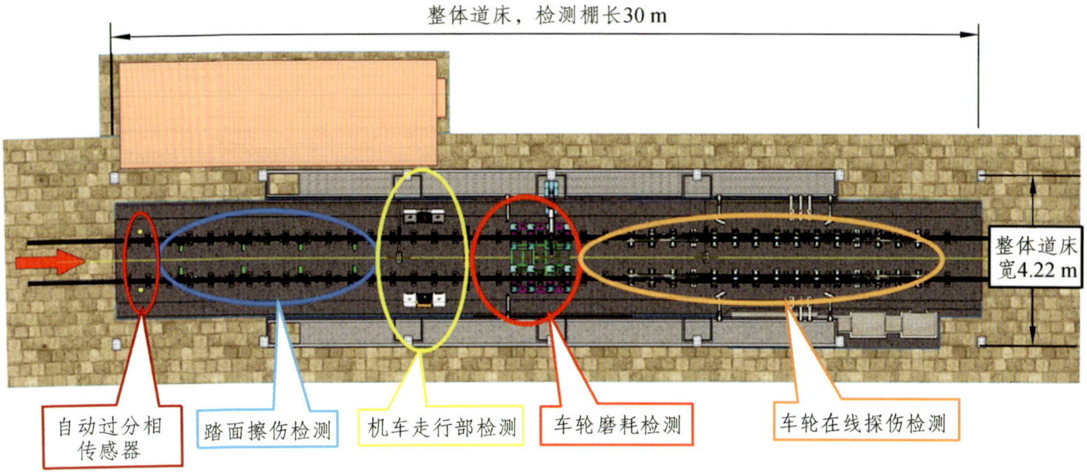

图 3-3-11　检测棚轨边设备布局

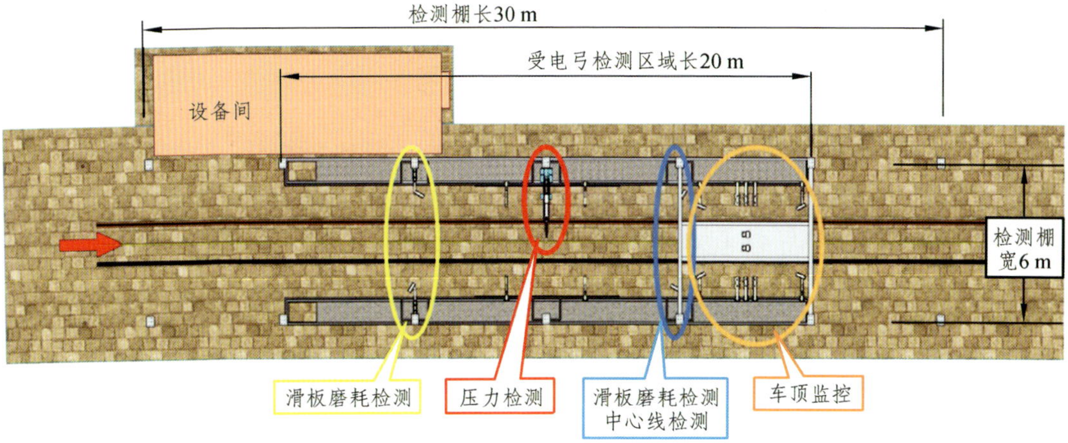

图 3-3-12　检测棚棚顶设备布局图

① 车轮磨耗检测系统。

检测棚应配置车轮磨耗检测系统（见图 3-3-13），自动检测轮对内侧距离、轮缘厚度、轮缘垂直磨耗高度等数据。检测数据超过警戒值时，检测系统应预警提示；检测数据超过限度值，检测系统应报警提示。

图 3-3-13　车轮磨耗检测系统

② 车轮在线探伤检测系统。

检测棚应配置车轮在线探伤检测系统（见图 3-3-14），自动检测轮辋及轮箍径向裂纹和周向裂纹、轮缘径向裂纹等数据。检测数据超过警戒值时，检测系统应预警提示；检测数据超过限度值，检测系统应报警提示。

图 3-3-14　车轮在线探伤检测系统

设备检出的轮对缺陷如图 3-3-15 和 3-3-16 所示。

图 3-3-15　设备检出的轮对缺陷

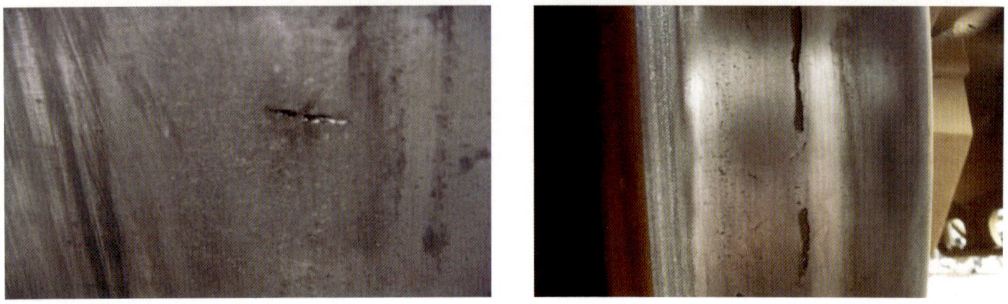

图 3-3-16　设备检出的轮对缺陷（节选）

③ 踏面擦伤检测系统。

检测棚应配置踏面擦伤检测系统（见图 3-3-17），自动检测踏面擦伤深度、踏面缺陷或剥离长度及深度等数据。检测数据超过警戒值时，检测系统应预警提示；检测数据超过限度值，检测系统应报警提示。

图 3-3-17　踏面擦伤检测系统

设备检出的踏面擦伤如图 3-3-18 所示。

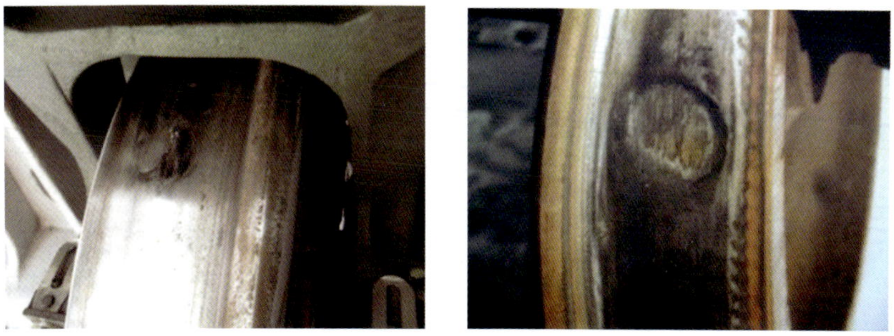

图 3-3-18　设备检出的踏面擦伤

④ 闸瓦及车底图像动态检测系统。

检测棚应配置闸瓦及车底图像动态检测系统（见图 3-3-19），自动检测闸瓦厚度，超过警戒值或限度值时，检测系统应及时进行预警、报警提示。识别闸瓦缺省、机车底部牵引装置、电机盖、闸瓦或制动盘、撒砂器、齿轮箱等关键部件缺失、变形、漏油等异常情况，发现问题及时报警提示。

图 3-3-19　闸瓦及车底图像动态检测系统

闸瓦厚度测量及部件监测如图 3-3-20 所示。车底、车侧关键部件监控如图 3-3-21 ~ 3-3-23 所示。

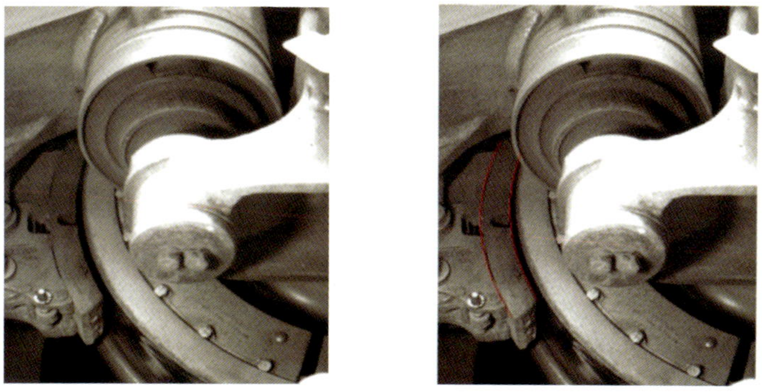

图 3-3-20　闸瓦厚度测量及部件监测

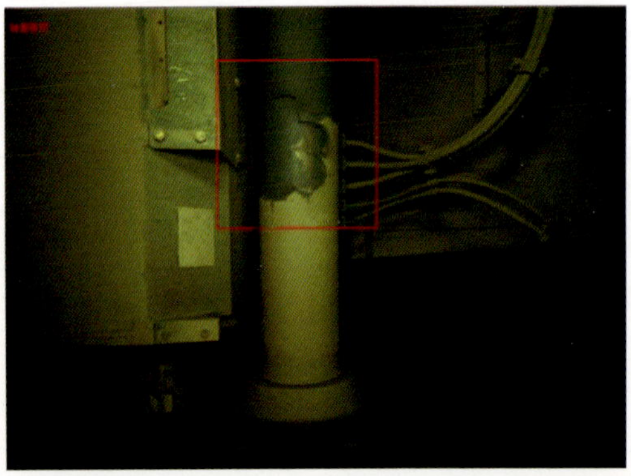

图 3-3-21　车底关键部件监控（一）

图 3-3-22　车底关键部件监控（二）

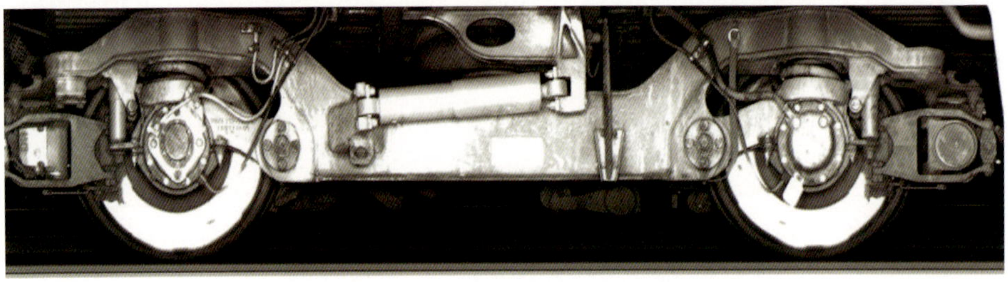

图 3-3-23　车侧关键部件监控

⑤ 电力机车检测棚应配置自动过分相功能检测系统（见图 3-3-24）。

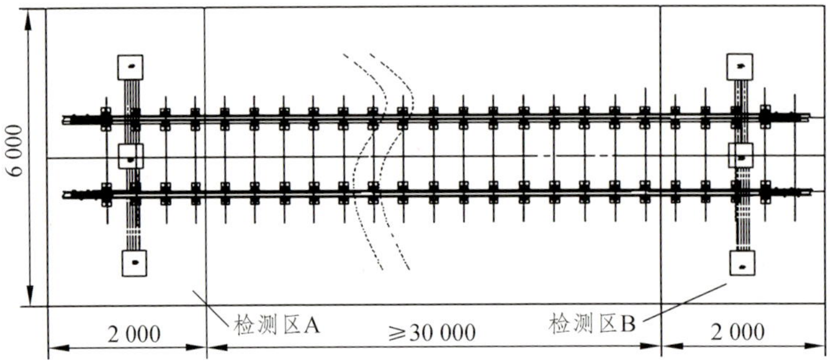

图 3-3-24　自动过分相功能检测系统布置图

⑥ 受电弓及车顶状态动态检测系统。

电力机车检测棚应配置受电弓动态检测系统（见图 3-3-25）。自动检测受电弓滑板厚度、异常磨耗值、滑条缺损值、中心线偏移量、工作位接触压力、关键部件变形或脱落等数据。检测数据超过警戒值时，检测系统应预警提示；检测数据超过限度值，检测系统应报警提示。

图 3-3-25　受电弓及车顶状态动态检测系统

受电弓及车顶状态动态检测系统如图 3-3-26 所示。

图 3-3-26　受电弓及车顶状态动态检测系统

设备检出的受电弓滑板磨耗超限如图 3-3-27 所示。设备检出的受电弓滑板缺陷如图 3-3-28 所示。

图 3-3-27　设备检出的受电弓滑板磨耗超限

图 3-3-28　设备检出的受电弓滑板缺陷

车顶监测——异物如图 3-3-29 所示。车顶监测受电弓故障如图 3-3-30 所示。

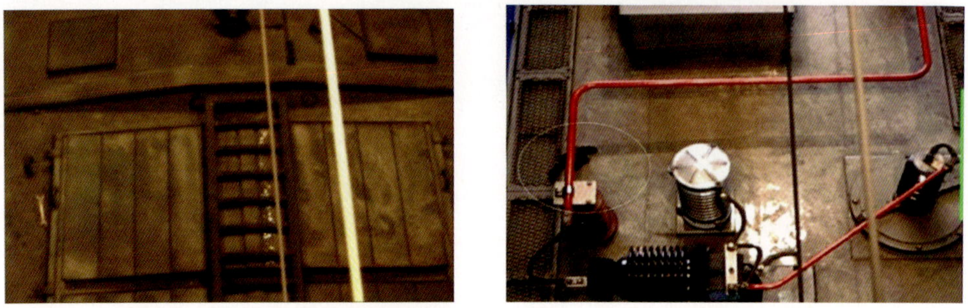

图 3-3-29　车顶监测——异物

图 3-3-30　车顶监测——受电弓故障

车顶监测如图 3-3-31 所示。

图 3-3-31　车顶监测

（8）整备场机车入库走行线上应配置洗车线。洗车线应配置地面吸污及污物处理设施设备（或移动式卸污小车）和机车外皮清洗机。

① 通过式洗车线地面吸污设备和机车外皮清洗机布置如图 3-3-32 所示。

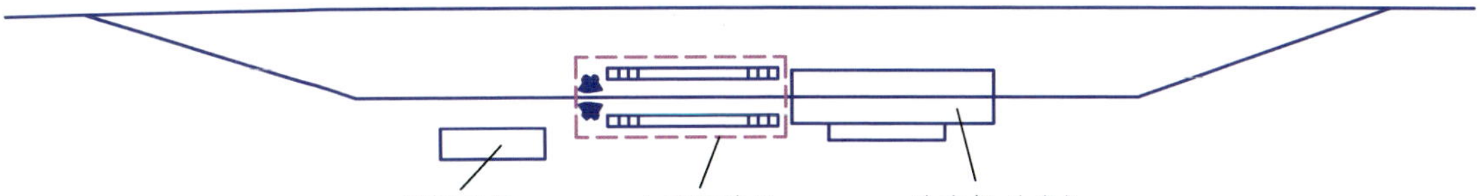

图 3-3-32　通过式洗车线

② 尽头式洗车线地面吸污设备和机车外皮清洗机布置如图 3-3-33 所示。

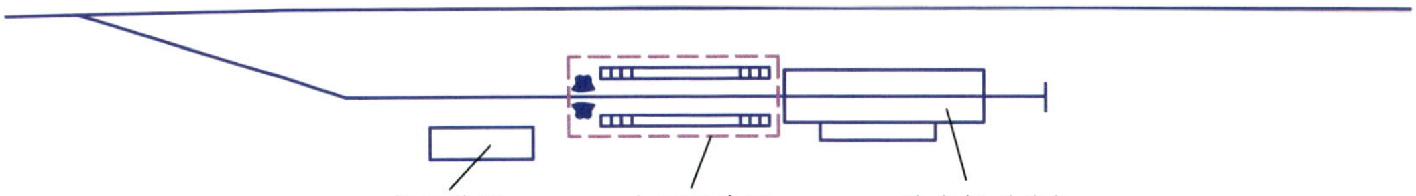

图 3-3-33　尽头式洗车线

（9）洗车线应配置地面吸污（见图 3-3-34）及污物处理设施设备［或移动式卸污小车（见图 3-3-35）］，满足机车车载卫生间的整备需要。

图 3-3-34　地面吸污设备

图 3-3-35　移动式吸污小车

（10）洗车线应配置通过式机车外皮清洗机（见图 3-3-36）。外皮清洗机应满足机车端面、侧面及走行部外侧的清洗需要。日均整备货运机车 60 台次以上（或日均整备客运机车 40 台次以上）的整备场可根据机车集中达到情况，配置 1～2 台机车外皮清洗机。

图 3-3-36　机车外皮清洗机

端面清洗如图 3-3-37 所示。

图 3-3-37 端面清洗

人工洗车区示意图如图 3-3-38 所示。

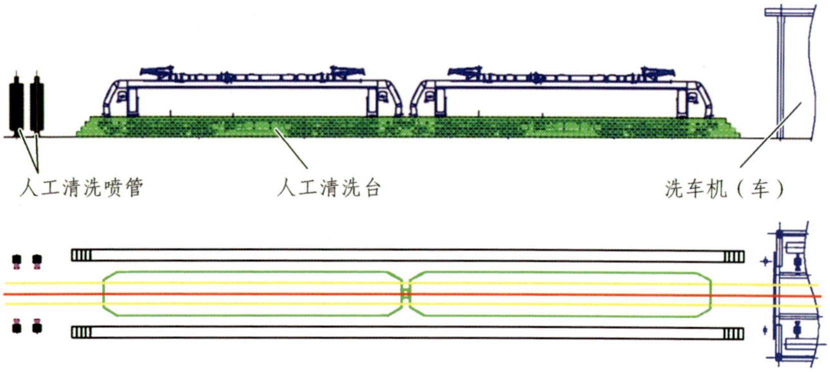

图 3-3-38 人工洗车区示意图

（11）寒冷和高寒地区的电力机车整备场应设置专用洗车库。洗车库应设置隔离开关（可根据需要合闸使用）、配置洗车牵引机、车顶高压水冲洗及强风吹扫装置、供热热源、车体强风吹扫、热风幕、污水回收处理等设施设备，以满足冬季洗车作业需求。

《民用建筑热工设计规范》（JGJ 24—86）规定：最冷月平均气温≤10 °C 为高寒地区，最冷月平均气温 0 ~ －10 °C 为寒冷地区。

① 寒冷和高寒地区的电力机车整备场应设置专用洗车库。主要任务是：在非冬季，电力机车自走行入库，快速完成机车端面、两侧面、走行部清洗。冬季洗车时断开隔离开关，接触网无电，使用洗车牵引机牵引机车入库洗车，车顶高压水冲洗及强风吹扫装置，是专门为冬季雾霾天气车顶出现结霜（见图 3-3-39）时使用，用于清除车顶受电弓、瓷瓶上的霜花，瓷瓶的清洁工作仍需在整备棚内完成，总时间应不超过 10 min。

② 冬季雾霾天气清洗流程设计。

冬季雾霾天气洗车流程如图 3-3-40 所示。

图 3-3-39 冬季雾霾天气受电弓结霜情况

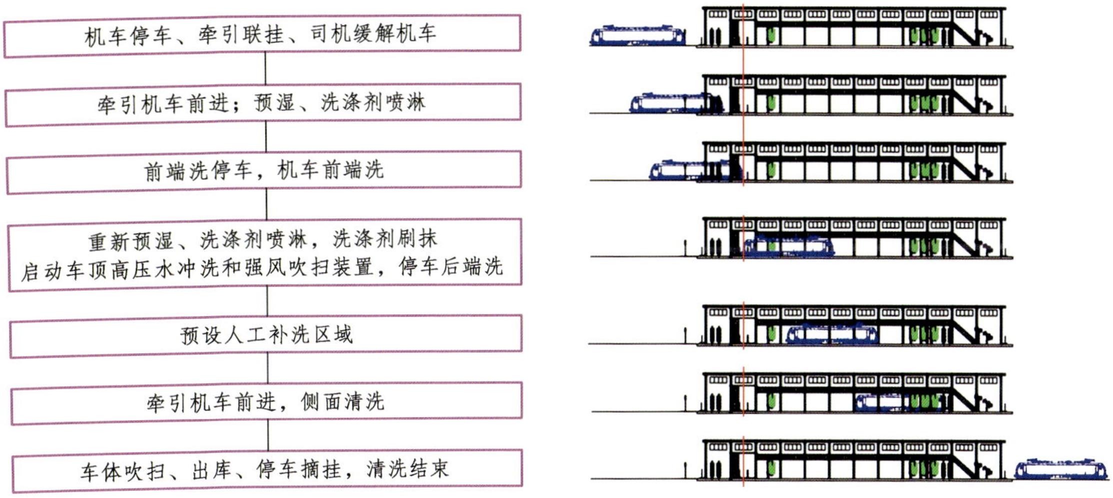

图 3-3-40 冬季雾霾天气洗车流程

a. 机车在隔离开关外方停车，将洗车牵引机牵引绳联挂机车，司机缓解机车；

b. 牵引机车前行，依次启动预湿、洗涤剂喷淋，机车达到前端清洗位后，洗车牵引机自动停车；

c. 机车停车后，预湿、洗涤剂喷淋停止，开始前端清洗；

d. 前端洗结束，继续牵引机车前行，预湿喷淋启动，洗涤剂喷淋启动，车顶高压水冲洗启动，车顶强风吹扫装置启动，洗涤剂揉抹刷启动，到后端洗位置停车，预湿、洗涤剂喷淋停止，洗涤剂揉抹刷停止，开始清洗机车后端；

e. 在后端洗停车位置可以进行人工补洗作业，对机车洗车机清洗不到的地方，采用人工补洗的方式进行清洗，人工补洗只能使用毛刷、抹布等作业，严禁使用喷管向车体上喷水；

f. 再次牵引机车前行，使用清水对机车侧面进行冲洗；

g. 使用强风对车体表面进行吹扫，机车达到有电区制动停车，摘掉牵引绳，洗车结束；

h. 对于尽头式洗车机，冬季机车清洗及车顶瓷瓶清洗流程进行适当调整。

③ 专用洗车库的主要设备组成。洗车库剖面示意图如图 3-3-41 所示。

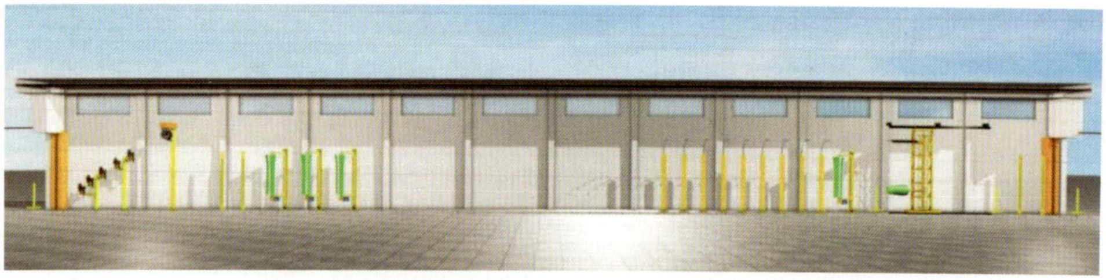

图 3-3-41　洗车库剖面示意图

专用洗车库如图 3-3-42 所示。

图 3-3-42　专用洗车库

车顶高压水冲洗装置如图 3-3-43 所示。车顶强风吹扫装置如图 3-3-44 所示。洗端面设备如图 3-3-45 所示。端刷组及护罩如图 3-3-46 所示。洗两侧面刷组如图 3-3-47 所示。

图 3-3-43　车顶高压水冲洗装置

图 3-3-44　车顶强风吹扫装置

图 3-3-45　洗端面设备

图 3-3-46　端刷组及护罩

图 3-3-47　洗两侧面刷组

洗车牵引机示意图如图 3-3-48 所示。

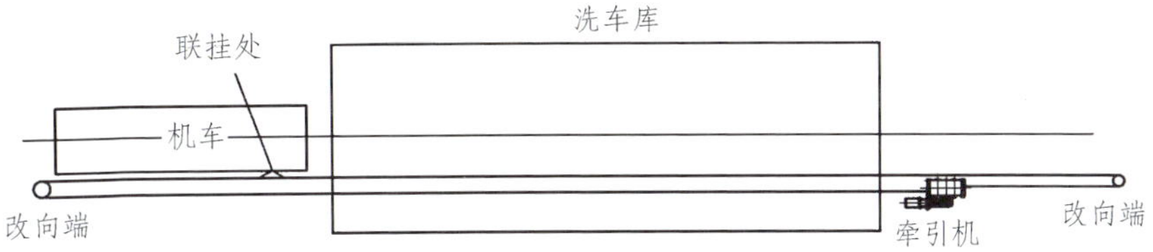

图 3-3-48　洗车牵引机示意图

强风吹扫如图 3-3-49 所示。

图 3-3-49　强风吹扫

操作台及控制柜如图 3-3-50 所示。

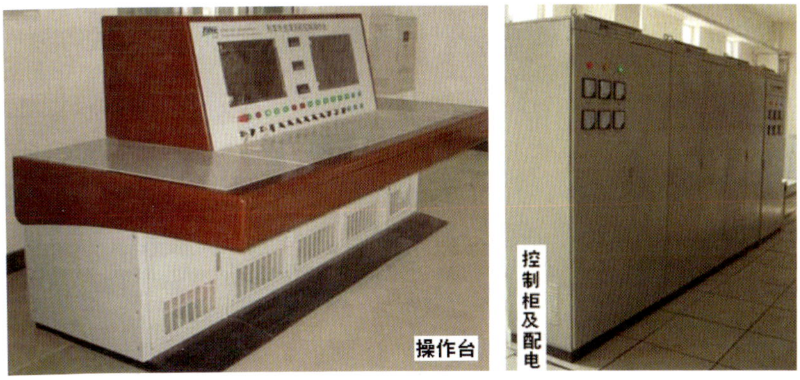

图 3-3-50　操作台及控制柜

（12）在整备棚前的各待整线上设置安全装备测试线。配备 LKJ、机车信号、无线调度电话、列尾装置地面测试设备、重载联控检测设备，完成各项安全整备作业。

（13）测试线配置值乘司机交接台（见图 3-3-51）。交接台应设置安全通道，便于值乘司机与地勤整备人员上下机车，完成机车质量信息等交接作业。

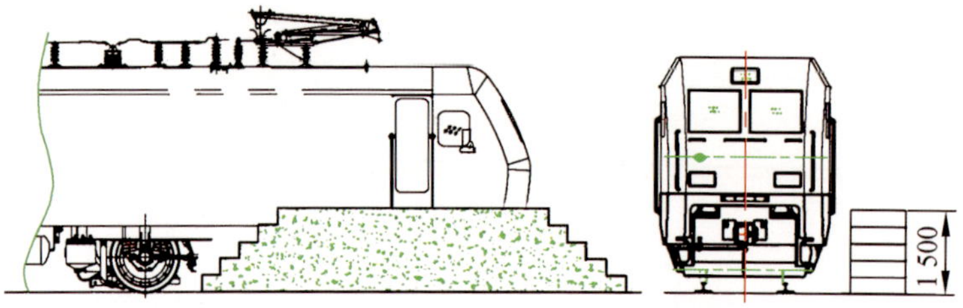

图 3-3-51　值乘司机交接台示意图

（14）机务段、折返段整备场应配置整备棚（见图 3-3-52、3-3-53）。寒冷地区和大风砂地区整备场应配置整备库。检测库（棚）内宜设置三层作业平台、机车顶层作业安全监控系统及机车电器等关键部件检测设备。

图 3-3-52　机务段整备棚外景（一）

图 3-3-53　机务段整备棚外景（二）

借鉴动车所经验，寒冷地区整备场应配置整备库（见图 3-3-54）。

图 3-3-54　动车所检查库外景

机务段整备库库门如图 3-3-55 所示。机务段整备库库门接触网入口如图 3-3-56 所示。

图 3-3-55　机务段整备库库门

图 3-3-56　机务段整备库库门接触网入口

（15）电力机车整备棚（库）应配置机车顶层作业安全监控系统及移动式接触网。安全监控系统应在确认机车停稳和受电弓已降下后，远程操作隔离开关分闸，接触网移到非工作位并接地。作业人员持本人身份卡，刷卡登顶作业；对作业全程录像记录；确认作业人员全部刷卡离开车顶后，安全门自动锁闭，接触网回到工作位，远程操作隔离开关合闸，机车可以离开整备台位。进出整备棚（库）信号如图 3-3-57 所示。

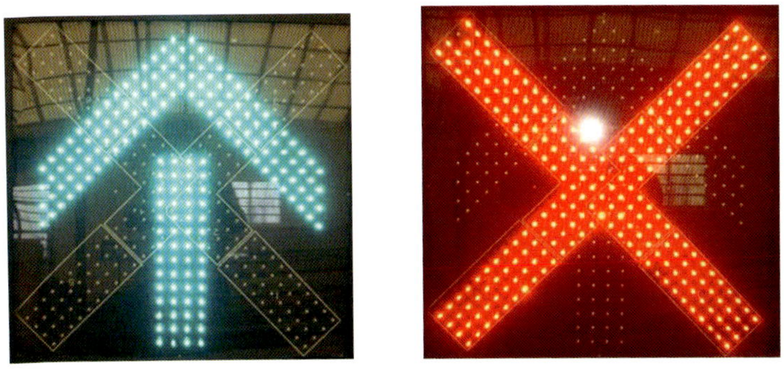

图 3-3-57　进出整备棚（库）信号

登顶作业安全监控如图 3-3-58 所示。整备场机车顶层作业安全监控室如图 3-3-59 所示。

图 3-3-58　登顶作业安全监控

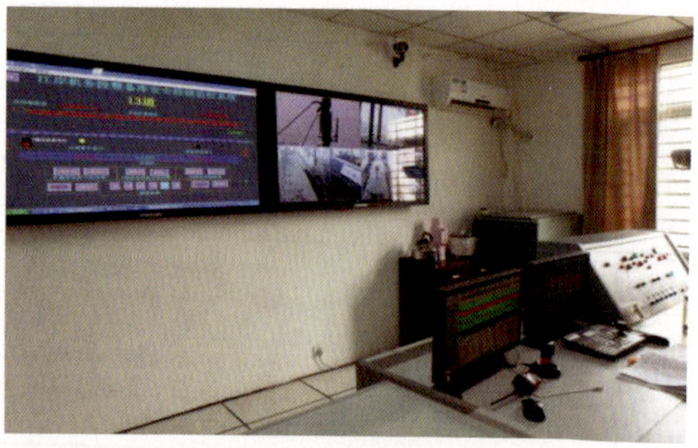

图 3-3-59　整备场机车顶层作业安全监控室

工况组态软件界面如图 3-3-60 所示。

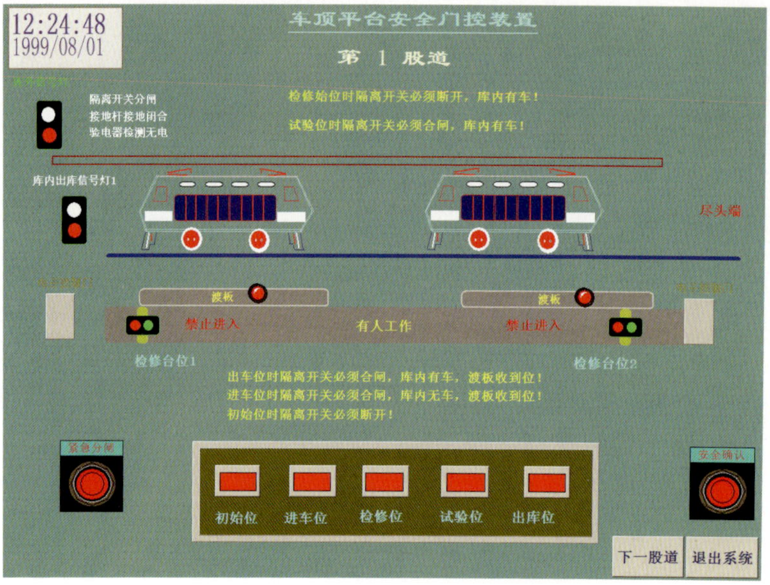

图 3-3-60　工况组态软件界面示意图

（16）电力机车整备棚（库）应配置移动接触网。

借鉴动车所建设经验，电力机车整备棚（库）应配置移动接触网（见图 3-3-61）。固定刚性悬挂汇流排结构如图 3-3-62 所示。

图 3-3-61　移动接触网

图 3-3-62　固定刚性悬挂汇流排结构

（17）整备棚（库）应配置三层作业平台（见图 3-3-63）。作业平台应包括车顶平台、车内平台和端部平台（见图 3-3-64），配备起吊或升降设备（见图 3-3-65）、电焊设备、压缩空气、除尘设施设备、AC380 V 电源、水源及信息接口。

图 3-3-63　三层作业平台

图 3-3-64　端部平台

图 3-3-65　三层作业平台侧面端部升降平台

主要技术参数如下：

设股道轨顶标高 ± 0.00 m，底层作业面，采用 − 500 mm。考虑底层作业高度原因，其中车轮高度为 1 250 mm，机车底盘相对轨面大约为 1 200 mm，采用 − 500 mm 底层作业面，可以使作业人员在 1 200+500=1 700（mm）高度较轻松完成作业。

中层作业面（即二层作业平台），采用+1 800 mm。原因为目前绝大多数机车车门下标高为 1 800 mm，中层作业面高度设为此值能保证中层作业方便进行。

顶层作业面，采用+4 100 mm。由于机车高度要求，+4 100 mm 可保证作业人员轻松登顶，而又不会造成登顶间隙过大。

原则上作业面长度需覆盖棚内整备地沟长度，保证机车作业时人员能通过三层作业面完成机车各部位检查及检修。由于棚内设置上顶层作业平台踏步位置空间限制，将平台长度确定为 25 m（地沟为 27 m）。

防护网长度按顶层作业面长度对齐。

登顶平台全部采用型钢结构，中层平台两道公用，从二层平台进入顶层平台通过中间换步台分别进入顶层平台楼梯，在每个顶层平台楼梯上设置门禁控制系统。

（18）整备棚应配备机砂补充设施设备。机砂补充应与机车整备检查同步完成，在空气潮湿地区还应配置烤砂设备。机砂自动上料小车如图 3-3-66 所示。

图 3-3-66　机砂自动上料小车

（19）整备棚应配置机车整备作业综合性能检测系统。检测系统应集成便携式、智能化的关键部件测试设备，并可以传输各项整备测试数据。机车整备作业综合性能检测系统主要由便携式检测仪器、智能巡检终端、整备检测系统等部分组成。

便携式检测仪器：用于受电弓、主断路器、机车驱动系统（电机、逆变器、齿轮箱）等关键部件及机车绝缘、网络、空气管路等关键卡控项点的检测及状态诊断；

智能巡检终端：采用手持式结构，用于整备作业时对车底部件、司机室、机械间、车顶部件等检查项目的例行巡检和数据收集，并对异常情况进行拍照、摄像、测温等方式的整备记录。还可实现行修自动报活、检测数据自动上传至整备检测管理系统。

整备检测系统：用于机车整备检测数据（图形、数字）的收集、存储、分析，并上传至整备信息管理系统，实现数据共享。

机车整备检测车如图 3-3-67 所示，机车整备检测柜如图 3-3-68 所示。

（20）整备棚应配置调温及通风设施设备。气温超过 35 °C 以上的整备棚应配置降温、通风设备，气温低于零度的整备库应配置加温设施设备，以满足全天候整备作业需要。

（21）机务段、折返段应配置机车整备信息化管理系统。监督管理整备作业流程，建立机车运行质量数据、检测棚测试数据、机车整备作业综合性能检测数据、机能试验数据及油水砂补充数据等数据库，统一数据接口，实施数据化整备，为优化运用、检修、整备作业提供决策依据。整备信息化管理系统构架如图 3-3-69 所示。

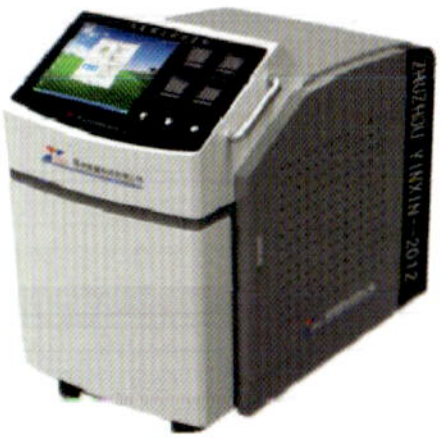

图 3-3-67　机车整备检测车（移动式）

图 3-3-68　机车整备检测柜（固定式）

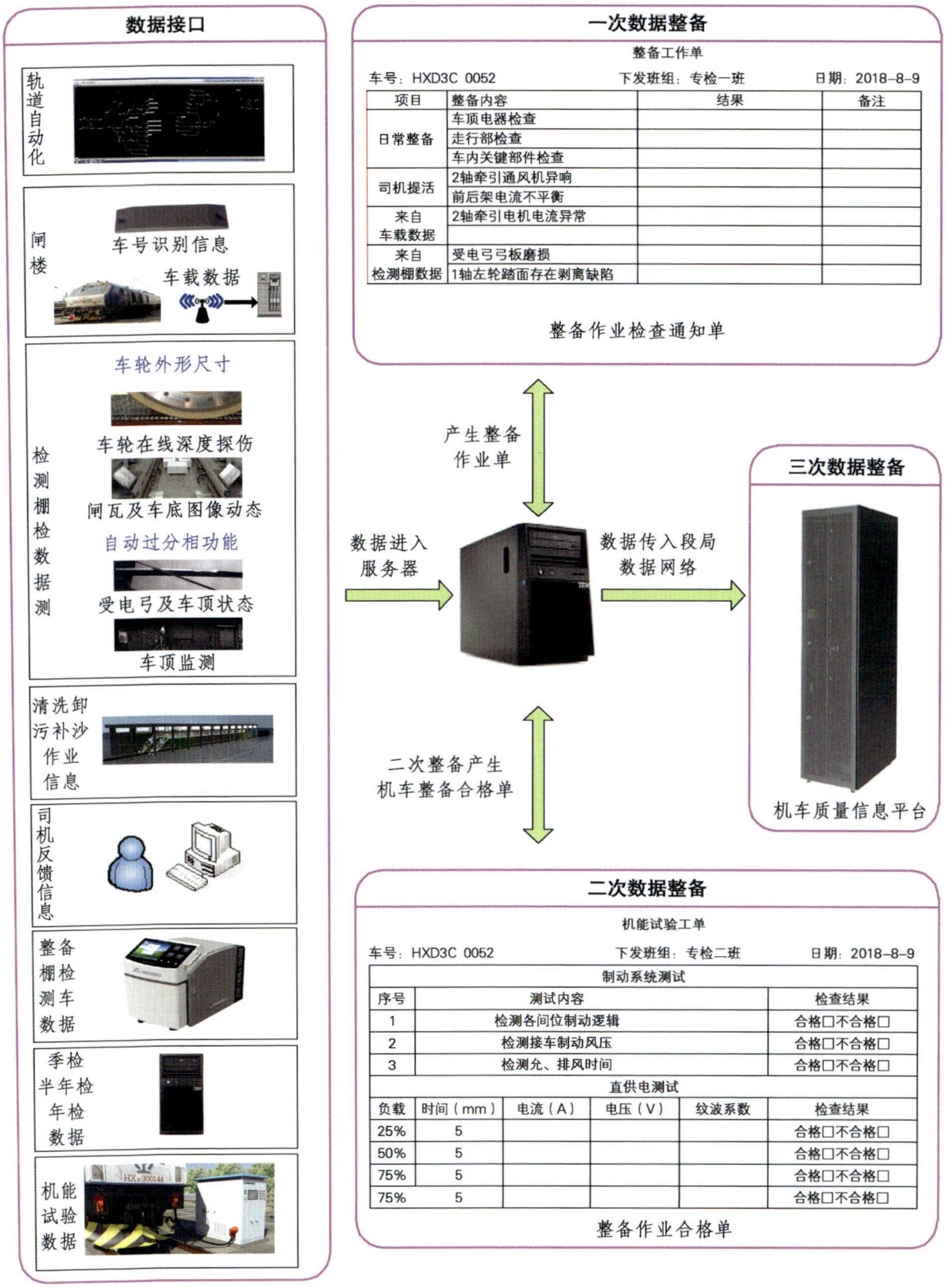

图 3-3-69　整备信息化管理系统构架图

（22）整备检查通知单。机车进入整备棚（库）前，整备管理系统根据机车远程监测信息、下载的车载运行数据、司机填报的机车运行质量信息、检测棚测试数据等完成整备检查内容的确定，下达整备检查通知单，交付整备作业人员实施。

（23）整备质量合格单。整备场配置制动机试验、列车直供电试验等机能模拟测试设备。整备司机在机车出库前，模拟牵引列车工况，进行制动机充排风试验和列车直供电负载试验。整备管理系统对全程数据进行整理，形成整备质量合格单，达到机车质量运用条件后，打印机车整备质量合格单，交付出勤司机。

① 列车制动性能整备试验系统。

列车制动性能整备试验系统（以下简称试验系统，见图 3-3-70）用于机车整备后与车辆连挂前，模拟车辆制动系统进行机车制动机对全列车的控制性能试验，以便先期发现、处理机车制动系统的故障，实现优质、高效地保证机车制动系统的检修、维护质量。主要试验项目如下：

制动控制逻辑测试：试验系统进行了可人工输入任意数量车辆编组自动控制的软件设计。在确认机车实际连挂的车辆后，操作控制系统，符合输入数量的列车管模块之间的电动塞门和最后一个列车管模块至车辆模拟制动系统的电动塞门，即会自动得电打开。然后由司机在机车司机室联动操纵制动闸进行制动机的五步闸或八步闸的控制性能测试，控制系统实时显示试验数据、记录试验过程。

制动风压测试：控制系统可实时显示列车、工作、副风、闸缸（制动缸）的压力。其通过闸缸的上升压力与列车管的下降压力的比值（一般为 2.5 ~ 2.7），可判断机车制动机的减压制动性能；通过闸缸压力的下降可判断机车制动机的升压缓解性能。

充风时间测试：控制系统可在司机操纵制动闸在过充、缓解或运转位置，自动检测列车管的升压时间。

排风时间测试：控制系统可在司机操纵制动闸在初制动、常用制动等位置，自动检测列车管的降压时间。

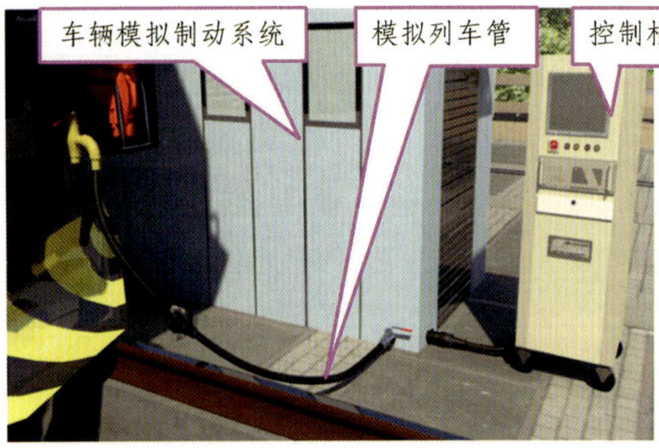

图 3-3-70　列车制动性能整备试验系统

② 列车直供电试验系统。

列车直供电试验系统（见图 3-3-71）通过地面负载柜模拟机车对车辆供电，通过操作控制台控制负载的投入与切除，监测列车直供电负载性能是否满足工艺技术要求，从而保证与车辆连挂后能正常稳定供电。

图 3-3-71　列车直供电试验系统

列车直供电试验系统采用计算机控制，具有过压、过流、超温等保护功能，采用风冷电阻作为试验负载。试验系统主要由地面负载柜、连接线缆等部分组成，测试线缆两端设有连接器，测试完成，放入控制柜暂存。

二、大功率电力机车标准化整备场平面布局及主要设施参数设计

影响标准化整备场总平面布局的主要设施及设备有：

① 轮对及受电弓动态检测设备；

② 机车外皮清洗设备；

③ 保洁棚；

④ 整备棚；

⑤ 检修（临修）库（按修程区别分为不同类型的检修库）；

⑥ 其他生产生活辅助设施（设备）等。

（一）轮对及受电弓动态检测设备

轮对及受电弓动态检测设备由“轮对动态检测”和“受电弓动态检测”二个子系统组成，安装在机车入库线路上，在线动态自动检测轮对外形尺寸、踏面缺陷状况、受电弓及车顶状况。

1. 安装现场条件和安装要求

① 轨距	1435 mm
② 设备长度	< 20 m
③ 设备安装股道与相邻线间距	≥5.5 m

④ 设备安装线路条件：

线路平直要求左右高差	≤1 mm
线路平顺要求	≤2 mm
距设备两端直线段距离	≮25 m
设备区段接触导线拉出值	≤100 mm

2．设备平面布置要求及原则

轮对及受电弓动态检测设备一般安装在入段后左侧轨道（两条出入段线）或进出段线（一条出入段线）上，要求设备前后距曲线股道或者道岔有 1 列机车长度直线段，以保证检测效果。根据进段机车数量及日整备工作量，一般一个标准化整备场设 1 台轮对及受电弓动态检测设备。一般以 10 km 速度通过检测设备，检测效果最好。设备配套设有设备间，数据采集及分析设备安置于设备间，一般设备间就近设置于轮对及受电弓动态检测设备附近，以保证传输距离合适、传输数据的准确性。

设备长度一般为 20 ~ 25 m，设备前后端设摄像头监控机车进出，约 10 m 范围内分布有视频监控，以便设备准备及初始化工作。

轮对及受电弓动态检测设备平面布置示意图如图 3-3-72 所示。

（二）机车外皮清洗设备

机车外皮清洗设备适用于机车的侧面、侧顶弧部位以及端部的冲洗、刷洗，部分具有风干功能。

1．安装现场条件和安装要求

① 轨距	1 435 mm
② 设备长度	30 ~ 35 m
③ 设备安装股道与相邻线间距	≥5.5 m

2．设备平面布置要求及原则

机车外皮清洗设备一般安装在入段线轮对及受电弓动态检测设备后端（如安装在轮对及受电弓动态检测设备前端，则清洗余水会影响轮对检测效果）。在经过机车轮对及受电弓动态检测后，进入外皮清洗设备，对机车侧面、端部等进行清洗。

机车外皮清洗设备一般有两种清洗模式：一种为机车不动，洗刷设备根据机车外形进行仿形移动清洗；另一种为洗刷设备主体不动，机车通过式清洗侧面及侧顶弧部，端部洗刷时机车需静止。

一般要求清洗设备前后距曲线股道或者道岔有 1 列机车长度直线段，以保证洗刷效果。根据进段机车数量及日整备工作量综合考虑，一个标准化整备场设 1 ~ 2 台机车外皮清洗设备。一般以 3 km 速度通过洗刷设备，洗刷效果为最好。

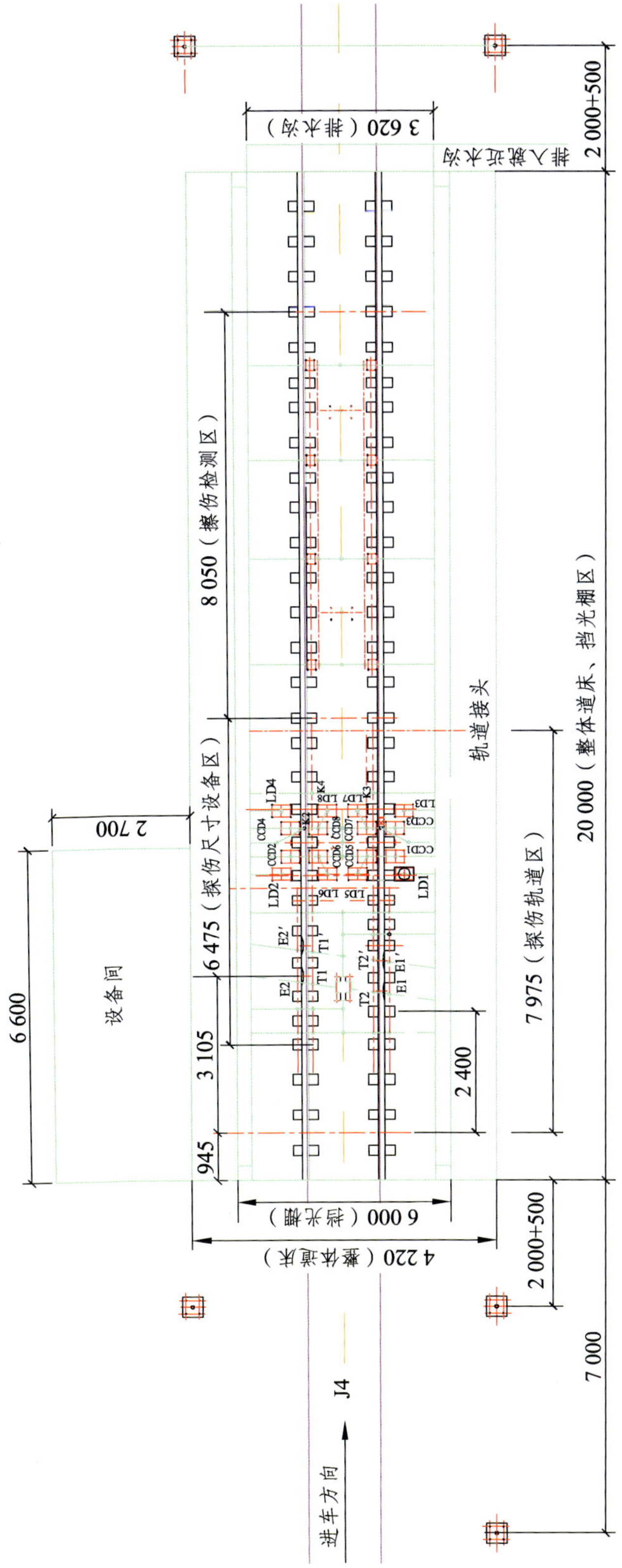

图 3-3-72　轮对及受电弓动态检测设备平面布置示意图

图 3-3-73 所示设备的布置为：预湿、端洗、风干+侧洗+风干、端洗、预湿，总长约 35 200 mm。

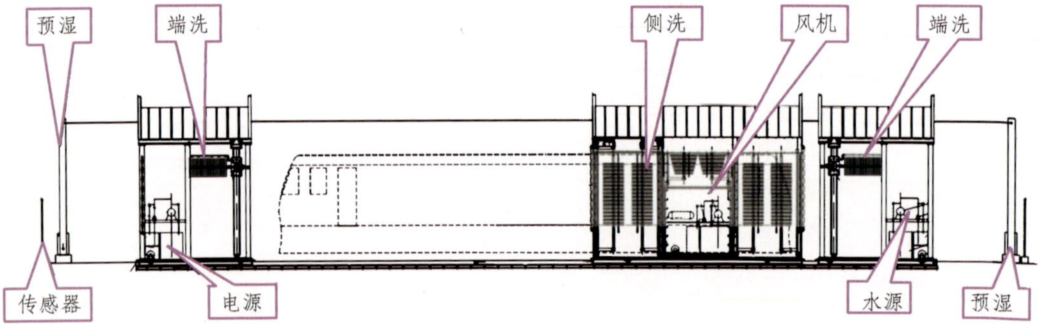

图 3-3-73　双向外皮清洗设备平面布置示意图

（三）保洁棚

保洁棚作业内容主要包含：卸污、保洁以及部分含上砂。

具体内容有：上水排水、车厢内部清洁、卸污作业（密闭式厕所系统地面接收及处理系统或移动卸污车）、车体外皮清洗。真空密闭式厕所系统地面接收处理设施采用固定式；集便接收作业线应与整备线（或保洁线）合并设置于整备（或保洁）棚内。排污的主要设施置于作业平台下，通过管道及快速接头可与车上排污口连接。另外一种卸污方式为设移动式卸污车，一般在作业量相对较少的作业点采用。如上砂作业在棚内，棚内应设移动式上砂小车或根据整备量配置固定式上砂系统一套，用于大功率电力机车上砂。

保洁棚一般设 36 m（棚内一台位）及以上长度，宽度由台位数决定。保洁棚内作业时间一般为每台车 15 min，包含卸污、保洁、上砂作业。根据每日整备机车台数，确定保洁棚台位数量，按每日 8 小时/班工作时间计算，每整备台位每班可作业 32 台次机车卸污、保洁、上砂作业。标准化整备场机车保洁、整备按每日 3 班作业。保洁棚设计需根据日整备工作量、机车密集到达程度等因素综合考虑，小于 120 台次整备量，一般可考虑 2 台位。可根据场地条件设计为一线两台位，也可设计为两线各一台位形式，两线各一台位形式使用效率更优于一线两台位形式。超过 120 台次整备工作量标准化整备场，可适当考虑更多数量保洁台位。

2 台位保洁棚断面示意图如图 3-3-74 所示，主要涉及的内容有检查地沟、中层作业平台、下沉式作业地面等。

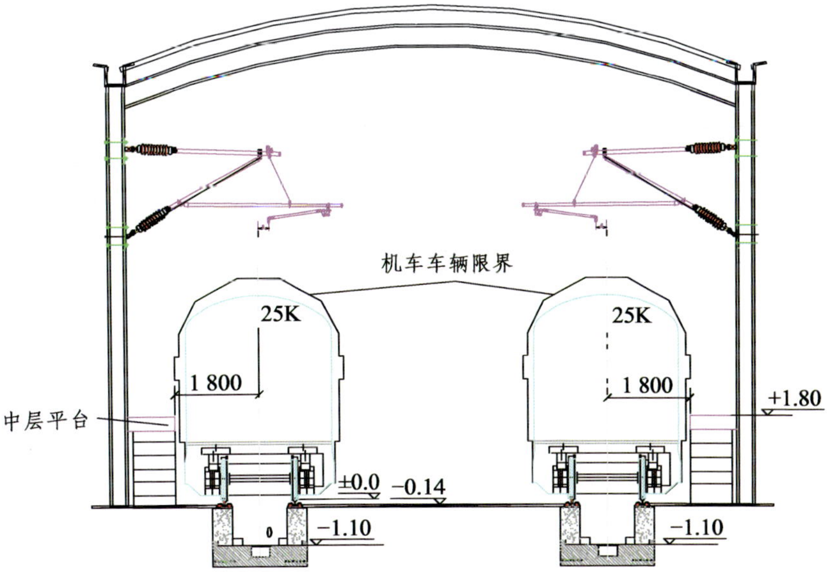

图 3-3-74　2 台位保洁棚断面示意图

（四）整备棚

整备作业内容包括关键部件状态检测、关键部件外观检查、润滑油脂补充以及部分上砂作业等。

整备棚一般仅覆盖整备台位，棚长度一般按 36 m 或以上设计，宽度由股道间距及设计台位数决定。

整备作业时间一般每台机车 45 ~ 50 min（含辅助作业时间），每日 3 班作业，按每班 8 小时作业时间计算，理论作业台数为每台位每日 20 ~ 30 台。考虑机车到达的不均衡性，以及机车在段内走行、周转的辅助时间，根据经验值估算，每台位日整备能力为 18 ~ 20 台次。

因此根据标准化整备场日整备机车工作量设计整备台位数。保洁台位与整备台位一般按 1∶2 或者 1∶3 设置，即设两台位保洁，则一般设 4 ~ 6 台位整备。

6 台位整备棚断面示意图如图 3-3-75 所示，主要涉及的内容有检查地沟、中层作业平台、顶层作业平台及防护网、下沉式地面、侧移式接触网、单轨吊起重设备（检修）等。

（五）典型标准化整备场布置型式

根据以上大功率机车标准化整备场主要设施、设备设置原则及检修规模，典型标准化整备场布置型式按主要车型和单、双机整备模式不同，设计有如下两种型式。

1. 六轴车单机整备模式总平面布置

贯通式整备场布置型式如图 3-3-76 所示，机车可根据实际情况从两端出入，作业流程顺畅，段内机车走行时间较短，折角现象较少。

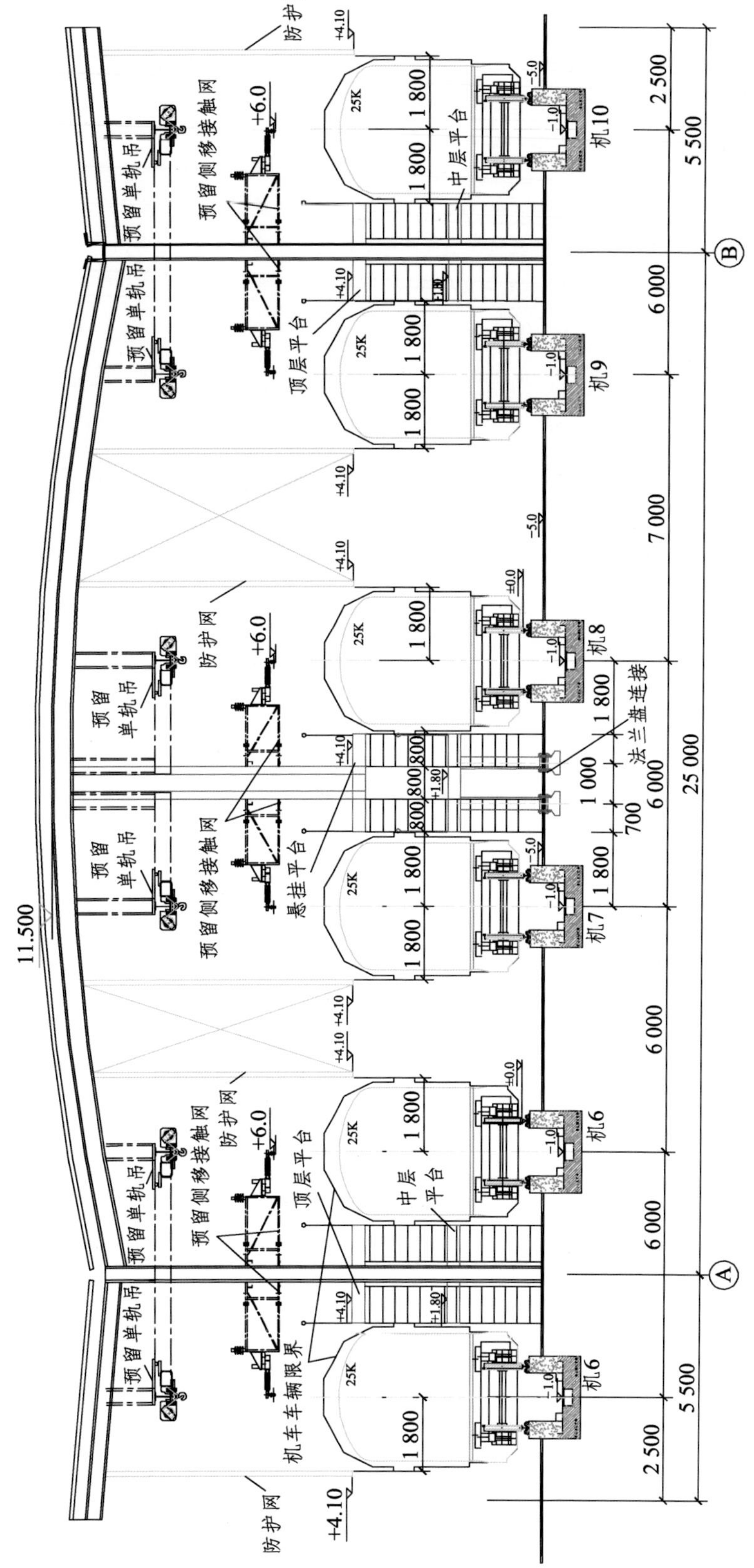

图 3-3-75　6 台位整备棚剖面示意图

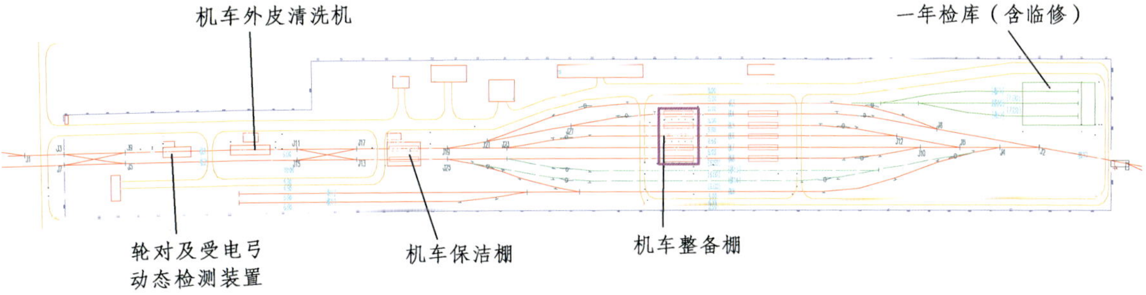

图 3-3-76 典型标准化整备场总平面布置图（六轴单机整备）

标准化整备场内布置有轮对及受电弓动态检测设备及设备间、外皮清洗机及泵房操作间、2 线保洁棚、5 线整备棚、3 线 C3 修库等主要设施设备。另考虑有机车走行线、越行线等股道，生产办公楼、班组楼、食堂、乘务员公寓等生产生活辅助房屋。

图中各主要设置说明如下：

（1）设 1 套轮对及受电弓动态检测设备，安装在入段线前端，设备前后需保证有 1 台机车直线段，平面图中设备前距道岔 20 m，距后端洗车设备 34 m。配套设置设备间，负责信号采集及控制。检测棚长 × 宽为 25 m × 6 m。

（2）设 1 套外皮清洗机设备，安装在入段线轮对及受电弓动态检测设备后端，设备前后需保证有 1 台机车直线段，平面图中设备前距轮对及受电弓动态检测设备 34 m，后端距道岔 10.3 m。配套设置泵房及控制室。设备主体长 × 宽为 36 m × 5.8 m。

（3）设 2 线 2 台位保洁棚 1 座。通过出入段线交叉渡线使得两台位可平行作业。棚前端距道岔 14 m，后端距道岔 9 m，均可保证 1 台机车长度需要。棚长 × 宽为 30 m × 13 m。

（4）设 5 线 5 台位整备棚 1 座。整备棚覆盖整备台位，棚后端为待班台位。棚长 × 宽为 36 m × 30 m。棚一侧预留 2 个整备台位，满足后期扩建需要。

（5）设 3 线 C3 修及临修库一座，长 × 宽为 66 m × 24 m。

（6）其余生产生活辅助房屋按需设置，布置在标准化整备场内相应位置。

整备作业流程为：

两端出入时：左端入段→轮对及受电弓动态检测→洗车→保洁、上砂→整备、检查→待班停留→右端出段。

一端出入时：左端入段→轮对及受电弓动态检测→洗车→保洁、上砂→整备、检查→待班停留→尾部折返→左端出段。

检修流程为：

入段→轮对及受电弓动态检测→洗车→保洁→检修→整备→待班停留→出段。

2．八轴车双机整备模式总平面布置

尽头式整备场布置型式如图 3-3-77 所示，机车从一端出入，整备线、检查坑及整备棚长度均按 2 台八轴车重联整备方式考虑。

标准化整备场内布置有轮对及受电弓动态检测设备及设备间、外皮清洗机及泵房操作间、2 线保洁棚、4 线整备棚、2 线 C3 修库等主要设施设备。另考虑有机车走行线、越行线等股道，生产办公楼、班组楼、食堂、乘务员公寓等生产生活辅助房屋。

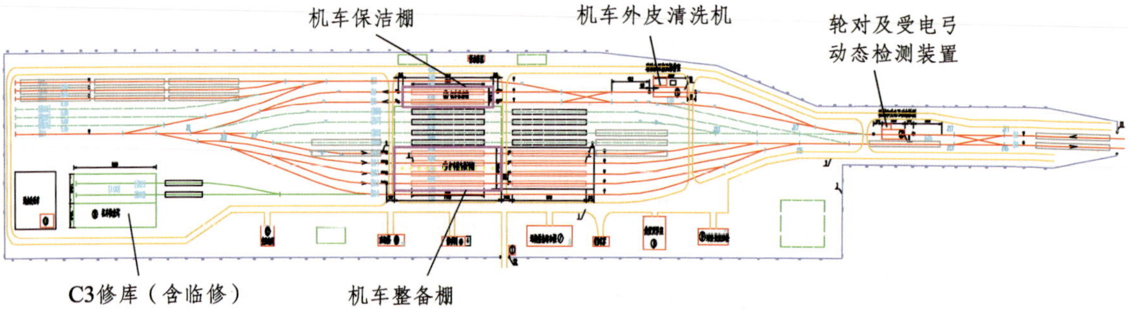

图 3-3-77　典型标准化整备场总平面布置图（八轴双机整备）

与前述布置型式的不同之处主要有：

（1）因该布置为尽头式，为缩短机车走行距离及占地长度，将外皮清洗机和保洁棚与整备线并列设置，机车从尾部牵出线折角进入整备场。

（2）机车整备、待班及保洁台位的检查坑长度考虑双机重联需要，按 80 m 长设置。整备线长度考虑 4 组重联机车的停放要求。

（3）整备棚内考虑设置双层作业平台及门禁系统，其长度设计为 117 m。保洁棚长度设计为 99 m。

（4）2 线 C3 修及临修库长度考虑双机作业需要，长 × 宽为 99 m × 33 m。

（5）充分考虑远期发展条件，预留有 4 线整备棚。此外考虑到轮对及受电弓动态检测设备、外皮清洗机设备维修需要，设置有旁通线。

第四节　标准化整备场改造设计实例及工程创新

一、株洲机务段标准化整备场改造

（一）概况

株洲机务段地处京广、浙赣、湘黔铁路枢纽中心，是广铁集团货运机车检修、运用、保养中心，担当株洲北至武昌南、长沙、江村、衡阳北的机车交路及武昌南、怀化、娄底机务段货运机车的机车折返整备任务，负责广铁集团所辖范围内大功率机车 C4 修以下的修程作业。

目前株洲机务段有内燃整备 3 台位，电力整备 9 台位，电力小辅修 6 台位，电力中修 2 台位，主要担当京广线、石长线、沪昆线的货机交路，日整备量约 188 台次。既有整备场分散，咽喉通过能力紧张，制约了整备场能力的进一步提高，使其无法适应新形势下日益增多的和谐机车整备任务。

株洲机务段投入使用的整备场有三个：东整备场具有电力机车整备线 5 条，中整备场具有内燃机车整备线 3 条，西整备场具有电力机车整备线 4 条。原蒸汽机车整备场（北整备场）目前闲置。现有轮对踏面检测装置一套、机车外皮清洗机一套及上砂装置一套。

既有整备场和小辅修设备存在的主要问题有：

（1）整备场分散。段内整备场共有 4 个场地，没有全部得到使用，且内燃整备和电力整备作业场交错布置，不利于集中管理和环境整治。

（2）整备场两端咽喉区股道径路复杂，有敌对径路。这也造成了运用中机车整备场各台位能力不能充分发挥，入段高峰时段有堵车现象。

（3）南北场之间的咽喉区仅有一条股道用于机车走行、折角等，能力紧张，瓶颈现象严重。

（4）缺少大功率电力机车保养、保洁设施。

（5）整备场道岔没有完全实现自动化管理。

（6）缺乏新型、高效的先进设备，关键部件的检测、检修能力不够，不能完全满足大功率电力机车 C3 修的需要。

（二）整备场性质及规模

株洲机务段定位为和谐机车运用维修段，承担和谐机车日检至 C3 修的修程，同时兼顾既有内燃、电力机车的运用、整备和检修作业。

目前该段的日整备量约 188 台次，其中和谐机车日整备为 114 台次。

根据全路生产力布局规划，大功率电力机车将逐步取代原有车型，到设计年度（2020/2030 年）本段和谐机车整备作业将达到 219/268 台次。本次设计考虑到从和谐机车取代原有车型有一个渐进的过程，初期仍需保留既有内燃、电力机车的整备能力，日后视情况逐步过渡，故设计规模为 2 股内燃机车整备线，4 股电力机车整备线，8 股和谐机车整备线。

（三）改建方案

为了适应机务生产力布局调整、机车改型的发展要求，在工艺布局调整和整备场改造时，以满足大功率电力机车的整备作业要求为主，同时兼顾既有内电机车整备作业并存的需要，贯彻“以人为本，服务运输，强本简末，系统优化，着眼未来”的理念，按照高标准、高效率、高可靠性的要求进行设计。

整备场改造思路为充分利用既有整备场条件，将北头废置的蒸汽机车待班线改作内燃机车整备场，将南头三个整备场均作为电力机车整备场，实现内燃、电力机车分区作业；利用南北场之间的空余场地新建保洁场，用于和谐机车卸污、保洁、上砂等作业及机车走行和折返；完善和优化整备场两端的股道连接，使之流程顺畅、通过能力充足，场地整齐美观；新建多功能整备作业棚，设置三层作业面及安全门禁系统、保洁及卸污系统、自动上砂装置及其他配套设施；既有电力小修库条件较好，且能力富余量大，通过设备补强用于和谐机车 C2 修和 C3 修。

（四）总平面布置

将北场既有蒸汽机车待班线机 41 ~ 机 42 道改作内燃机车整备待班线，新建 30 m × 12 m 内燃整备棚一座，机 40、机 43 作为机车走行线或越行线。

拆除中场部分既有线路，新建 4 股道。其中中间 2 股道作为和谐机车的上砂、卸污、保洁台位，两侧 2 股道作为机车走行线，新建 108 m × 13 m 钢结构保洁棚一座，配备自动上砂小车、地面真空卸污系统、擦洗平台等设施。

拆除南端机车转盘，优化与出入段线的连接关系，避免敌对干扰。南场与中场之间的连接采用平行进路，使机车走行顺畅，大大缓解咽喉通过压力。

南场机 10 ~ 机 17 道均作为和谐机车整备线，拆除既有整备棚及部分构筑物，新建 108 m×（32+24）m 钢结构整备棚一座，配备三层作业平台及门禁系统，棚内采用整体道床和铺设硬化地面，改善整备场内及周边作业环境。

南场机 21 ~ 机 46 道作为既有电力机车整备线，整备棚及场地维持既有，预留新建和谐机车整备棚一座。

此外，对机 9 走行线上的外皮清洗装置进行更新改造，新增内燃整备班组间、保洁房屋及生产辅助房屋等。段内其余设施维持既有。

拟改造后的株洲机务段总平面布置示意图如图 3-4-1 所示。

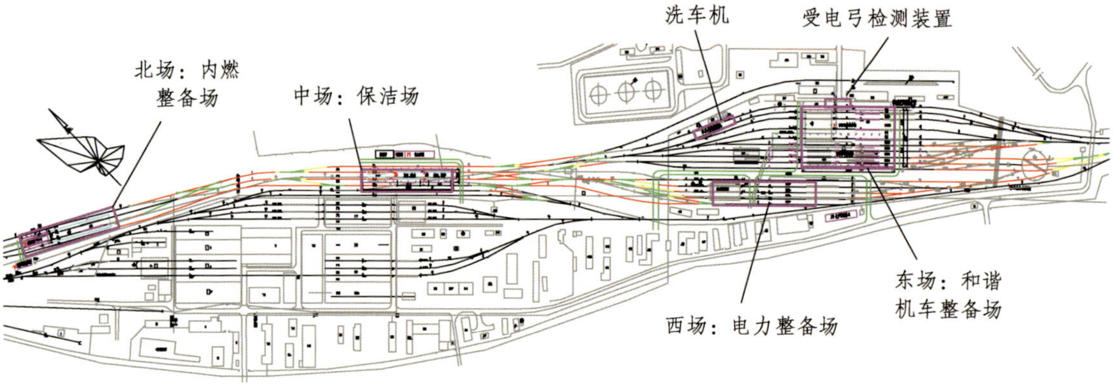

图 3-4-1 株洲机务段总平面布置示意图

改造后的株洲机务段呈错列式布置，形成南、中、北三级三场布局，即南场为电力机车（包括和谐机车）整备场，中场为保洁场，北场为内燃机车整备场，两场咽喉之间通过交叉渡线连接，且机车走行线或越行线贯穿外围。无论对于南进南出，还是北进南出的机车均能方便地进入作业工序，流程顺畅，相互之间干扰小，咽喉通过能力大。此外和谐机车整备线集中在东整备场，既有电力机车整备线集中在西整备场，分区界面清晰，有利于集中化、专业化管理。

二、江村机务折返段标准化整备场改造

（一）概况

江村折返段是广州枢纽唯一的货机运用整备场所，担当株洲、韶关、三水、南宁机务段货运机车的折返整备任务，负责广铁集团所辖范围内大功率机车 C3 修以下的修程作业。

目前江村折返段有内燃整备 2 台位，电力整备 4 台位，小辅修 3 台位，主要承担株洲、龙川方向的电力机车和内燃机车整备作业，日整备量 43 ~ 62 台次。既有整备设施破旧，整备

台位日益紧张，整备能力无法得到进一步扩充，无法适应新形势下日渐增多的和谐机车整备任务。

现有主要整备设备有内燃整备线2股（折6～折7），电力整备线4股（折2～折5），尽头式30 m×21 m三线中检棚一座，2 000 m^3×3油库一座。南头出入段线上设有上砂系统两套（基本闲置）及机车外皮清洗机一套。

既有整备场存在的主要问题有：

① 整备线能力紧张，无法适应日益增长的整备作业量需求；

② 既有工艺布局不能满足和谐机车整备作业要求；

③ 机车出入段关系不顺，存在敌对进路；

④ 整备线有效长不足，机车待班、存放台位欠缺；

⑤ 整备场采用人工扳道作业，条件差，效率低；

⑥ 既有整备棚和检查坑残败破旧，作业环境较差。

（二）整备场性质及规模

按照江村折返段的定位，原则上只承担和谐机车C1修及以下修程及必要的临修作业，C1修以上的修程在株洲机务段或广州基地完成。

目前该段的日整备量为43～62台次，其中和谐机车日整备为33～49台次。根据全路生产力布局规划，大功率电力机车将逐步取代原有车型，到设计年度（2020/2030年）本段和谐机车整备作业将达到114/180台次。本次设计考虑到该段的实际运用情况，即和谐电力机车已基本取代既有电力机车，故设计规模为3股既有内燃机车整备线，6股和谐机车整备线。

（三）改建方案

整备场改造思路为，根据机车出入段方向和和谐机车的作业特点，充分利用既有整备场与出入段线之间的场地，理顺出入段关系和作业流程；尽量延长股道有效长，使机车待班、存放台位充足；新建多功能整备作业棚，设置三层作业面及安全门禁系统、保洁及卸污系统、自动上砂装置及其他配套设施；改造既有中检棚为临修库，配备不落轮镟车床、落轮机、起重机等设备。

（四）总平面布置

在既有整备场西侧新建3股道，形成6股和谐机车整备线（折1～折4，折21～折22）和3股内燃机车整备线（折5～折7）的规模。拆除原有折17、折18机车走行线，在北端空余场地新建6股机车存放线和1股机车走行线，与整备场之间顺势连接，并优化出入段连接关系，避免敌对进路。在南头入段线上新增轮对检测装置，迁改既有机车外皮清洗机，同时拆除既有整备棚和填埋部分既有检查坑，新建99 m×37 m钢结构和谐机车整备棚和36 m×18 m钢结构内燃机车整备棚，改善整备场内及周边作业环境，采用整体道床和铺设硬化地面。此外为满足临修作业需要，拆除原有中检棚，原址新建一座2线临修库，配备起吊、镟轮及落轮设备。段内其余设施维持既有。

拟改造后的江村折返段总平面布置示意图如图3-4-2所示。

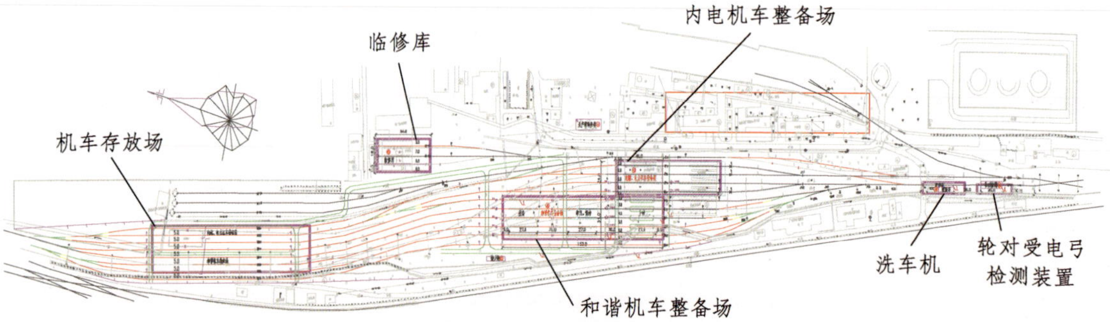

图 3-4-2　江村机务折返段总平面布置示意图

改造后的江村折返段呈贯通式布置，作业流程顺畅，折角空走少，敌对干扰小，机车整备、待班、存放台位充足，且对应每个整备台位设置一个上砂和保洁台位，整备能力强。但工程投资较大，施工过渡较困难。

三、徐州机务段标准化整备场改造

（一）概况

徐州北机务段主要承担京沪线客机、徐州至阜阳、海安、连云港等线的货机运用整备作业。目前段内主要机型有 DF_4、DF_7、DF_{11}、HXD2、HXD2B、HXD3C 等。

徐州北机务段机车日进出段约 260 台次，机务段机车运用整备部分现有整备待班线 9 条，其中内燃整备线（上油上砂、保洁、整备功能）5 条，由北向南呈纵列式分布在机务段机车运用整备场。机 4～机 6 道是内燃机车加油线，机 11～13 道北头是内燃机车保洁线，南头为内燃机车整备待班线。电力整备线 4 条，机 13～16 道，全部位于南整备场。其中机 13 道为内燃、电力机车共用整备待班线。

内燃机车运用整备流程为：入段→洗车（外廊式机车洗车机不洗）→上砂→加油→保洁→整备→待班→出段。

电力机车运用整备流程为：入段→洗车→上砂→受电弓检测→整备（保洁）→待班→出段。

既有整备场存在的主要问题有：

① 入库线功能不全。

② 无机车整备棚。

③ 部分设备设施不完全满足铁总运〔2013〕90 号文标准，专项设备配备不全。

④ 电力机车保洁作业在整备场进行，与整备作业交叉干扰。

（二）整备场性质及规模

按照徐州机务段的定位，原则上只承担和谐机车 C3 修及以下修程及必要的临修作业，C4 修以上的修程在上海基地完成。

目前该段的日整备量为 160～180 台次，其中和谐机车日整备为 100～120 台次。根据全路生产力布局规划，大功率电力机车将逐步取代原有车型，到设计年度（2020/2030年）本段和谐机车整备作业将达到140/180台次。本次设计考虑到该段的实际运用情况，即和谐电力机车已基本取代既有电力机车，故设计规模为5股既有内燃机车整备线，4股和谐机车整备线。

（三）改建方案

（1）拆除既有受电弓检测棚，还建于入段线上，合并同时增加走行部动态检测系统。

（2）既有洗车机作为内燃机车专用洗车机，同时机8道新增电力机车洗车机，含端洗功能，泵房及水池与既有合建，适当改造。

（3）上砂台位因线路拨道，相应修改1台位的上砂管路及上砂罐。

（4）利用既有受电弓检测棚拆除位置（还需拆还地勤楼）新建2线保洁棚，形成2线4台位保洁能力，进行和谐机车卸污、保洁与整备作业分场进行，提高效率。

（5）调整整备场前、后咽喉，划分内燃、电力机车整备待班功能，满足段内机车整备作业及出段顺畅。

（四）总平面布置

徐州机务段标准化整备场改造平面图如图3-4-3所示。

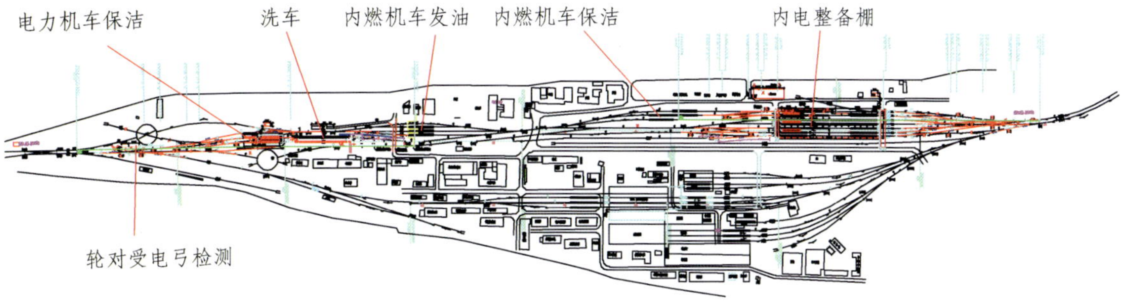

图3-4-3　徐州机务段标准化整备场改造平面图

四、武昌客机折返段标准化整备场改造

（一）概况

武昌客机折返段担当武昌至郑州、北京西、石家庄、南宁、广州、深圳的电力机车交路，担当武昌至北京西内燃机车交路（DF_{11G}）。折返段目前整备作业量约为130台次/日。段内主要机型有大功率电力机车HXD1D、HXD3、HXD3C、SS_9及DF_{11G}，另有外段机型SS_{7D}、SS_{7E}、SS_8、SS_9、HXD1B等。

段内共有股道14条，其中机1道为机车走行线，机2～9为电力机车整备待班线，分交路方向整备机车，机10道整备DF_{11G}内燃机车，机11道为小辅修库线，机12道为卸油线，机13、14道为三角线。

位于机 1 道设有洗车机一台、轮对踏面诊断及受电弓检测装置一套（含棚），整备场内设有检查坑 16 座，设有 $3\times500\ m^3$ 柴油库及卸油栈台一座，以及机车整备油、水发放及化验设备，机 4～5 股道之间线间距为 12 m，电力机车检测设备及运行监控室现均设于两股道之间。折返段尾部设有 36 m×9 m 小辅修棚一座及二级库一座。段内三角线目前主要功能为机车换向及存放。目前段内整备场无整备棚，作业条件较差。

既有整备场存在的主要问题有：

① 入库线功能不全。

② 无机车整备棚。

③ 部分设备设施不完全满足铁总运〔2013〕90 号文标准，专项设备配备不全。

④ 机车入段后进入整备台位受东咽喉道岔通过能力影响，单迁出线布置，制约了机车转线效率。

⑤ 段内无专用电力机车保洁设施，电力机车保洁作业在整备场进行，与整备作业交叉干扰，无法提高整备效率，且存在一定的安全隐患。

（二）整备场性质及规模

按照武昌客机折返段的定位，原则上只承担和谐机车 C1 修及以下修程及必要的临修作业，C1 修以上的修程在武南机务段或武汉基地完成。

目前该段的日整备量为 100～120 台次，其中和谐机车日整备为 90～110 台次。根据全路生产力布局规划，大功率电力机车将逐步取代原有车型，到设计年度（2020/2030 年）本段和谐机车整备作业将达到 140/180 台次。本次设计考虑到该段的实际运用情况，即和谐电力机车已基本取代既有电力机车，故设计规模为 1 股既有内燃机车整备线，7 股和谐机车整备线。

（三）改建方案

（1）按铁总运〔2013〕90 号文要求，优化机车整备作业工艺，调整段内作业流程及机车走行径路，股道调整及配套接触网等改造，以及部分设备设施补强。结合武昌客机折返段现状及中、远期机车整备需求及能力研究。

（2）整备场增建机车整备作业棚，在入段线上增加机车保洁作业棚，棚内增加相应整备配套工器具等。

（3）拆除既有三角线，保留机车换向功能，新建机车转盘。

（4）优化整备场两端咽喉区道岔，研究机车走行径路，提高机车在段内走行等辅助作业效率，增强机车转线能力，解决武昌站机车集中到达整备场的接车瓶颈问题。

（四）总平面布置

（1）调整机 2 道功能，将原来整备待班出段功能调整为进段功能，折返段机 1～5 道西咽喉道岔及股道调整，区分开机 1～2 道作为进段径路，机 3～5 道作为出段径路。

（2）调整折返段东咽喉道岔及股道，满足机 2 道进段机车不需经过 J2 尾岔就能够快速转线至机 3、4、5 道进行整备作业。同时，机 1 道入段机车经过 J6 岔后可转线至机 6～13 道，相当于可实现上下两个整备场的平行径路，以解决折返段现状所有机车从机 1 道入段转线时，整个咽喉无平行径路导致转线效率低的问题。

（3）拆除既有机 4 道与机 5 道间房屋，增建新机 5 道，既有机 5 道以后编号股道顺延。

（4）拆除既有三角线，使整备场两端咽喉可接出机 12、13 道。还建转车盘，保留机车换向功能。

（5）拆除受总图方案调整引起的房屋，合并还建生产办公综合楼一栋，满足折返段运用、整备、检修、办公等相关功能，也包含通信、电务等房屋。同时，合并食堂、浴室等辅助生产生活房屋。

（6）以整备场股道布置，有效长以及直线段条件，在机 3、4、5 道上新增三线电力机车整备棚一处，在机 6、7、8、9 道上新增四线电力机车整备棚一处。考虑现有机车整备及待班作业需要，两处整备棚均覆盖整备及待班台位，改善整备及待班作业人员的工作环境。

（7）机 1 道东延长后利用直线段新增 2 台位保洁棚一处，配套设保洁班组房屋。机 2 道对齐整备场位置，设 1 台位保洁棚。

（8）拆除机 1 道既有轮对踏面及受电弓检测棚折返段投用该套设备较早，设备不满足现有检测标准。同时，检测棚多处需检修维护，接近大修。本次研究将其拆除，结合新技术要求标准，在机 1 道既有设备棚前端新建轮对及受电弓动态检测碰一座。

（9）新建及恢复段内道路，接通整备场两端消防及人员通行平交道。同时，由于还建整备房屋距离机 3、4、5 整备场较远，本次设计从综合楼前接通一处直通机 3、4、5 整备场及机 2 道保洁棚的平交道路，解决作业人员及工具运输走行距离远的问题。三角线拆除后，将入段消防道路延长至三角线尾部，兼顾预留月检库及小汽车停放需要。

武昌客机折返段标准化改造平面布置如图 3-4-4 所示。

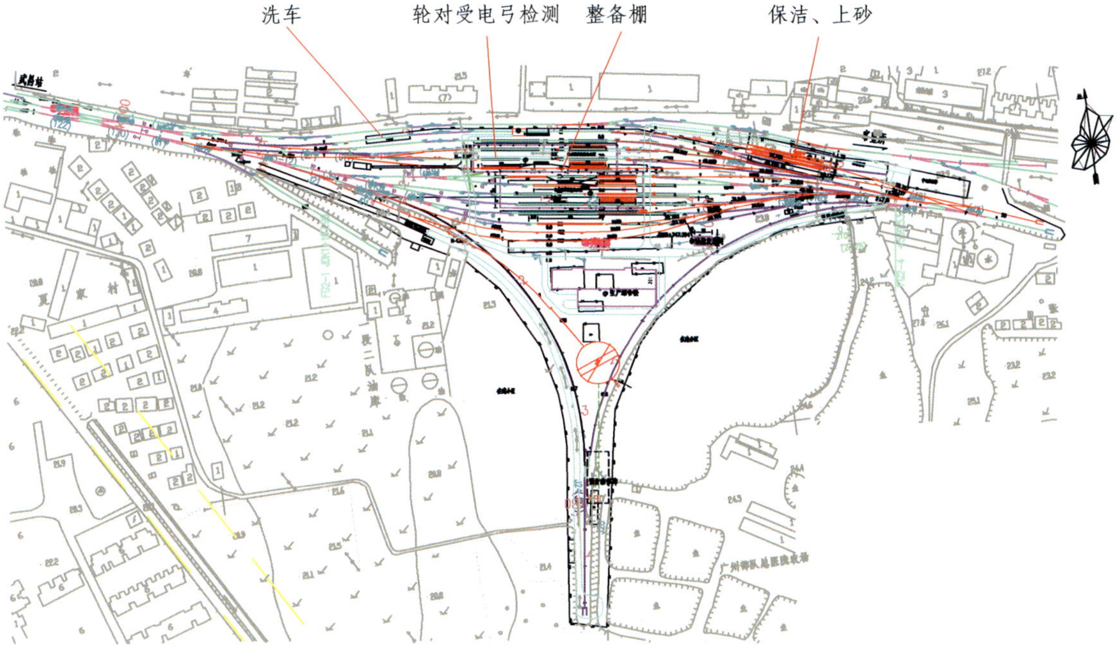

图 3-4-4　武昌客机折返段标准化改造平面布置图

第五节　总结与回顾

从 2014 年开始，全国范围内开展标准化整备场改造工程，各整备场逐步建成后，能很好地适应各铁路枢纽及相邻线的机车运用、整备及检修要求，并能满足生产力布局调整后电力、内燃机车的检修要求，为铁路安全运营提供了可靠保障。

同时，机务（折返）段的逐步建成投产，也为铁路总公司对全路标准化整备场建设进行了很好的验证，获得了整备场标准化生产作业的一手资料，为后续改进积累了丰富的经验。

一、缓解了机车进出库瓶颈问题，提升了进出库能力

通过各个整备场标准化改造，基本缓解了机车进出库瓶颈问题，提升了进出库能力，部分改造后的整备场进出库能力提升 30% 以上。补充入段闸楼车号识别设备，新增或补强升级受电弓及走行部动态检测装置等，使机车入库按铁总运〔2013〕90 号文的要求实现标准化作业。

二、坚持以人为本，改善整备作业条件

机车整备作业条件艰苦，作业条件急待改善。既有部分段内整备场无整备作业棚，整备场作业环境差，特别是雨天作业。随着整备作业量的增加，提高机车整备效率的要求也越来越迫切。新增了机车整备棚及补强整备设施设备，在整备棚内设三层作业平台，实现分层作业，改善作业人员工作环境，减轻作业强度，提高整备效率，满足标准化整备作业的需要。

三、广泛应用新技术、新设备

采用轮对及受电弓动态检测设备、走行部动态监视设备、分层修作业平台、侧移式接触网等新技术、新设备，提高机车整备质量的同时，大大提高了整备效率。

四、强化了保障安全的设备设施

机车在整备场作业必须保证人员、机车、装备的安全。电力整备场是一个事故易发的作业场所，特别是夜间作业时，更容易发生安全事故。因此，整备棚内在作业平台上设置安全联锁监控系统以及防护栏等设施。同时，为了保障机车作业人员登顶需要，在电力机车整备场适当布置侧移式接触网，确保人员作业安全。

严格区分内、电机车整备作业，梳理机车入段走行径路，按铁总运〔2013〕90 号文要求，

调整整备待班线功能，确保人员安全，提高了电机车整备作业效率。

五、标准化整备场改造工程创新

（1）总图及作业流程方面创新，按标准化整备流程对总图进行优化。既有场地作业条件差，总图优化后改善了作业环境条件，提高整备效率，提升枢纽机车整备质量，保障线网运输能力。

2014 年铁路总公司明确各铁路局按铁总运〔2013〕90 号文《加强机车整备能力建设的指导意见》的要求，对满足一定条件的机务段、所进行整备场标准化改造。既有整备场露天作业，条件差，运用整备效率低，转线困难，整备及存车能力严重不足。通过改造股道、整合整备、运用、行检房屋以及按铁总运〔2013〕90 号文的要求补强整备设备工器具，改造后大大提高了运用整备效率，建成了标准化整备场，优化了生产作业环境，辐射保障了各机务段（折返段）传统服务的普速客运需求。

（2）规模及能力方面提升创新，对整备场的关键瓶颈问题进行了优化，在有限的条件下，不断优化设计，普遍解决了车站接车瓶颈问题、段内机车转线效率低问题、整备及存车能力严重不足等问题，极大地释放了机务折返段各项能力。

（3）既有条件限制下的优化设计创新，早期建设的机务段（折返段）大多处于中心城区，改造难度巨大，通过精细设计、逐级审查优化资源，因地制宜地统筹策划、设计、实施改造。

（4）既有房屋分散凌乱，严重制约着职工生产生活。标准化整备场的建设将房屋并栋还建，既满足了生产生活需要，又符合铁路总公司对生产房屋合并的总体需求。

第四章　大功率电力机车 C4 修机务段改造工程

第一节　概　述

一、大功率电力机车机务段适应性改造工程背景

目前，全路范围内和谐号交流传动大功率电力机车运用已达 24 000 台。中国铁路总公司 2015 年下发铁总运〔2015〕30 号文，明确规定和谐号交流传动大功率电力机车 C1～C6 级修制改革，结合交流机车技术特点，C4 修为段级修制。按原铁道部（现中国铁路总公司）要求，全路共建 7 个大功率电力、内燃机车检修基地，其中六个检修基地（北京、上海、广州、武汉、成都和西安）为大功率电力机车检修基地，专门负责和谐型交流传动大功率电力机车 C4～C6 级检修。各铁路局按照要求应将和谐机车送检修基地进行 C4 修。虽然检修基地检修条件好，检修质量高，但存在的问题不少，如运送机车增加线路运行距离、检修成本高、检修周期长、机车数量增加引起检修量增加导致基地完成任务困难等。近期部分铁路局机务段计划开展 C4 修工作，但检修设施、检修模式、检修内容均有不同，难以保证检修质量。按照铁路发展趋势，加强大功率电力机车检修和质量管理，铁总运〔2015〕30 号文规定大功率电力机车检修修程为 C1 至 C6，其中 C1～C4 修为段修。目前，既有机务段不具备 C4 修检修条件，如果要在全路开展多处 C4 修，就必须进行既有机务段适应性建设改造或新建大功率电力机车检修机务段。必须研究 C4 级检修工艺和设备的配置，以及 C4 级修机务段具备的设施设备建设，为进行既有机务段适应性改造或新建机务段提供可行性依据。

二、电力机车 C4 修特点

（1）实行车体定位修和流水作业修两种。

我国 HXD 型电力机车检修有两种方式：一种是车体定位修，主要是适应性改造后的机务段采用。这种检修方式特点是占地面积小，主体部件车运动少，检修工作较集中，但设备占台位时间长，如图 4-1-1 所示。另一种是车体流水线检修，主要是新建的大型检修段，这种检修方式还兼备 C5、C6 级检修任务。这种检修方式占地面积较大，主体部件车体需要安装工艺转向架作为其走行部装置，支持其移动，股道之间移动需要大型的移车台作运输工具。车体运动较大，检修集中度较分散，需要的工装设备较多，但设备检修占台位时间短，检修通过能力强，如图 4-1-2 所示。

图 4-1-1 用移动式电动架车机架起机车

图 4-1-2 用工艺转向架架起机车

（2）以检测为主，以检定修。大功率电力机车具备较强的自检、自测、数据存储功能，检修工装设备以检测为主，具备数据诊断功能，实现“以检为主、以检定修”。机车的自检、自测、数据存储功能，能有效地诊断机车的故障点和故障原因，及时提供信息，同时也能分析和诊断机车各部件使用寿命，为制定机车检修规程提供依据。

（3）量值修车。采用量值化智能工装设备及配套机具，推广应用扭矩扳手等量值化工装机具，深化量值修车理念，实现大功率电力机车部件精准检修。

（4）主要部件实行换件修、委外修。专业化集中修有利于保证检修质量和进度。

（5）检修工作实行信息管理。大功率电力机车 C4 级检修工作是一个系统工程，上一道检修工序的质量和进度直接影响下一道工序的质量和进度。各部件之间检修工作同样存在相互联系和相互影响。为了协调好各项工作的顺利开展，一方面加强管理，努力协调；另一方面采用科学手段，就是应用信息管理系统，如图 4-1-3 所示。

图 4-1-3　C4 修检修信息平台

大功率电力机车 C4 级检修工作信息管理系统主要功能：

① 信息管理系统能够显示整个检修库在库机车信息以及机车位置信息，能够显示库中停放的车辆以及车辆状态（待修、在修、交车、试运），通过视频监控检修库内实时状态。

② 信息管理系统能够以列表形式，列举出所有的在检机车信息以及作业状态，包括正常进展、超期、提前完工等，还能够点击查看记名修记录和详细状态。

③ 检修作业人员在机车检修过程中，如遇到一些非正常情况时（例如探伤裂纹、设备故障、大型配件未到位），可通过手持机进行检修故障报警。调度中心管理平台会自动记录并进行报警，通知相关管理人员进行处理。

④ 通过机车检修进度可以显示每台在检机车的检修进度，同时可以查看每一个检修作业的作业信息（包括开工人、起止时间、所需工具、所需设备）、状态信息（未开工、已开工、报警、已完工）、工具信息（是否准备、是否配送、是否到位）、设备状态（良好、故障）、人员状态（是否到位）、质检状态（各个质检项是否质检通过）、验收状态（是否已验收）。

⑤ 机车质量分析、质检验收登记、检修作业登记、质量信息管理、检修信息管理、试验台数据传输等功能。

三、C4 修作业内容及要求

和谐型交流传动电力机车 C1 ~ C6 级修程检修内容：

C1 修：主要是对机车例行检查和保养，完成消耗部件的更换、调整和补充等。通过人工目视和利用机车自检系统（6A 系统）进行故障诊断，完成对主要部件（牵引系统、制动系统、走行部、受电弓、电气系统、空调系统、列车装置状态、列车网络控制系统等）主要技术状态和部分技术性能进行检测，对设备故障按状态修理。

其工艺过程：机车入台位→采集数据并分析→对主要部件检查、测试→对机车保养→试验→交车。

C2 修、C3 修：在 C1 修的基础上，按相应的检修周期，增加了对机车关键部件重点检查维修，如牵引电机轴承动态检测、通风机电机和主压缩机电机绕组对地绝缘性能检测、变压器油进行色谱分析、轴箱轴承抱轴箱轴承动态检测，有针对性地恢复机车运行可靠性。

其工艺过程：机车入台位→采集数据并分析→对主要部件检查、测试→对机车保养→试验→交车。

C4 修：在 C1、C2、C3 修的基础上，对主要部件：牵引通风机、冷却塔通风机、蓄电池柜、干燥器和微油过滤器、空调、车顶盖和附属部件等下车检查维修，转向架和附属部件分解检查维修，车勾和勾缓装置分解检查维修，未下车部件在车上进行检查测试，对部分超范围修的零部件委外修，且增加了轮对探伤、转向架构架探伤等机车主要部件检查和性能参数测试，修复不良状态部件，恢复机车可靠质量状态。

其工艺过程：机车入台位前准备→机车入台位架车→拆卸转向架与车体间的连接→架车使车体与转向架分离→转向架分解检修→→车顶设备、车体上部部分部件下车设备拆卸下车检修→车体上部不下车部件检测、检修→下车部件装车→转向架装车→机车淋雨试验→高低压试验→试运→交车。

C5 修：在 C4 修的基础上增加了机车主要部件分解检修，性能参数测试，恢复可靠质量状态。

其工艺过程：机车入台位前准备→机车入台位架车→拆卸转向架与车体间的连接→架车使车体与转向架分离→转向架分解检修→→车顶设备、车体上部部分部件下车设备拆卸下车检修→主要部件解体检修→车体上部不下车部件检测、检修→下车部件装车→转向架装车→机车淋雨试验→高低压试验→试运→交车。

C6 修：机车全面分解检修，全面性能参数测试，恢复基本性能，可同时进行机车或主要部件的技术提升。

其工艺过程：机车入台位前准备→机车入台位架车→拆卸转向架与车体间的连接→架车使车体与转向架分离→转向架分解检修→→车顶设备、车体上部设备全部拆卸下车检修→下车部件装车→转向架装车→机车淋雨试验→高低压试验→试运→交车。

C4 级检修作业内容如图 4-1-4 所示。

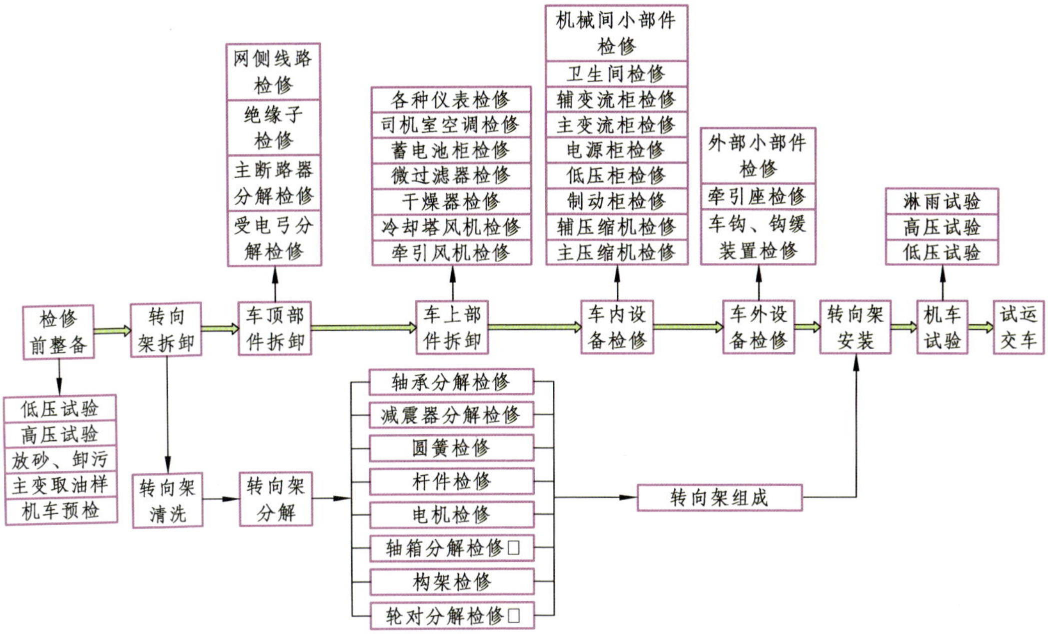

图 4-1-4 大功率电力机车 C4 修作业内容

第二节 机务段 C4 修改造功能设施和建设要求

大功率电力机车 C4 级检修，以预防为主、检测为主、换件修及组装调试为主，以寿命管理方式对机车进行管理。检修过程中，机车拆下来的零部件一般进行清洗、检查、检修、调试过程，机车换下来的主要部件采用委外专业集中修方式。

一、C4 修设施和功能要求

（一）C4 修库

检修库（见图 4-2-1）是机车检修的主要场所，其大小需要按照检修生产任务和作业方式而定。同时，需要在检修库配制相关的辅助设施，如机车检修台位应设架车机，架车形式可采用移动式架车机（见图 4-2-2）及检查坑形式或地坑式架车机，地坑式架车机应兼容各种机型，另外保证架车机有存放地点；转向架的横向运输装置（见图 4-2-4）（地面转盘）的安装；用于机车测试用的地面测试电源（见图 4-2-3）；机车检查检修用的地沟（见图 4-2-5）；检修库及大型检修车间的管线（见图 4-2-6）（如压缩空气管道、供水管道、暖气管道、消防管道等）安装布置宜采用综合管道支吊架形式，库内设标识系统；满足生产用的起重设备（天车）安装；检修库地面应选用耐磨、抗冲击材料。

图 4-2-1 大功率电力机车检修库

图 4-2-2 移动式电动架车机

图 4-2-3 库用地面电源

图 4-2-4 转向架横向移动装置

图 4-2-5 机车检查、检修用地沟

图 4-2-6 库内各种管道安装

（二）转向架检修库

大功率电力机车转向架检修库（见图 4-2-7）是 C4 级检修的主要设施，也是关键设施。转向架检修库兼容构架的检修（见图 4-2-8），轮对的分解、车轴和齿轮箱检修，部件的清洗、探伤。

图 4-2-7　转向架检修库

图 4-2-8　转向架构架检修

驱动装置检修如图 4-2-9 所示。

图 4-2-9　驱动装置检修

（三）配件检修、检测库

配件检修、检测库主要用于下车电器部件的清洗、检查、检修、调试、测试之用。在检修库主要配置清洗、检测设备和相关的检修工装工具。

主变流柜检修如图 4-2-10 所示。待修配件及待修区如图 4-2-11、4-2-12 所示。合格配件如图 4-2-13 所示。配件检修线如图 4-2-14 所示。配件检测试验台如图 4-2-15 所示。

图 4-2-10　主变流柜检修

图 4-2-11　待修配件

图 4-2-12　待修区

图 4-2-13　合格配件

图 4-2-14　配件检修线

图 4-2-15　配件检测试验台

（四）机械加工库

机械加工库主要用于轮对加工（见图 4-2-16）、机械零部件加工、钳工制作等。

图 4-2-16　机车轮对加工

（五）高压试验库

高压试验库（见图 4-2-17）是用于大功率电力机车进行高压试验项目的专用地方，高压试验项目有辅机特性试验，空调、卫生间以及各加热取暖设备试验，辅助机组试验，列车供电试验，风速继电器、油流继电器及水流检测保护试验，机车启动试验，动力切除试验，自动过分相试验，撒砂试验，充电装置试验，辅助变流器控制试验，轮缘润滑装置功能试验，主压缩机试验。

图 4-2-17　高压试验库

（六）低压试验库

低压试验项目有机车控制电源，操作端识别，自动换端，TCMS 信号识别，辅助压缩机试验，受电弓动作，主断动作试验，电气安全互锁功能，机车空档试验，警惕试验，灯回路试验。低压试验库如图 4-2-18 所示。

（七）淋雨试验棚

淋雨试验棚用于机车检修后整个车体防雨性能检测。淋雨试验棚外观如图 4-2-19 所示。

图 4-3-1　智能架车机

（三）转向架转盘

转向架转盘为圆形地坑式布置，上设相互垂直的两股道，旋转工作中转盘轨顶与地面轨顶保持齐平。转盘旋转顶板与周边地坪圆柱形孔壁同心对位，转盘转动时平稳、轻便、灵活，100 kN 负荷下约两人推力可旋转。转盘转动时对位准确，无扇形摆动和轴间晃动，具备紧急停车功能。设备在转向架的检修和转序工作中灵活转变方向，以便于前后工序之间的衔接。

设备的组成：包括盖板、转盘架、主动轮装配、从动轮装配、小轮装置、回转支撑装配和自动定位锁紧装置。

（四）工艺转向架

工艺转向架是在机车车体解体时替换机车转向架，支撑并带着机车车体在各检修区内行走，从而完成机车转向架及车体各项检修任务的专用工艺设备。分动力工艺转向架和非动力工艺转向架两种，一辆动力车与一辆非动力车配对使用，支撑一台机车车体。

设备的组成，动力车主要包括工作平台（机架）、支撑装置、驱动装置、控制装置和辅助装置；非动力车主要包括工作平台、支撑装置。

（五）移车台

移车台适用于各型机车解体后车体横向移动或大部件（转向架）的批量转运。移车台组成主要包括车架、传动机构、走行及制动机构、安全滑触线供电系统、控制及警示系统、挡雨棚等。

（六）交流牵引电机检修线

交流牵引电机检修线适用于大功率电力机车交流牵引电机检修，电机解体、清洁、烘干、探伤、喷漆、检测、组装和试验等设备配置合理，采用流水线传输方式一次性完成。

牵引电机检修线布局及工位如图 4-3-2 所示，其实景如图 4-3-3 所示，整体效果如图 4-3-4 所示，定转子分离设备图 4-3-5 所示，清洗机及烘干箱如图 4-3-6 所示。

（七）高压电器检修线

高压电器检修线适用于和谐型大功率交流传动电力机车高压电器检修，具有车顶大盖和高压电器的清洗、漂洗、烘干，车顶大盖解体、组装，车顶整体耐压试验、避雷器、绝缘子车顶母线电缆、高压电流电压互感器、受电弓、真空断路器、高压接地开关、高压隔离开关等的检修试验和备品存放功能。

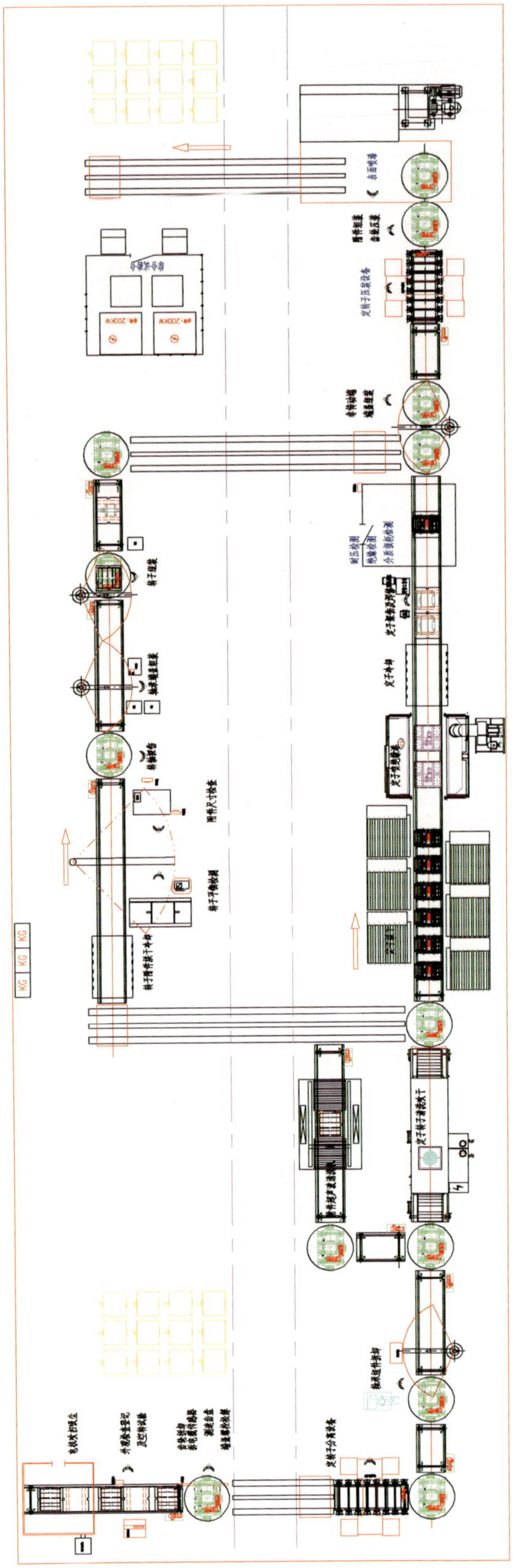

图 4-3-2　牵引电机检修线布局图及工位

图 4-3-3 交流牵引电机检修线实景

图 4-3-4 整体效果图

图 4-3-5 定转子分离设备

图 4-3-6 清洗机及烘干箱

（八）低压电器检修线

低压电器检修线适用于和谐型大功率交流传动电力机车低压电器检修，能进行充电电源柜、低压电器控制柜、辅助滤波柜等电器柜及司机控制器、板键开关、继电器等 30 余种低压电器部件的检修作业。

（九）智能清洗中心

智能清洗中心（见图 4-3-7）建设的功能是将转向架车检修车间拆解后的大部件及其零部件进行清洗。主要清洗零部件包含构架、轮对、电机定子、电机转子、轴箱、轴承及其他大部件配件。智能清洗中心包含构架清洗流水线、轮对清洗流水线、零部件清洗流水线、电机定子及电机转子清洗流水线。零部件从运送、清洗到返回实行自动作业控制，清洗作业实现程序化管理，不需要人员操作。由于清洗信息集中，适合污水集中处理。智能清洗中心实现零部件清洗、配送和污水处理一体化。

图 4-3-7 智能清洗中心

清洗中心主要设备组成为清洗机、AGV 自动运输车、堆叠机械手臂、安全联锁、太阳能热水器、天车等。

（十）检修作业综合管理系统

按照“专业化、集中修”的原则，检修作业综合管理系统可实现机务段机车检修各修程的信息化、网络化管理，对机车及零部件检修、检测、试验等环节进行重点卡控，将检修过程管理，从人工纸质转化为数字化录入和管理。收集生产过程数据，为质量管理提供基础数据。通过与机务信息平台的整合，实现数据共享，提高检修的综合效率和检修质量，为机车质量提供保障。实时掌握安全生产，优化生产组织，提高检修效率，保证检修质量。机车检修管理子系统如图 4-3-8 所示。

图 4-3-8　机车检修管理子系统

系统基于《铁路机务管理信息系统总体方案运信规划函》(〔2014〕424 号）所描述的内容来进行总体设计，能实现对机车及零部件检修、检测、试验等环节进行重点卡控，将检修过程管理，从人工纸质转化为全数字化交互和管理；智能化收集生产过程数据，为质量管理提供基础数据；同时，可通过与其余信息化管理系统的数据整合，实现数据共享。通过以上功能，来提高检修的综合效率和检修质量，最终为机车运用的质量提供保障。机务段股道如图 4-3-9 所示。

机车检修综合管理系统依据所实现检修动态电子地图、检修计划管理、检修生产调度管理、检修管理和质量控制、配件管理、工具管理、检修成本管理、检修质量分析、数据接口配置相应的硬件设备，并利用光纤和网线所构建的高速以太网络互联。同时，利用专有端口与机务信息平台进行数据互传互联，其基本硬件及架构如图 4-3-10 所示。

（十一）高压试验安全检测系统

高压试验安全检测系统适用于大功率电力机车 C4 修高压试验作业安全控制。安全检测系统能依据高压试验过程中机车状态与接触网线通电状态，判断试验作业的安全性，实行安全操作的提示和控制。

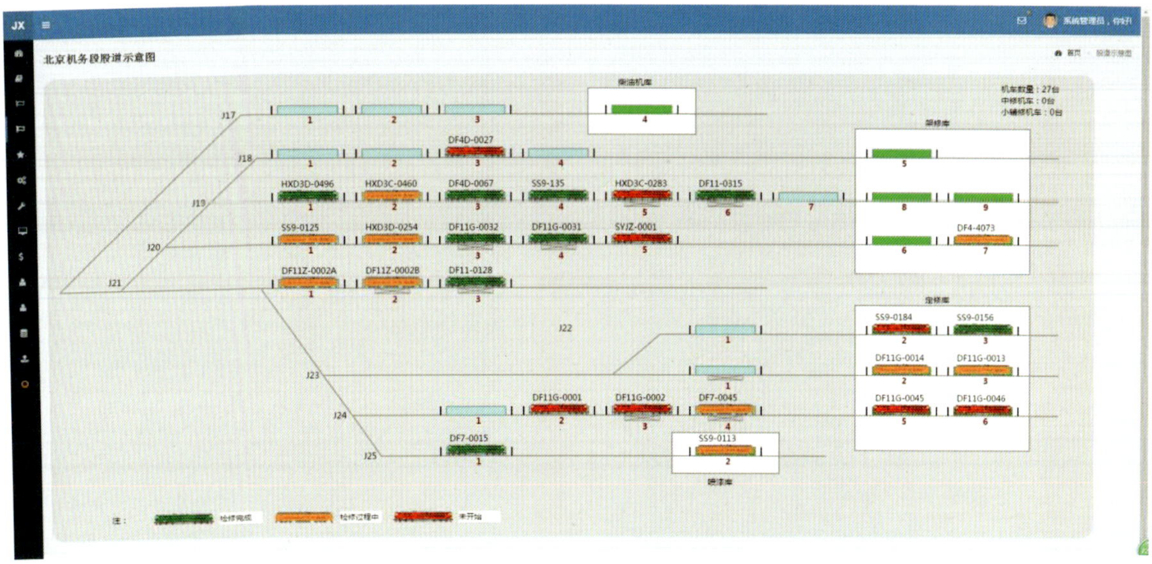

图 4-3-9 机务段股道示意图

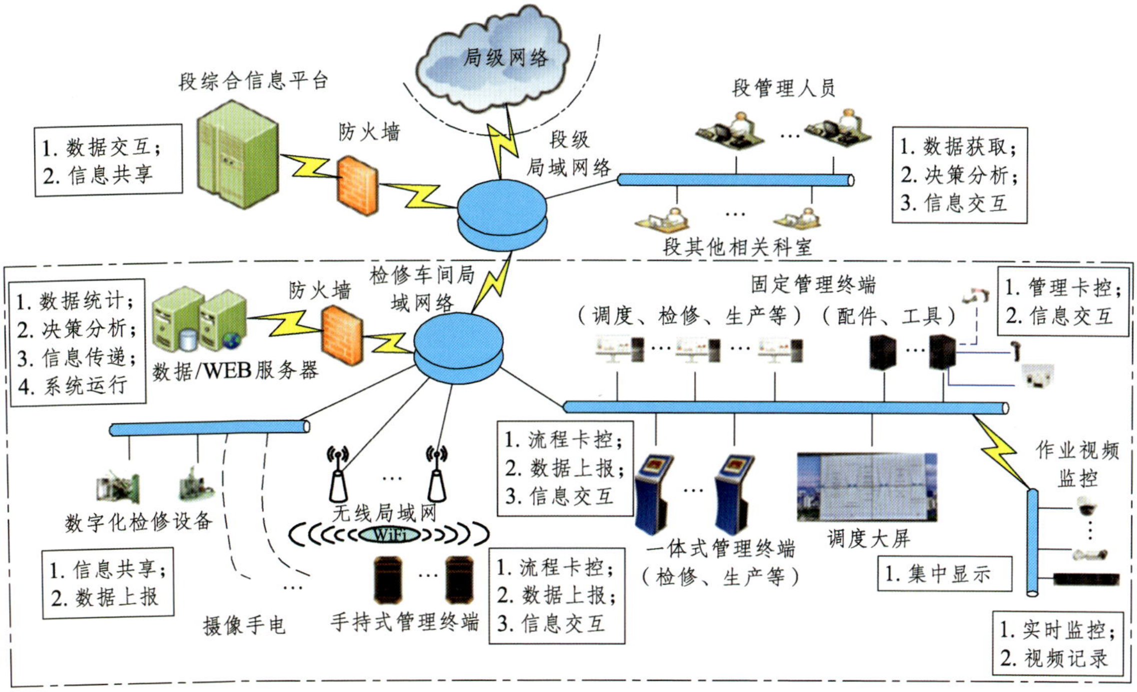

图 4-3-10 机车检修作业综合管理系统拓扑图

四、C4 修库房改造主要厂房组合图

C4 修库房改造主要厂房组合图如图 4-3-11 所示。

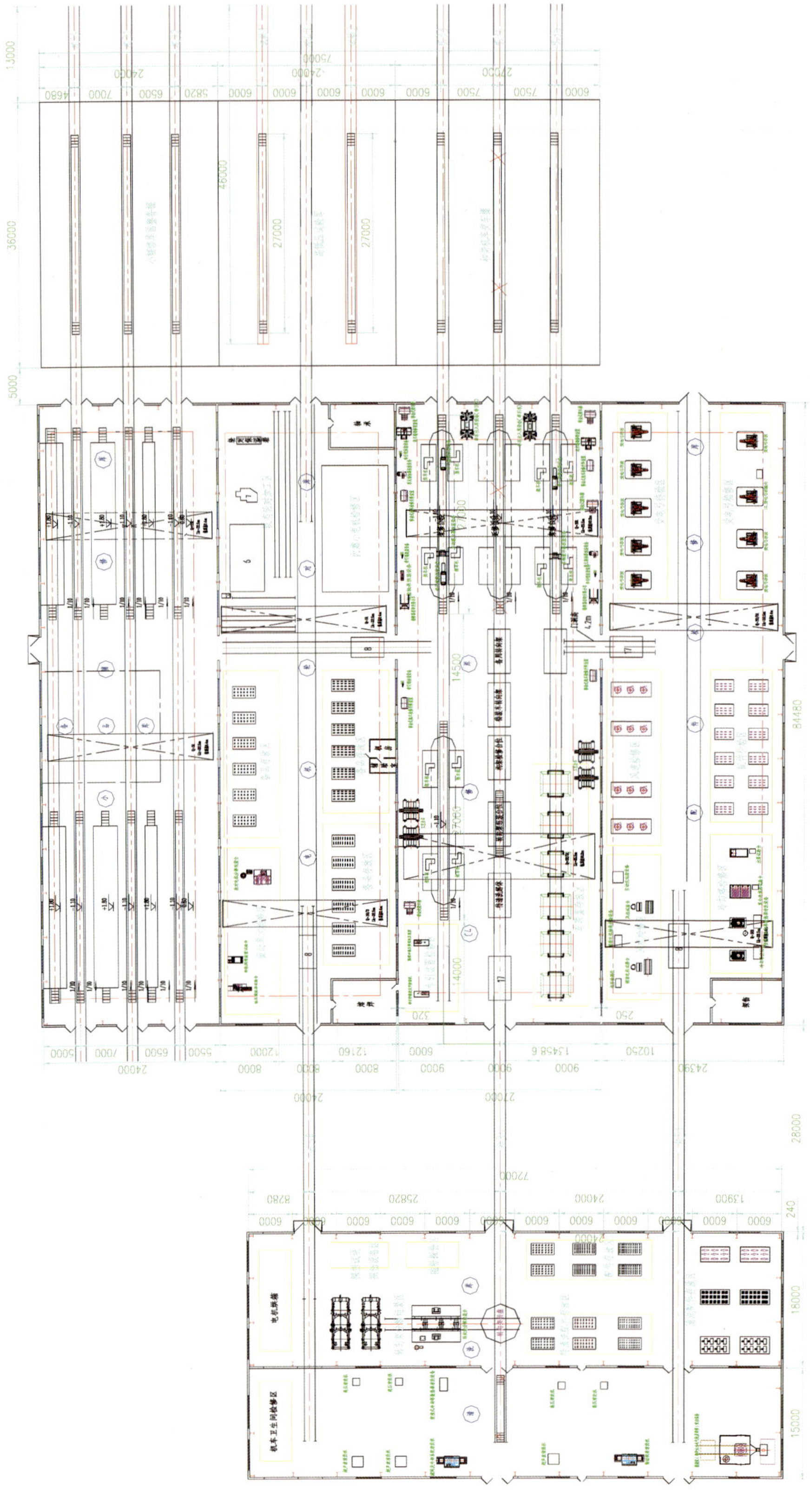

图 4-3-11　C4 修库房改造主要厂房组合图

第四节　总结与回顾

自从铁路总公司将 C4 修定位为段修修程后，各铁路局均进行了研究及改造建设。机务段适应 C4 修改造工程的建设实施，对路局配属和谐大功率机车 C4 修提供了解决方案，特别是在大功率电力机车检修基地送修距离远、检修工作量大的条件下，效果十分显著。

一、适应了铁路总公司机车生产力布局调整的需要

根据中国铁路总公司（原铁道部）《关于公布铁道部淘汰产品目录（2011 年）的通知》（铁科技〔2011〕45 号）文件，大部分铁路局现配属的 DF 系列内燃机车和 SS 系列电力机车均已列入停产行列，今后新增客货机车交路均为 HXD 型机车牵引。符合铁路总公司机车检修政策，《中国铁路总公司关于公布和谐型交流传动机车修程修制改革方案的通知》（铁总运〔2015〕30 号），明确规定 C4 修为路局段修修程。《大功率电力机车 C5 修生产协调工作纪要》（运机检修函〔2015〕145 号）又明确了 C4 修为路局段级修程，由各铁路局负责，总公司不再协调生产计划。

结合各局既有电气化区段内转电、既有铁路电气化改造、新线开通、现有 SS 系列机车到期报废更新等情况，和谐机车将逐渐成为我国客货普速线路上的主要机型。截止到 2017 年 1 月 31 日，全路已配属 9 738 台大功率电力机车，其中电力机车 8 379 台，内燃机车 1 359 台。另外既有传统直流机车 10 224 台，其中电力机车 3 580 台，内燃机车 6 644 台。从既有传统直流机车的内、电机车比例可以看出，和谐机车的上线，正在陆续取代传统直流机车。

二、路局既有机务段适应 C4 修改造技术条件可行性

一是 C4 修初期关键零部件通过专业化集中修，加强与机车制造厂、检修段合作，在技术上得到支撑保障；二是各铁路局部分有条件的机务段提前开展了大功率电力机车机车的二年检试修工作，为开展 C4 修，积累了经验，打下了良好的基础；三是充分利用既有的检修生产房屋和通用检修设备设施，以较少的工装设备投入，实现承修大功率电力机车 C4 修的任务。

三、经济合理

无论从检修成本、材料消耗、检修设备折旧等来看，还是人力成本综合来看，路局选择机务段适应性 C4 改造，相对于委托主机厂或者检修基地进行 C4 修，投资效益均较高。结合配属和谐机车的增加，C4 修工作量将会越来越大，自己进行 C4 修，可陆续体现出效益优势。

同时可减少机车委外修回送时间，提高机车利用率；有利于解决因 DF、SS 系列内电机车中修工作量下降造成的机车检修富余人员的安置。

四、提高机车利用率及劳动生产率

C4 修适应性改造工程可有效解决因既有机车中修工作量下降造成机车检修人员富余的问题，机务段进行 C4 修作业，可充分发挥检修人员作业效能，有利于单位及社会稳定。

装备篇

ZHUANGBEIPIAN

第五章　大功率电力机车运用整备关键技术及装备

安全是铁路运输工作永恒的主题。大功率机车牵引的客运和货运铁路朝高速、重载方向发展，且开行密度逐渐加大。这是一个技术密集、技术构成复杂、业务联动性高的综合性系统，大功率电力机车的安全保障系统面临着许多新需求和严峻挑战。加强大功率机车安全预警理论与方法的研究，无论是对加强大功率机车安全管理的科学性和可靠性，预防及减少铁路安全事故，还是对促进铁路健康有序、安全高效、可持续发展，都具有重要的理论和现实意义。

本章从机车安全预警检测关键技术及装备出发，结合目前机车安全预警面临的重点及难点，运用安全系统工程理论、安全预警理论、信息集成理论等相关理论和方法，抓住安全隐患的本质，提出安全预警思路，研究机车安全综合集成预警框架及安全预警检测关键技术、行车安全综合预警、安全状态评价等模型和方法，以及预警若干关键技术及预警系统装备，包括轮对动态安全预警技术、作业安全监控及作业评价系统、脉冲式气力输送固定上砂技术和快速检测及整备总体技术等。

第一节　轮对检测系统

轮对作为机车走行部的关键部件，其质量状况的好坏直接影响到行车安全。轮对在高速和高负载运行情况下，车轮制造过程中的残留物会导致轮辋轮辐部位产生疲劳裂纹，辐板孔及近轮毂部位的应力集中环带容易产生周向、径向裂纹。

一、轮对检测的必要性

重载货运大功率机车具有牵引吨位大，高速客运机车运行速度高的特点，良好的轮对质量是保障客货安全运输的关键。大功率电力机车采用整体碾钢轮，在高速和大负载运行条件下，轮辋部位容易产生周向裂纹，轮辐部位容易在辐板孔及近轮毂部位的应力集中环带产生周向、径向裂纹，齿轮座、轮座压装部位的压痕线上和卸荷槽附近容易出现车轴疲劳裂纹。电力机车轮对如图 5-1-1 所示。

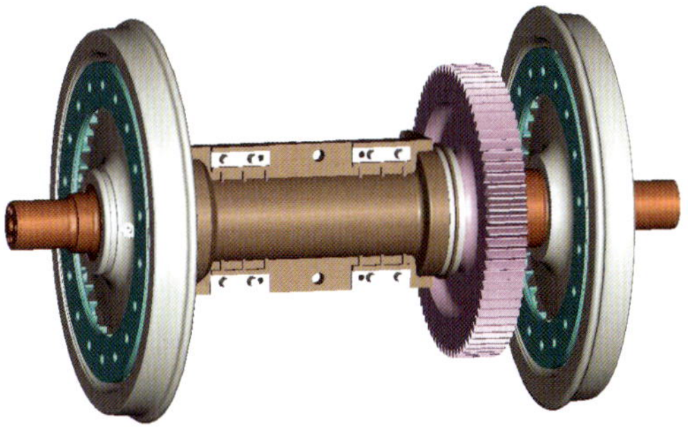

图 5-1-1　电力机车轮对

一旦出现轮轴故障，如不及时发现和处理，必会形成事故隐患，直接危及行车安全，甚至导致列车脱轨和颠覆等重大事故。因此，必须周期性对车轮车轴疲劳区域进行探伤，以便及时发现车轮是否产生疲劳裂纹，及时掌握轮对运用状态并采取有效措施，确保铁路运输安全。

二、车轮车轴缺陷

（一）车轮缺陷

车轮的缺陷主要表现为车轮踏面剥离和车轮疲劳缺陷。其中车轮踏面剥离有接触疲劳剥离、制动剥离、局部擦伤剥离、局部接触疲劳剥离 4 种。车轮疲劳缺陷是在使用过程中发生的缺陷，轮对在高速运行过程中，承受各种周期性载荷的作用，踏面可能会产生热裂纹、剥离、掉块等现象。其发展规律一般先沿着圆周方向发展，然后再折向径向（也有直接沿径向发展的），且缺陷发展速率将大大加快。

车轮内部疲劳裂纹及裂损简称“辋裂”，轮辋内部只有“贝纹状”疲劳弧线及疲劳裂纹源，裂纹源通常位于踏面下 15 mm 左右处。对已发生辋裂的车轮踏面进行超声波探伤可大致判断其内部裂纹扩展区域及深度。车轮损伤示意图如图 5-1-2 所示。

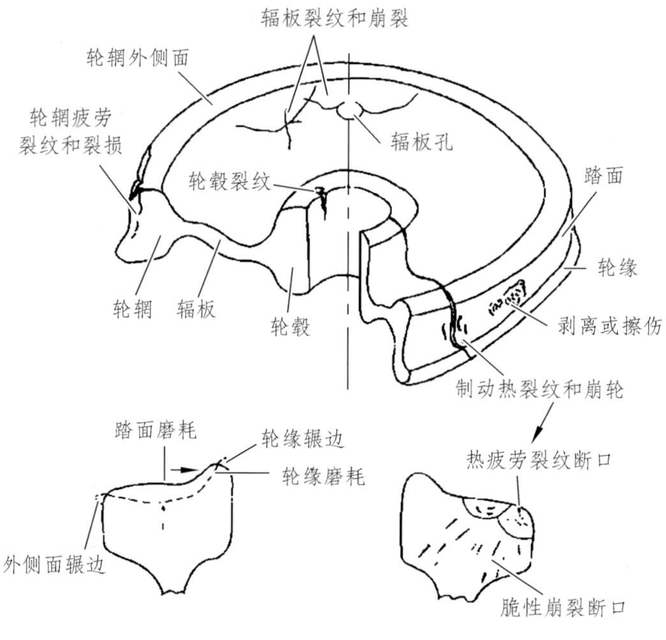

图 5-1-2　车轮损伤示意图

裂纹产生的原因除特殊情况外，一般是裂纹源处存在较大颗粒的非金属夹杂物，属于冶金制造缺陷。如不及时发现，在列车运行时发生轮辋裂损，很可能造成切轴事故。在轮辋及辐板过渡区存在周向疲劳裂纹（辐板裂纹）和在车轮辐板工艺孔边缘向两侧发展为周向疲劳裂纹（辐板孔裂纹）。轮辋疲劳裂纹如图 5-1-3 所示，轮辋裂损如图 5-1-4 所示。

图 5-1-3　轮辋疲劳裂纹

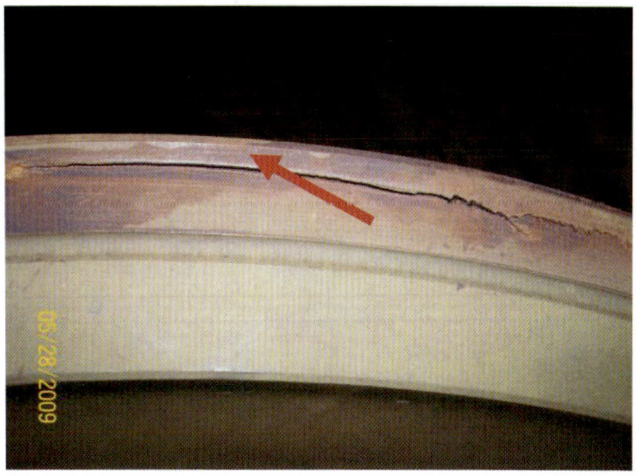

图 5-1-4　轮辋裂损图

车轮轮辐缺陷如图 5-1-5 所示，轮辐崩裂如图 5-1-6 所示。

图 5-1-5　车轮轮辐缺陷

图 5-1-6　轮辐崩裂

（二）车轴缺陷

列车轮对车轴分为实心车轴和空心车轴两大类。机车车轴在制造和运转的过程中，车轴很容易发生疲劳裂纹，这种裂纹易发生在车轴压装座的一个短距离内，且完全是隐蔽的。车轴由钢锭锻造而成，在制造的过程中由于热处理和加工工艺不当形成的缺陷，大致可分为两种：一种是冶炼和铸造过程中形成的缩孔、疏松、偏析和夹杂物；另一种是在锻造和热处理过程中形成的细纹、白点和晶粒粗大等。

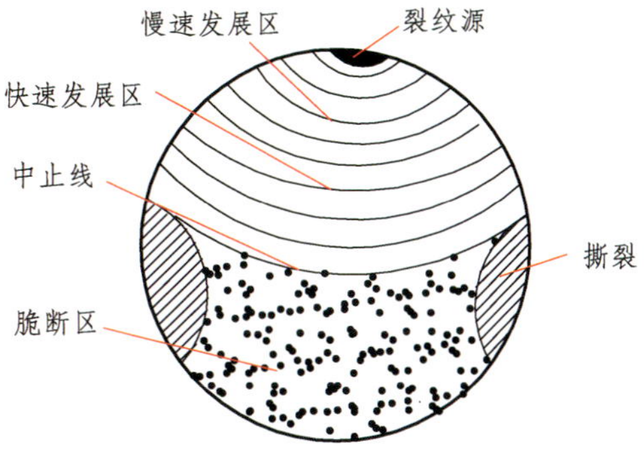

图 5-1-7　车轴断裂断面示意图

一般来讲，车轴的疲劳是车轴与车轮、从动齿轮及制动盘等配合件接触部位的腐蚀和微小滑动产生的磨耗，而在车轴表面形成微孔，在不同的情况下慢慢发展为裂纹。车轴使用寿命由裂纹产生寿命和裂纹扩展寿命组成，疲劳断面由如图 5-1-7 所示 4 个区域组成。

三、大功率机车轮对特点及探伤要求

（一）大功率机车轮对特点

大功率机车在车轮轮辋厚度、轮辐结构与普通机车之间存在较大差异。在相关设计开发时，应具备各型机车轮匹配兼容功能。大功率机车与普通机车轮轴对比如表 5-1-1 所示。

表 5-1-1　大功率机车与普通机车轮轴对比　　单位：mm

车型	类型	车轮直径	全磨耗	轮辋厚度	轮辋宽度	轮辐形状	轮辐厚度	辐板孔
SS 系列	带箍轮 整体轮	1 250	1 150	—	140	直	—	有
HXD1	整体	1 250	1 150	80	140	直	30	有
HXD2	整体	1 250	1 150	85	140	内直外曲	18+12	无
HXD3	整体	1 250	1 150	75	140	直线	35	有
HXN3	整体	1 050	975	63.5	140	曲线	32	无
HXN5	整体	1 050	950	72.5	140	曲线	25.4	无

（二）大功率机车轮对探伤要求

由于大功率机车牵引吨位大，运用条件恶劣，轮对承受的负荷大，为了确保大功率机车轮对的安全，必须对机车轮对进行严格的质量监控，单靠日常动态探测车轮表面缺陷，或者只是定期落轮对轮辋探伤，或者是单靠某一个探伤设备是行不通的。只有根据轮对缺陷形成规律，结合车轮检修实际应用特点，形成轮对探伤技术体系，从日常动态、定期在线和定期落轮检修层次上应用相对应的系列探伤设备对轮对进行探伤，才能严格保障轮对全生命周期内的质量安全。

对于车轮探伤，需要从车轮踏面表面到轮辋轮辐内部缺陷进行全面检测，重点监测部位如图 5-1-8、5-1-9 所示。

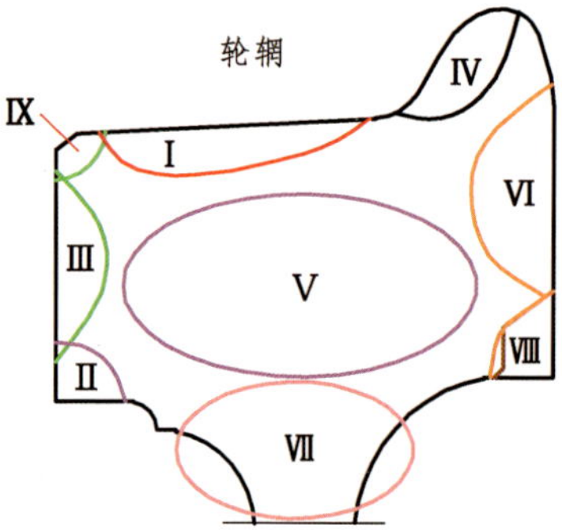

图 5-1-8　大功率机车轮辋重点检测区域

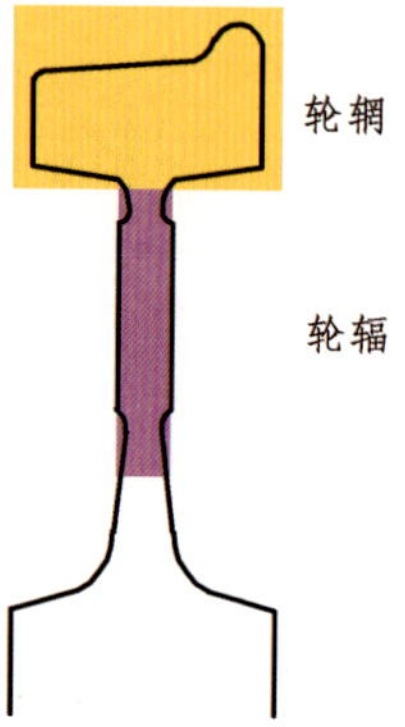

图 5-1-9　轮辋轮辐检测范围

对于车轴探伤，在车轴的齿轮座，轮座区域，卸荷槽区域容易产生横向裂纹，必须进行重点监控。

中国大功率电力机车（见图 5-1-10）具有高速和重载两方面特点。为了全面保证大功率电力机车轮对的质量，应在日常动态检测、定期在线检测和定期落轮检测三个层次上建立和谐机车轮对综合检测体系。在各检修层次的设备配置方面根据大功率电力机车的运用检修特点进行配置。

图 5-1-10　大功率电力机车

大功率电力机车轮对缺陷综合检测体系如表 5-1-2 所示。

表 5-1-2　大功率电力机车轮对缺陷综合检测体系

序号	检测层次	等级	检修级别	检测内容	运用地点
1	日常动态检测	运用维修	日检	踏面缺损、不圆度及轮轨作用力	机车运行正线
				车轮外形尺寸及踏面擦伤	机务段、机车运用维修段入库线
2	定期在线检测		季检	车轮缺陷	机务段、机车运用维修段检修线
			季检	车轴缺陷	机务段、机车运用维修段检修线
3	定期落轮检测	检修	2 年检（C4～C5 修）	车轮缺陷	大功率机车检修基地轮对检修线
			6 年检（C6 修）	车轮缺陷	大功率机车检修基地车轮检修线
			6 年检（C6 修）	车轴缺陷	大功率机车检修基地车轴检修线
4	故障诊断综合诊断	轮对综合管理	每日	轮对故障综合管理、联网分析	机务段管理信息系统

四、日常动态检测

日常动态检测，即车轮日常运行状态下无须停车对其进行检测，以及时发现车轮故障，提高检测效率。由于车轮表面及轮辋轮辐内部重大缺陷特征形态多样，采用单一的检测技术难以满足应用需求，所以应结合各种车型的检修应用特点，综合采用多种日常动态故障综合诊断技术，全面提升对车轮故障的检修能力，有效保障车轮日常运行安全。

（一）日常动态检测原理

1．激光位移测量技术

激光位移测量技术（Laser-PSD）是基于车轮通过时的钢轨形变来测量车轮擦伤等缺陷。传感器左边的装备是一个激光器（红色部分），正常状态下（见图 5-1-11），激光器发射一束激光（黄色部分），打到目标靶面上（绿色部分）。该目标靶面是一个探测芯片，用来检测激光位移。当车轮通过时（见图 5-1-12）使铁轨发生弯曲，激光射线从它的零位偏移，这个位移被高精度的探测器测出，经过一系列复杂的运算，可以由位移信息得到轮对缺陷状态信息。

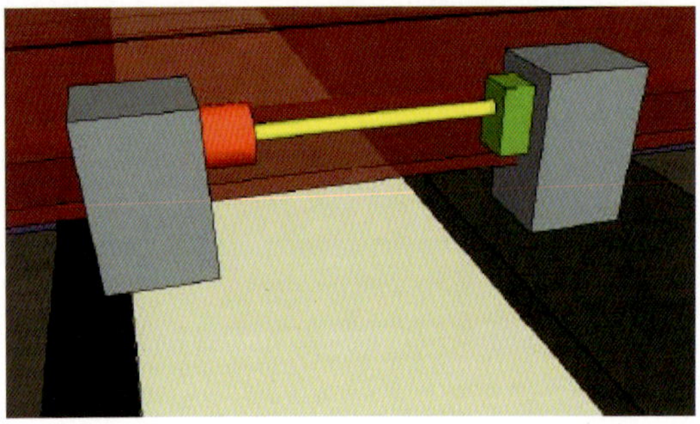

图 5-1-11　正常状态

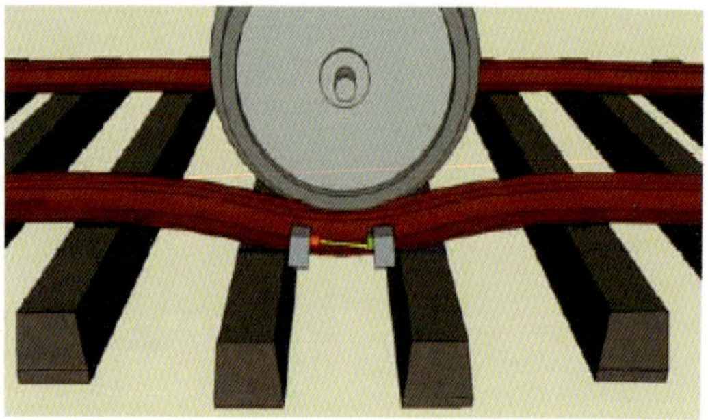

图 5-1-12　车轮通过时状态

局部放大状态如图 5-1-13 所示，检测后波形如图 5-1-14 所示。

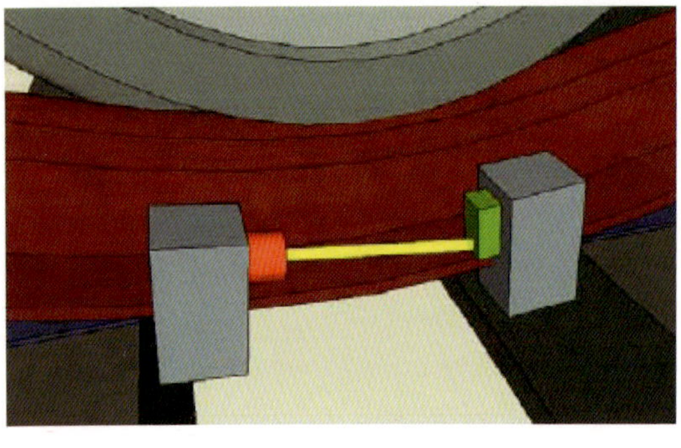

图 5-1-13　局部放大状态

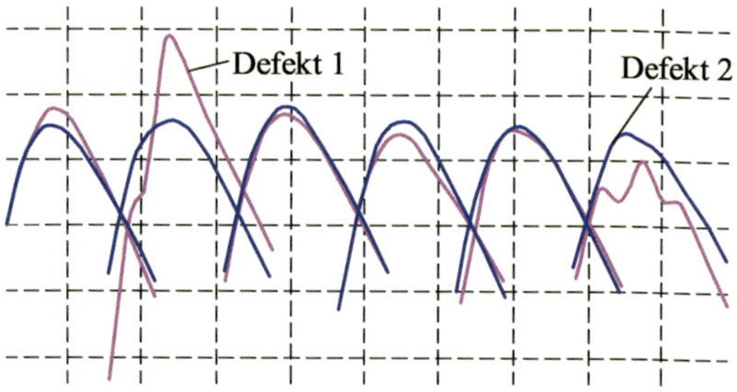

图 5-1-14　检测后波形

激光位移检测技术可实现高速轮对的动态自动检测，能够适应 60 ~ 400 km/h 的车速范围，具有系统灵敏度高、能及时发现运行中的踏面缺陷、检测频次高、效率高等特点，而且安装方便，对现场环境适应性强。

2. 电磁超声检测技术

电磁超声技术（EMAT）是利用超声表面波的脉冲反射原理进行缺陷检测。当轮对沿钢轨运行到探头位置，轮对踏面接触探头的瞬间，系统在车轮踏面表面及近表面激发出电磁超声表面波脉冲，超声表面波将沿踏面表面及近表面圆周以很小的损耗传播，如图 5-1-15 所示。

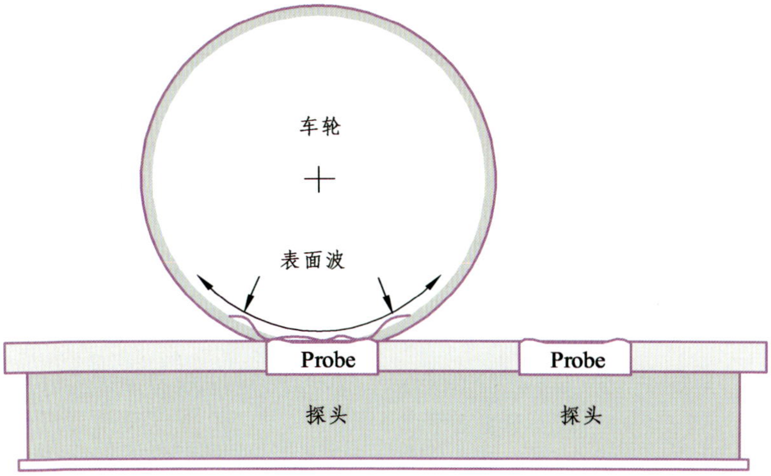

图 5-1-15　探头在踏面激发的超声表面波

超声表面波在踏面双向传播（顺时针和逆时针），沿车轮表面及近表面传播一周后回到探头位置，电磁超声探头检测到返回的超声表面波后形成第 1 次周期回波（图 5-1-16 中 RT 波）；未衰减的超声波继续沿踏面传播，依次形成第 2 次、第 3 次周期回波……直到能量衰减到无法检测为止。

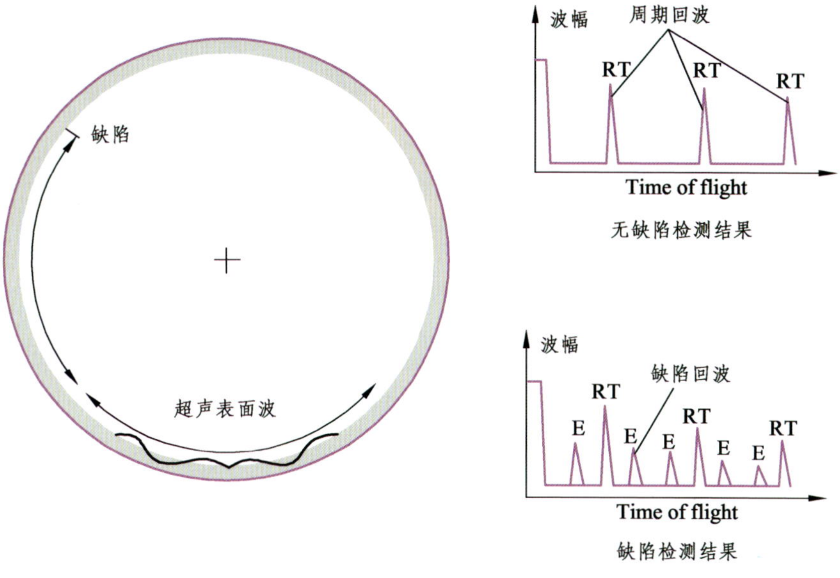

图 5-1-16　表面波传播原理

当车轮踏面表面及近表面有裂纹或剥离等缺陷存在时，超声波在缺陷端面处一部分能量被反射，沿原传播路径返回并被探头检测到，形成缺陷回波（图中 E 波）；另一部分能量绕过缺陷端面继续传播，形成周期性回波（图中 RT 波）。通过正常的周期回波（RT）与缺陷回波（E）的对比分析，可以定性分析当前轮对的踏面缺陷状况。

3．阵列式组合超声探伤技术

阵列式组合超声探伤技术是利用车轮低速运行通过一系列超声探头，从而完成整个车轮轮辋轮辐重大缺陷的超声波探伤。其现场检测单元如图 5-1-17 所示。

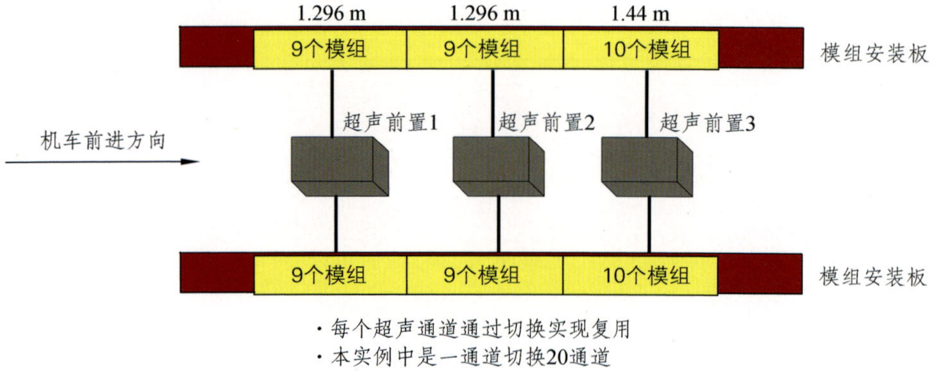

图 5-1-17　现场检测单元

主要从以下两个方面进行检测：

1）轮辋缺陷检测

踏面外侧布置直探头、斜探头，在踏面距离滚动圆靠外的位置布置双晶体直探头，检测踏面下方轮辋外侧周向、轴向缺陷（见图 5-1-18）。在踏面外侧布置大角度的斜探头，检测轴向、径向缺陷（见图 5-1-19）。

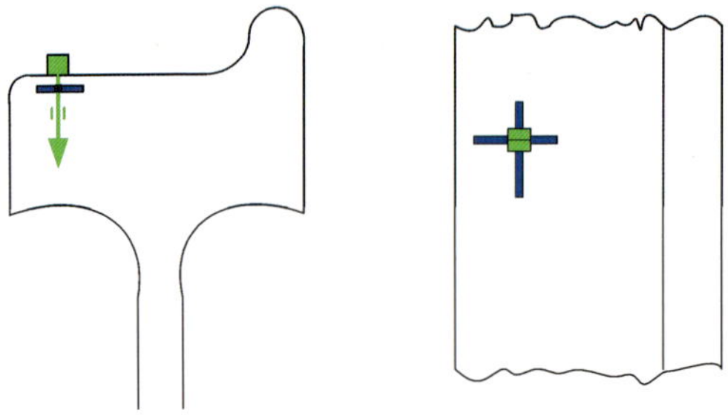

图 5-1-18　轮辋外侧周向、轴向缺陷检测

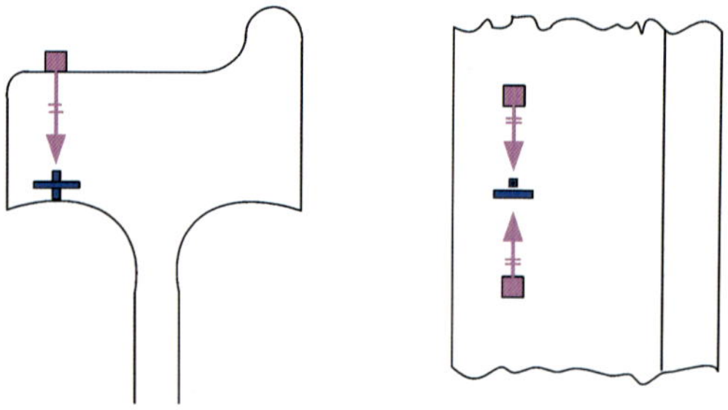

图 5-1-19　轮辋及交接区域径向缺陷

大角度斜探头可以检测踏面表面的轴向裂纹，可以覆盖整个踏面（见图 5-1-20）。

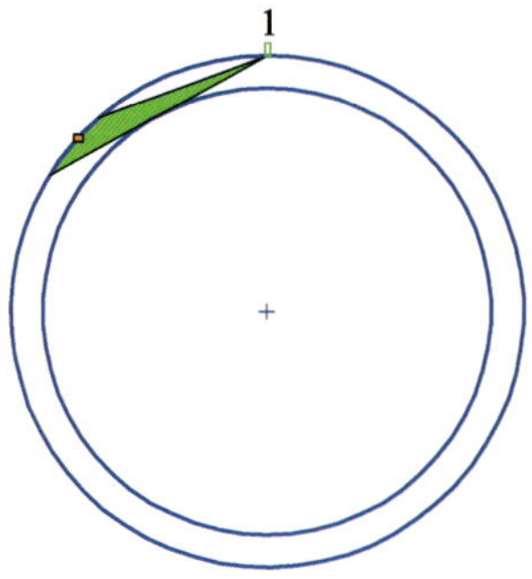

图 5-1-20　大角度斜探头检测踏面表面缺陷原理

在踏面上布置双晶体直探头和小角度的单晶体直探头，可关注轮辋、轮辐中的缺陷（见图 5-1-21）。单晶体检测轮辋缺陷如图 5-1-22 所示。

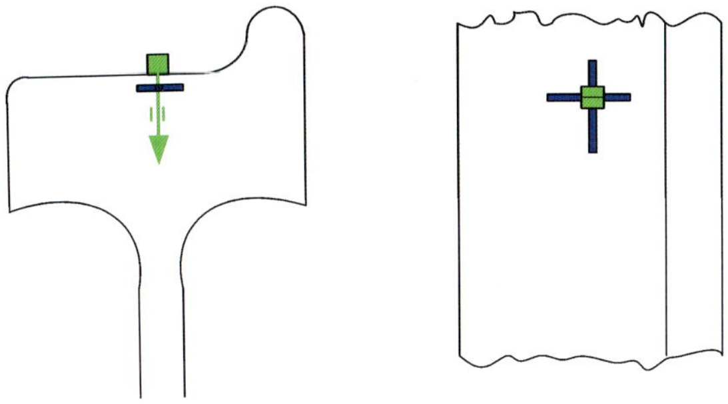

图 5-1-21　双晶体检轮辋缺陷

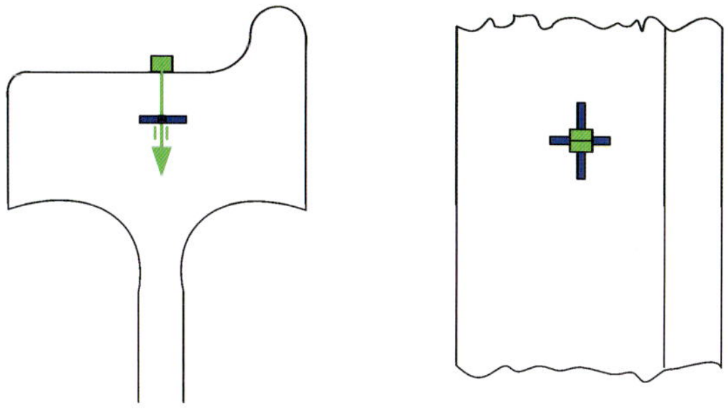

图 5-1-22　单晶体检测轮辋缺陷

2）轮辐缺陷检测

轮辋轮辐过渡区、轮辐较浅处周向、轴向缺陷检测：踏面布置直探头，利用踏面上布置在滚动圆上的探头，检测轮辋、轮辐过渡区域周向缺陷。轮辐较深处的周向、径向缺陷检测：踏面布置小角度探头，利用踏面上布置的小角度单晶体斜探头，覆盖轮辐较深区域的周向、轴向缺陷检测，能够实现全覆盖。如图 5-1-23、5-1-24 所示。

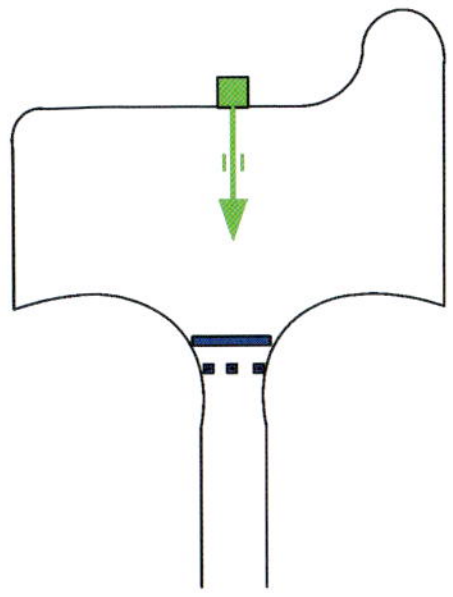

图 5-1-23　踏面内侧 TR 探头检测缺陷

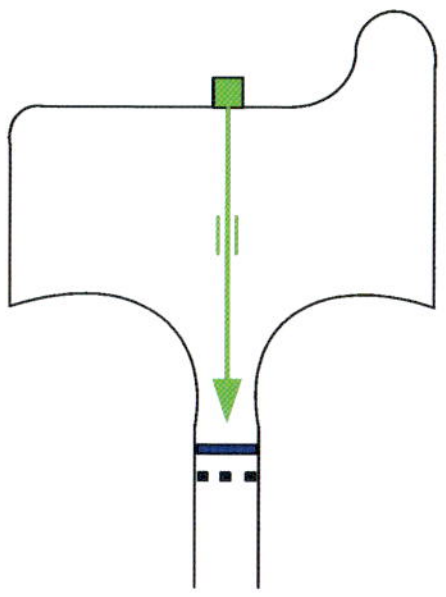

图 5-1-24　轮辐周向、轴向缺陷检测

4．光截图像测量技术

光截图像法利用激光三角测量技术，使用线状激光作为投射光源，面阵 CCD 相机作为采集设备，实现物体的二维面尺寸测量。其属于非接触式，精度与速度、相机参数有关，选用高分辨率、高帧率的相机能够达到很高的精度和过车速度。光截图像示意图如图 5-1-25 所示。

激光器发射一条准直激光束，该光束照射到被测物体表面，物体被激光束照射点通过透镜成像于光电探测器上，探测器检测位移量并输出相对位移结果，激光测距示意图如图 5-1-26 所示。

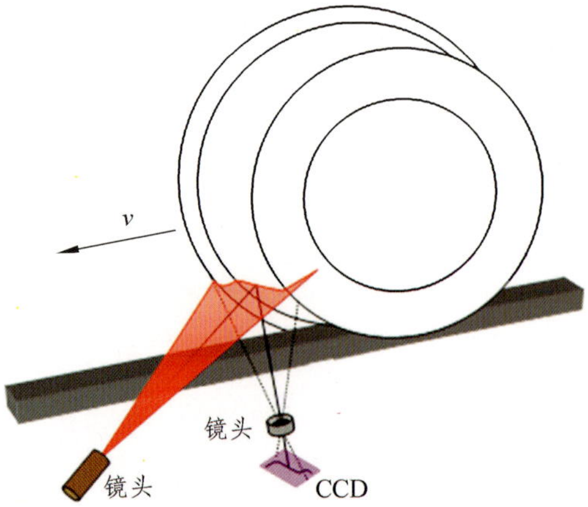

图 5-1-25　光截图像示意图

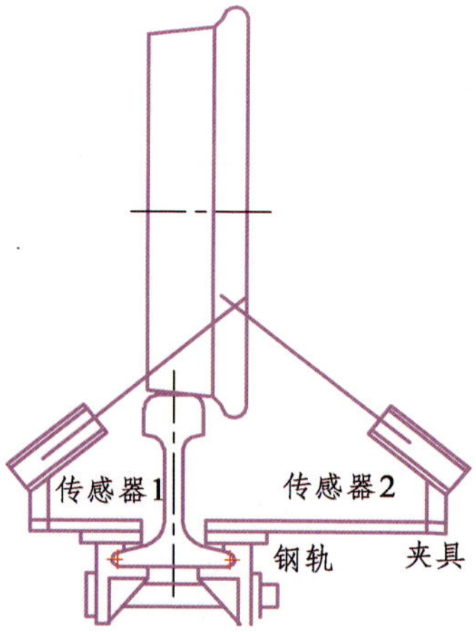

图 5-1-26 激光测距示意图

（二）日常动态检测设备

轮对日常动态检测设备主要运用于机车运用维修段、机务段和折返段。日常动态检测如表 5-1-3 所示。

表 5-1-3　日常动态检测

检测层次	配置的设备	作用	安装地点
日常动态检测	高速轮对动态检测系统（LS）	踏面缺损、不圆度及轮轨作用力	机车运用正线
	轮对故障动态检测系统（LY）	车轮外形及踏面擦伤检测	机车入库线
	轮对动态探伤系统（LD）	轮辋、轮辐缺陷	机车入库线

1. LS 高速轮对动态检测系统

LS 高速轮对动态检测系统安装在机车运行正线上，在列车高速通过时，动态自动检测车轮踏面损伤、不圆度、轮轨作用力及车体载荷。

检测区如图 5-1-27 所示。检测单元布局如图 5-1-28 所示。检测传感器如图 5-1-29 所示。数据波形图报表如图 5-1-30 所示。输出结果如图 5-1-31 所示。典型故障如图 5-1-32 所示。

图 5-1-27　检测区

图 5-1-28　检测单元布局

图 5-1-29　检测传感器

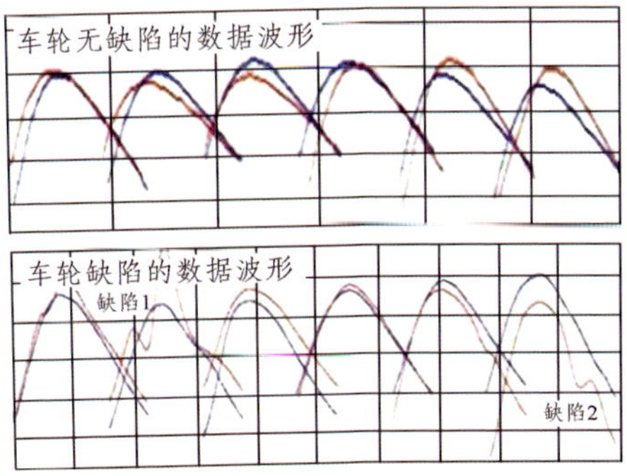

图 5-1-30　数据波形图报表

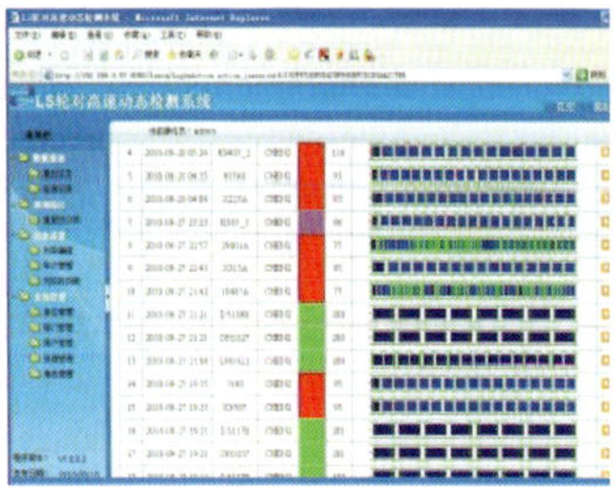

图 5-1-31　输出结果

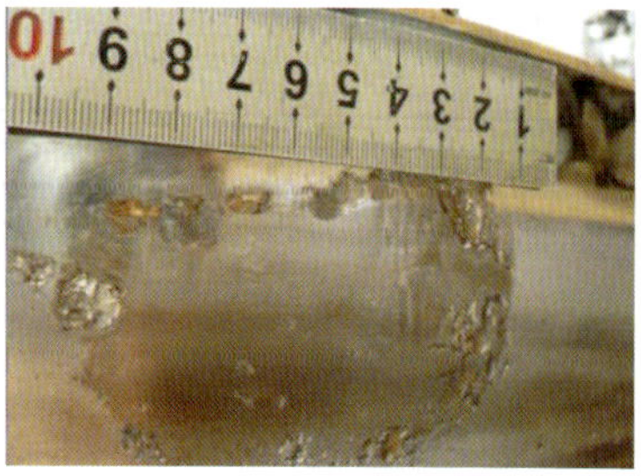

图 5-1-32　典型故障

2. LY 轮对故障动态检测系统

LY 轮对故障动态检测系统（见图 5-1-33）安装在机车运用维修段和机务段的机车入库线上，采用光截图像测量技术动态自动检测车轮外形尺寸和外形轮廓曲线，采用接触法检测踏面擦伤。LY 设备已在机务段、车辆段、地铁车辆段、CRH 动车运用所和动车检修基地全面推广应用。

图 5-1-33　LY 轮对故障动态检测系统

LY 轮对故障动态检测系统具有多种功能，主要包括轮对外形尺寸自动检测，踏面擦伤检测，车号及端位自动识别，绘制轮对外形轮廓曲线并与踏面原型曲线进行比较显示，检测结果存储、查询、统计、对比、打印、超限报警显示以及数据联网管理，对检测出的数据进行分析、判断、整理，通过历史数据的综合分析，总结轮对的磨耗规律，绘制磨耗趋势图，预测轮对运用到限时间，给出轮对镟修建议，提供“轮对管理专家诊断系统”接口，提供机车走行千米数及人工反馈等基本信息输入接口，配置红外微波防盗报警系统及监控录像系统，确保设备安全等。

LY 轮对故障动态检测系统已在武汉、郑州、上海、沈阳等多个机务段实施应用。

3. LD 系列轮对动态探伤系统

LD 系列轮对动态探伤系统（见图 5-1-34，以下简称 LD 系统），利用组合超声波探伤技术，在线检测入库机车轮对的轮辋和轮辐缺陷，适用于套箍轮、整体轮、大功率电力机车轮对的动态深层次探伤。

图 5-1-34　LD 系列轮对动态探伤系统

LD 系列轮对动态探伤系统具有多种功能，主要包括自动车号识别，轮位判断，检测周期管理，自动动态检测及判断轮辋、轮辐内部重大缺陷，耦合水自动喷射、耦合水防冻，超声检测探头模组自动升降，生成缺陷检测报告，绘制缺陷分布图等功能。

LD 系统从功能上划分主要包括现场检测单元、设备间和控制室三部分（见图 5-1-35）。

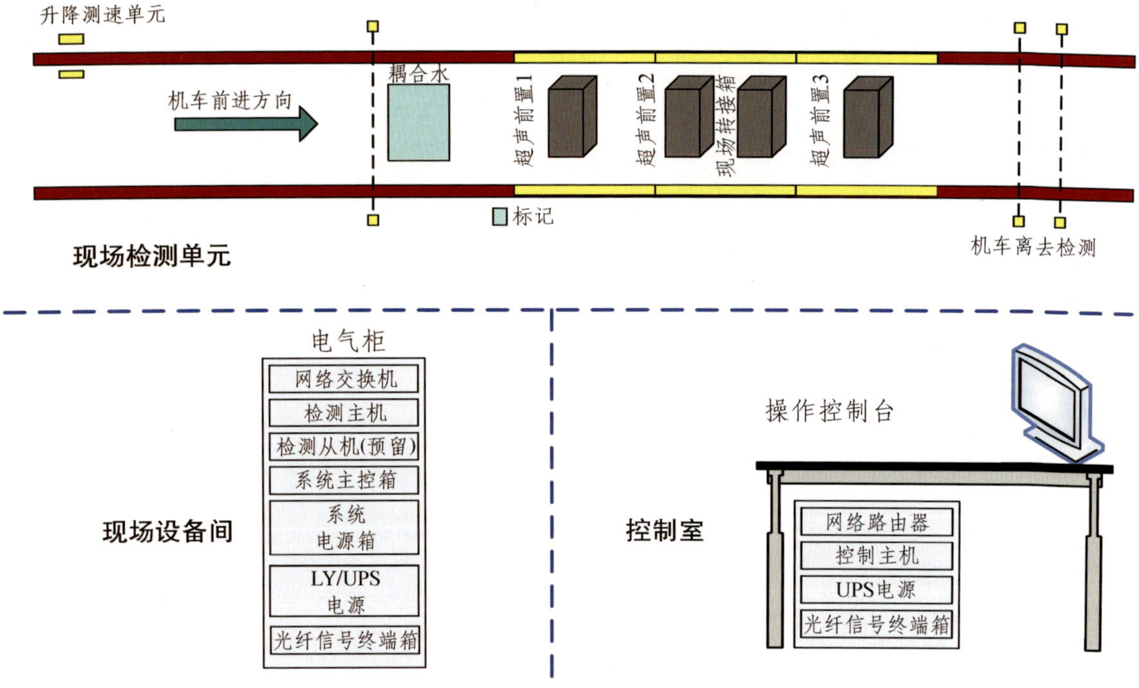

图 5-1-35　系统基本组成示意图

五、定期在线检测

车轮日常动态探伤，检测频次高，效率高，能够及时发现车轮表面及轮辋轮辐重大缺陷，但是无法对车轮轮辋、轮辐和车轴深层次缺陷进行检测，这便需要定期在线和定期落轮检修保障轮对质量安全。

（一）定期在线检测原理

1. 相控阵超声探伤技术（PA）

相控阵超声采用压电阵元组成阵列换能器，实现声束的相控阵发射和接收（见图 5-1-36）。超声相控阵则使用多个小的压电晶片元件。这些小的压电晶片元件组成的组件辐射的总能量形成超声束。相控阵探头中的每个晶片可以看成柱面波的线源。通过合理控制每个晶片发射声波波前的延迟、相位和幅度关系，可以控制相控阵超声波的波束偏转方向和能量聚焦位置，如图 5-1-37 所示，因为相控阵技术具有这两个关键特点，故其比传统超声技术更高效、更准确。

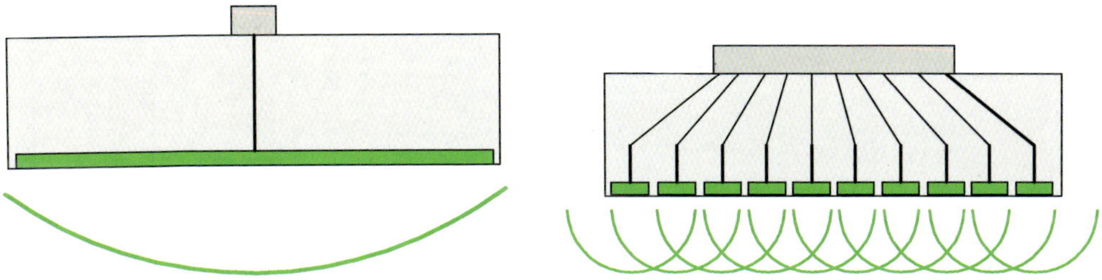

（a）传统压电探头　　（b）超声相控阵探头

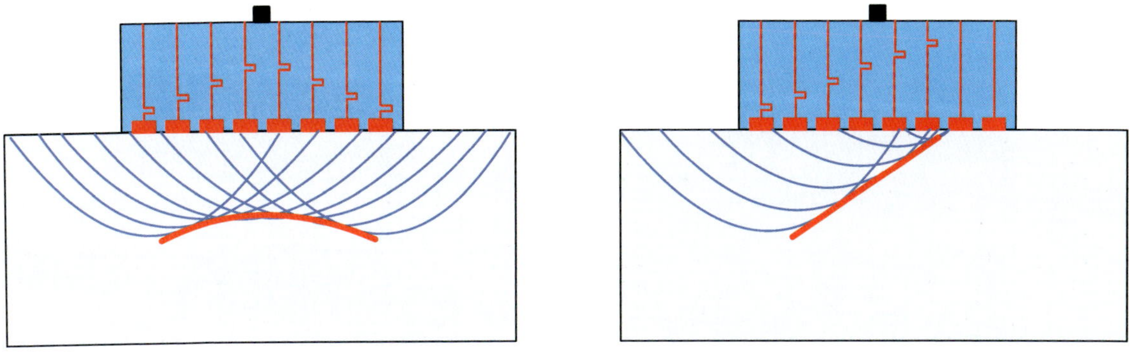

（c）传统压电探头　　（d）超声相控阵探头

图 5-1-36　相控阵超声发射示意图

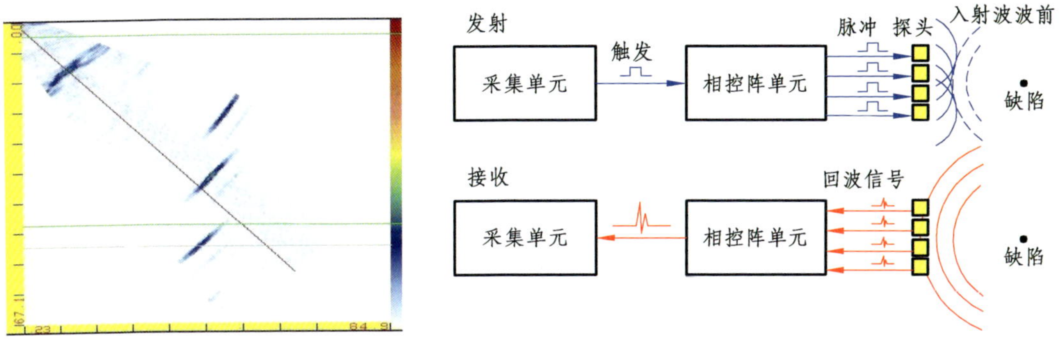

图 5-1-37　相控阵系统信号处理原理图

2．车轮相控阵及常规超声多探头组合探伤技术

列车轮对的车轮轮辋、辐板区域是在役车轮探伤监控的重点，相控阵及常规超声多探头组合探伤技术是以相控阵超声探头（简称 PA 探头）为主，辅助以常规的超声探头组合。超声探头主要分布在 2 个区域，即车轮踏面探头部分和车轮轮辋内侧探头部分。车轮踏面探头模块主要扫查轮辋和轮辐部位的各类典型缺陷；轮辋内侧探头模块重点扫查车轮轮辋、轮缘等区域的径向和周向区域典型缺陷。

踏面探头布局如图 5-1-38 所示，利用 4 只 PA 探头，组建 2 组 PC 扫查模式；同时利用此 4 只 PA 探头，实现 PE 模式扫查，即利用 4 只 PA 探头达到 8 只 PA 探头的效果，既减小了探头载体机构的体积，又提高了探伤性能。

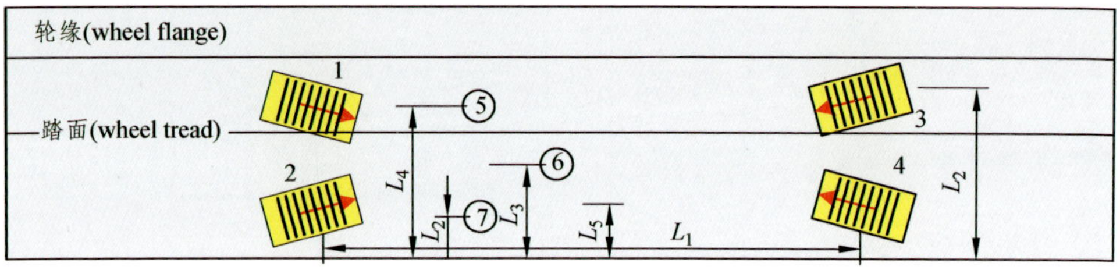

图 5-1-38　踏面探头模块（LU-T）布局示意图

1、2、3、4：PA 探头，PC 模式，垂直扫查轮辐区域周向及轴向缺陷
1、2、3、4：PA 探头，PE 模式，垂直扫查轮辐区域径向及轴向缺陷
5、6、7：T/R 探头，5 MHz，PE 模式，扫查轮辋、轮辐区域周向缺陷

踏面探头模块中，TR 超声直探头用于探测轮辋内部周向、轴向缺陷，PE 模式工作的 PA 探头用于探测轮辋内部的径向缺陷。探头 5、6、7 为沿轮辋宽度方向排列的 TR 超声直探头，可以保证声束覆盖轮辋宽度方向范围。TR 超声直探头覆盖范围如图 5-1-39 所示。

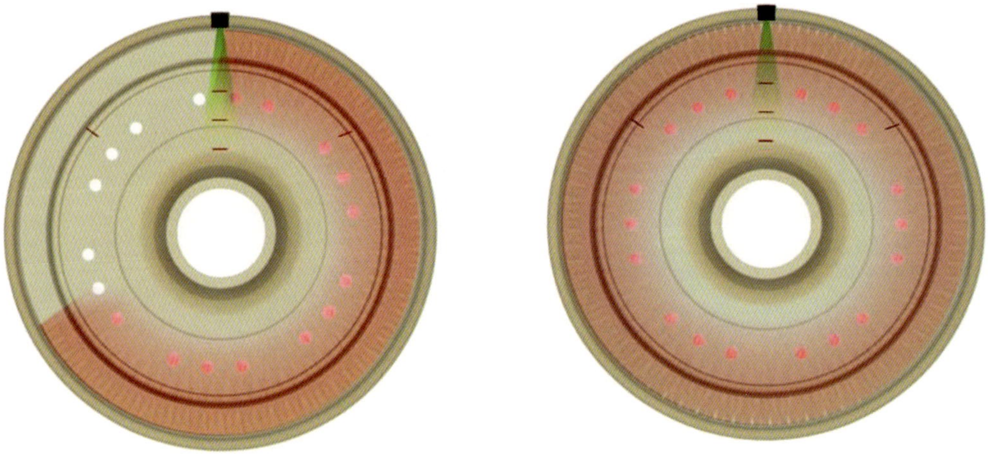

图 5-1-39　TR 超声直探头覆盖范围示意图（通过车轮旋转完成轮辋轮辐全覆盖）

PC 扫查模式又称为收发分离模式，通常由 2 只探头组成，一收一发工作方式。在保持超声硬件不改变情况下，超声系统自动配置电子扫描和聚焦法则，将车轮踏面探头模块的 4 只

PA 探头，配置成两组 PC 扫查模式，分别扫查车轮轮辐内侧和轮辐外侧区域的周向缺陷。其原理如图 5-1-40 所示。

图 5-1-40　PC 模式的 PA 探头检测轮辐周向缺陷原理图

PE 扫查模式又称为脉冲回波模式，即收发一体工作方式。在保持超声硬件不改变情况下，超声系统自动配置电子扫描和聚焦法则，将车轮踏面探头模块的 4 只 PA 探头分别配置成 PE 模式独立工作的探头，实现轮辋内部缺陷和轮辐内外侧径向缺陷扫查。其原理如图 5-1-41 所示。

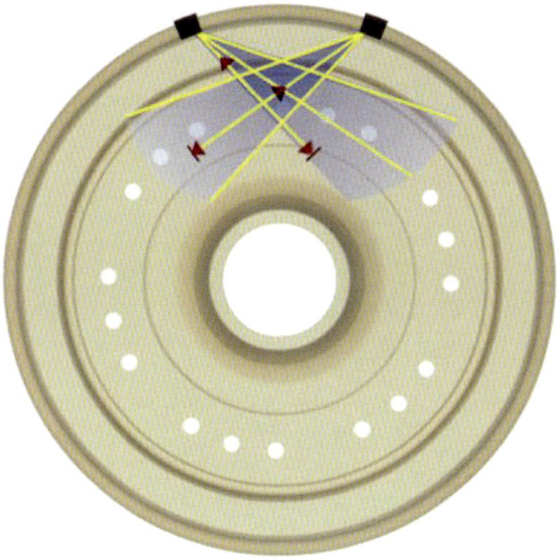

图 5-1-41　PE 模式的 PA 探头检测轮辐径向缺陷原理图

3. 车轴相控阵及常规超声多探头组合探伤技术

超声探头位于轴身时，采用脉冲回波进行检测，利用声程、检测角度等关系可以得到缺陷在车轴的位置（见图 5-1-42）。对部分车轴疲劳缺陷，距离探头位置较远，可以通过移动探头或者多次声程实现扫查。利用 PA 相控阵探伤技术，实现扇形连续大角度范围扫查，可以在不移动探头的情况下，获得良好的声束覆盖及探伤灵敏度，如图 5-1-43 所示。

图 5-1-42　车轴检测缺陷分析示意图

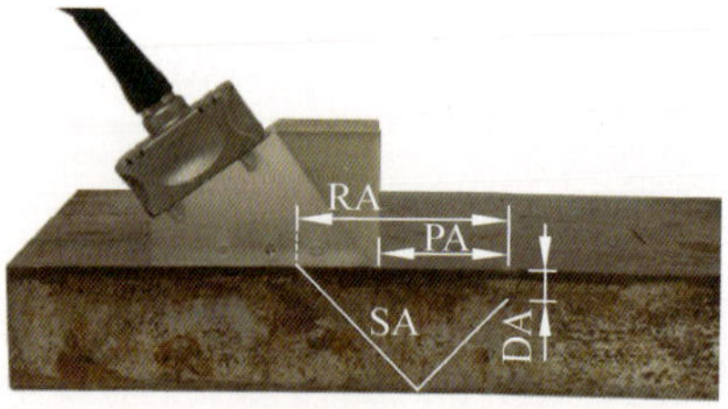

图 5-1-43　探头检测工件示意图

利用 PA 相控阵超声波探头进行检测和车轴 CIV 仿真，利用超声波的脉冲回波检测模式进行分析检测和仿真。一只相控阵探头可以配置多个检测角度，可以分别对这些检测角度进行优化，如添加 DAC 点、修改合适的声程、适当的增益等，针对探头的布局配置合理的检测角度。相控阵探头检测齿轮压装部位如图 5-1-44 所示。

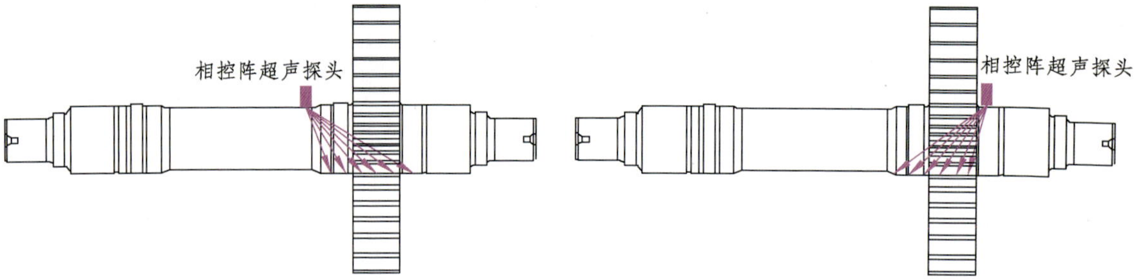

图 5-1-44　相控阵探头检测齿轮压装部位

轴颈与齿轮座部位仿真如图 5-1-45 所示。轴身及轮座镶入部仿真如图 5-1-46 所示。

图 5-1-45　轴颈与齿轮座部位仿真

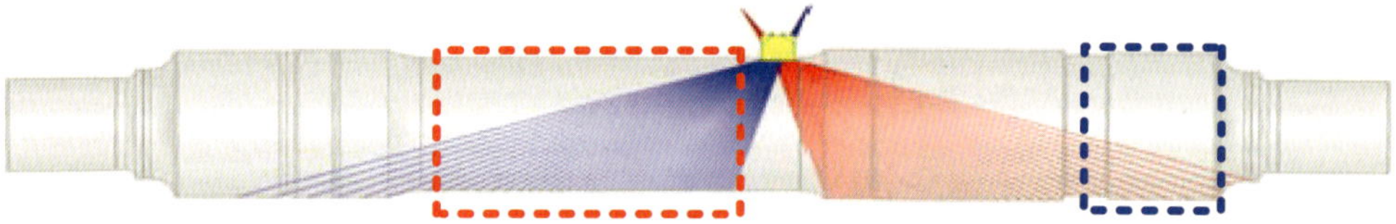

图 5-1-46　轴身及轮座镶入部仿真

（二）定期在线检测设备

定期在线检测设备运用于机车运用维修段和机务段机车，主要设备包括移动式轮辋轮辐探伤系统（LU）、移动式车轴相控阵探伤系统（LZM）以及复核工具便携式相控阵车轮车轴探伤仪（LX）。其相关信息如表 5-1-4 所示。

表 5-1-4 定期在线检测设备

层次	检修级别	配置的设备	检测内容	安装地点	配置建议
定期在线检测	季检	移动式轮辋轮辐探伤系统（LU） 便携式相控阵车轮车轴探伤仪（LX）	轮辋轮辐探伤	机车检修地沟	运用维修段机务段
	季检	移动式车轴相控阵探伤系统（LZM） 便携式相控阵车轮车轴探伤仪（LX）	车轴探伤	机车检修地沟	运用维修段机务段

1. LU 移动式轮辋轮辐探伤系统

LU 移动式轮辋轮辐探伤系统安装在机车运用维修段和机务段的机车检修线上，通过沿地沟运行的检测小车自动检测在线车轮的轮辋轮辐缺陷（见图 5-1-47）。LU 设备采用了先进的相控阵超声探伤技术和常规超声探伤技术，是在 CRH 动车组轮对在线探伤设备 LU（已在高速动车检修基础全面配置）基础上，针对各型大功率电力机车进行适应性改进的产品。其软件系统主界面如图 5-1-48 所示。轮饼 A、B 扫图探伤波形如图 5-1-49 所示。

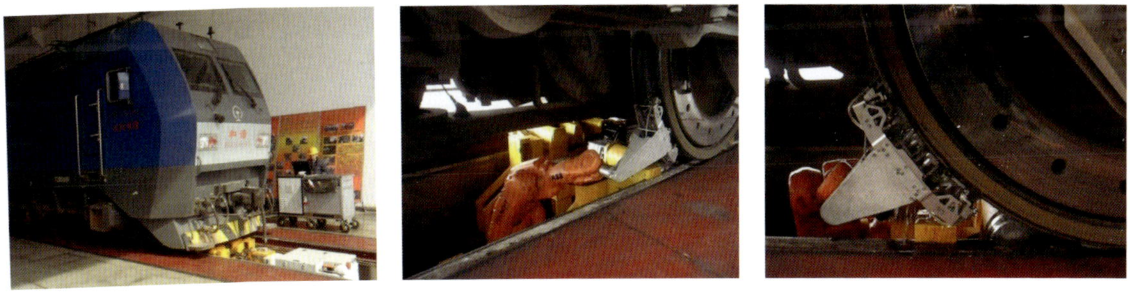

图 5-1-47 LU 移动式轮辋轮辐探伤系统用于大功率机车在线轮辋轮辐探伤

图 5-1-48 软件系统主界面

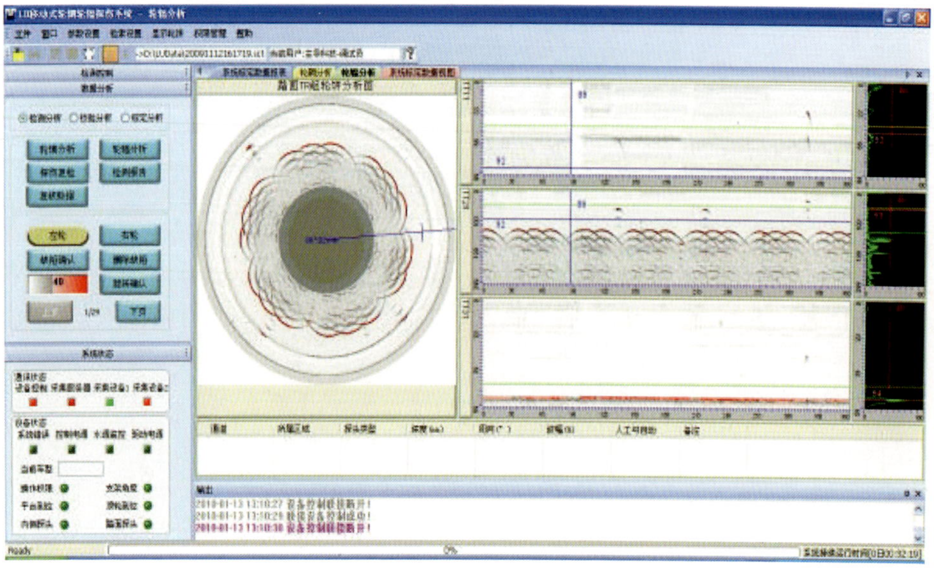

图 5-1-49　轮饼 A、B 扫图探伤波形

LU 系统按布局可划分为地沟内设备和地面设备两部分。地沟内设备安装在沿地沟运行（*X* 向）的检测小车上，按功能可划分为运动小车单元、升降平台单元、手臂伸缩单元、顶转轮单元、探头载体运动单元、探头及探头载体单元、耦合水供应单元、电气控制系统、超声信号采集处理系统等九部分；地面设备安装在随动小车上，用于设备操作控制和探伤数据查看分析，由操作控制主机、打印机、UPS 电源等组成，如图 5-1-50 所示。

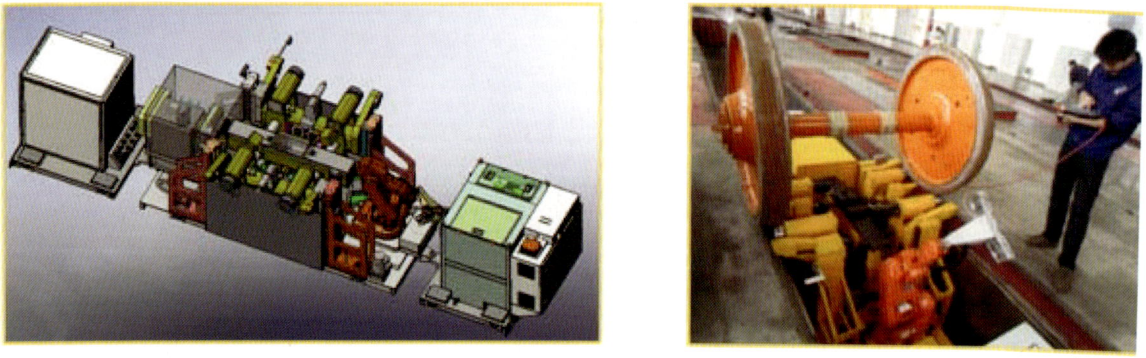

图 5-1-50　LU 移动式轮辋轮辐探伤系统

2．LZM 移动式车轴相控阵探伤系统

LZM 移动式车轴相控阵探伤系统安装在机车运用维修段和机务段的机车检修线上，通过地面移动的检测小车自动检测在线车轴缺陷，重点扫查轴颈、轮座、齿轮座等受力部位（见图 5-1-51）。LZM 设备采用了先进的相控阵超声探伤技术和常规超声探伤技术，不需拆解轮对和退轴，检测效率高。

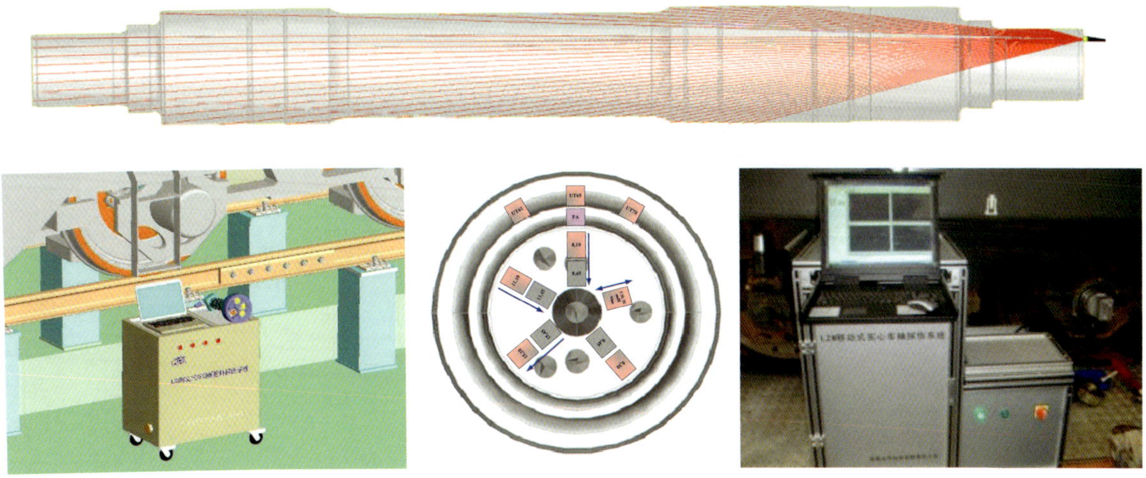

图 5-1-51　LZM 移动式车轴相控阵探伤系统用于和谐机车在线车轴探伤

3. LX 便携式相控阵车轮车轴探伤仪

LX 设备（见图 5-1-52）采用相控阵超声探伤技术，可实现大范围连续角度自聚焦扫描，操作流程简单，不需更换各类角度探头，探伤效率高，对同一缺陷多声束多角度探测，缺陷定位准确。LX 用于和谐机车在线车轮探伤如图 5-1-53 所示。

图 5-1-52　LX 设备外观

图 5-1-53　LX 用于和谐机车在线车轮探伤

六、定期落轮检测

（一）定期落轮检测方法

定期落轮检测主要使用相控阵及常规超声多探头组合探伤技术，结合检修应用周期对车轮轮辋、轮辐和车轴进行超声波探伤，严密监控车轮车轴质量。

CIVA 仿真软件对超声声场的模拟效果如图 5-1-54 所示。相控阵探头 PC 模式探伤仿真如图 5-1-55 所示。实物样板轮测试如图 5-1-56 所示。

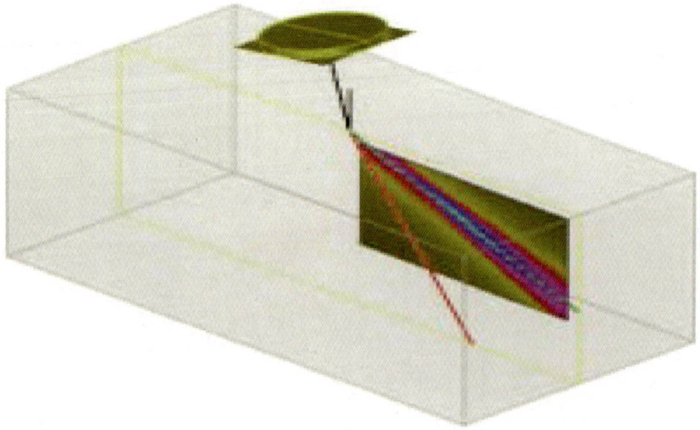

图 5-1-54　CIVA 仿真软件对超声声场的模拟效果

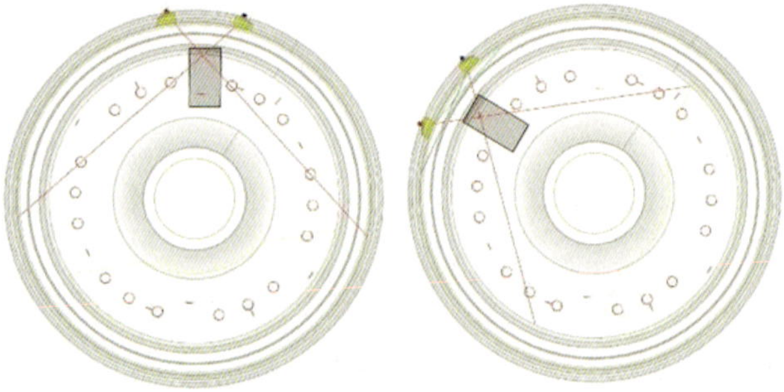

图 5-1-55　相控阵探头 PC 模式探伤仿真

图 5-1-56　实物样板轮测试

（二）定期落轮检测设备

定期落轮检测设备运用于和谐型大功率检修基地，根据 2 年检（C4～C5 修）和 6 年检（C6 修）解体状态不同配置相应设备，主要设备包括 LAZ、LW、LZ、LX 设备。其相关信息如表 5-1-5 所示。

表 5-1-5　定期落轮检测设备（机车检修基地）

等级	检修级别	检测内容	配置的设备	安装/使用地点
轮对检修层次探伤设施	2 年检（C4～C5 修）	车轮缺陷	固定式车轮车轴探伤系统（LAZ） 便携式相控阵车轮车轴探伤仪（LX）	机车检修基地轮对检修线
	6 年检（C6 修）	车轮缺陷	车轮相控阵探伤系统（LW） 便携式相控阵车轮车轴探伤仪（LX）	机车检修基地车轮检修线
	6 年检（C6 修）	车轴缺陷	车轴相控阵探伤系统（LZ） 便携式相控阵车轮车轴探伤仪（LX）	机车检修基地车轴检修线

1．LAZ 固定式车轮车轴探伤系统

LAZ 固定式车轮车轴探伤系统（见图 5-1-57）固定安装在大功率电力机车检修基地的轮对检修线上，利用相控阵和压电超声探伤技术自动检测落轮镟修后轮对的轮辋、轮辐和车轴缺陷。适用于各型和谐型大功率内燃、电力机车轮对，适应大功率电力机车检修基地的布局要求。

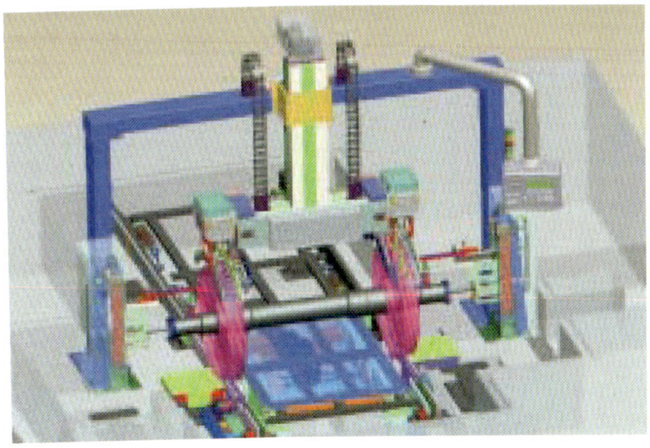

图 5-1-57　LAZ 固定式车轮车轴探伤系统

LAZ 系统组成如图 5-1-58 所示。

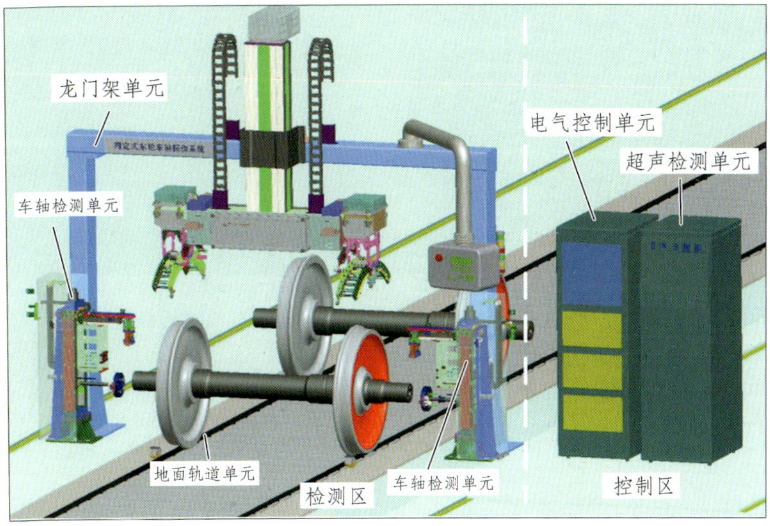

图 5-1-58　LAZ 系统基本组成示意图

2．LW 车轮相控阵探伤系统

LW 车轮相控阵探伤系统（见图 5-1-59）安装在大功率机车检修基地车轮检修线上，利用相控阵和压电超声探伤技术自动检测拆解并镟修后车轮的轮辋、轮辐和轮毂缺陷，适用于各型和谐型大功率内燃、电力机车轮对，适应大功率电力机车检修基地的布局要求。其电气系统示意图如图 5-1-60 所示。

3．LZ 车轴相控阵探伤系统

LZ 车轴相控阵探伤系统（见图 5-1-61）安装在大功率机车检修基地车轴检修线上，在机车 6 年检（C6 修）状态下检测分解车轴缺陷，已在天津、广州大功率机车检修基地推广应用。

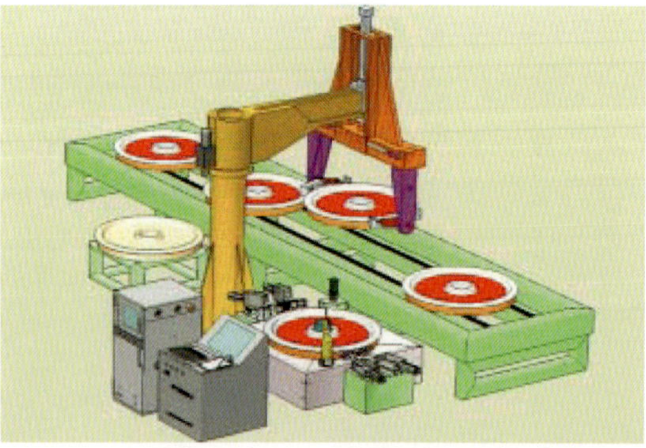

图 5-1-58　LW 车轮相控阵探伤系统

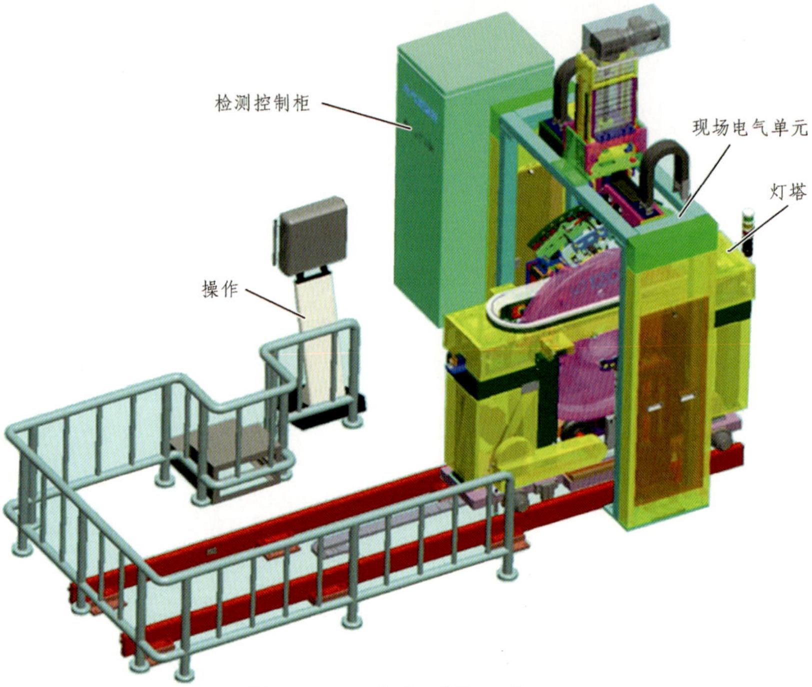

图 5-1-60　电气系统示意图

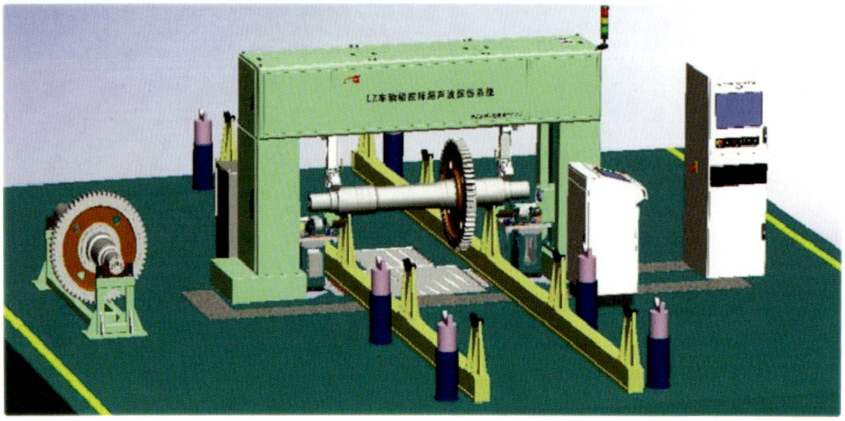

图 5-1-61　LZ 车轴相控阵探伤系统

4. LX 便携式相控阵车轮车轴探伤仪

LX 便携式相控阵车轮车轴探伤仪作为各相控阵车轮车轴探伤设备的复核工具，用于车轮车轴缺陷手工在线探伤及落轮探伤。

LX 用于 2 年检（C4～C5 修）车轮车轴探伤如图 5-1-62 所示，LX 用于 6 年检（C6 修）分解车轮探伤如图 5-1-63 所示。

图 5-1-62　LX 用于 2 年检（C4～C5 修）车轮车轴探伤

图 5-1-63　LX 用于 6 年检（C6 修）分解车轮探伤

第二节　安全监控及作业评价系统

机车每次整备检修作业有几十项检修项点，主要包括车体底部走行部的检修（见图 5-2-1）、车体裙板设备舱内设备的检测及检修、头车检修（见图 5-2-3）、车顶受电弓检修（见图 5-2-4）等。每一处的检修都关乎机车行车安全，同时检修作业过程中，对检修作业人员的检修质量和检修人员本身的人身安全都提出了较高要求。车体侧面检修如图 5-2-2 所示。

图 5-2-1　车底走行部检修

图 5-2-2　车体侧面检修

图 5-2-3　头车检修

图 5-2-4　顶部受电弓检修

整备检修过程中出现作业任务遗漏或作业操作失误，会造成检修质量不达标，机车上线运营后存一定安全隐患，严重时会造成安全事故；顶部受电弓检修作业过程中，必须严格遵守作业规程，否则极易造成高压触电事故和跌落事故。为了保证操作合规、安全作业，同时监督和追溯作业过程，需要一种机车运行保障综合管理系统，以及安全监控及作业评价系统。实现机车运行保障实时监控、分析评价、事件追溯及事前预警，大幅度提高机车部件管理的有效性，并保障过程的智能化。

一、机车整备检修作业安全监控概述

机车在正线运营结束后，必须入库整备作业，在整备作业过程中如何确保登车顶检修（见图 5-2-5）工作人员的人身安全和设备安全，是机务段必须考虑解决的主要问题。

机务段承担所在客运站的始发、终到机车的客运整备、检修、临修和存放作业。在检修作业过程中，作业区必须是被隔离的无电区（见图 5-2-6），即在整备作业前通过隔离开关将额定电压为 27.5 kV 的接触网断开并另挂接地线，以保证作业安全。待整备作业完成后再撤销接地线和回复隔离开关通电状态。在整个作业过程中，还须进行全程安全监控，如隔离开关和接地线的操作、机车顶部作业人员的动向、作业区之外机车的移动（以防止在作业区接触网断开和接地的情况下受电弓短接分段绝缘器，造成接触网短路和作业人员触电事故）等。

图 5-2-5　登顶作业

图 5-2-6　有电区和无电区

二、机车安全监控技术体系

安全监控系统通过高分辨率数字高清视频摄像机对隔离开关、电动接地、机车底部及其车顶作业实施全程跟踪、监控。并具有对整备场隔离开关远程逻辑控制，作业股道电网自动验电、接地，作业股道自动防护、登顶作业人员身份管理、作业过程语音提示、作业过程数据记录等功能，实现登顶作业人员刷卡登车顶作业与隔离开关、电网接地、作业平台活动翻板状态等作业安全互锁，防止由于工作失误、精神疲倦、联系不周等人为因素造成人身伤亡事故的发生，确保登车顶作业人员的人身和设备安全。视频采集传输及存储子系统工作流程示意图如图 5-2-7 所示。

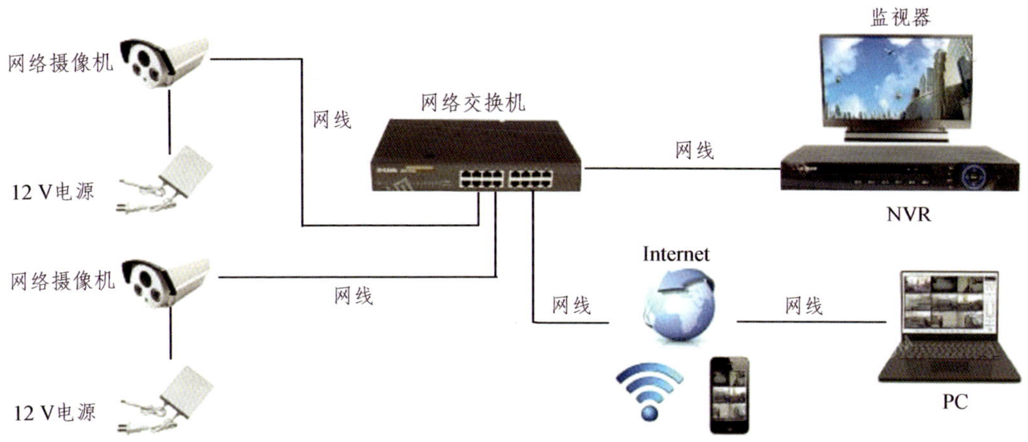

图 5-2-7　视频采集传输及存储子系统工作流程示意图

该系统采用计算机网络技术、modbus 通信技术、数字视频智能处理技术、门禁管理技术、在线式宽带通信技术、网络数据库技术，通过全过程监控、全过程检修作业管控实现登顶作业人员刷卡登车顶作业与隔离开关、电网接地、作业平台活动翻板状态等作业安全互锁，自动生成机车检修作业的全过程作业图像和数据，实现对机车检修作业的监管和数据分析。可实现多客户、多终端、多模式同步信息浏览，可进行海量查询、调用、回放。

该系统是机务检修作业的安全闸门，是机务检修整备作业保障机车和作业人员安全的重要设备，主要具有以下功能：

（1）系统具备作业平台、机车车顶、隔离开关、接地装置等视频监控功能。

（2）通过中央控制设备，实现对整备棚内的隔离开关合分、作业股道自动防护、接触网验电及接地、检修人员登顶作业过程的自动控制。

（3）隔离开关分闸联锁：视频自动确认机车受电弓在降弓状态，控制台工作钥匙在允许工作位置，才能发出隔离开关分闸指令。

（4）隔离开关合闸联锁：视频确认机车受电弓在降弓状态、接地网自动接地撤除，登车顶人数记数为零，登顶作业安全门关闭，工作钥匙在允许工作位置，才能发出隔离开关合闸指令。

（5）门禁系统具有自动检测记录进出车顶人员数量的功能。

（6）登顶作业联锁：门禁系统只有在隔离开关分闸到位、接触网无电、接地良好，系统才能发出可以开门允许指令，登顶作业人员通过门禁登车顶作业。

（7）整备棚电网须采用电动挂撤的方式，电动接地装置能在系统断电情况下手动操作。

（8）具有接触网验电功能，并具备相应的互锁控制功能。

（9）具有电动隔离开关电源控制功能，满足电动隔离开关电源与接地装置互锁控制。

（10）系统控制管理界面可实时显示各股的机车到位状态、电网分合闸状态、电网接地状态、股道防护状态、门禁开闭状态、登车顶人数以及各种报警状态等。

（11）系统需配备不间断电源，保证整个系统在供电电源断电后能持续工作 2 h 以上。安全门禁设备需配备独立的后备蓄电池，在系统失电后保证安全门设备正常工作 8 h 以上。

（12）系统具有后台数据库查询作业记录功能，包括分合闸操作记录、登顶作业及作业时间记录、整备作业台次、机车号等信息，并具备网络接口，满足机务信息化的总体要求。

三、系统组成及工程应用

系统使机务检修作业标准化及检修质量得到很大提升，并能预防事故隐患，对保障机车和作业人员安全起到了积极有效的作用。其主要作用如下：

（1）保证整备棚内接触网有电时，作业人员不能通过作业平台安全作业门（门禁锁死）登车顶作业，具有控制作业人员针对作业股道上、下作业平台的门禁功能，以及接触网有电、无电显示功能。

（2）作业平台有人（门禁自动判断）、门禁门未锁闭、作业人员未办理作业完毕手续，接地杆未摘时库内接触网不能送电；隔离开关合闸前，能进行预报警；具有隔离开关合闸电路互锁、人工互控功能，确保安全。

（3）整备台位有车或登顶整备作业区接触网无电时，其他机车不能进入该整备台位；具有机车自动进出棚引导功能。

（4）隔离开关分闸后，能够自动验电及远程控制自动接地，方便人员操作，避免危险。

（5）能够实时检测接触网是否带电，保障操作人员的安全。

（6）通过刷卡、红外检测能够准确掌握作业平台及车顶作业人员动态。

（7）具有语音自动、人工广播功能。

（8）具有作业人员错登股道语音提示功能。

（9）具有隔离开关电源管控功能，非分合闸操作时隔离开关箱电源无电。

（10）凡是与接触网有关联的设备，均与室内控制设备隔离，满足系统高压隔离要求。

机务安全联锁监控系统由隔离开关 PLC 联锁集中控制子系统、电网自动接地子系统、作业股道自动防护子系统、自动验电子系统、IC 卡作业管理子系统、安全警示子系统、作业语音提示子系统、视频监控子系统等部分组成。

① 隔离开关远程 PLC 联锁集中控制子系统。

每股道设计一个以 PLC 为核心控制器的电气控制柜，根据输入量的各种不同组合状态（包含自动验电、接地、信号栏杆、LED 屏、门禁系统、声光报警器等设备的状态），各股道 PLC 子站的状态通过通信总线和调度室的 PLC 主站进行通信，PLC 主站和操纵台的计算机进行通信，在计算机上实时显示各股道的状态。根据上述状态联锁远程控制隔离开关能否进行分合闸操作。

PLC 网络控制系统结构如图 5-2-8 所示。

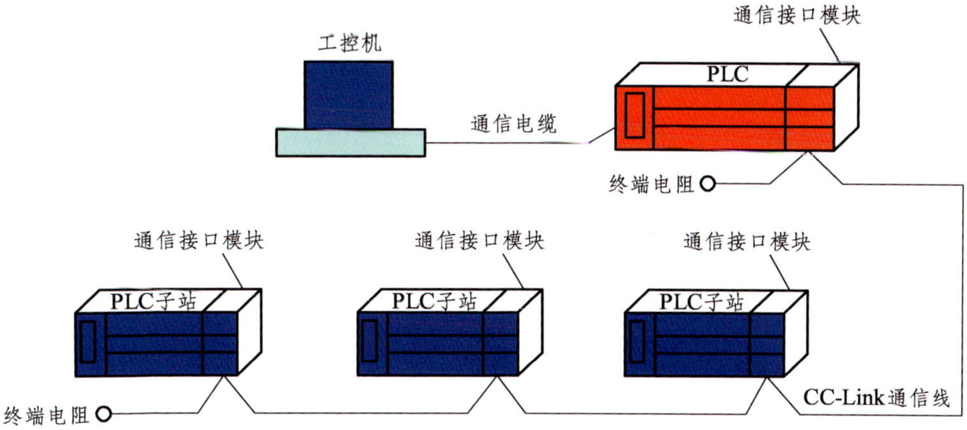

图 5-2-8　PLC 网络控制系统结构

在计算机上以图形动画的形式实时显示各股道的机车到位状态、高压隔离开关分合闸状态、接地及验电状态、进出车栏杆状态、作业指示灯状态、报警灯状态、车顶人数等各种状态，并 24 小时记录操作人的所有操作情况及设备故障信息。其显示界面如图 5-2-9 所示。

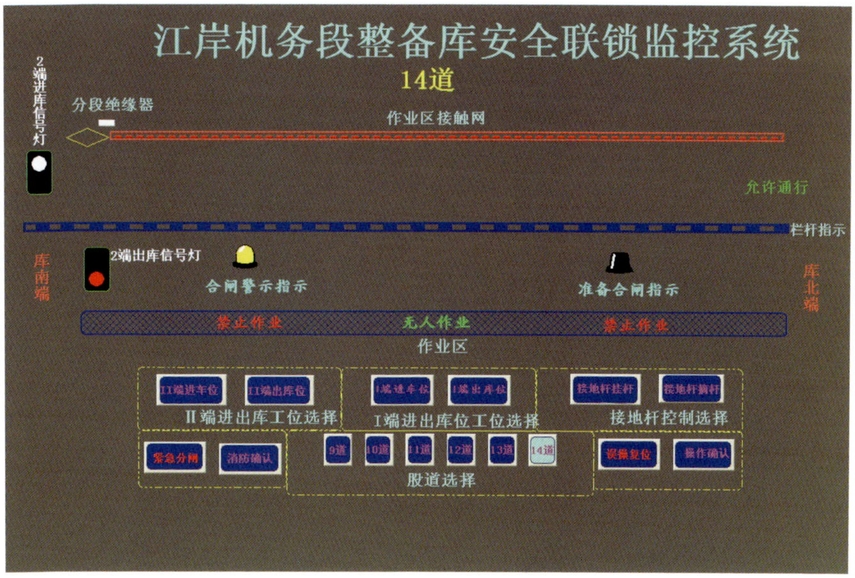

图 5-2-9　计算机操作及图形显示界面

② 电网自动接地子系统。

自动接地装置设置于整备场接触网的分段绝缘处，受 PLC 联锁系统控制。其功能为在隔离开关完成分闸工作后，对该股道接触网进行自动挂接地杆的工作，确保该段接触网接地，以彻底释放掉该段接触网线的剩余电荷，确保整备作业人员、设备的安全；而当需要合闸时可以操作人工按钮将接地杆自动收回，避免由于人为失误而造成的事故。

电动接地装置由支撑柱、电动推杆、连杆机构、接地杆、限位开关、接地线、接地铜排等构成。整个电动接地装置安装在立柱上，由电动推杆推动连杆机构，连杆机构摆杆端部安装接地杆，调节接地杆长度，使接地杆挂钩旋转半径与接地杆旋转中心和接触网线之间距离相等，电动接地装置的旋转中心距地面 5 m，挂钩收回时处于垂直状态，旋转角度约 120°。

自动接地子系统如图 5-2-10 所示。

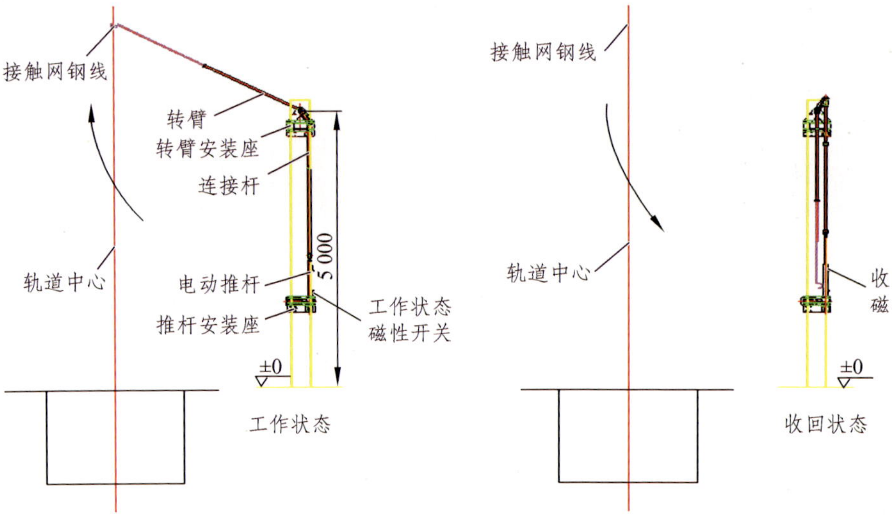

图 5-2-10　自动接地子系统

连杆机构（见图 5-2-11）由连杆、拐臂、转轴、连杆座等组成，连杆采用 40X4 的不锈钢管与 304 不锈钢联结座焊接而成，拐臂采用 34X4 的不锈钢管与 304 不锈钢联结座焊接而成，利用大管套小管的方式调节接地杆的长短，实现准确与接触网线接触。

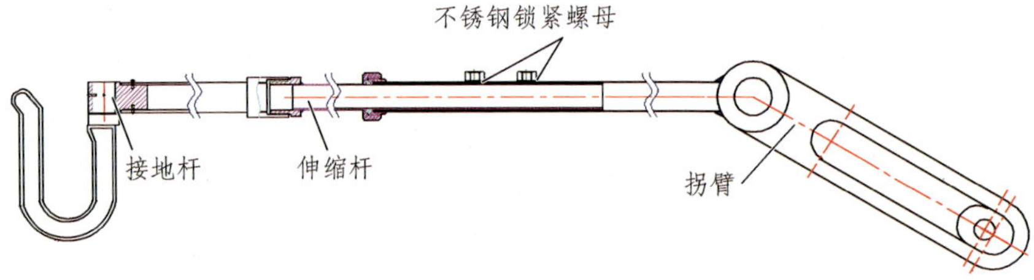

图 5-2-11　连杆机构

③ 自动验电子系统。

系统（见图 5-2-12）具备接触网有、无电自动检测验电装置。验电装置由非接触式探头和检测装置组成，探头安装在接触网侧下方，离接触网直线距离约 2 m，探头实时检测接触网是否有高压电，并通过检测装置传输数据至控制柜，结合隔离开关分合闸信号对 LED 屏、接地装置、门禁等联锁进行控制。避免隔离开关故障时，误报信号造成事故。

感应式非接触探头不与高压接触网等接触，绝缘距离满足国家标准，无须进行耐压等预防性试验。

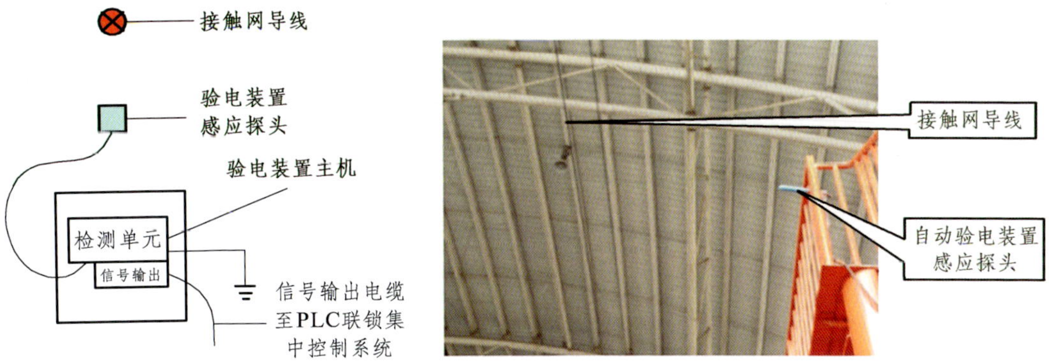

图 5-2-12 自动验电子系统

④ 作业股道自动防护子系统。

作业股道自动防护子系统（见图 5-2-13）受 PLC 联锁系统控制，用于电力机车出入整备棚的引导提示。主要构成及功能如下：

a. 进车栏杆信号引导：设在隔离开关前端约 5 m 处。栏杆放下表示机车不能进入，栏杆升起表示机车可以进入。

b. 出车栏杆信号引导：设在整备区内接触网分段绝缘前约 2 m 处。栏杆放下表示机车不能驶出，栏杆升起表示机车可以驶出。

当隔离开关合闸、自动验电有电、自动接地复位、车位无占用时，进车栏杆升起，允许机车进入；否则，进车栏杆放下，栏杆上的警示灯闪烁对外提示机车禁止闯入无电作业股道。

当隔离开关合闸、自动验电有电、自动接地复位、车位有车时，出车栏杆升起，允许机车驶出；否则，出车栏杆放下，栏杆上的警示灯闪烁提示机车禁止驶出无电作业股道。

图 5-2-13 股道自动化防护系统

⑤ IC 卡作业管理子系统。

IC 卡作业管理子系统（见图 5-2-14）硬件部分由上位工控机、固定读卡器、通信管理器、电磁锁、控制电源等组成，上位机配有系统管理软件。门禁系统通过 PLC 网络控制系统联锁，只有当隔离开关分闸、验电无电、接地挂好时才能够刷卡进入；只有当门禁计数无人、门禁门锁闭完好才符合隔离开关合闸条件。

图 5-2-14　IC 卡管理子系统

在登顶作业平台的作业门处各设 1 套门禁装置。各作业门处设红、绿两色指示灯，红色指示灯亮表示禁止作业人员通过作业门，同时，门禁装置电磁锁自动锁闭作业门；绿色指示灯亮表示允许作业人员刷卡进出作业门，此信息通过通信总线输入计算机进行记录。

系统具备对登顶作业人员进行权限管理、查询管理、报警管理等功能，同时提供管理软件支持转储后用户数据进行汇总、查询、分类、打印。

⑥ 安全警示子系统。

a. 防护栏杆警示灯。

在防护栏杆上安装红色旋转式警示灯，在防护栏防护状态下，红色旋转式警示灯旋转闪烁，禁止机车进出。取消防护栏防护状态时，停止红色旋转式警示灯。

b. LED 显示屏。

在整备区内约 4 m 高处或登顶作业平台上，对应每股道设表示接触网通电状态的 LED 显示屏，用于对作业人员进行安全警示，以红色“有电”和绿色“无电”显示接触网是否有电。隔离开关断开时，LED 显示屏显示绿色“无电”两个字，隔离开关闭合时，LED 显示屏显示红色“有电”两个字。

c. 黄色闪烁警示灯。

在登顶作业平台上设置安全警示用的黄色闪烁警示灯，用于警示尚滞留在作业平台上的作业人员迅速撤离。闭合隔离开关前，按下警示灯启动按钮，警示灯闪烁 30 s 后自动停止。安全警示系统如图 5-2-15 所示。

⑦ 作业语音提示子系统。

调度室主控制台安装功放及话筒，每座平台安装一台扩音器，用于进车、高压试验前的提示或其他广播通知。在隔离开关分合闸前会自动广播提示作业人员注意安全。

⑧ 视频监视子系统。

系统每股道平台上安装 4 台高清摄像机，对作业平台、机车车顶、隔离开关、接地装置、地沟等进行视频监控（见图 5-2-16），每个整备棚安装两台球形摄像机对整个整备棚情况进行监控。视频画面显示在控制室内，并可通过段网进行远程观看视频画面及查询录像。

图 5-2-15　安全警示系统

图 5-2-16　视频监控

第三节　脉冲式气力输送固定上砂技术

机车在长大坡道以及天气潮湿、钢轨结冰等工况下运行时，撒砂是机车获得足够防滑性能的一种重要手段（见图 5-3-1 及 5-3-2）。机车加砂作业是机车整备的重要工作之一，是维护机车正常运行的保障。随着铁路系统改革和铁路提速的不断深入，机车交路不断加长，机车整备次数增加和乘务员交接次数增加，机车用砂量也将随着高速紧急制动、空转和启动频率的增加而不断攀升。为确保机车在需要用砂时有充足的储备，在机车整备时如何不断为其高效地提供足额高质量的机车用砂，将成为机车整备日常管理的重要一环。

以前整备场均采用人工上砂方式（见图 5-3-3），现场依靠整备职工人力向机车砂箱里装砂子或是采用漏斗往砂箱里面倾注砂子。近年来部分有条件的机车整备场配置了移动上砂车等上砂设备，也有一些机车整备场进行了自动固定上砂的设备的研制和实验。以上这些上砂方式主要存在效率低、劳动强度大、无法准确计算上砂量、环境污染和安全风险大等问题。

图 5-3-1　长大坡道撒砂作业

图 5-3-2　雨雪天气撒砂作业

图 5-3-3　人工上砂作业

一、常用上砂工艺及特点

（一）人工输送上砂工艺及特点

人工输送上砂是最原始的上砂方式，多采用斗车、铁锹、箕斗等作业工具，用斗车在砂房内装好砂料，人工推至机车侧面，再用铁锹或箕斗往砂箱内灌注，如图 5-3-4 所示。

图 5-3-4　人工输送上砂作业现场

人工输送上砂工艺一般采用如图 5-3-5 所示的人力推车实现机车用砂的输送，必要时还需要对散料先进行手工筛制处理。其单次作业效率低下，对作业工人的劳动强度产生极大的影响。有条件的整备场（所）在机车上砂工位设置机车用砂缓存棚（箱）如图 5-3-5 所示，以此缩短推车输送距离，降低部分劳动强度，提高效率。

图 5-3-5　机车用砂的储存及人工输送

人工上砂作业模式在作业量较小的折返段进行少量的补砂作业是比较经济的，也是比较灵活机动的。但是在大整备量的现代整备作业场则显得捉襟见肘。人工输送上砂工艺以某段日整备 60 台机车工作量来评估，日上砂量 4 ~ 5 t，每班配备三人，每人需铲、推、运、灌石英砂近 1.7 t，劳动强度过大，导致劳动体验差，积极性下降。HXN5、ND5、NJ2 机车的高位上砂，作业人员则必须攀登上作业平台，才能往砂箱内灌注（见图 5-3-6）。负重登高作业，如果遇雨雪天气，存在着极大的安全风险。若安全保护措施不当，稍有不慎，可能会从高处跌落，造成严重的人身伤害。

图 5-3-6　登高上砂作业

人工输送上砂工艺在输送及上砂过程中都极易造成机车用砂被污染或被移洒。将被污染的砂料加入机车撒砂箱，严重时可能造成机车撒砂装置的损坏，影响机车制动及加速效果。

同时，移洒的机车用砂不仅对作业环境造成污染，也会对作业人员的身体健康，特别是对呼吸系统造成危害。图 5-3-7 分别为人工输送及上砂过程中造成的移撒和污染。

图 5-3-7　人工上砂移撒及扬尘

（二）设备辅助输送的人工上砂工艺及特点

为减轻人工上砂的劳动强度，部分站段自行开发了使用辅助设备的人工上砂方式。将烤干并筛选合格的砂子储存在砂房料仓内，打开料仓的蝶阀，砂子接入中转砂箱，叉车带上中转砂箱开行到机车旁边，叉车将中转砂箱慢慢举升到一定高度，上砂工人打开中转砂箱底部的砂管，将砂子注入机车砂箱内，如图 5-3-8 和图 5-3-9 所示。

图 5-3-8　叉车结合砂箱

图 5-3-9　西安局新丰镇机务段上砂现场

设备辅助输送的方式设备简易，投资成本小，适合砂房与整备场距离较远、纯人工搬运困难的情况。但是此方案对场地要求较高，轨道间的间距必须要能满足叉车转弯及掉头，过轨平交道也必须平整，以确保道路符合叉车运行条件。其次，此方案安全系数不高，作业人员在中转砂箱底下作业，稍有不慎容易造成人身伤害，且叉车容易与机车产生刮碰。最后，此方案使用叉车作为搬运工具，叉车柴油能耗大，每天上砂成本较大。出砂管口无防尘处理，严重影响作业人员健康。

（三）移动式半自动上砂工艺及特点

随着和谐机车大量的投入运用，各段整备场机车整备上砂工作量也越来越大。为了改变落后的手推人工上砂方式，移动式半自动上砂设备已在武汉局、沈阳局成功应用。沈阳锦段使用移动式半自动上砂车作业现场如图 5-3-10 所示。

图 5-3-10　移动上砂设备作业现场

移动式半自动上砂设备在输送时首先由人工将砂料投入砂房内的地坑式砂仓，并通过斗式提升机将砂料自动提升到高位砂仓内储存起来。移动式上砂车开至斗料提升机底下进行砂料的补充，整个装砂过程如图 5-3-11 ~ 5-3-13 所示。装满砂料的上砂车由 1 名操作人员开行至整备进库线两侧停放，准备进行上砂作业并完成砂料的输送。

移动式半自动上砂工艺从整个工作流程来看，砂料从储砂房到整备线间的物流输送是依靠电动小车完成的，从上砂车到机车砂箱加注是自动气压输送完成的。储砂房补料、接料、驾驶、往砂箱上砂需要操作人员参与进行。这种上砂方式比较适合于砂房与整备上砂作业场间距离较远的上砂整备场。

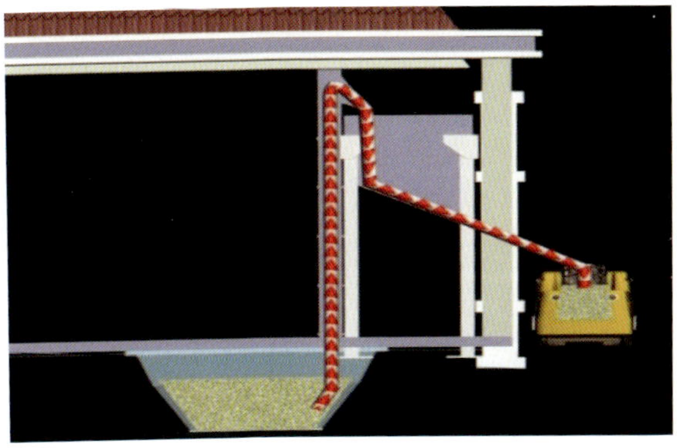

图 5-3-11　半自动装砂过程原理图

图 5-3-12　半自动装砂过程示意图

图 5-3-13　斗式提升机向移动上砂车装砂现场图

自动上砂小车近年来正在逐步替代人工上砂，成为较经济的替代设备。但其适应性不强，移动上砂车无法过轨、穿过狭窄的空间或站台，易受各个路局整备场场地限制。移动上砂车采用蓄电池驱动需要定期充电，且现阶段电力系统控制存在较多的问题，如功率小、稳定性低。同时，上砂过程中无有效地除尘过滤设备，人工操作时无法解决人体对废气的吸入问题。综上原因，移动式半自动上砂工艺和设备暂时没能得到广泛的应用和推广。

移动上砂小车低位作业及高位作业如图 5-3-14、5-3-15 所示。

图 5-3-14　移动上砂小车低位作业

图 5-3-15　移动上砂小车高位作业

（四）固定式半自动上砂工艺及特点

多年来，为彻底解决上砂问题，国内部分机务段对各种固定式上砂设备进行了尝试。

高架砂塔上砂工艺是在整备场内安装上砂塔，库端和库尾高处悬空吊置或立置两个或多个砂罐，使用斗式提升机或利用负压输送原理分别将砂料从地面提升到各高架砂罐内储放。当机车驶入上砂台位停好后，作业工人打开出砂管蝶阀，砂子靠重力作用淌入机车前端和尾端的砂箱内。图 5-3-16 分别为安装在露天以及安装在室内的高架砂塔式固定上砂设备。

图 5-3-16　高架砂塔设备实物

负压密相输送的固定上砂工艺首先是使用罗茨风机将高位砂罐抽成真空，机车用砂在真空负压作用下被吸入高位砂罐内。然后，打开轨边储砂罐内的真空阀，高位砂罐内的砂料继续沿着管道被输送至空的轨边储砂罐内，周而复始，不断循环。广州机务段和武汉江岸机务段等均使用类似的设备，分别如图 5-3-17 和图 5-3-18 所示。

图 5-3-17　广州机务段上砂设备

图 5-3-18　武汉江岸机务段上砂设备

高架砂塔的砂罐需要用管路与真空负压气力输送设备中的管路连接，或与斗提机配合。这种上砂方式虽然设备简单、效率较高，但在检修维护高架砂罐及斗提机时必须有专用吊装机具，并且只能适应内燃机车整备线；如果有内、电机车混合整备情况，架空电网会存在极大的安全隐患。负压密相输送与地面储砂罐配合使用的固定上砂方式虽然被一些基层站段接受，但是存在机车用砂干燥去杂处理无法保证，造成输砂管道泄漏、堵塞和磨损，空压机压缩空气无法达标等问题。

二、脉冲式气力输送固定上砂

为解决传统上砂方式中遇到的问题，需研制出一套适合中国机车上砂作业的全自动上砂系统(即机车脉冲式气力输送固定上砂系统)。该系统可有效解决现有上砂作业方式中的不足，并极大地提高机车上砂作业的自动化和信息化程度。

（一）机车用砂预处理系统

机车用砂预处理系统中应包含储砂房及烤砂设备（可根据机车用砂类型选装），主要功能是对机车用砂进行储存及预处理，包括筛选、除湿等。

储砂房的建设分两种情况：第一种情况是整备场无须烤砂，有成品砂供应商供应合格的袋装或散装成品砂，那么储砂房的作用只是一个单纯的物料存放；第二种情况是整备场需要现场烤砂并筛分，储砂房不但要具有砂料储放的容量，还要有满足烤砂设备的安装作业空间。

机务段烤砂设备原料砂如果是来自河流、海滩等处的未经干燥除水分的水洗硅砂或石英砂，需要配置铲车、烤砂、筛分、除尘等专用设备，才能生产出合格的机砂。

滚筒式烤砂炉如图 5-3-19 所示。燃油热气流干砂设备原理如图 5-3-20 所示。

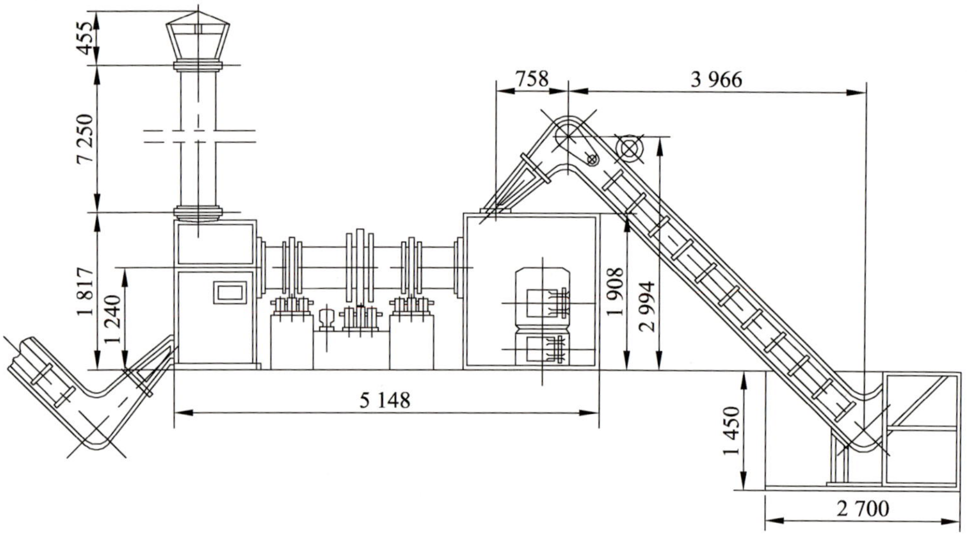

图 5-3-19　滚筒式烤砂炉

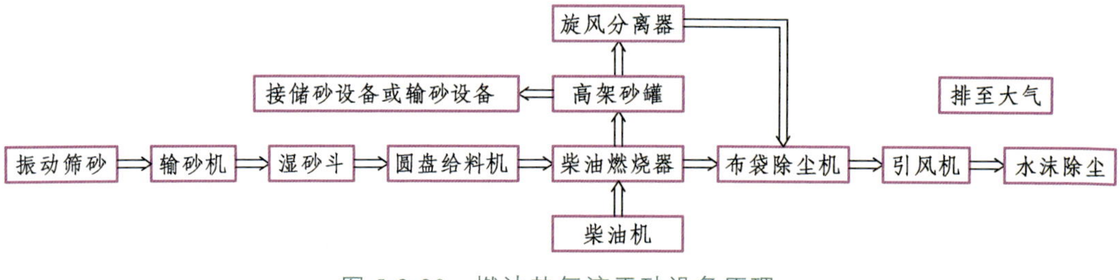

图 5-3-20　燃油热气流干砂设备原理

（二）储砂系统

储砂系统主要功能是对符合标准的机车用砂进行自动化的短距离运输及提升，并对其进行短时间存放。储砂系统是新式机车脉冲式气力输送固定上砂系统与各机务段原有砂房或烤砂设备的接口系统。储砂系统设备包含储砂仓（见图 5-3-21）及自动化填充设备（斗式提升机）。

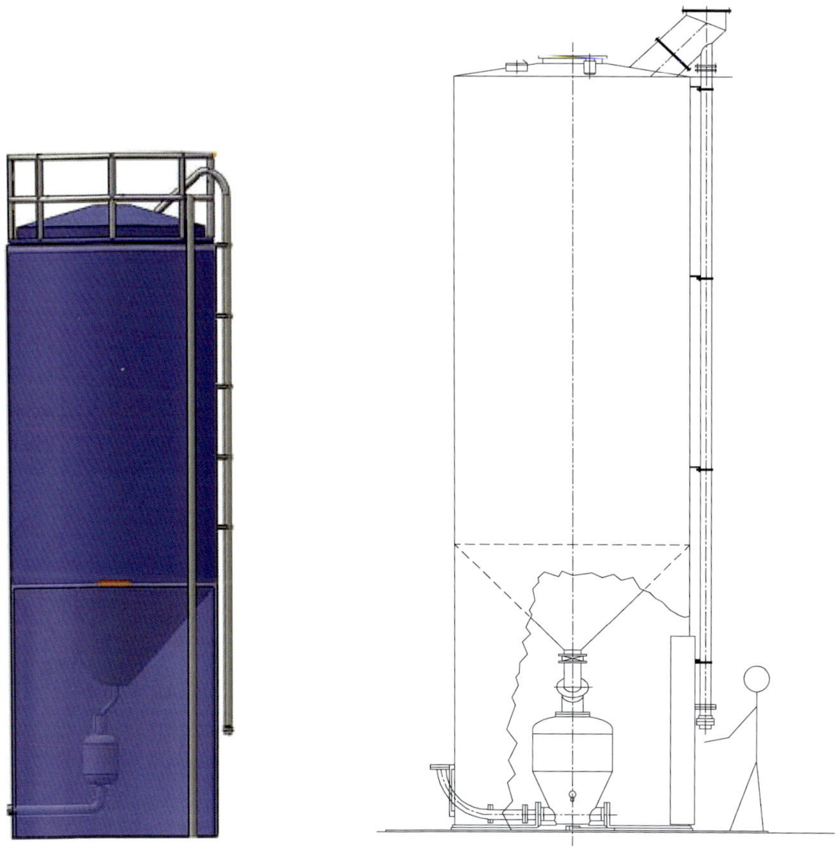

图 5-3-21　圆形储砂仓示意图

（三）气动输砂系统

气动输砂系统是整个固定上砂系统的核心子系统，该系统应包含气动输送设备（见图 5-3-22）、输送管线、物料防堵设备等。该系统用以实现机车用砂的远距离过轨输送，并为解决管道磨损及堵塞问题提供有效措施。气动输送设备通过正压密相输送的原理，把机车用砂从砂仓运输到上砂站。机车用砂通过空气增压的方式，从砂粒的间隙中获得动力，从而保证稳定且缓慢的输送过程。

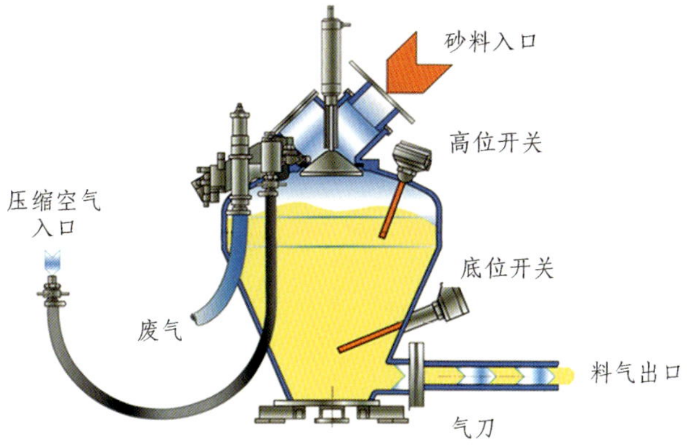

图 5-3-22　气动输送设备示意图

正压密相输送（见图 5-2-23）的原理可简单理解为利用空气的动压和静压，使物料颗粒悬浮于气流中，并形成集团沿管道输送。前者称为物料悬浮输送，后者称为物料集团输送。在国内，物料悬浮输送技术早已广泛应用，物料集团输送也在研究应用当中。

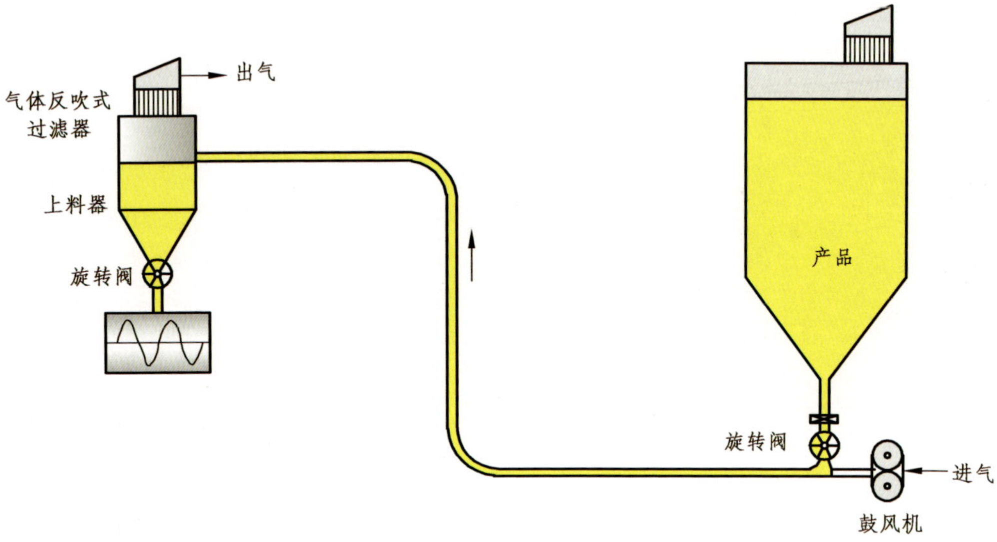

图 5-3-23　正压输送示意图

输砂综合管道如图 5-3-24 所示。

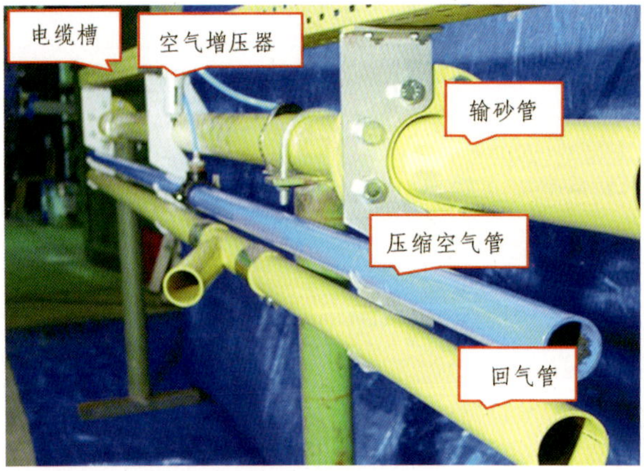

图 5-3-24　输砂综合管道

（四）上砂站系统

上砂站系统作为上砂的终端系统，包含上砂枪、缓存砂罐、助力辅助装置等，用以实现机车用砂的自动加注，并解决加注完毕自动关闭等问题。

上砂站系统可安装在线路两侧的地面或是检修平台上。上砂站系统由上砂枪、储砂罐、连接管、气压阀和电气控制等几个部分组成。上砂站及作业示意图如图 5-3-25 所示。

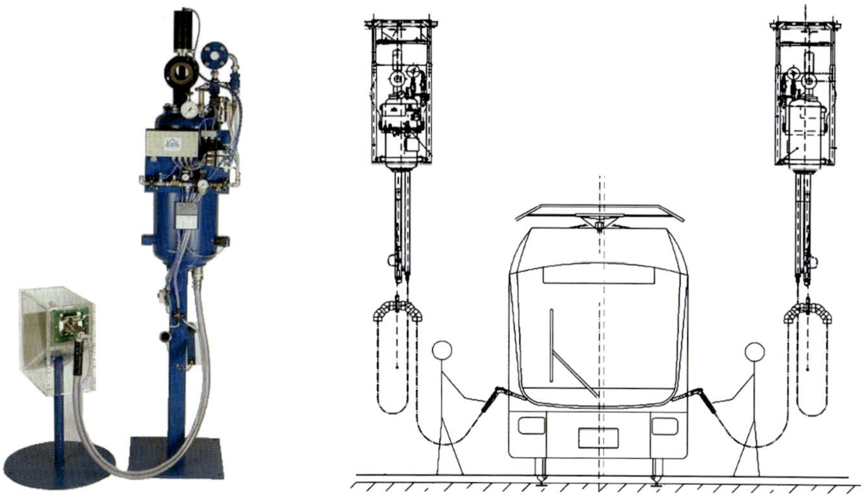

图 5-3-25　上砂站及作业示意图

（五）空气过滤系统

除尘系统安装在储砂仓旁边，主要有两方面的除尘工作：首先，在储砂仓充砂过程中，可过滤机车用砂产生的灰尘与废气；其次，还会清洁整个上砂系统中所有上砂站在上砂作业中产生的灰尘与废气。

除尘设备主要为过滤除尘，其机理是筛滤效应、扩散沉降、直接载留、惯性碰撞以及静电吸附等短程捕集机理的综合作用。当含尘空气通过网格、织物、非织造布、泡沫塑料等滤料时，机车用砂中的粉尘在滤料内部或表面形成的粉尘层以及粉上层所形成的过滤层的捕集，使其从气流中分离掉。过滤式除尘设备如图 5-3-26 所示。

图 5-3-26　过滤式除尘设备

上砂设备的回气系统主要为管道系统，连接各个上砂站、气动输送容器、除尘设备和空压机组，由自动的驱气设备控制给系统除气。

自动回气系统分别从各个上砂枪中吸取机车用砂中的灰尘和废气，传回储砂仓旁边的集中除尘系统，保证无灰尘遗漏在操作作业地面或是进入机车的砂箱。负压输送如图 5-3-27 所示。

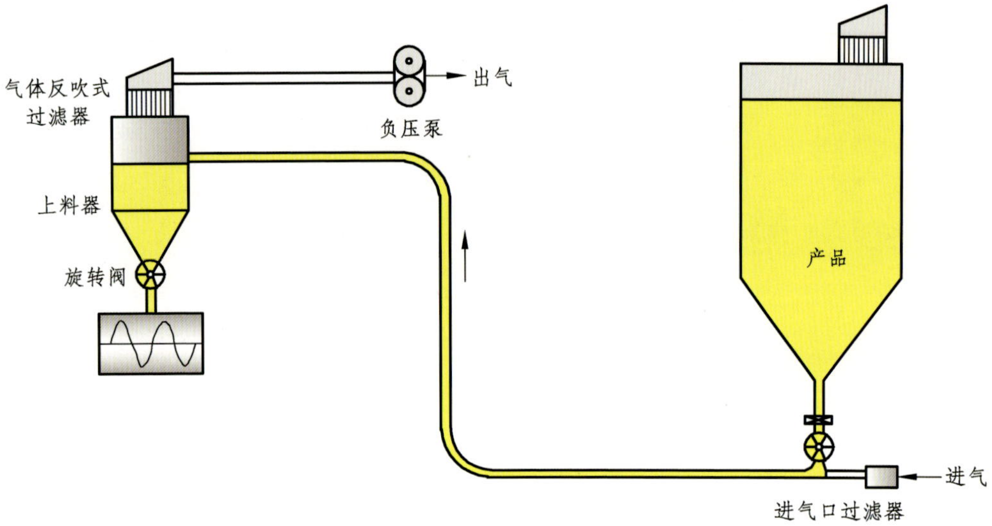

图 5-3-27　负压输送示意图

（六）电气控制及管理系统

电气控制系统包括开关柜和控制柜（见图 5-3-28）。开关柜在前门上配有一个模拟图表，展示所有的功能。控制柜也配有所有必要的操作元素。在控制柜里安装有通过网络实现的远程服务系统。

图 5-3-28　上砂系统电控柜

随着当前铁路运输大交路的发展，跨局跨段的机车整备上砂成本核算一直是困扰各个机务段的难题，因为各段的砂料使用成本都计入自己段的成本核算内。如安装自动计量及费用核算系统，可轻松地解决段与段之间、局与局之间机车整备上砂的费用核算问题，如图 5-3-29 所示。

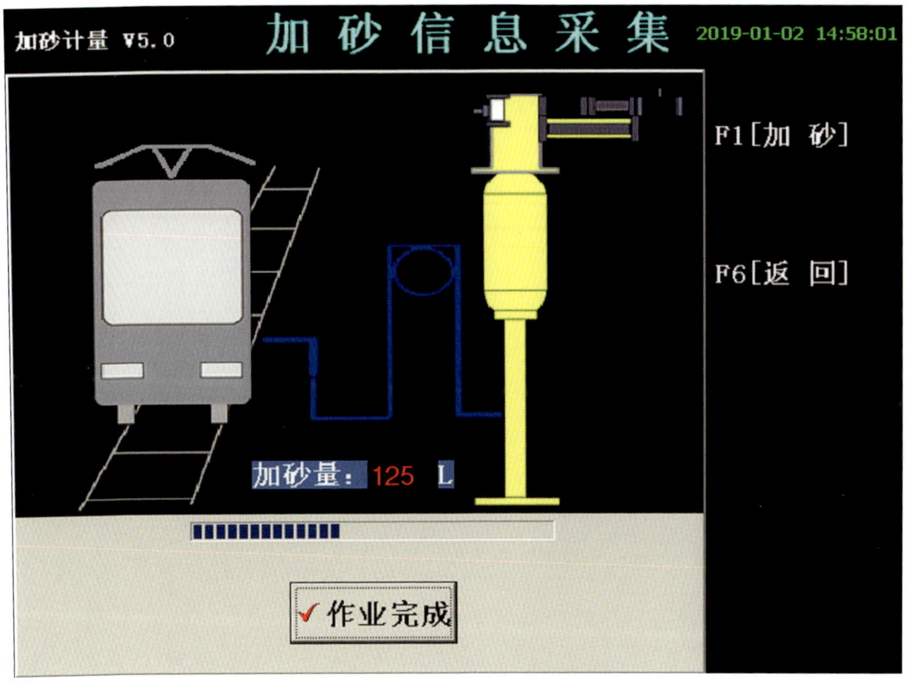

图 5-3-29 加砂信息采集系统

（七）空气动力系统

气动输送中空压机的选型，主要根据输送中需要的工作压力和气体消耗量来估算和选择。合适的选型，对用户本身和空压机设备都有益处。选型过大造成浪费；选型过小可能造成空压机长期处于加载状态或用气不够或压力打不上去等弊端。

三、脉冲式气力输送固定上砂系统的应用

机车脉冲式气力输送固定上砂系统应用（见图 5-3-30）可结合现场综合条件进行设计。系统不仅可安装在进库线上，也可安装在机车整备线上。当有双机重联情况存在时，建议将系统安装在进库线两侧，布置 8 个上砂站，确保 2 台机车可同时进行上砂作业。当系统安装在进库线上时，建议将系统设在洗车线的前端，使每辆进段机车都会经过系统，确保不会出现漏加的现象。一旦出现机车集中到达情况，可将系统安装在整备线上，即可避免出现通道堵塞情况。

机车脉冲式气力输送固定上砂系统使用标准化、模块化设计，具有工作效率高、作业环境优良、安全系数高、可靠性高、不受车型限制等优点，已在多个大功率检修基地推广应用。

图 5-3-30　脉冲式气力输送固定上砂系统的应用

第四节　快速检测及整备总体技术

一、机车外皮清洗

（一）洗车机用途

随着我国铁路运输工作的飞速发展，高速、快捷、智能自动化设备有效地提高了机车整备能力。机车外皮自动化高端清洗设备（见图 5-4-1），在机车整备工艺中取代了人力，实现了安全、节能、环保、减员、增效的目的，目前已普及铁总各段。

图 5-4-1　机车外皮清洗机

该设备采用机车自行牵引，以 3 ~ 5 km/h 的速度通过，对机车侧面、上部斜面（弧面）、端面自动清洗。

（二）设备主要组成及工作原理

1. 控制系统

控制系统（见图 5-4-2）采用进口品牌 PLC，人机界面、信号传感器及控制电器，具有手动、自动操作功能。其能够自动完成机车车辆车头、车尾、两侧及侧顶弧面的清洗工作，整个清洗过程全部实现自动化。

设备的每个工位均设有信号传感器，用来采集机车位置。机车到达时对应工位启动，离开时关闭，显示屏实时显示机车位置。各洗车工位均可选择使用、停用，清洗剂刷洗工位可选择是否使用清洗剂。设备发生故障时声光报警，并自动停止工作。在控制柜和设备上均设急停按钮，便于工作人员就近操作。水池自动补水，使用过的水经沉淀、过滤、生化处理后可自动循环使用。

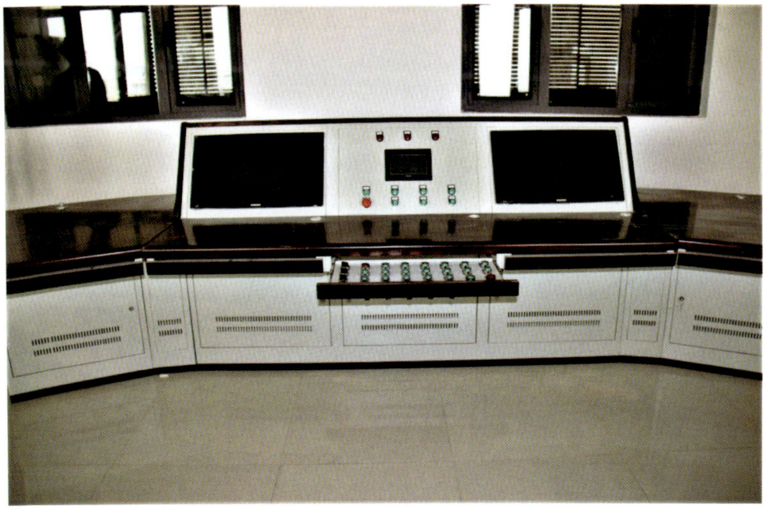

图 5-4-2 控制系统

可视系统实时监视并储存记录洗车全过程，运行记录可上传段内统一管理系统或下载。监视显示屏如图 5-4-3 所示。

图 5-4-3 监视显示屏

2．洗车工艺流程

为了实现机车洗车机工艺要求，达到洗车机械全自动化，设计合理的机车洗车工艺流程至关重要。通过多次工艺流程试验，得到了比较科学合理的工艺流程，如图 5-4-4 所示。

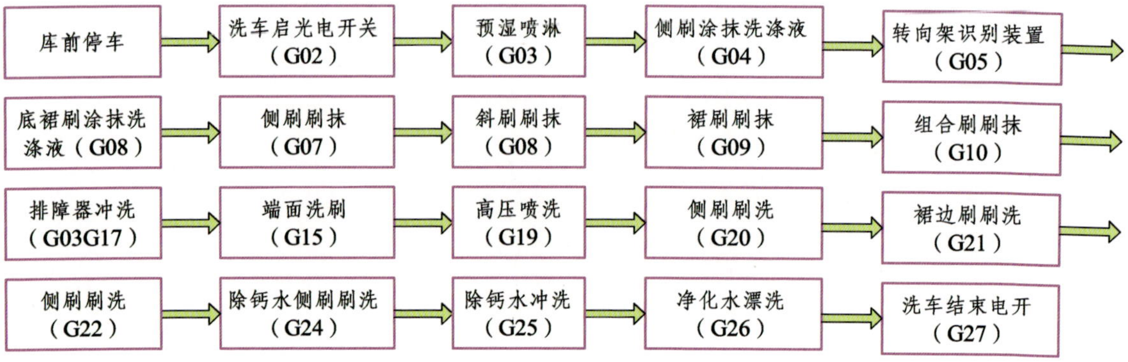

图 5-4-4　洗车机工艺流程图

3．供水、清洗机系统

供水系统主要由水泵、管道、喷水柱、控制阀、过滤器等组成；清洗机系统采用计量泵定量供给，如图 5-4-5 所示。

图 5-4-5　供水、清洗机系统

4．气路系统

气路系统（见图 5-4-6）主要由空气压缩机、储气罐、管道、气缸、调节阀、控制阀等组成，主要用来自动调整毛刷与车皮的接触压力、车体凹凸部位的自动调整和管道防冻排水。

图 5-4-6　气路系统

（三）部分工程应用

机车外皮清洗机已在全国多个机车检修基地、机务段和折返段推广应用，成为机车快速整备的重要装备之一。其在济南、杭州、南京东、信阳、汉口、天津机务（折返）段中的应用分别如图 5-4-7 ~ 5-4-12 所示。

图 5-4-7　济南机务段

图 5-4-8　杭州机务段

图 5-4-9　南京东机务段

图 5-4-10　信阳机务段

图 5-4-11　汉口折返段

图 5-4-12　天津机务段

二、临修作业

（一）临修库作业内容、工艺流程

临修库主要功能是对电力机车临时性故障和破损，进行快速地诊断、互换修理。

临修库作业（见图 5-4-13）内容主要包括发生影响运行舒适度、平稳度以及运营安全等方面的临时、突发性故障检修，主要是机车转向架及走行部、受电弓、空调、制动等大部件检查或更换检修，车内设备检修，车外其他机械或电气部分故障检查或更换检修。其中，转向架及走行部、受电弓、空调、制动等大部件检查或更换检修是对运营安全影响最为关键的作业内容。

图 5-4-13　临修作业

临修作业主要是处理和谐机车临修故障，对和谐机车主要零部件进行扣车修理和各级修程以外的主要设备、零部件的更换，包括转向架、轮对、受电弓、空调设施等。临修工艺流程框图如图 5-4-14 所示。

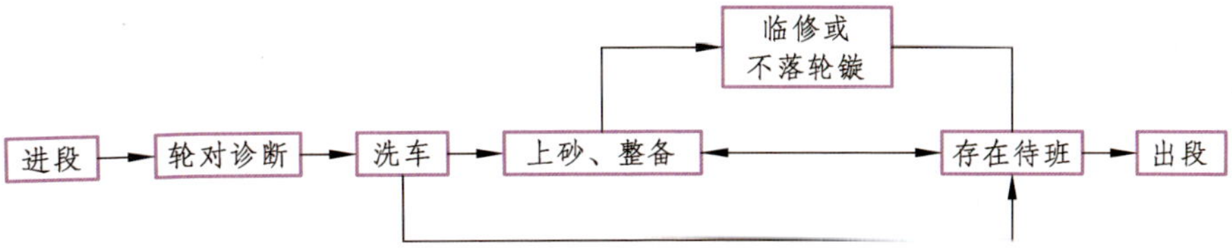

图 5-4-14　临修工艺流程框图

三、镟轮作业

我国大功率电力机车检修基地均考虑设置不落轮镟库（见图 5-4-15），其用于对车轮踏面或制动盘进行在线切削。不落轮镟库的设施主要包括不落轮镟车床（见图 5-4-16）、列车牵引定位装置等。

图 5-4-15　不落轮镟库

图 5-4-16　不落轮镟床

（一）不落轮镟库工艺设计主要技术要求

（1）根据电力机车入不落轮镟库作业工艺流程，不落轮镟库的布置应考虑便于机车在各检修车间的来回走行。为了保证电力机车任一轮对均能进入不落轮镟车床作业，库前后镟轮线的有效长应各保证停放一节机车的长度，且要求该范围内股道为平坡。

（2）不落轮镟库长度宜按完成单节车作业考虑，可按 36 m 设计，库的宽度及高度应根据检修工艺、机车限界、运输作业通道等因素计算确定。接触网引入库内时，还应考虑架空接触网高度加绝缘安全距离。库宽度一般为 9 m。

（3）应根据不落轮镟库在总平面的位置等因素确定是否设休息间等边跨车间，当不落轮镟库距离检查库较远时，建议设置休息间、卫生间等。

（4）库内应设不落轮镟设备及牵车设备；作业量大时宜设置双轴不落轮镟床。

（5）不落轮镟设备基础前后宜各设一节车长度的整体道床。

（6）库内宜设置牵车定位装置。

（7）不落轮镟床与轮对踏面诊断装置间应设数据传输通道。

（8）根据需要，不落轮镟库可与临修库合设。

四、工具物料智能管理系统

工具物料智能管理系统用于检修作业中工具与物料管理及配送。系统将工具物料的管理和信息技术相结合，搭建起基于工具物料的物联网，实现工具物料的智能化管理，达到最优资源配置、降低劳动强度、降低生产中管理成本等目的。系统按照实际的工作流程将其流程化、效率化管理，将工具物料信息建立数据库，通过实时跟踪工具物料的借出、领用、归还、校准、状态判定等过程，帮助管理员有效跟踪和记录实时状态。相比人工统计记录的管理方式，节省了成本，同时也提高了工作效率，实现了工具物料管理智能化模式。

（一）系统功能介绍

智能工具物料管理系统拓扑图如图 5-4-17 所示。

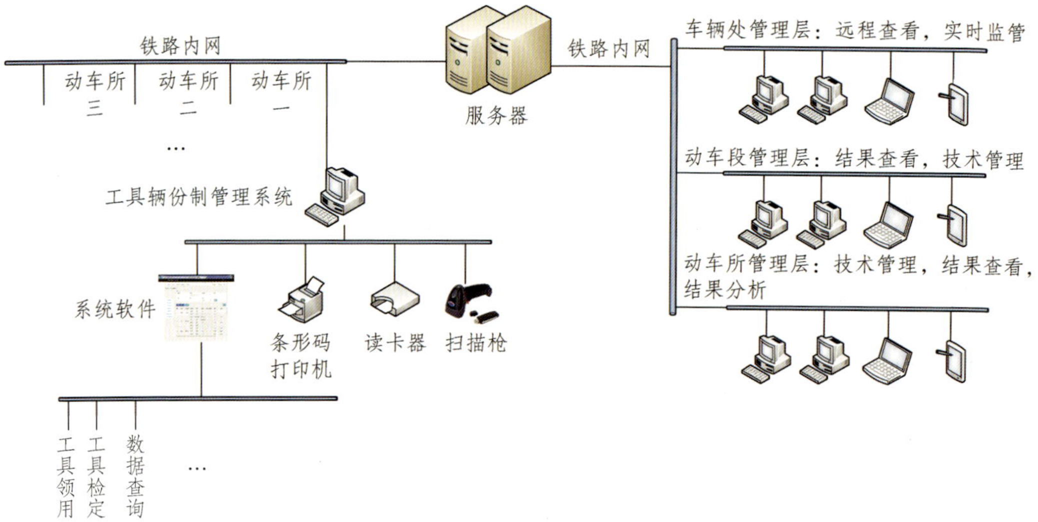

图 5-4-17　智能工具物料管理系统拓扑图

智能工具物料管理系统可覆盖多个作业场所，用于大功率电力机车检修相关的工具物料。从采购、入库、日常借还、调拨、盘点、现场使用等相关业务的管理，采用电子标签、读写设备、智能工具柜、物料配送托盘、智能扭矩校验台、集中式智能充电柜、智能工具物料柜等智能化、网络化物联设备对工具和物料进行物品标识、质量检查、使用跟踪、统计分析，向检修人员提供PDA、智能工具箱等设备进行动态检查功能，向管理人员提供业务办理功能、单位领导提供数据查询、统计、分析报表等功能，从而防止工具遗失在机车和作业现场，提高了机车检修工具业务办理效率和管理水平。其系统应用端功能如图5-4-18所示。

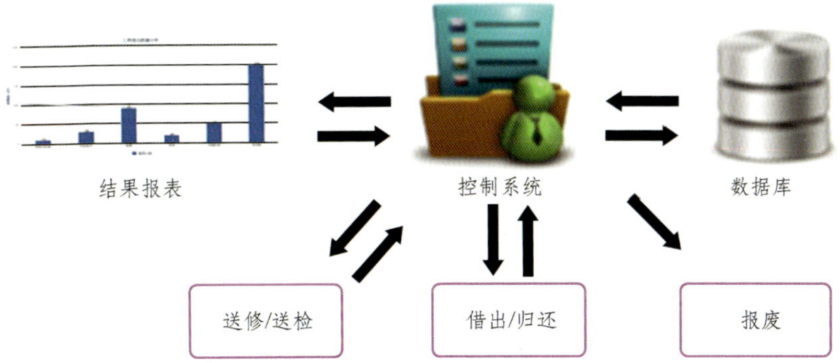

图5-4-18 系统应用端功能

（二）系统组成

智能工具物料管理系统主要由管理层面的软件系统和实施层面的硬件系统构成，包括系统管控软件平台、智能工具物料柜、工具物料定置托盘、工具物料配送车等（见图5-4-19）。

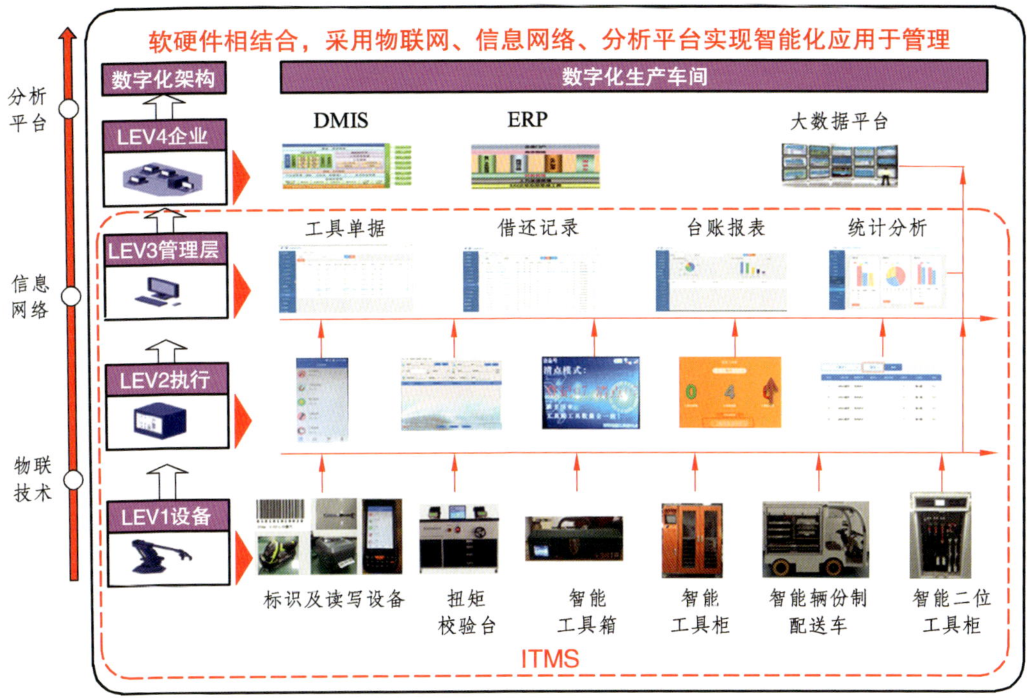

图5-4-19 智能工具物料管理系统构成

在信息网络技术层面，通过各执行设备的软件及工具物料管理综合分析平台，实现工具物料的全寿命管理、库存管理、借还管理、送检送修、配送维护、数据分析等。

在分析平台方面，系统提供单据审核可视化，同时实现工具物料库存分析、寿命分析、品牌质量分析、日常使用状态监视的不同维度的数据分析。针对不同管理层级对工具的借还情况、物料领用情况、采购情况、库存情况的数据统计，能够考核各人员、单位的工具物料管理结果。

软件系统从物联网设备、信息网络、分析平台等层面对工具物料管理系统进行规划。在物联网设备层面，通过条形码、RFID 电子标签对工具和物料进行标识，并通过系统的、简洁的 5 级 12 位编码规则进行编码，从而实现快速的工具物料识别以及基础的数据交换。系统主要包括服务器、交换机、用于工具或物料识别的标签扫描终端、用于人员权限身份识别的读卡器或指纹、人脸识别终端、手持机及 APP 等。工具、物料识别、人员权限识别子系统构成如图 5-4-20 所示。

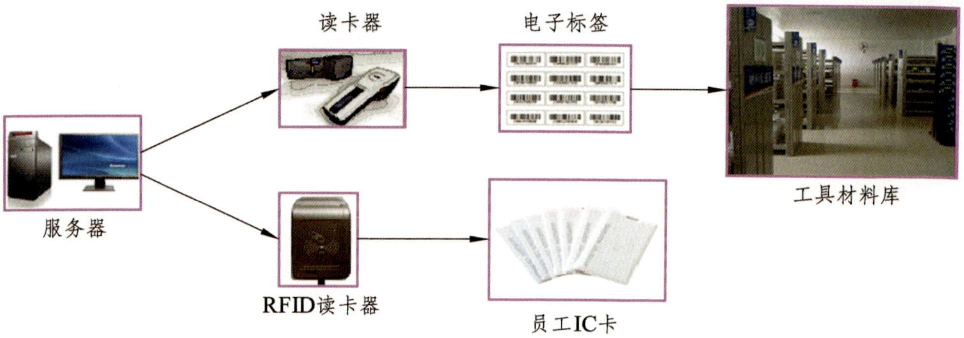

图 5-4-20　工具、物料识别、人员权限识别子系统构成

通过库存柜、配送车、分布工具物料柜或工位级工具物料柜实现智能存放、监视、配送、分散领用及管理；通过校验台等校验、测量设备对需要量测的工具进行使用前测量，保障作业质量；通过智能工具箱、智能工具柜对工具的一线使用进行实时清点和完工盘点，保障作业安全；通过智能物料柜，对物料的发放、分散式领用、旧料回收等进行智能管控，达到智能管理的效果。

（三）工程应用

1. 智能工具物料管理软件平台

智能工具物料管理软件平台（见图 5-4-21）是系统操作管理终端，具有工具采购申请审批、工具或物料入库、信息录入、工具物料管理、领用归还记录、库存盘点、数据查询等功能。

物料及配送管理系统软件如图 5-4-22 所示。

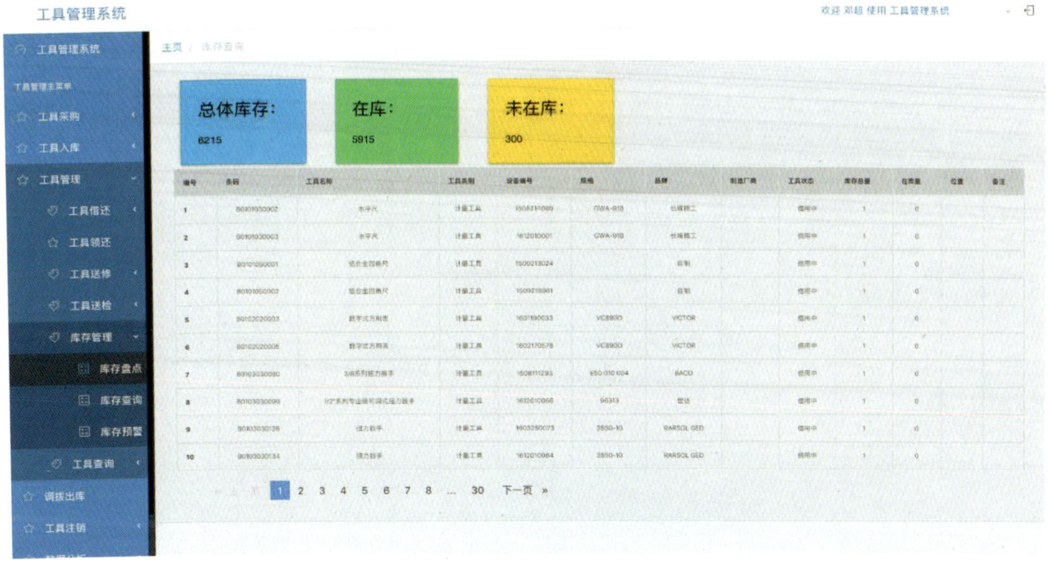

图 5-4-21　工具管理系统软件

图 5-4-22　物料及配送管理系统软件

2. 辆份制工具、物料定置托盘

针对检修作业个工序对工具和物料的需求，利用带有条码或 RFID 射频卡功能的工具物料托盘实现了各个维修工位工具和材料的统一领取和管理。辆份制工具定置托盘如图 5-4-23 所示，辆份制物料定置托盘如图 5-4-24 所示。

3. 智能工具物料柜

智能工具物料柜（见图 5-4-25）具有工具物料智能识别功能，可以实现单个或多个柜体的集中或分散式布置，通过无线网络进行数据通信，在管理端可以对各个柜体内的工具物料存储数据进行实时查询。在柜体处自动显示柜内工具存放状态，适合工位式检修作业的在位工具物料管理，减少了因工具物料集中管理造成的领用时间，提高了工作效率。

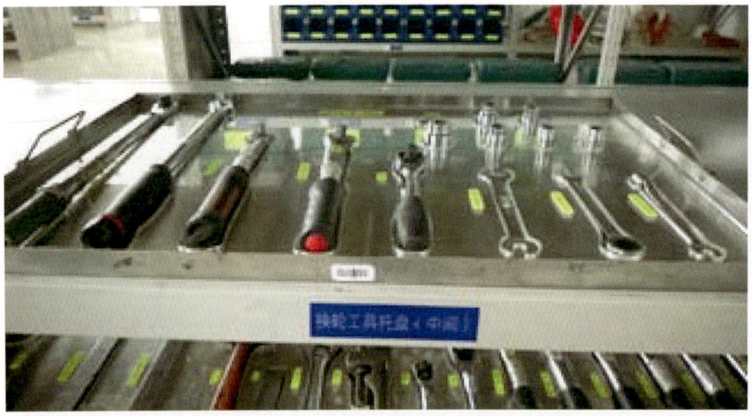

图 5-4-23　辆份制工具定置托盘

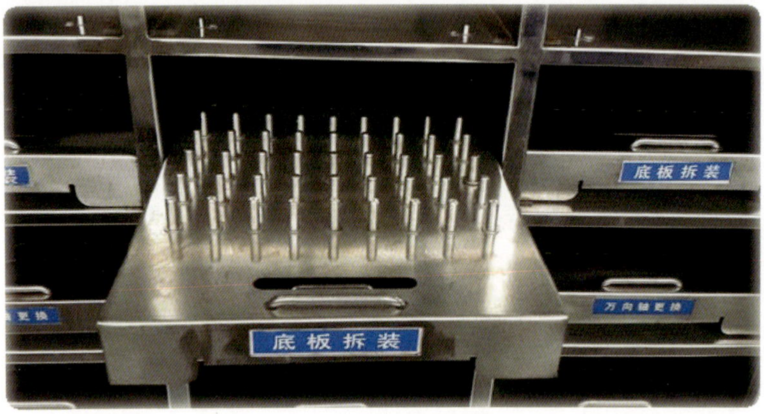

图 5-4-24　辆份制物料定置托盘

图 5-4-25　智能物料柜

每个工具物料柜可以与作业人员的权限及作业计划相关联，只有经过授权的人员方能通过身份识别开启柜门，进行工具物料的领用。当领用的物料或工具与计划作业内容不符时，系统会进行错误提示，以防止物料或工具的误用。作业完毕，工具归还后，系统自动扫描判定归还结果，对未归还工具进行提示，避免工具遗漏在作业点。

4. 工具管理智能工作站

工具管理智能工作站（见图 5-4-26）将工具管理与检修作业流程相结合，通过嵌入作业工序引导程序，利用灯光提示等方式对工具的取用进行管理，保证每个工序能够选择正确的工具来进行作业。同时还可以将关键检修数据通过无线传输方式上传至工作站，对作业结果进行合格判定。当出现工具取用错误或者作业结果不合格时，工作站会利用声光等方式进行提示。该工作站可以保证标准化检修作业的实施，保证检修作业结果合格，适用于关键部件的检修作业场合。

图 5-4-26 智能工作站

5. 工具物料配送车

利用工具物料配送车（见图 5-4-27），实现各个作业工位或各个工具物料柜的配送维护。配送车可以自动识别工具物料种类，按照计划要求配送至对应的工位或存储柜，并自动记录配送结果。若出现配送错误时，系统能够实时进行提示。采用该配送车，可以实现检修作业和工具物料管理的动态关联，提升整个检修作业的效率，提高管理的智能化水平。

图 5-4-27　物料配送车

五、悬挂式综合管廊

（一）背景介绍

随着我国经济的持续、高速发展，各类高层建筑、大型建筑越来越多，并且各类建筑越来越复杂，综合性越来越强。像机务段这种集公共场所与专业场所为一体的大型综合建筑，其功能多样化，设备种类多，多个施工专业队伍集中在拥挤的现场，按照各自的施工图纸进行施工，很难管理，也难以发挥出各自的效率。另外我国铁路行业快速发展，各专业都需要有大量的管道和电缆支持。目前在我国大功率机车检修基地和机务段等大型厂库房中，包含了工艺压缩空气、电力、给排水、卸污、上水、屋面雨水虹吸集水管、暖通、空调、供热、燃气和消防等管道；高压供电、大负荷电力母线、通信、信号、FAS、BAS 和信息等电缆。更重要的是，对于大型的建筑，各专业设计之间很难相互顾及，不可避免会出现专业之间交叉相碰的情况。这样一来，对各专业管线进行综合考虑、综合布局管理就尤其重要。

悬挂式综合管廊如图 5-4-28、5-4-29 所示。

图 5-4-28　悬挂式综合管廊（一）

图 5-4-29 悬挂式综合管廊（二）

（二）系统设备组成及特点分析

悬挂式综合管廊设备采用模块化构件装配式组合设计，可满足不同型式的检修库内各类管线集中铺设需求，实现施工安装便捷、高效；该设备各部件采用激光切割、模具冲压、镀锌、环氧喷塑等加工工艺，现场无须焊接和钻孔，保证设备整体美观、持久耐用、安全可靠。

悬挂式综合管廊设备具有适用性、灵活性和兼容性较强等特点，可提高库内有限空间的利用率，方便后期管线扩建。

悬挂式综合管廊具有多种优点，主要表现在以下几个方面：

1. 装配式支吊架，无须焊接

悬挂式综合管廊采用组合式构件、装配式施工，整齐、美观、大方，无须焊接和钻孔。而且利用构件装配组合，可方便地进行拆改调整，可重复使用，也可对以后管道的扩展预留一定的空间，浪费极小。

吊挂系统包括吊块、吊杆、横梁。吊杆的顶端装有吊块，吊杆之间均固定有上、下呈错落分布的横梁，吊杆底部固定在底梁上，前、后排的吊杆、横梁和底梁呈均置平行状排列，构成方形框架，前、后排的两横梁上置有第一管线，前、后排的底梁上分别置有第二管线、第三管线、第四管线，使各层走廊的各种管道及电缆桥架等合理分配，空间利用合理，提高走廊吊顶标高，安装牢固，节约材料，省工省时，工作效率高，工程进度快。

装配式结构如图 5-4-30 所示。

2. 多个专业协同设计，提高室内空间标高

悬挂式综合管廊具有良好的兼容性，各专业可共用一支吊架；充分利用空间，可使各专业的管束得到良好的协调，达到空间和资源共享，提高有限的空间利用率，从而提高设备区走廊的标高，解决标高困扰的问题，如图 5-4-31 所示。

图 5-4-30　装配式结构

图 5-4-31　合理利用库内空间

3．受力可靠、稳定

悬挂式综合管廊所有的受力构件——U 型槽钢及扣件（带锁紧锯齿）可以实现拼装构件的刚性配合，连接无位移，无阶调节，精确定位，抗冲击及震动，增强支架节点的抗剪能力（见图 5-4-32）。底座与结构顶板采用锚栓连接，其非破坏性拉拔强度是膨胀螺栓的 2 倍。

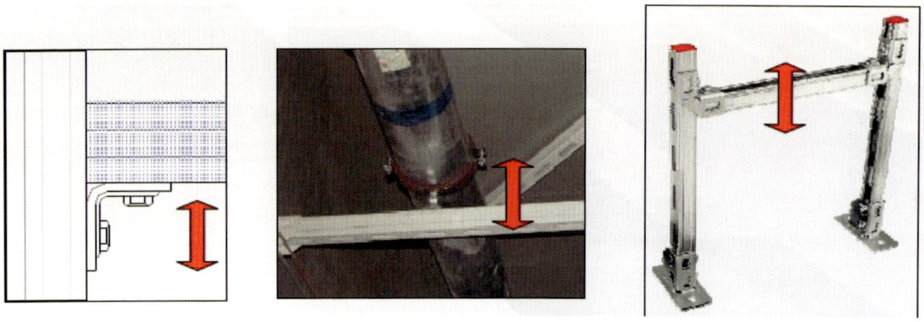

图 5-4-32　受力可靠稳定

4. 安装速度快，施工工期短

悬挂式综合管廊采用装配式安装，横担和竖杆是可定尺产品，根据深化的综合管线图进行下料，便可进行组装，安装速度是传统做法的 6 ~ 8 倍，制作安装成本降低二分之一。各专业和工种可交叉作业，提高工效，缩短工期。

5. 使用寿命长，后期维护方便

根据使用环境、不同部位的特殊需求，提供不同工艺的材料，如电镀锌（冷镀锌）、热镀锌及粉末镀锌涂层（喷塑）。材料具有很强的防腐，使用寿命长。不同专业管线如图 5-4-33 所示。悬挂式综合管廊实景如图 5-4-34 所示。悬挂式综合管廊与传统焊接式吊挂对比如表 5-4-1 所示。

简易吊装方式在建设初期投资小，周期短，安装灵活。但是由于缺少系统的布局设计和综合的受力分析，靠施工人员经验选用安装构件，选择安装位置，判断安装工艺，管线布局凌乱，重复吊挂，工艺不达标；管线和房屋受力不均，钢结构焊接工艺影响结构安全，损伤管线，而且影响整个建筑的寿命，增加了用户的维修成本，造成的损失更加不可估量。其主要有三大类问题：第一是各类管线位置相互干涉冲突；第二是管线施工完后没有检修维护及后期发展的空间；第三是管线和支架安全稳定性较差。

图 5-4-33 不同专业管线

图 5-4-34 悬挂式综合管廊实景图

表 5-4-1　悬挂式综合管廊与传统焊接式吊挂对比

	型钢焊接式吊挂	悬挂式综合管廊设备
管线空间管理	边施工边调整，管线容易错乱，占用空间大	施工前进行优化细化设计，管线位置清晰
结构受力计算	施工单位凭经验设计安装	专业工程师采用专用软件进行整体受力优化设计，安装前进行加载实验
结构影响	需焊接，对结构有影响，破坏防腐防火涂层	无须焊接，避免影响原承重结构和防腐防火涂层
耐久性	现场通过油漆防腐，需要定期维护，影响正常生产	表面镀锌处理、环氧喷涂或工厂油漆处理，减少二次维护的费用，延长使用年限
检修维护	管线检修更换需进行焊接工艺，需停工配合	系统可以选配专用的辅助检修平台安装、检修、维护，系统全部采用装配式设计，拆装方便，便于检修更换
安全扩容	不利于改变工厂的使用功能，明火施工，风险大	便于调整生产功能和扩容，无明火施工，减少安全隐患
外观	颜色暗淡	明亮美观
施工效率	需协调各个管线专业施工	悬挂管廊专业施工，施工效率提高 3 倍
成本	造价较低	一次投入大

悬挂式综合管廊采用装配式安装，灵活组合，方便调节，便于后期维护及扩容；对构件的任何部分选取都有据可依，严格进行受力核算；将各专业管线集中布置形成管廊，有效减小安装空间；表面均为钝化镀锌、环氧喷涂、达克罗及油漆处理，延长使用年限；无须焊接、预钻孔，视觉美观新颖，提升工程建造品质。

（三）工程实际应用

悬挂式综合管廊已在全国多个机车检修基地、机务段和折返段推广应用，成为机车快速检修的重要装备之一。其在哈尔滨、广州、上海、太原的应用分别如图 5-4-35 ~ 5-4-38 所示。

图 5-4-35　哈尔滨大功率检修基地-工艺管线集成系统

图 5-4-36　广州大功率机车基地-工艺管线集成系统

图 5-4-37　上海大功率机车基地-工艺管线集成系统

图 5-4-38　太原湖东机务段-工艺管线集成系统

第六章　大功率电力机车检修关键技术及装备

大功率电力机车关系到我国铁路运输能否安全、高效运营，其检修工艺项点多、检修工艺复杂、检修停时较短，因此需要有系列与之配套的检修技术及装备来保证机车检修质量、提高机车检修效率，从而提高运营效率和运营成本。本章从大功率电力机车检修用到的主要装备，如固定式架车机、转向架检修流水线、走行部定期落轮检修、牵引电机检修系统技术研究、9 600 kW 机车整车动态试验台、浅坑式移车台、大部件清洗进行详细介绍。

第一节　固定式架车机

待修机车入段后，经过机车清洁工序，入库检修的第一道工序就是机车解体作业。固定式架车机作为该工序的一项重要工装设备，其技术性能对机车解体作业的时间长短起着关键性的作用。

一、固定式架车机研究的必要性

在以往机务段的工艺设计中，根据机车检修工艺要求，在机车进行小辅修、中修作业时，需进行架车作业，以便于实现车体与转向架的分离，进行转向架更换或者转向架、机车走行部的解体检修作业。在架车台位一般设置有检查坑，架车设备采用移动式架车机。调研表明，采用该种作业方式，主要存在以下缺点：

（1）作业现场因设置检查坑，检修人员作业不方便。

（2）采用移动架车机，架车机与机车的对位主要依靠人工对位，作业效率偏低。

（3）作业现场的环境不易于清洁。

在动车段的设计中，固定式架车机已经成功应用于各动车段的工艺设计中，武汉动车段、上海动车段、广州动车段等均已投产使用。调研表明，固定式架车机的应用取得了现场的好评，其优点主要体现在以下方面：

（1）作业场地平整，检修人员作业方便。

（2）固定式架车机采用自动对位控制技术，可提高架车作业效率，能有效提高检修台位的利用率，有利于节省检修作业时间，减少检修作业库停时间。

（3）通过合理的设计，固定式架车机亦可做到多种机型的兼容，有着良好的适应性。

二、大功率电力机车架车方式的研究

（一）传统架车作业简介

以往机务段进行架车作业所采用的设备为移动式架车机（见图 6-1-1），架车台位设有检查坑。当机车停车就位后，检修人员先进入检查坑，拆除机车车体上部与走行部之间的线缆连接。检修人员从检查坑出来后，移动架车机，对准机车架车点，启动架车机，架起上部车体，实现车体与走行部的分离。其作业现场如图 6-1-2 所示。

图 6-1-1　移动式架车机

图 6-1-2　移动式架车作业方式作业现场

从传统架车作业方式及架车机的布置形式上可以看出，存在以下局限性：

（1）作业场地被检查坑（长 27 m、宽 1.3 m、深 1.1 m）分割成多个部分，检修人员作业不便。

（2）HXD 电力机车的主变压器、变流器是从车体下部进行拆装的，因检查坑的存在，拆装不便，适应性差。

（3）移动式架车机一般用于定位修检修工艺。在整个架修作业期间，架车台位占用时间为机车库停时间，一般为 5 天，一年检修能力为 50 台左右。按常规机务段中修库 2 条中修库线，每线设解体台位和组装台位各 1 个，常规机务段中修能力一般不超过 200 台/年。

（二）HXD 电力机车检修作业流程

机车从进入检修基地到修竣验收，一般按以下流程（见图 6-1-3）完成其检修作业过程：

入段→吹扫→洗车→待修→入库→机车解体→检修→机车组装→出库→调试→整车试验→喷漆→淋雨试验→整备、存车→验交→出段。

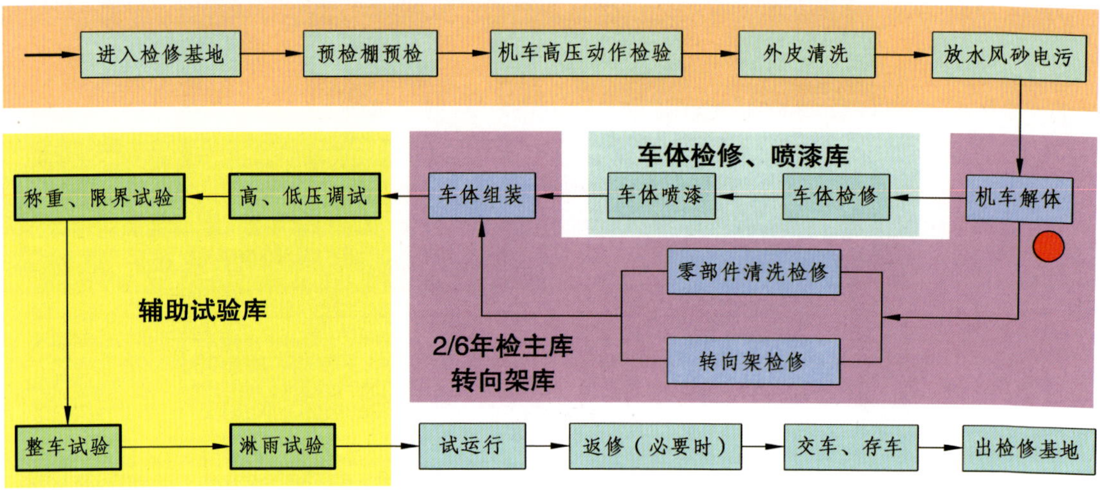

图 6-1-3 HXD 电力机车检修作业流程图

（三）检修工艺流程

根据机车检修作业流程及机车制造商提出的机车检修规程（试用版）和推荐的检修方式，按作业全过程细化，机车从入库到出库，其维护、检修全部检修工艺流程如图 6-1-3 所示。

从检修工艺流程图中可以看出，架车作业是一个关键工序节点。完成架车作业后，机车将分解成两大部分：上部车体和下部转向架。后续作业将分别在部件库和转向架库分别完成。因此，架车作业时间将直接影响后续工序是否能顺利、快捷地进行，架车机起着控制性的作用。传统机务段架车作业采用移动式架车机，其对位时间较长。机务段检修作业量一般年中修机车台数在 200 台以内，平均每天约 0.3 台，架车时间长短对检修时间影响不大。而大功率电力机车检修基地设计能力一般在年检修能力在 500 ~ 600 台，平均每天进车数量为 2 台左右，其检修工作量数倍于传统机务段工作量。因此，每道工序要求衔接紧密，时间节拍控制紧凑。

（四）机车检修节拍

不同的检修基地，根据需要会采用不同的检修工艺布置方式。根据相关研究和设计实例，目前采用的检修工艺布置方式主要有直线流水修、U 型流水修等。本课题以直线流水修分解组装共 6 个工位为例，按库停时间 4 天考虑，给出了机车检修时在各个工位上的时间节拍和主要作业内容，如表 6-1-1 ~ 6-1-6 所示。

表 6-1-1　机车检修节拍 1 工位（机车分解 1）

	第 1 天					
时间 内容	0　1	2	3	4	4.5	
作业重点	拆除转向架、车顶、机械室与车体之间的连接		出转向架、吊顶棚			
车顶	拆一、二室顶部风笛	拆顶盖间的沟槽盖板紧固螺钉		拆吊车顶盖		
车顶	分各导电杆连接			吊卸空调主机		
车顶	拆 1、2 端、中间三大顶盖安装螺栓					
机械室	拆除通信柜上连接车顶天线的 4 个转接头	拆除右侧高压电流互感器外罩及接地线		取蓄电池单节		
机械室	拆走廊灯电源接头	拆除制动控制柜上方与车顶连接的紧固螺栓				
机械室	拆电源变换装置柜子上方靠外侧的接线插头	拆除蓄电池柜上方与车顶的连接螺栓				移车至解体 2 工位
机械室	拆除电器控制柜后 5 个风管接头	拆除两侧电源转换装置柜上方与车顶的连接螺栓				
机械室	拆控制风缸旁 2 个风管接头					
车底部	拆除二系垂向减振器	拆牵引电机进风罩、电缆、接地线	架车、推出转向架、推入工艺转向架、落车	拆除前后车钩缓冲器	推入工艺转向架，落车	
车底部	拆除轴箱各传感器及接头	进液压升降托架，拆牵引杆				
车底部	拆除与车底连接的各风管	拆除前后排障器				
车底部	拆除横向减振器					

表 6-1-2　机车检修 2 工位（机车分解 2）

	第 1 天			
时间 内容	4.5　　5	5.5	6	移车至清洁工位
作业重点	拆除机械室、司机室安装部件			
机械室	拆卸复合冷却器通风机组	拆卸 1-6D 牵引电动机通风机组		
	拆卸电气控制柜电压表电度表	拆卸 ATP 设备	拆辅助压缩机、辅助干燥器	
	拆卸空压机	拆卸干燥器	拆充电器	
司机室	拆司控器、板键开关组、EBV	拆各仪表	拆空调控制箱	
			拆侧、后墙暖风机	

表 6-1-3　机车检修 3 工位（车体清洁）

	第 1 天				
时间 内容	6　　6.5	7	7.5	8	移车至检修工位
作业重点	转向架牵出后车底部、机车内各安装部件吊离后的清洁工作				
机车内部	使用吸尘装置对车体内各部积灰进行吹扫，并用毛刷、棉布擦净车上各保留设备的积灰		使用风管路吹扫工具对留在车上的风管路内部进行吹扫，确保管路畅通		
	拆除机车走廊地板				
车底	对车体进行物理隔离	对机车车底部进行吸尘吹扫清洗作业			

表 6-1-4　机车检修 4 工位（检查、检修）

	第 2 天								
时间 内容	0　　1	2	3	4	5	6	7	8	移车至组装 1 工位
作业重点	转向架安装，对留在车内的电线路、风管路、地板以及车体外皮状态检查、检修								
车体外部			检查机车外皮状态，对车体破损、掉漆的部件进行修理并补腻子						
			检查刮雨器状态	刮雨器各连接件、刮片损坏进行更换					
机车内部、车底			对留在车上的管路接头的密封性进行检测			对检查不良的风管路及密封性不良的接头进行检修或更换			
			检查车上电线路导线状态，平直，无断裂，无局部裂纹，绝缘层不允许严重过热、烧损、老化龟裂			对导线绝缘层存在过热、烧损、老化龟裂的进行更换			
			对司机室门、侧窗、瞭望玻璃状态进行检查。对于气密封侧入口门，检查气密封功能		对侧提窗升降滑动不自如，随停不可靠的进行修理		对司机室门密封性、锁具、铰链不良的进行修理更换		
			使用线路绝缘检测设备对电线路进行耐压、绝缘值检测			对瞭望玻璃不良的进行更换			
车底	架车，推出工艺转向架，回第一工位	推入修竣转向架，安装并落车							

表 6-1-5 机车检修 5 工位（组装 1）

内容 \ 时间	第 3 天				
	0　2	4	6	8	移车至组装2工位
作业重点	对车底部、司机室部件的安装工作				
机车内部	安装走廊地板，确保平整				
司机室	安装空调控制箱	安装司机室各仪表	安装侧、后墙暖风机	安装司控器、板键开关组、EBV	
车底	安装横向减振器、垂向减振器	安装撒砂管、前后排障器	连接各风管及牵引电机进风罩、电缆、接地线	连接轴箱各传感器及接头	

表 6-1-6 机车检修 6 工位（组装 2）

内容 \ 时间	第 4 天								
	0　1	2	3	4	5	6	7	8	移车至静调库
作业重点	机械室各部件的安装和车顶安装工作								
机械室	吊装复合冷却器通风机组。紧固定螺栓，接地线、电源线、接线盒	安装辅助压缩机、辅助干燥器	安装电器控制柜电度表、电压表		安装空压机、干燥器	安装蓄电池单节，充电器	安装 ATP 设备		
			吊装 1-6D 牵引电动机通风机组						
车顶作业				安装空调主机			吊装车顶三盖板及沟槽盖板	连接车顶各导电杆，安装风笛	

大功率机车检修基地采用了机车解体分解台位与组装台位同一条流水线串联布置的工艺总体方案，因此，机车架车方式及架车装置需尽可能减少对上、下道流水作业工序的影响。

（五）HXD 电力机车架车方式的比选

综上所述，采用固定式架车技术，具有以下明显的技术优势：

（1）固定式架车技术更适用于流水修作业模式，可显著提高检修基地的检修能力，作业流畅。

（2）采用固定式架车技术，作业空间通畅，更适合于 HXD 电力机车的主变压器、主变流器的拆装作业。

（3）固定架车作业方式与工艺转向架的配套应用，解体、组装架车台位占用时间可减少到 1 个工作日，与移动式架车机作业模式占用 5 个工作日相比较而言，作业效率有了大幅提升。

因此，在大功率电力机车检修基地的设计过程中，我们推荐采用固定架车工艺。根据工艺设计需求，本课题开展研究固定架车机的研发。

三、固定式架车机技术方案研究

（一）基本技术参数

固定式架车机主要用于大功率电力机车转向架的更换、拆卸、装配及维修，架车作业全部沉入地下，地面平整，便于检修。

大功率交流传动机车固定式架车机能适应国内现有各型号大功率电力机车转向架和车体的升降要求。满足的车型包括 HXD1、HXD1B、HXD1C、HXD2、HXD2B、HXD2C、HXD3、HXD3B 等多种。其主要技术参数如下：

电力机车机车型号：	大功率电力机车
转向架举升轨最大起升高度：	1 600 mm
车体举升柱最大起升高度：	2 800 mm
每台转向架举升轨梁提升能力：	800 kN
每个车体举升柱支撑能力：	250 kN
地面盖板承载能力：	3 t 叉车满载通过
转向架举升轨升降速度（ ± 10%)：	150 mm/min
车体举升柱升降速度（ ± 10%)：	150 mm/min
举升轨与地面固定钢轨水平高度差：	± 1 mm
全程升降过程中同步误差范围：	± 4 mm
车体举升柱托头横向移动距离：	适合各机型
举升轨的轨距：	1 435 mm
电源：	380 V/60 kW

1. 转向架举升轨最大起升高度的确定

为便于检修人员拆除大线、传感器接线等管线，转向架举升高度应满足检修作业时的净空要求。从人机工程学角度出发，1 600 mm 举升高度可较好适应各种身高作业人员的需求，故转向架举升轨最大起升高度定为 1 600 mm。

2. 车体举升柱最大起升高度

车体举升高度应满足主变压器、主变流器的拆装作业要求。各种机型的主变压器的高度范围在 1 400 ~ 2 500 mm 之间，主变流器高度范围在 1 900 ~ 2 100 mm 之间，考虑适当的作业空间，故车体举升柱最大起升高度定为 2 800 mm。

3. 每台转向架举升轨梁提升能力

六轴机车整备质量为 150 t，适当考虑裕量，按每台转向架举升轨梁提升能力 800 kN 计，可满足六轴机车整体举升能力需求。

4. 每个车体举升柱支撑能力

六轴机车车体质量为 90 ~ 92 t，按四个架车点计算，并考虑适当的裕量，每个车体举升柱支撑能力按 250 kN 设计，可满足六轴机车车体举升能力需求。

（二）多种机型的兼容性研究

1. 大功率交流传动机车的参数分析

近几年，随着“和谐型”大功率交流传动机车的下线和交付使用，我国货运铁路的运能有了长足的进步。从大功率交流传动机车投入使用至今，已有 HXD1、HXD1B、HXD1C、HXD2、HXD2B、HXD2C、HXD3、HXD3B 多种车型投入使用。伴随着机车重量的增加及现代化程度的持续提高，对检修设备部分的要求也在不断地提高。多种车型的应用满足了国内复杂的应用环境和运力要求，但给检修设备的研发与制造增加了难度。

以 HXD1 型电力机车为例，它是中国国有铁路的货运电力机车车种之一。这款机车使用交直交传动及双机重联，单机轴式为 B_o-B_o，前后各一个两轴转向架，轴距为固定的 2 800 mm。而 HXD3B 大功率交流传动货运电力机车于 2008 年底在大连下线，六轴功率为 9 600 kW，其轴距为 1 950 mm。仅这两种车型的参数就差别明显，其他车型之间的差异便更大了。

固定式架车机由转向架举升机构和车体举升机构两部分组成。转向架举升机构固定在地坑内，其顶部有轨距为 1 435 mm 的走行轨道。转向架举升梁应具有足够长度，适应各类和谐型大功率交流传动机车的轮对举升。车体举升机构在转向架举升机构两侧，用于支持机车车体。具体支撑部位是车体上的架车垫，由于不同车体的架车垫位置不同，车体举升机构需要在不同的位置进行支撑，增大了固定式架车机的开发难度。

2. 固定式架车机的布置方案研究

由于大功率交流传动机车的检修过程中既要升降车体和转向架，又要满足检修库地面上保留一条供机车走行的标准轨道，采用固定式架车机是最好的选择。而且受地面固定轨道尺寸和车型参数所限，现有的固定式架车机不可能具有通用性。要实现兼容多种型号的大功率交流传动机车的架车作业，必须研究新的布置方案和结构形式。

对现有大功率交流传动机车的尺寸进行分析研究，以车体的中心线为基准线左右对齐布置车体，将所有机车转向架的轴距和定距进行分类，在图纸中进行排列组合。这样有助于减小各型交流机车的转向架的位置差异，有利于架车设备结构的简化。

所有车型的转向架轮对投影位置都能够落到转向架举升机构的举升梁上，这样长度的举升梁才能够满足不同车型的要求。如图 6-1-4 所示，满足投影要求的转向架举升梁的长度为 6 575 mm，举升梁的中心距为 11 525 mm。根据计算举升梁得出的计算结果，固定式架车机的基础坑长度不得小于 6 575 mm。

车体举升机构在转向架举升机构两侧，不工作状态下隐藏在地面盖板的下方。单一车型的固定式架车机车体举升机构固定在某一个位置，不能随意移动。显然，固定的车体举升机构不能适应多种型号的大功率交流传动机车架车需求。因此，需采用活动式的车体举升机构，并且可以随意移动到不同车体的架车垫位置。同时，车体举升机构的托头大小直接影响基础坑的宽度尺寸。大功率交流传动机车的宽度尺寸在 2 850 ~ 3 100 mm 范围内，可以计算得出车体举升机构的托头移动范围约为 650 mm，移动范围也决定了托头尺寸的大小，如图 6-1-5 所示。通过研究兼容多种大功率交流传动机车的技术参数，计算得出基础坑的宽度为 6 250 mm。

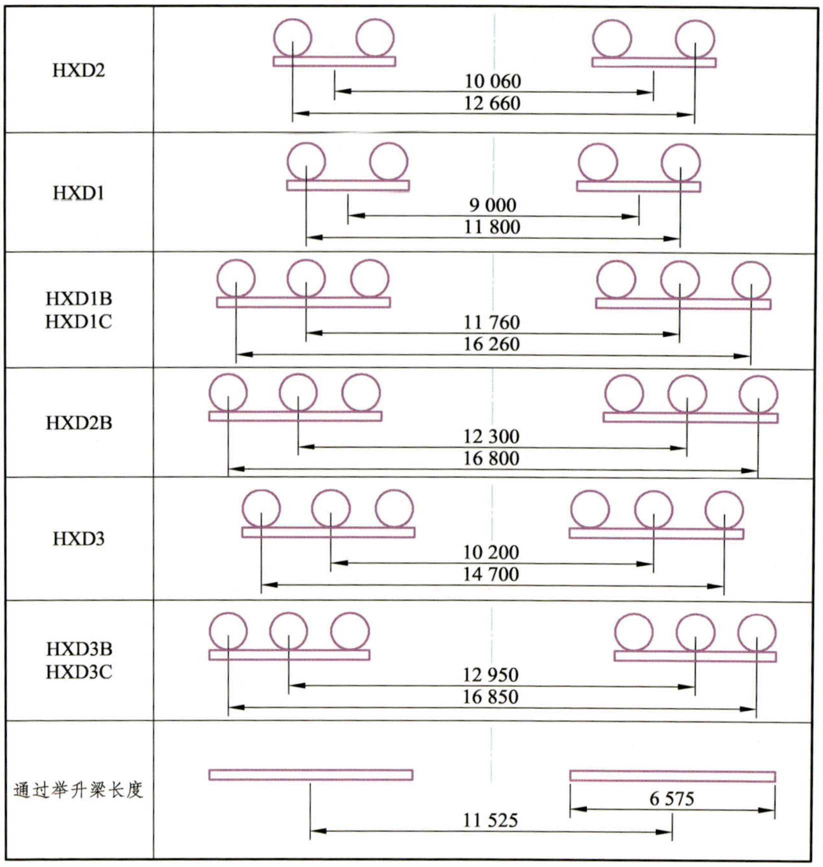

图 6-1-4　大功率机车转向架对位投影图

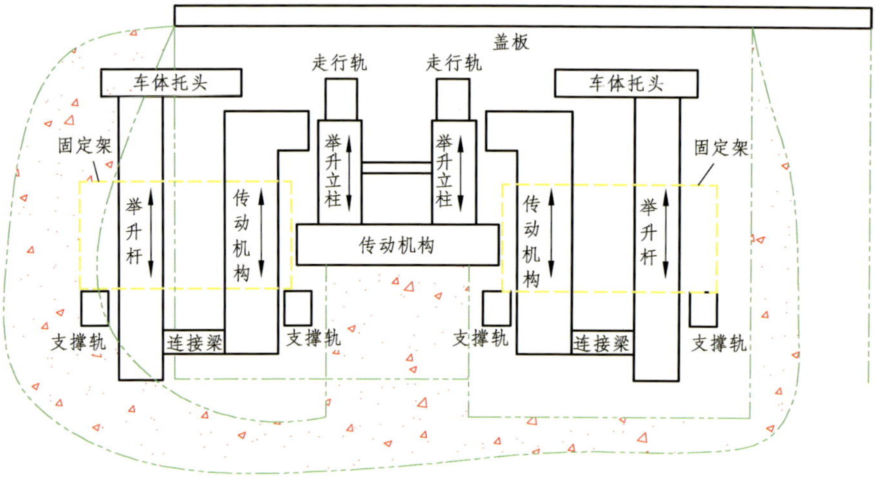

图 6-1-5　固定式架车机结构示意图

由于车体举升机构在不工作状态下隐藏在盖板的下方，其行程直接影响基础坑的深度。和移动式架车机相比较，车体举升机构采用倒置式的结构形式，传动机构、连接梁、举升杆形成一种“U”字型的结构。车体举升传动机构的行程为 2 600 mm，即举升梁和车体托头需要举升高于地面 2 600 mm，在地面以下的结构要远远大于这个尺寸。通过计算设备安装尺寸所需要的空间，基础坑位最大深度为 5 500 mm。根据以上研究，可以得出固定式架车机的基础布置图，如图 6-1-6 所示。

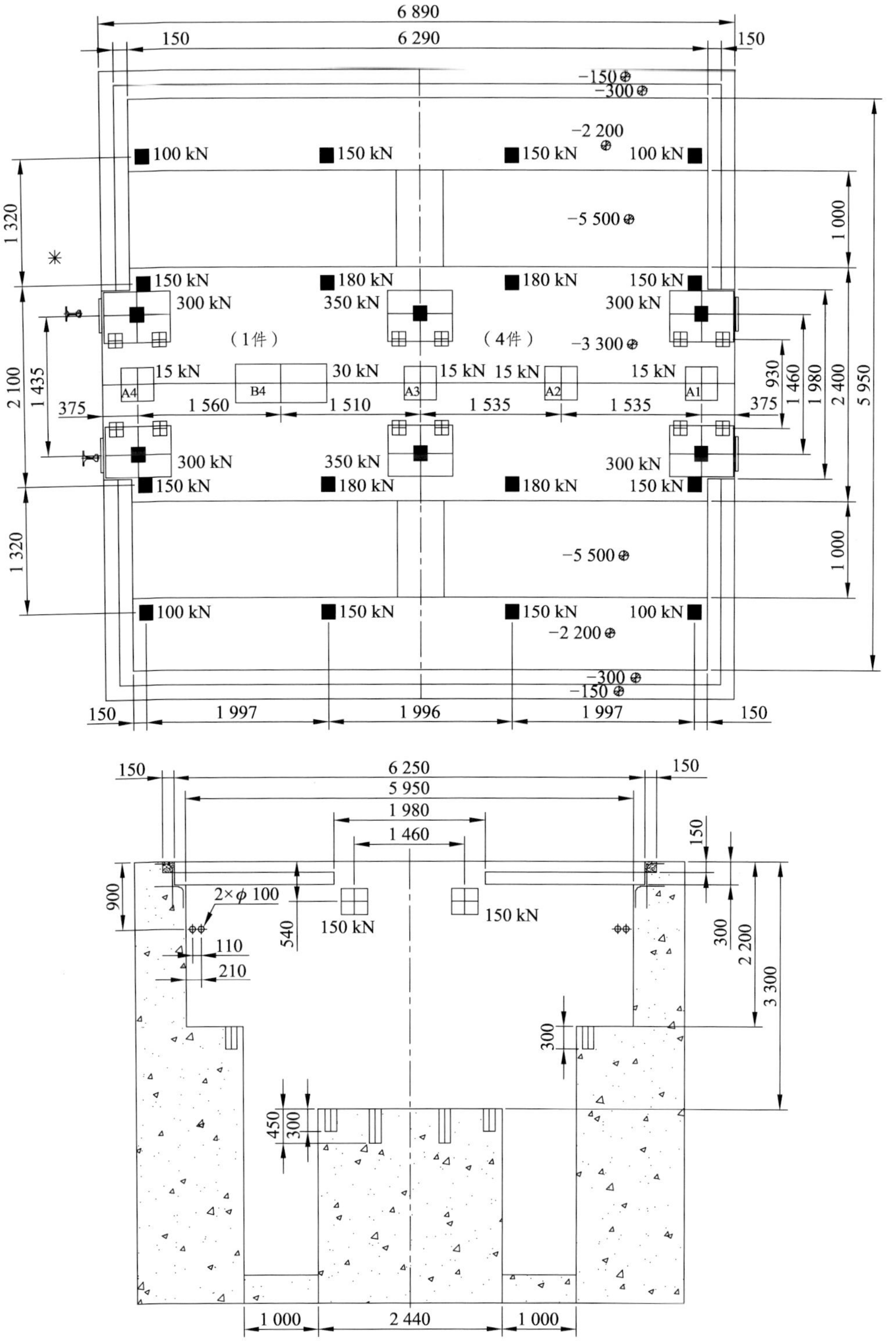

图 6-1-6　固定式架车机基础布置图

3．固定式架车机的结构研究

随着我国铁路和谐型大功率交流传动机车的批量投入使用，各机车保有单位迫切需要相应的机车维护设备，以高效方便地对机车检修，研制兼容多种交流传动机车固定式架车机，加快推进铁路技术装备现代化进程，具有十分重要的现实意义。

地坑式架车机的转向架举升装置和车体举升装置属于低速重载的传动设备。其工作过程中，整个传动机构速度比较低，但载荷较大。其工作状态和起重机类似，安全性要求很高。其设备安装在地面以下，结构更复杂，整体精度和同步性要求更高，研发难度大。随着大功率交流机车的不断发展，通过对地坑式架车机主要结构的研究，有助于拓展固定式架车机在机车检修中的适用性和提高设备自身的安全可靠性。

大功率交流传动机车的固定式架车机汇集了当今国内外架车机的最优设计理念，采用地坑式安装方式。不架车时，所有架车设备都藏于地面盖板之下，使检修现场能保持整洁干净，视野开阔，工作环境优良。

1）转向架举升机构的研究

一般固定式架车机的举升梁的最大长度为 4 ~ 5 m，负载不超过 350 kN，转向架举升机构的结构多为一套驱动装置和四套举升机构组成。举升梁多采用板材焊接的箱型梁结构，具有良好的刚度和抗负载能力，其结构尺寸由长度和负载情况决定。大功率交流传动机车的固定式架车机对承载能力要求高，原有架车机的举升梁增加到所需的长度以后，强度和刚度远远不能达到要求；同时受到地面下安装的尺寸限制，也不能一味地增大举升梁的结构尺寸（既不经济也满足不了设备安装的要求）。

因此，转向架举升机构采用了由两根举升梁、六根举升柱、六套丝杠螺母副及相应的驱动等装置组成的新式结构（见图 6-1-7）。总体结构采用六立柱举升的方案，极大地改善了结构受力情况，优化了走行梁的结构尺寸，减轻了整个钢结构的重量；实现了对现有多种和谐型大功率交流电力机车的兼容维修，即使车型扩增，其结构也能满足相应的要求，远优于原有固定式架车机的四柱举升机构。

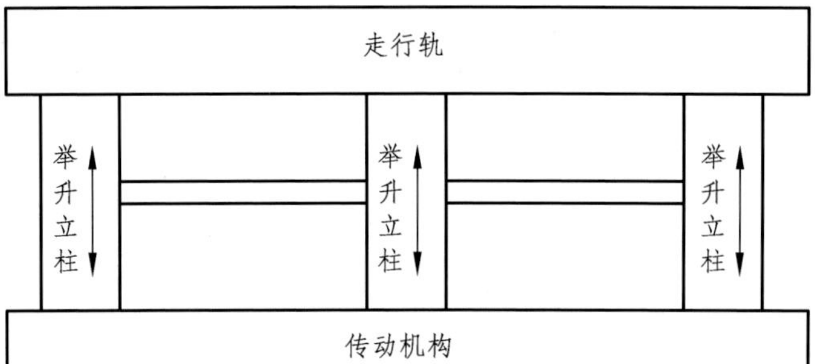

图 6-1-7　转向架举升机构示意图

转向机举升机构立面示意图如图 6-1-8 所示。

2）车体举升机构的研究

车体举升机构（见图 6-1-9）由车体举升杆、钢结构支架、丝杠螺母副、纵向移动走行部、托头装置及电控装置等组成。

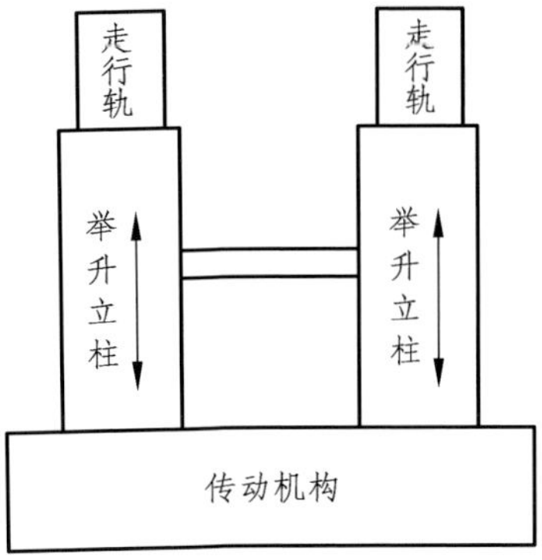

图 6-1-8　转向机举升机构立面示意图

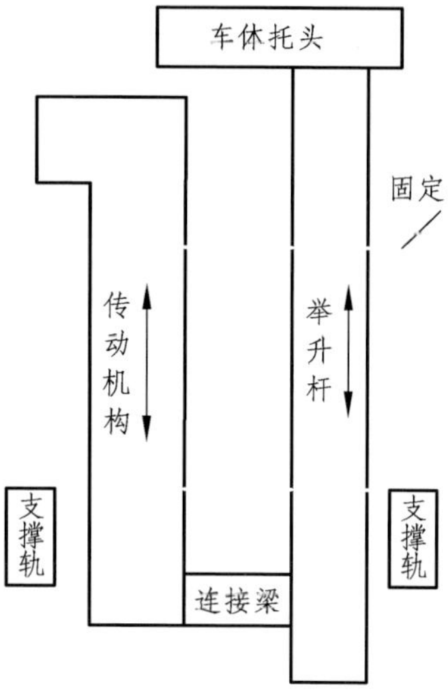

图 6-1-9　车体举升机构示意图

为适应多种大功率交流传动机车的要求，车体举升机构应可以在固定的轨道上自由移动，并且能够按指令停止在正确的位置上。在车体举升装置的结构上，由四个弹性轮架设在两根固定的支撑轨道上：其中两个为主动弹性轮，另两个为从动弹性轮。主动弹性轮通过走行电动减速器驱动行走，从动弹性轮跟随主动轮行走。

为了适应不同大功率交流传动机车架车作业（主要是车体宽度不同），车体举升机构的托头通过横移电动减速器驱动托头进行横移，横向移动距离由交流机车的车体宽度差异决定。

四、固定式架车机的主要技术特点

固定式架车机一般安装在地下基础坑内，架车作业时，由调车机车或公铁两用车将车辆牵引到架车台位上正确对位。操作人员在总控制台对机车的升降进行控制。固定式架车机的主要技术特点可以分为两个部分：电气控制部分和机械传动部分。

大功率交流传动机车固定架车机大规模采用现代成熟的传动和电气控制技术。电气控制采用了先进的传动方案和可靠的传动控制设备，保证了整套设备高质量及稳定优越的性能。固定式架车机的举升由计算机全程控制，计算机内预先加装了符合用户要求的控制程序，在架车过程中操作人员操作/监控主操控台就能基本上完成各车型的架车工作，提高了工作效率，减轻了操作人员的劳动强度。

大功率交流机车固定式架车机在机械结构上的主要特点体现在以下几个方面：① 考虑到不同用户的需要，能满足我国现有的全部和谐型大功率交流传动机车检修时的架车需要；② 举升杆为丝杠螺母传动机构，采用梯形螺纹丝杠，具备在任意位置都可以停止并锁定的功能；③ 车体举升机构能根据不同车型的架车点要求自动调整；④ 举升梁的两端设计有防蹓车的止挡机构；⑤ 举升丝杠传动机构中设置了防止工作螺母发生意外破坏的安全螺母，工作螺母与安全螺母之间在正常工作状态时保持设定间距，当设定间距变小时，控制系统报警。

（一）电气部分技术特点

控制系统选用当今最先进的总线技术，组成多重网络系统，应用计算机完成现场控制及监控管理。采用日本三菱公司的 CC-LINK 总线及三菱公司的 Q 系列 PLC 及 FX 系列 PLC。PLC 的性能稳定可靠，可以满足工业场所的环境和响应速度。

控制回路应用现场控制器及上位机，组成多闭环控制系统，自动调节，自动控制，提高精度。整个系统全数字化，没有模拟量，反馈信号及控制信号完全数字化传输，没有衰减，不受干扰，传输速度快，精度到达 100%。

在控制设备的选择上，每个基坑的车体举升机构、转向架举升机构分别设电气控制柜，系统控制功能如下：

（1）总体逻辑关系：控制系统有主控制台、手持控制器；主控制台先进行粗对位，主控制台选择本地控制器时，手持控制器才能起作用，完成精确对位，手持控制器完成精确对位后，主控制台进行下一步操作。

（2）操作台设置有总控制钥匙开关、急停按钮、报警蜂鸣器和复位按钮等；在控制计算机上先进行作业车型的选择；然后进行车体单元及转向架单元的选择，再进行工作模式的选择。在人机界面上有上限位、下限位、磨损开关、障碍物、高差超限等所有报警信息的显示。

（3）当在操作台选择本地控制时，在 4 个车体举升柱附近可用现场控制器分别控制 4 个车体举升柱分别实现升、降点动控制、托头横向移动、举升柱纵向移动控制，完成精确对位。

（4）在操纵台选择远程控制后，可在操纵台实现对 4 个车体举升柱及 2 个转向架举升柱任一单台的任一方向的运动控制。

（5）4 台车体举升柱和 2 台转向架举升柱可分别实现点动升降或连续升降的联动控制，可同步上升、下降或停止。上升或下降过程中，任意 1 台的限位开关动作，系统全部停机。遇到障碍物时，系统全部停机。同步联动过程中黄色警示灯闪烁。在架车过程中，按下任意架车机的急停按钮或操纵台上的急停按钮，系统全部停机。排除故障后，需手动按下复位按钮，系统才可继续工作。

（6）计算机人机界面上有车体举升柱和转向架举升柱的上限位、下限位、障碍物、磨损开关、高差超限等报警信息显示，系统实时检测，实时报警。

（7）按照架车工艺过程，设计有操作流程画面，操作者可按照操作流程完成架车工作。

（8）设置有拆解确认、托头对位确认、转向架牵出确认、转向架牵入确认、车体对位确认、联结确认、托头复位确认、止挡工作确认和止挡复位确认等 9 种确认状态，在相应部位达到工作状态后，按下确认按钮，系统才能进行下一个流程的操作，否则系统会等待确认信号。

（二）机械部分技术特点

机械部分选用适合工业场所的优良设备，充分考虑环境保护要求，工作噪声小于 75 dB。机械传动设备在环境 $-10\sim50$ °C，相对湿度 $\leqslant 95\%$ 的条件下，能连续运转 20 h，日均运转 12 h。固定式架车机具有技术先进、结构设计合理、操作简便、安全可靠、便于维护、维修良好等特点。

1．转向架举升机构

转向架举升机构由两根举升梁、六根举升柱、六套丝杠螺母副及相应的驱动等装置组成。

采用全新的结构布局，由以前的四立柱改为六立柱，改善了结构受力情况，极大地优化了走行梁的结构尺寸，减轻了整个钢结构的重量，也减少了二次盖板的设计难度；举升丝杠传动机构中的工作螺母采用最新颖的结构，使得正常磨损后更换方便快捷。转向架举升机构立面如图 6-1-10 所示。

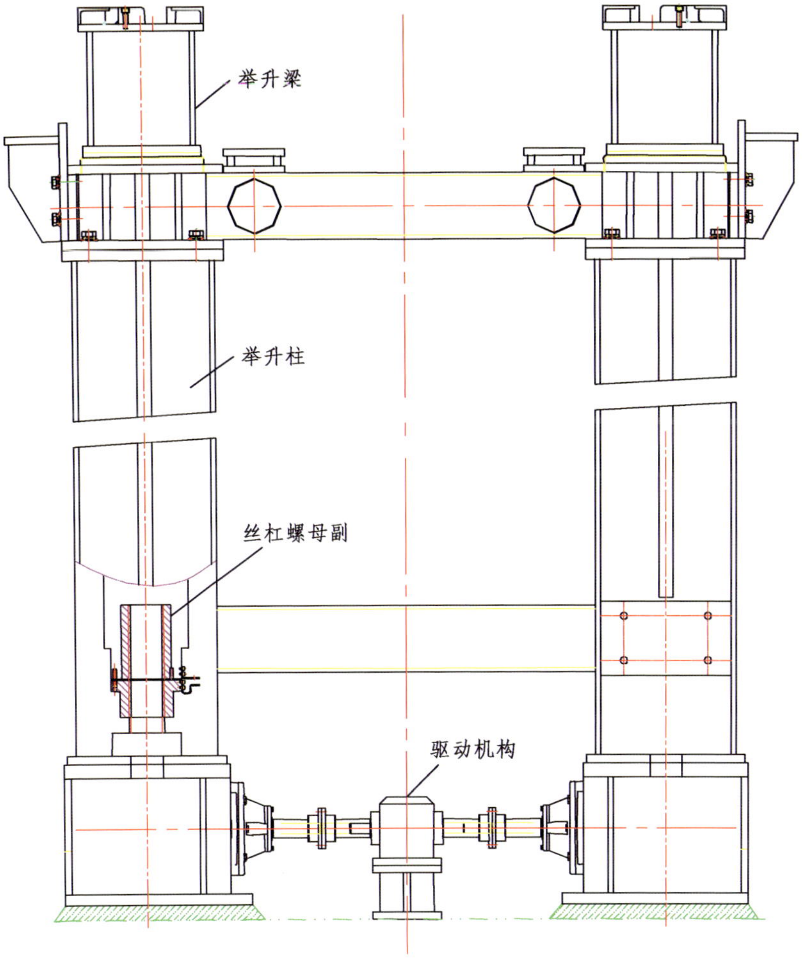

图 6-1-10 转向架举升机构立面图

举升梁：每个转向架举升机构左、右各一根举升梁，其主体为箱形梁结构，与机车车轮相接触的举升轨采用高强度、耐磨性好的材料；举升梁上设有照明灯及车轮定位检测装置；在举升梁与举升柱连接处，设有防止举升梁与举升柱脱离传感器。举升梁剖面示意图如图 6-1-11 所示。

举升柱：每个转向架举升单元左、右各分布有三根，共六根举升柱，每根举升柱由一套丝杠螺母传动，由一台减速机驱动；在承载转向架和车体全部重量情况下，垂直稳定升降；举升柱顶部设有车轮防滑止挡装置，防止转向架滑落；设置有安全螺母，防止因工作螺母磨耗而发生破坏事故。工作螺母与安全螺母之间在正常工作状态保持设定间距，当设定间距变小时，磨耗传感器检测后，控制系统立即报警。举升柱剖面示意图如图 6-1-12 所示。

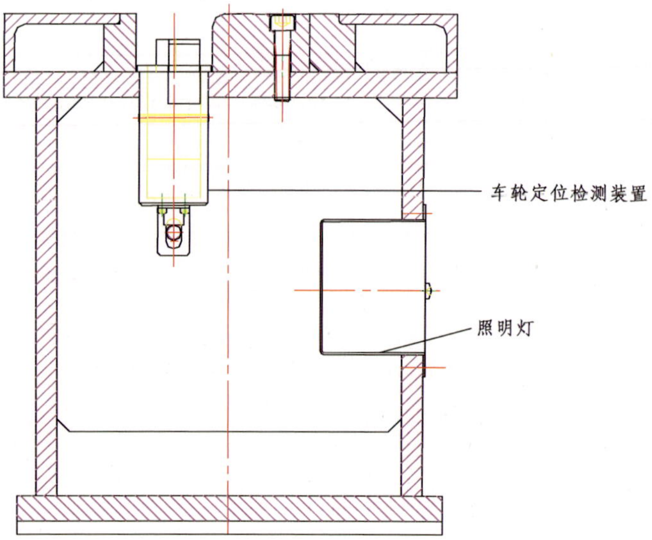

图 6-1-11　举升梁剖面示意图

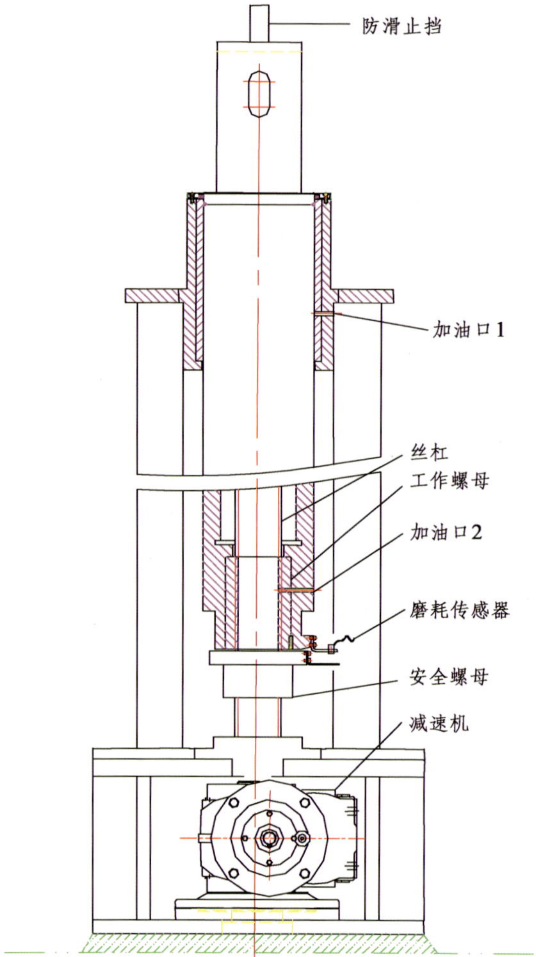

图 6-1-12　举升柱剖面示意图

驱动机构（见图 6-1-13）：主电机驱动传动轴旋转，通过万向轴和换向箱连接；然后通过联轴器和六台减速机连接，最后驱动举升柱中的丝杠选择来带动工作螺母运动。这种结构的特点是能够提供稳定并且可靠的传动比，同时也能保证举升梁两侧能够均匀同步的进行升降运动。由于六台举升柱之间采用了这种机械式的同步传动机构，极大地保证了设备运转过程中的安全性，以及绝对的同步运行精度，可以轻易地使转向架举升机构的同步精度控制到 ±2 mm 范围内。其次由于使用同一个电机进行驱动，如果有一个传动机构发生故障，也可以使整个举升机构停止工作，从而保证整个系统的安全可靠。

2. 车体举升机构

车体举升机构（见图 6-1-14）由车体举升杆、钢结构支架、丝杠螺母副、纵向移动走行部、托头装置及电控装置等组成。

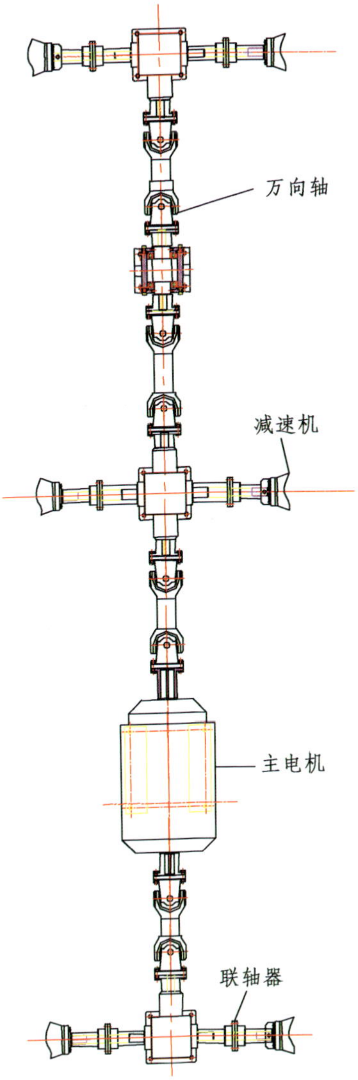

图 6-1-13 驱动机构示意图

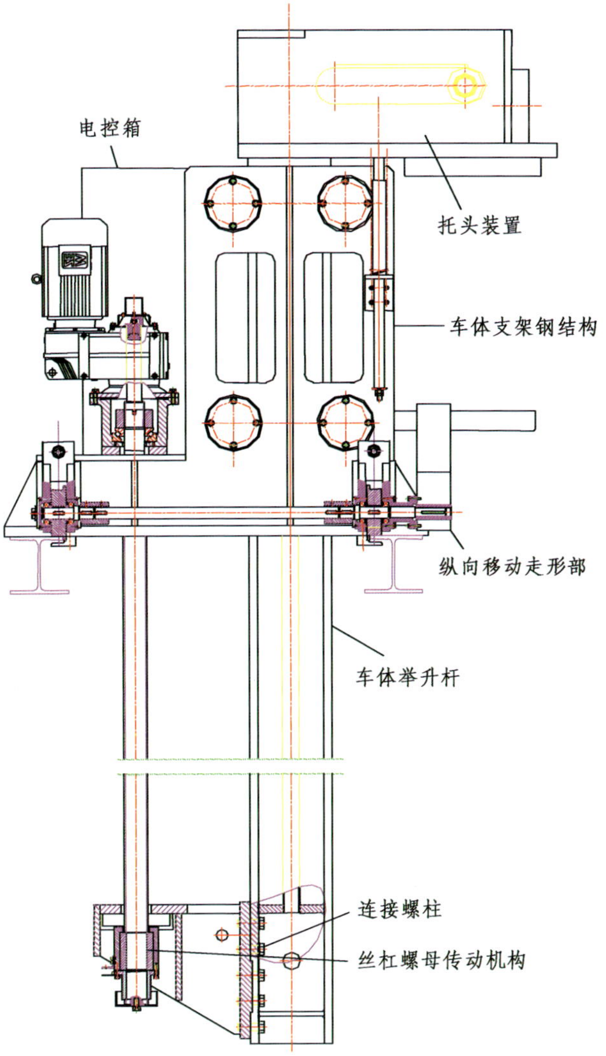

图 6-1-14 车体举升机构

举升杆：举升杆主体结构为一箱型梁，其一端与托头装置连接，另一端与丝杠螺母机构相连；举升杆由丝杠螺母传动机构带动，举升杆侧面装有限位开关触块，控制举升杆的升降极限位。

钢结构支架：车体举升单元由车体支架钢构作基础，是举升杆的导向机构，是丝杠螺母传动机构的载体，也为控制机构提供安装空间。

丝杠螺母副传动机构：丝杠螺母传动机构为举升杆的升降提供驱动力；由减速机、丝杠、工作螺母和安全螺母及压力传感器组成；工作螺母与安全螺母之间装有传感器，防止因工作螺母磨耗而发生破坏事故。

纵向移动走行部：车体举升单元设置了纵向移动走行部，分为驱动侧和从动侧两部分；走行部实现了车体举升单元纵向位置可调，满足了不同车型架车需要。

托头装置（见图 6-1-15）：安装于车体举升杆上方，跟随举升杆升降。工作时，防护盖板自动打开，托头装置从地坑内伸出，升至合适的工作高度后停止。此时托头后部的驱动电机驱动托头丝杠螺母副，从而推动托头从托头支承内伸出，由托头架住车体。

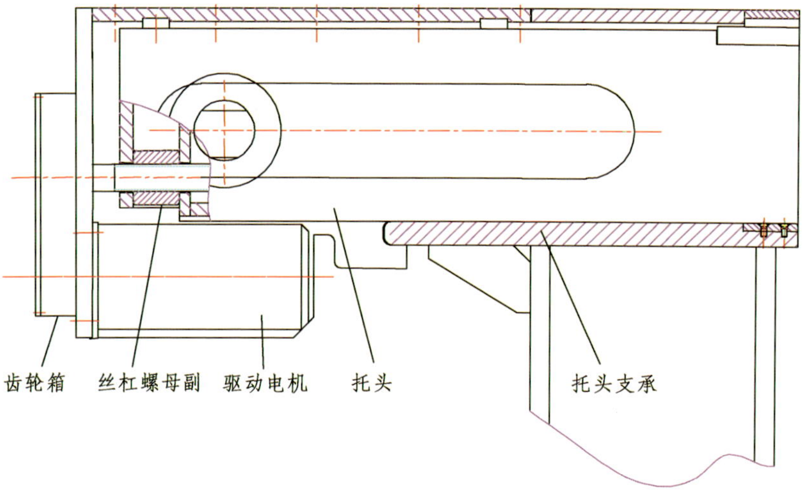

图 6-1-15　托头装置剖面示意图

3．润滑系统

固定式架车机的润滑系统（见图 6-1-16）是由一个带有六个出油点的高压油脂泵及相应的供油软管，油管转换接头及控制部分组成。油脂泵储油桶顶盖安设有高、低油位报警装置，当储油桶油位超高、低油位时，报警装置会发出高、低油位信号，提示加油已满或应添加油脂。

高压油脂泵由系统的主机控制启动或停止，其上分布的六个出油点对应于转向架举升单元相应数量的丝杠螺母副上润滑点，各润滑点使用复合橡胶耐压软管供油，实现了对丝杠螺母副的跟随润滑。

车体举升机构的润滑系统（见图 6-1-17）是由两个带有单个出油点的高压油脂泵及相应的供油软管、油管转换接头及控制部分组成。油脂泵储油桶顶盖安设有高、低油位报警装置，当储油桶油位超高、低油位时，报警装置会发出高、低油位信号，提示加油已满或应添加油脂。

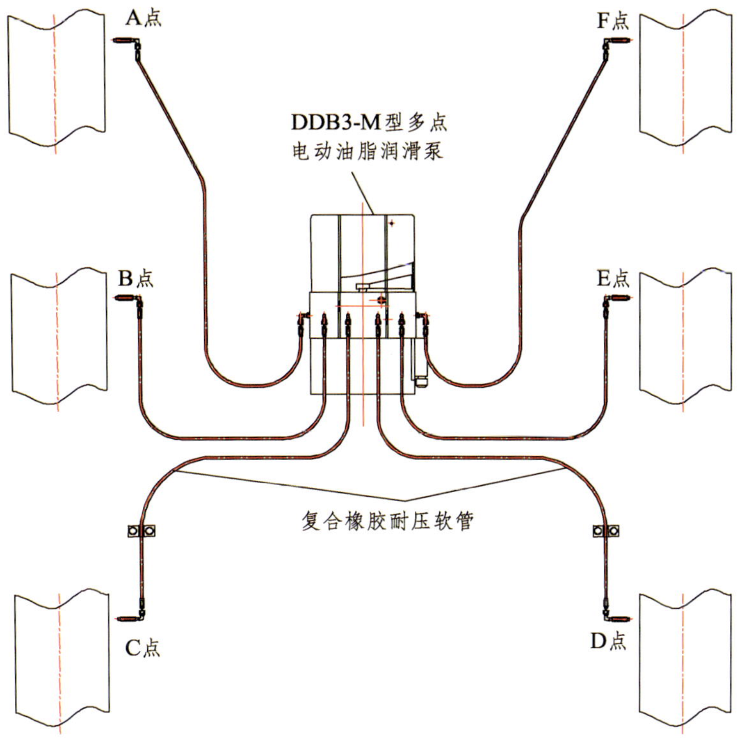

图 6-1-16　转向架举升单元润滑系统示意图

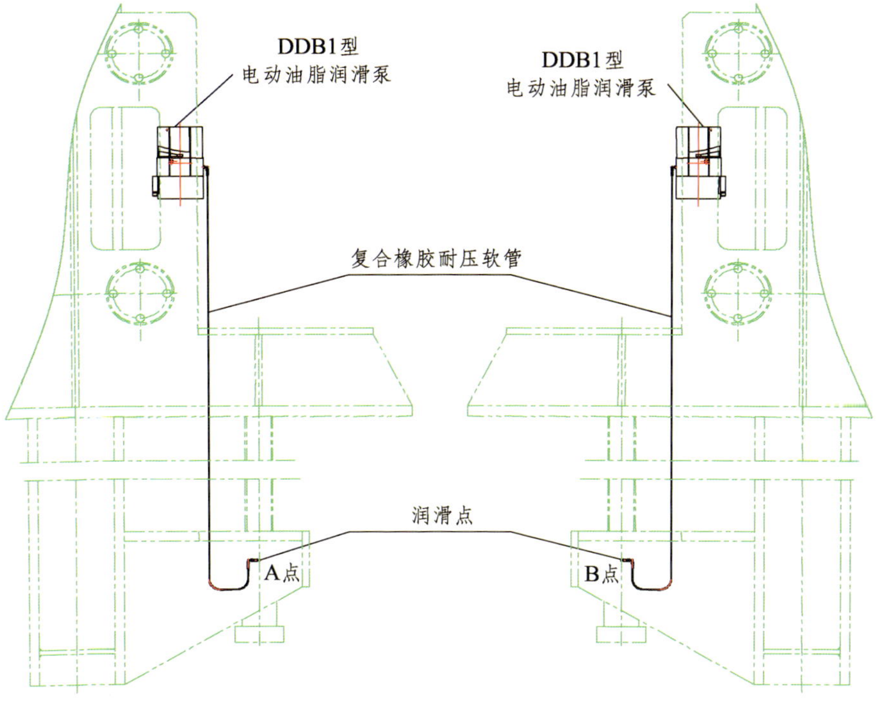

图 6-1-17　车体举升机构润滑示意图

油脂泵由系统的主机控制启动或停止，对应车体举升机构上的丝杠螺母副润滑点，润滑点使用复合橡胶耐压软管供油，实现了对丝杠螺母副的跟随润滑。

五、结构力学与安全性分析

（一）托头

托头受力分布及应力云图如图 6-1-18 所示。

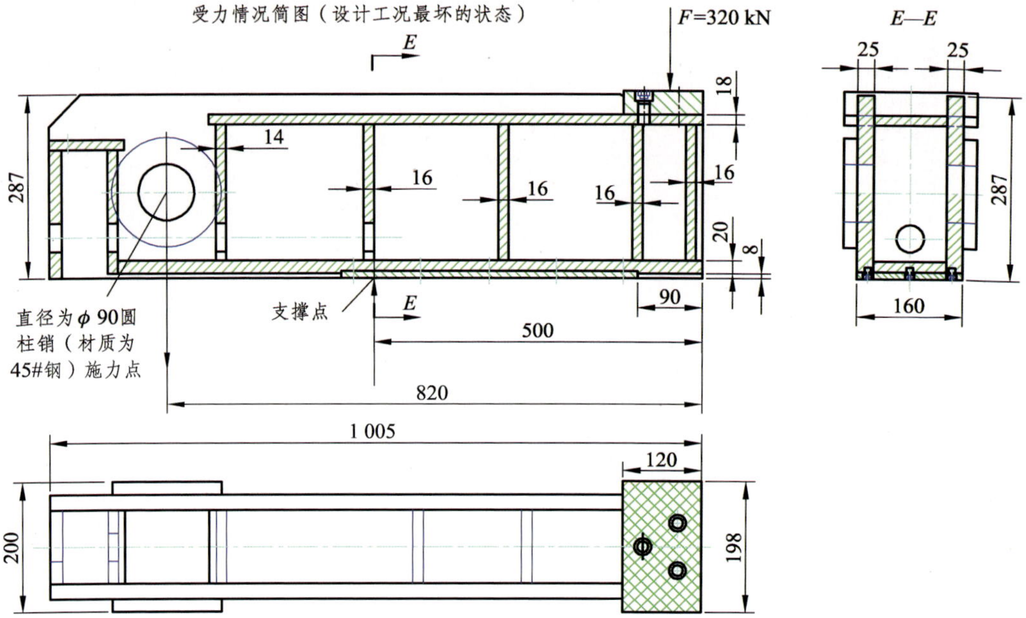

（a）受力分析

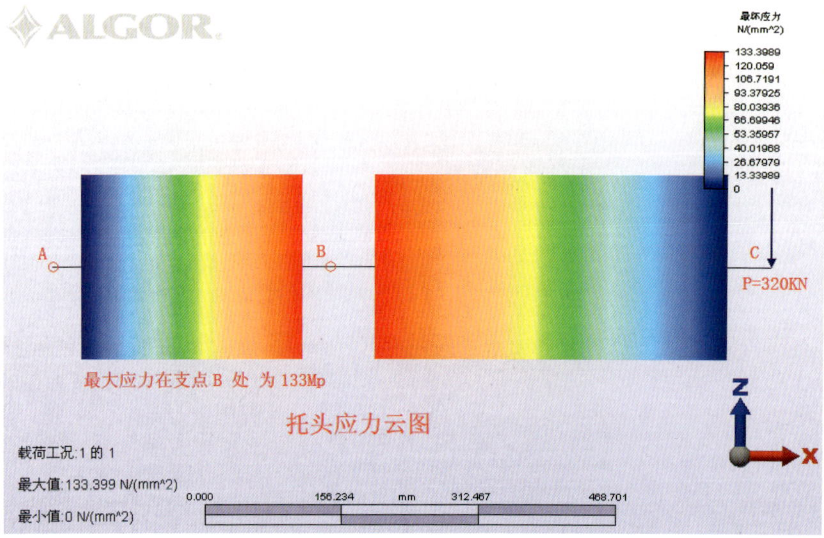

（b）应力云图

图 6-1-18　托头受力分析及应力云图

托头最大应力在支点 B 处，应力值为 133 MPa，采用 Q345B 材料，安全系数取为 1.3，许用应力为 265 MPa，满足强度和刚度要求。托头架应力云图如图 6-1-19 所示。

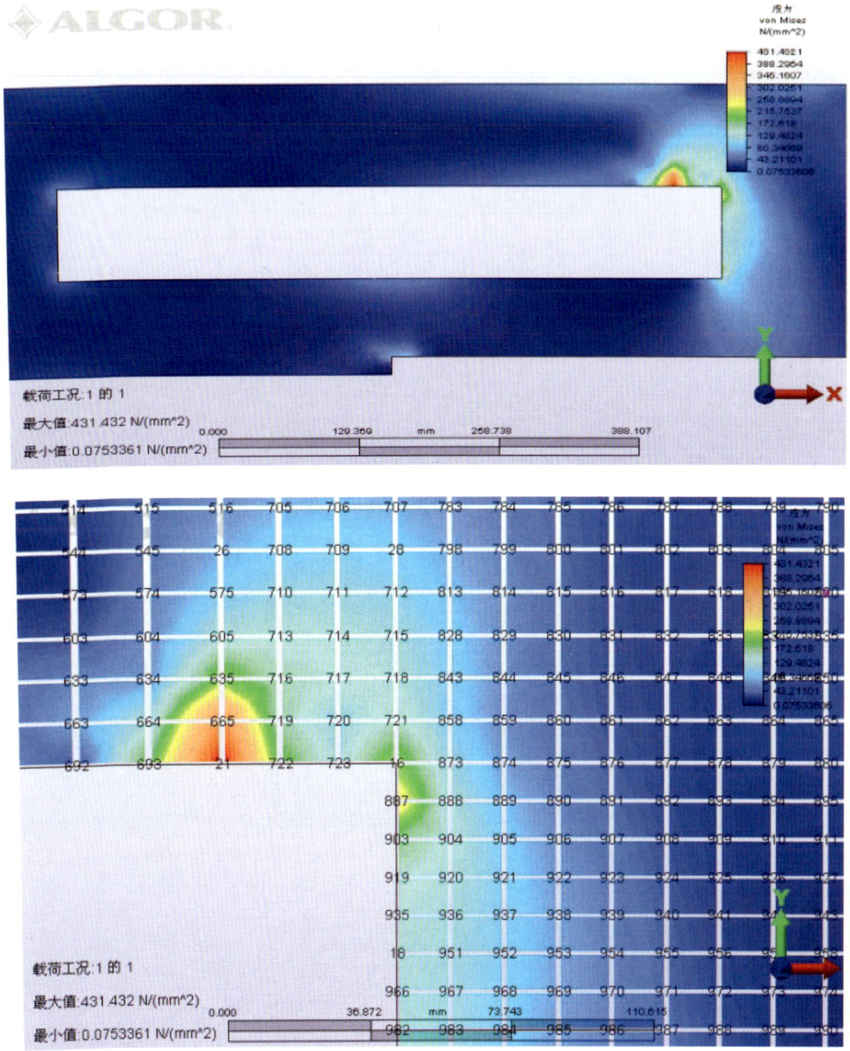

图 6-1-19　托头架应力云图

除了载荷作用点和拐角处由于局部应力集中的原因，在很小的范围内应力较高外，板的其余部分的应力都比较低。应力集中区应力衰减很快，在 20 ~ 30 mm 之内即回归到正常水平范围，对整体结构没有影响。

（二）举升横梁

举升横梁结构域受力分布如图 6-1-20 所示。举升横梁应力与位移变形云图如图 6-1-21 所示。

举升横梁最大应力为 137 MPa，最大位移为 15.0 mm，结构满足强度和刚度要求。

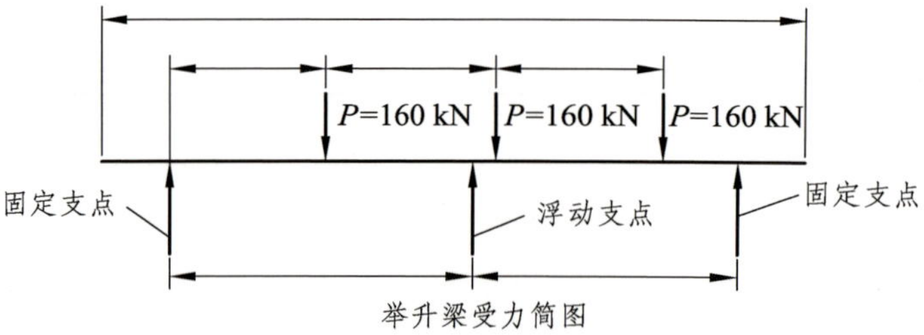

图 6-1-20　举升横梁结构域受力分布图

图 6-1-21　举升横梁应力与位移变形云图

（三）导轨支架

导轨支架受力图如图 6-1-22 所示。

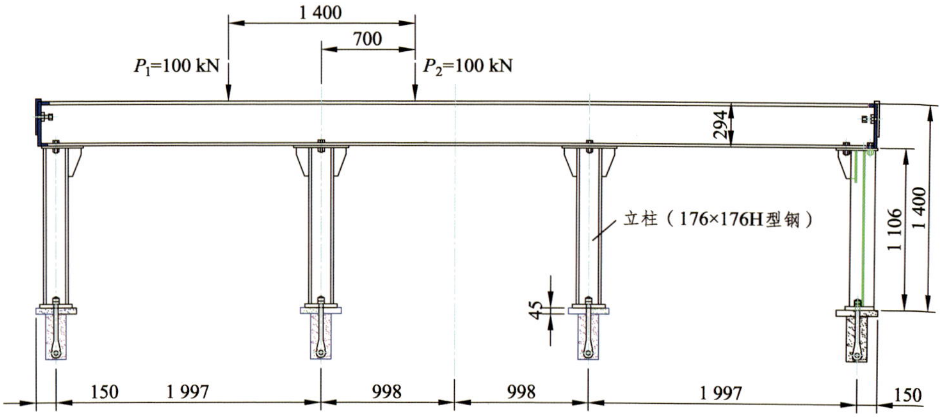

图 6-1-22　导轨支架受力图

导轨支架应力与位移变形云图如图 6-1-23 所示。导轨支架横梁的挠度都很小，在 0.5 mm 左右。结构满足强度和刚度的要求，且具有较大安全裕度。

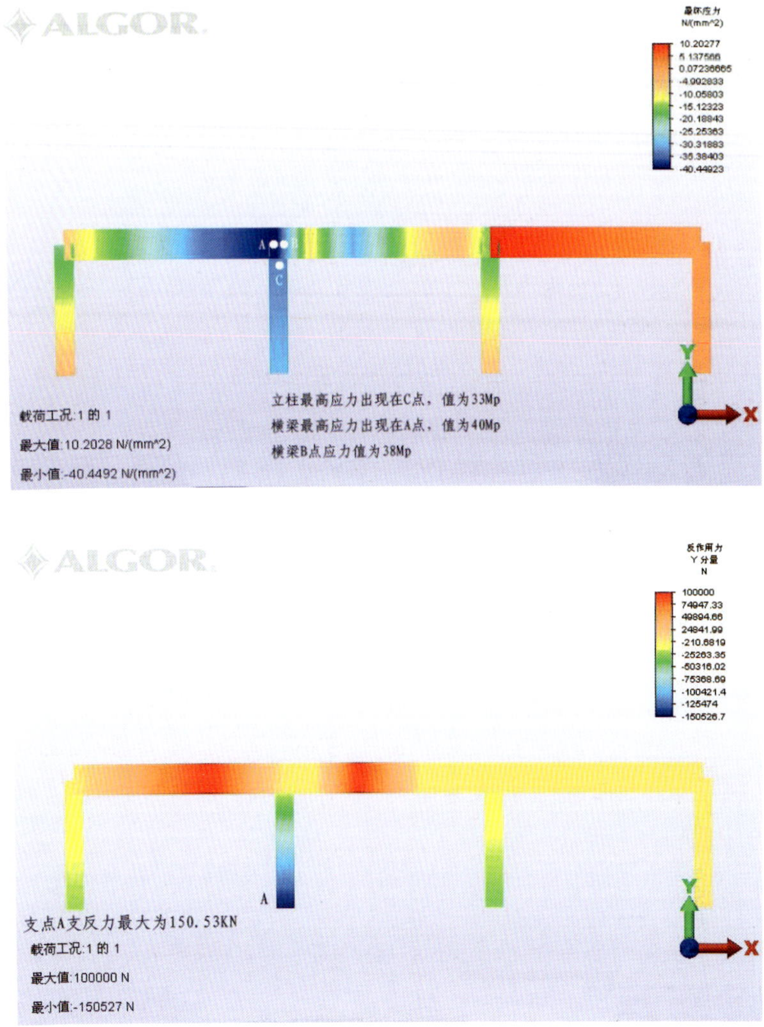

图 6-1-23 导轨支架应力与位移变形云图

六、固定式架车机的应用前景与推广

（一）应用前景

固定式架车机考虑到不同用户的需要，能实现我国现有的全部和谐型大功率交流传动机车检修时的架车作业。在原有固定式架车机的基础上，充分考虑了我国铁路机车的使用现状，填补了国内外研究空白。其设备本身性能稳定、安全可靠、兼容性好，适应了铁路行业大力发展现代化技术装备的需求。目前，这种固定式架车机已在武汉、天津、上海、广州等几个城市的大功率交流机车检修基地陆续进入现场安装、调试环节。

大功率交流机车目前主要运用在我国货运铁路上，具有牵引功率大、运力强等特点。自从2007年大规模投入使用开始，大功率交流机车已经逐渐成为货运铁路的主力军。作为大功率交流机车检修基地的主要设备之一，固定式架车机在国内、国际上都具有十分广阔的应用前景，自动化作业程度高，故障率低，带有自检系统，安全防护性能好，非常适宜作为大功率交流机车的配套检修装备。2012年年初，中国南车株洲电力机车有限公司自主研发的首台大功率交流传动快速客运电力机车成功下线，标志着未来的几年里，交流机车将逐渐成为我国铁路普通干线客运的主力。固定式架车机以其良好的兼容性，无论是在货运铁路还是客运铁路，都将发挥越来越大的作用。

（二）固定架车技术的推广及应用实例

1. 设计实例

在上海、武汉、广州等大功率电力机车检修基地的设计中，结合业主的需求，按照不同的工艺布置方式，固定架车技术得到了推广和应用。

1）上海机车基地固定架车工艺布置

本工程实例为2线6台位直线流水修工艺布置型式。前3个工位为解体台位，后3个工位为组装台位，固定架车机布置在第1台位和第4台位（见图6-1-24）。待修机车入库后，在第1台位进行架车作业，推出机车转向架，推入工艺转向架。在第4台位进行第二次架车作业，推出工艺转向架，推入机车转向架。

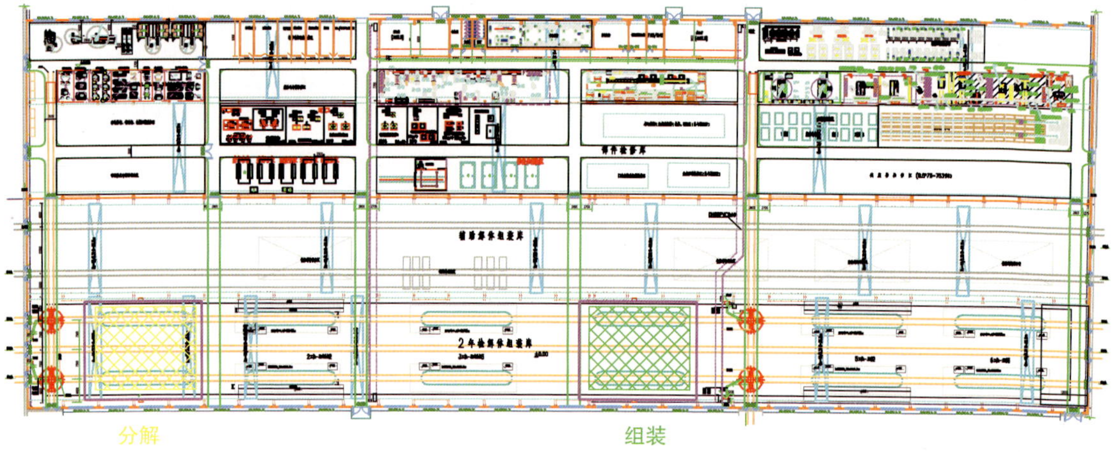

图6-1-24　上海基地固定架车工艺布置图

2）武汉机车基地固定架车工艺布置

本工程实例为2线6台位直线流水修工艺布置型式。前3个工位为解体台位，后3个工位为组装台位，固定架车机布置在第1台位和第6台位（见图6-1-25）。待修机车入库后，在第1台位进行架车作业，推出机车转向架，推入工艺转向架。在第6台位进行第二次架车作业，推出工艺转向架，推入机车转向架。

3）广州机车基地固定架车工艺布置

广州基地的解体组装采用固定式架车和移动式架车作业相结合的布置方式。机车解体采用定位修的方式，2年检（C4～C5修）机车解体作业采用移动架车工艺布置，6年检（C6

修）机车解体作业采用固定架车工艺布置。6 年检（C6 修）设有 2 个解体台位，每个台位均布置有固定架车机。机车组装作业采用流水修的方式，在组装流水线的第 6 台位布置有固定架车机，以利于推出工艺转向架，推入机车转向架（见图 6-1-26）。

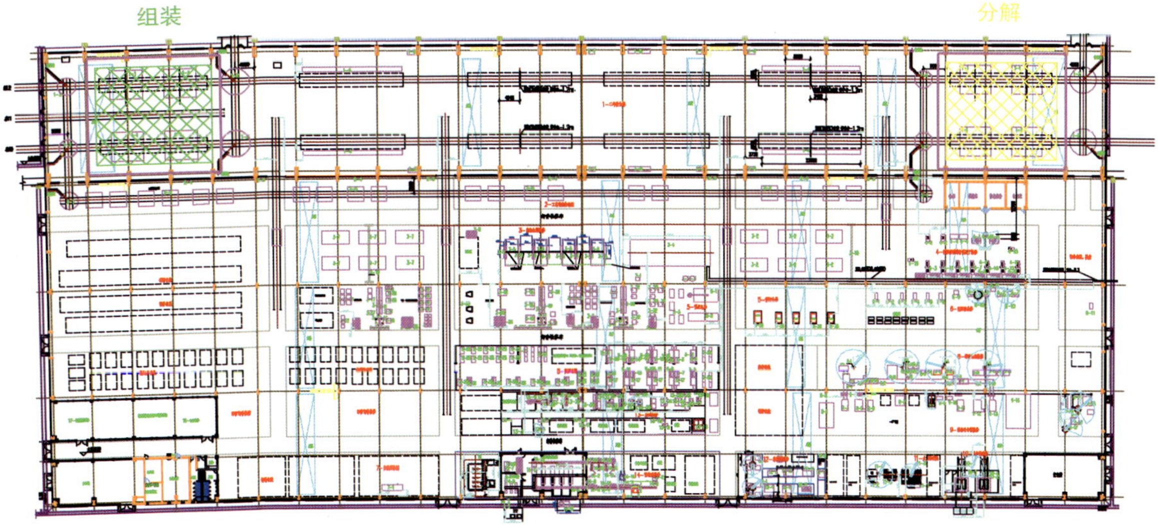

图 6-1-25　武汉基地固定架车工艺布置图

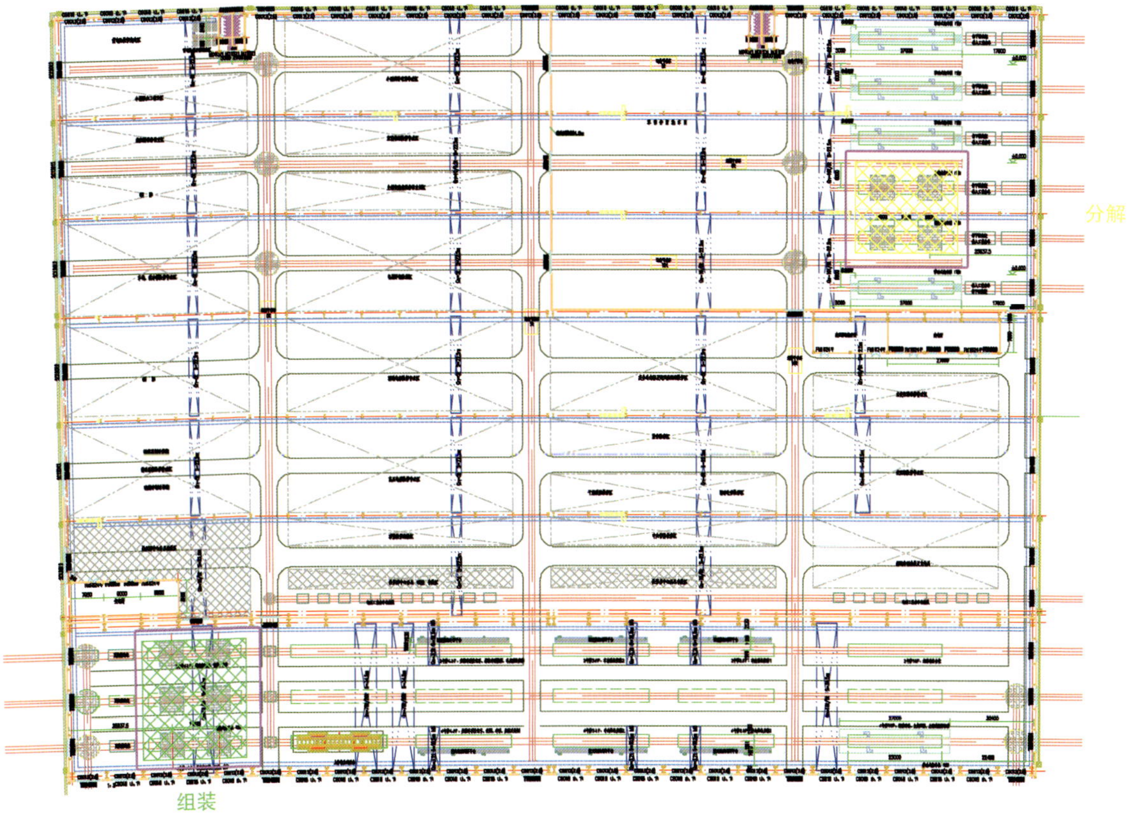

图 6-1-26　广州基地固定架车工艺布置图

2．工程建设实例

固定式架车机在广州基地、天津基地已经投产使用，在武汉、上海等基地正安装、调试（见图 6-1-27）。

图 6-1-27　固定架车机在电力机车检修基地的应用实例

第二节　转向架检修流水线

大功率机车转向架检修库是和谐机车检修基地的主要设施，也是关键设施。转向架检修库的设计具有技术新、难度大、工艺流程繁多、集成复杂的技术特点。因此，如何提高和谐机车检修基地转向架检修库设计质量，满足重载铁路高标准技术要求，是摆在我们面前亟待解决的重大课题。

转向架检修包含的检修流程数达几十条之多，各零部件的检修流程与转向架总体工艺流程的结合方式繁多，如何合理地组合各条检修流程，如何合理地布置每条检修流程内工艺设备的布置方案，将直接影响到整个转向架检修库设计的规模能力和投资。本科研项目通过对转向架各零部件检修工艺流程及设备的深入研究，实践并运用先进的设计理念，通过过程模拟校核方案，使设计的转向架检修工艺流程更加合理顺畅，检修库及设备的规模、投资更加科学合理。

一、转向架检修工艺流程

（一）转向架检修工艺流程图

通过对各型和谐大功率电力机车转向架的构造、维修原理进行研究和分析，本章将转向架构架、轮轴及各零部件的检修工艺流程图进行整理归纳，如图 6-2-1 所示。

（二）转向架构架检修工艺流程图

转向架构架检修工艺流程图如图 6-2-2 所示。

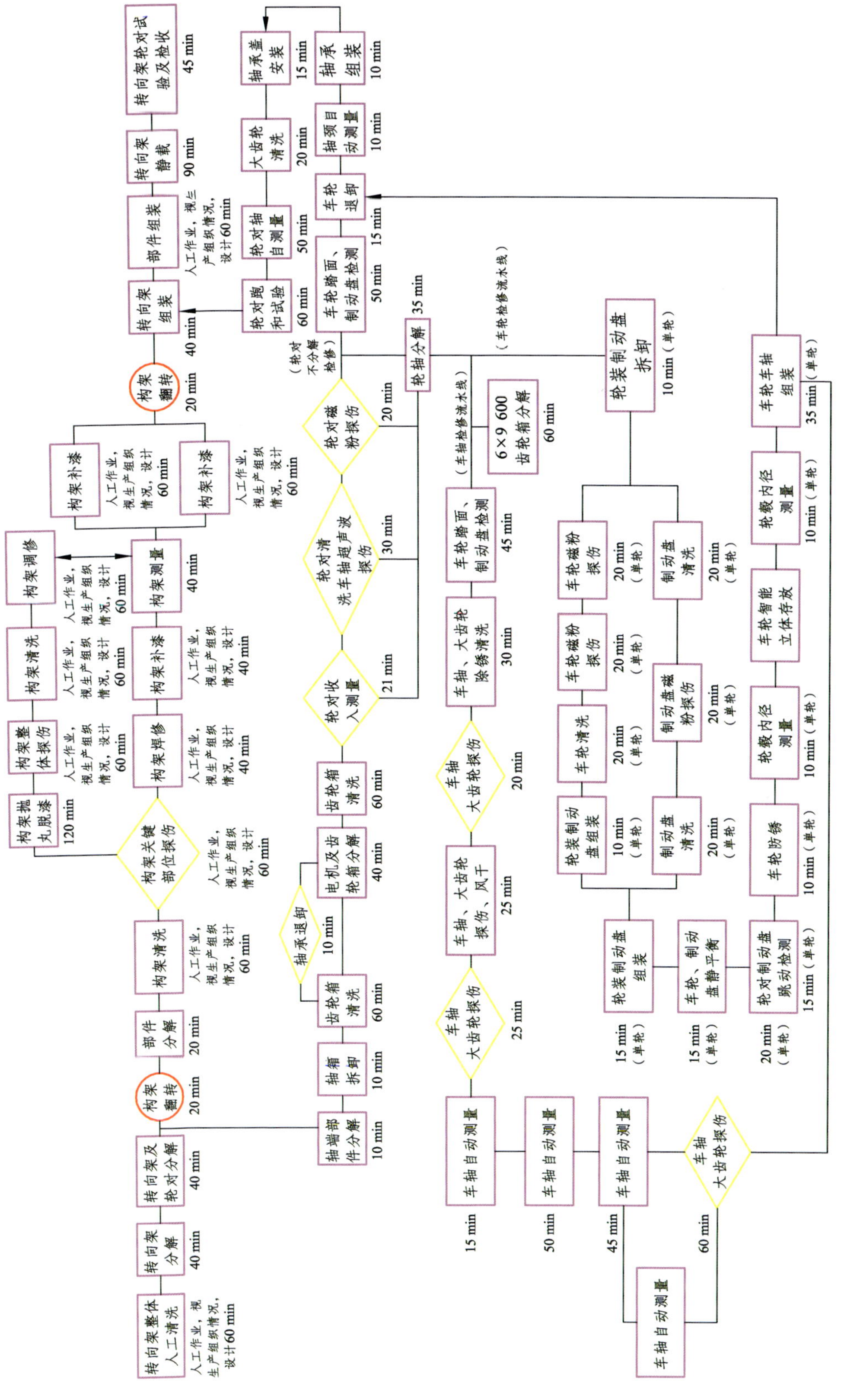

图 6-2-1　转向架检修工艺流程图

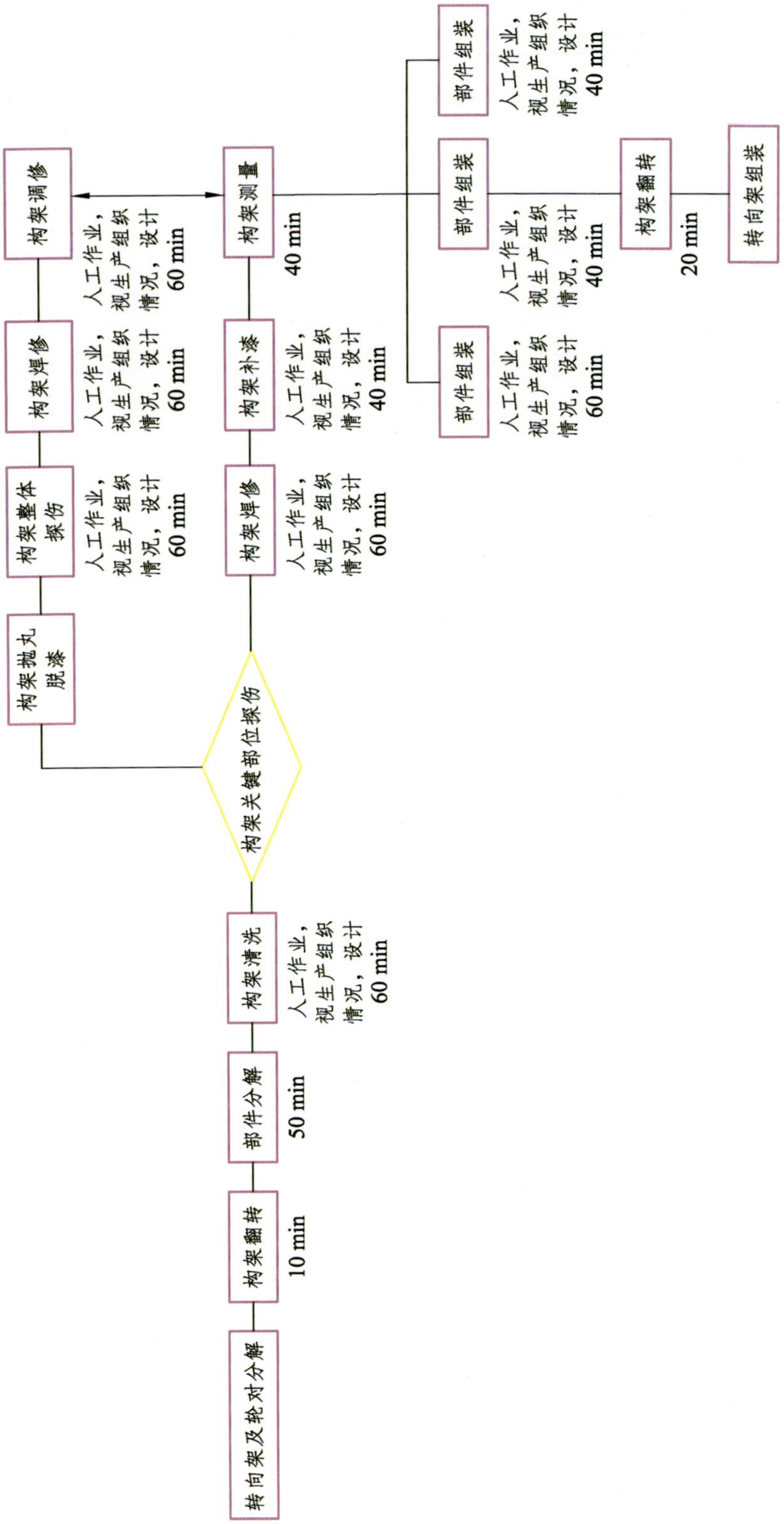

图 6-2-2 转向架构架检修工艺流程图

（三）轮对检修工艺流程图

轮对检修主要由轮对解体组装检修和车轮、车轴检修两部分组成，其工艺流程分别如图6-2-3、6-2-4所示。

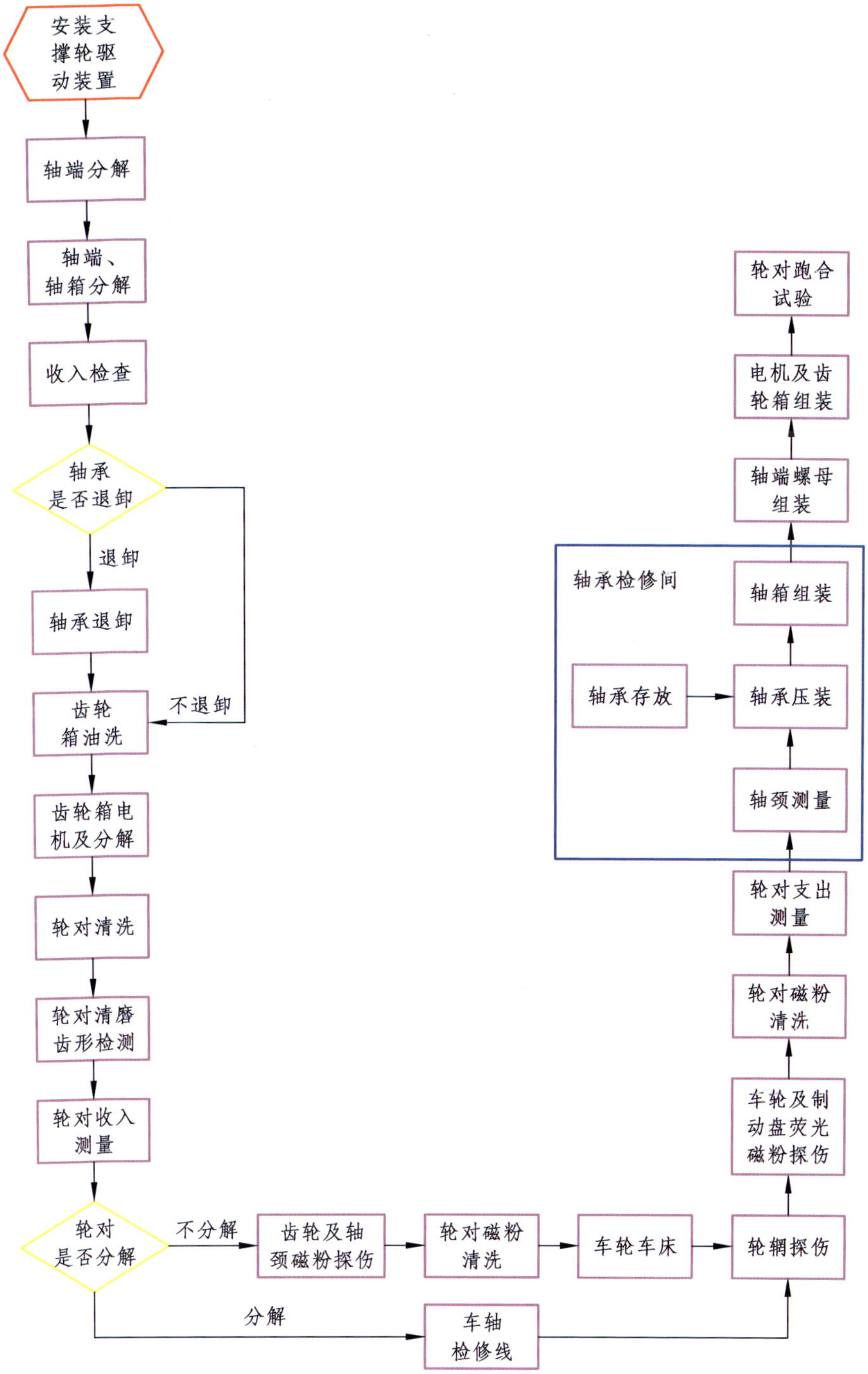

图 6-2-3　轮对解体组装检修工艺流程

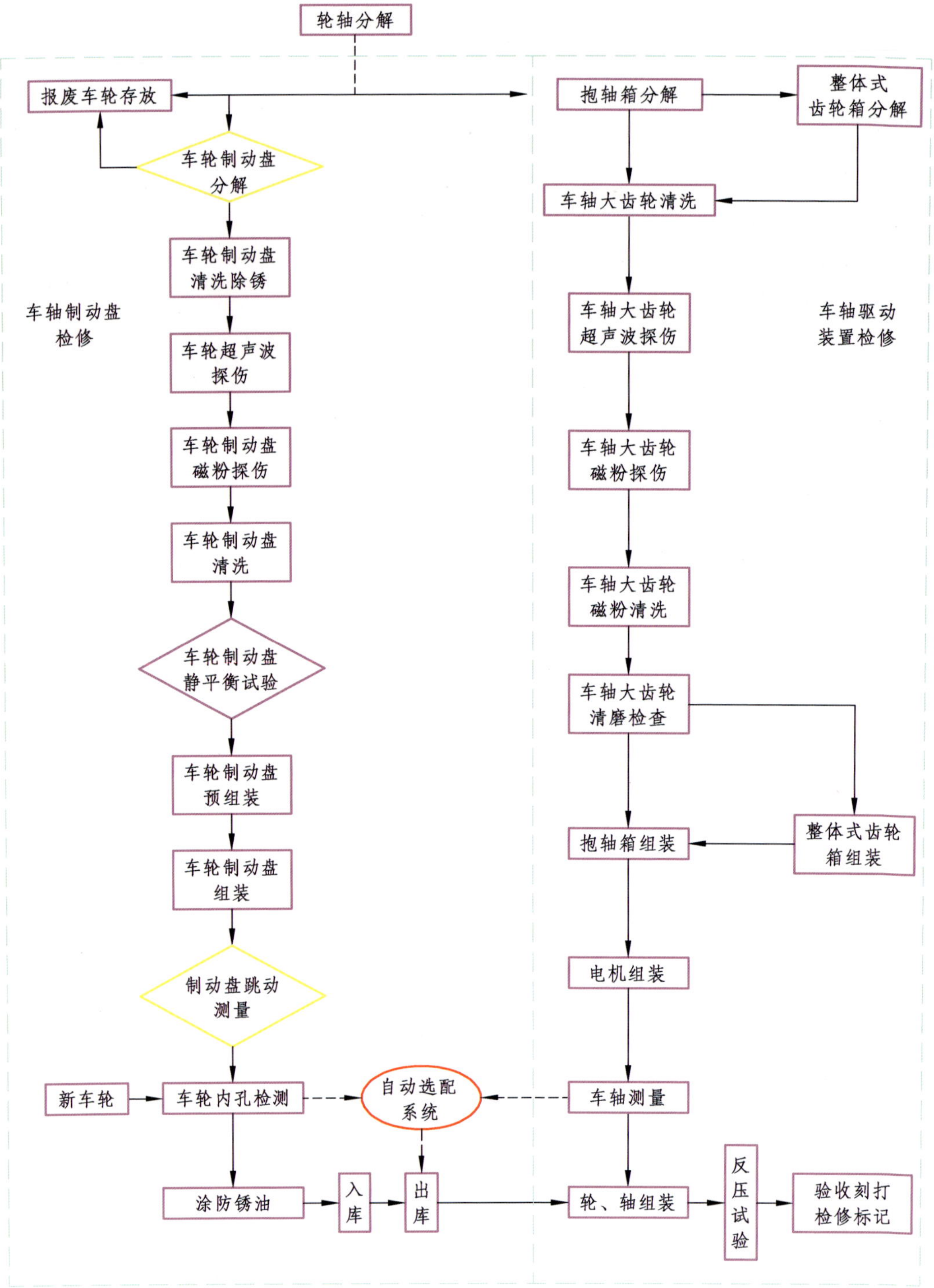

图 6-2-4　车轴、车轮检修工艺流程

二、主要设备汇总表

1．转向架分解作业线

转向架分解作业线设备汇总如表 6-2-1 所示。

表 6-2-1　转向架分解作业线设备汇总

序号	工位名称	配备设备	单位	功率/kW	设备用途
1	转向架收入缓存	转向架转盘	台	5	转向架输送转向
2	转向架部件分解	转向架举升装置	套	15	举升转向架
		悬臂吊 1 t	台	2	吊装拆卸零件
3	构架与驱动分离工位	转向架分解压力机	套	30	加压分解一系，是构架与轮对分离
		悬臂吊 500 kg	台	2	吊装拆卸零件

2．构架检修流水线

构架检修流水线设备汇总如表 6-2-2 所示。

表 6-2-2　构架检修流水线设备汇总

序号	工位名称	配备设备	单位	功率/kW	设备用途
1	构架部件分解工位	构架横向翻转机	套	20	翻转转向架
		悬臂吊 1 t	台	2	部件吊运
2	构架探伤工位	构架举升机	台	5.5	举升构架
		移动式磁粉探伤机	台	1.5	构架探伤
3	构架焊修工位	构架横向翻转机	台	20	翻转转向架
		电焊机	台	80	焊修转向架
		焊烟除尘器	台	5	除尘
4	构架测量工位	构架举升机	台	5.5	举升构架
		激光跟踪仪	套	—	构架测量
5	构架部件组装	构架横向翻转机	套	20	翻转转向架
		悬臂吊 1 t	套	2	部件吊运
6	构架清洗	构架清洗机	套	—	2 年检（C4～C5 修）构架清洗
7	构架抛丸除漆	构架抛丸除锈机	套	—	6 年检（C6 修）构架除漆
8	构架涂装	构架油漆间	套	120	构架油漆
		部件油漆间	套		部件油漆
		构架烘干间	套		构架烘干
		部件烘干间	套		部件烘干
		悬臂吊 1 t	台	2	部件上下料
9	构架输送	AGV 车	台	5	构架，轮对，电机输送
		轨道平车	台	3	构架输送

3．转向架组装作业线

转向架组装作业线设备汇总如表 6-2-3 所示。

表 6-2-3　转向架组装作业线设备汇总

序号	工位名称	配备设备	单位	功率/kW	设备用途
1	构架与驱动装置组装工位	转向架拆装压力机	套	30	拆卸转向架等
		悬臂吊 500 kg	台	2	吊装拆卸零件
2	转向架部件组装工位	转向架举升装置	套	15	举升转向架
		悬臂吊 1 t	台	2	吊装转向架拆卸零件
3	风管路及电线路组装、试验工位	转向架举升装置	套	15	举升转向架
		风管路试验装置	套	2	风管路保压试验
		电器试验装置	套	5	电路通断试验
4	静载试验	转向架静载试验台	套	30	静载试验
5	转向架完工检查	转向架举升装置	套	15	举升转向架
6	转向架支出存放	转向架转盘	台	5	输送转向

4．轮对分解、检修作业线

轮对分解、检修作业线设备汇总如表 6-2-4 所示。

表 6-2-4　轮对分解、检修作业线设备汇总

序号	工位名称	配备设备	单位	功率/kW	设备用途
1	轴箱附件分解	信息采集	套	2	零件信息采集、编号
2	轴箱退卸工位	轴箱退卸机械手	套	10	轴箱退卸
		轴承轴箱分解机	套	3	HXD3 轴承与轴箱分解
3	齿轮箱清洗、油洗工位	齿轮箱油洗机	套	55	分体齿轮箱清洗，整体齿轮箱油洗
		吸油机	台	2	排油
4	轴承退卸工位	轴承退卸机	套	15	退卸轴承
5	电机、齿轮箱分解工位	电机分解装置	套	15	分解电机
6	轮对清洗工位	饱和蒸汽清洗机	套	20	轮对清洗
		清洗间	套	15	
		转轮器	台	3	
7	轮对清磨、超声波探伤工位	转轮器	台	3	轮对旋转
		便携式超声波探伤机	套	—	轮对超声探伤
		手动清磨工具	套	3	清磨轮对
8	轮对收入测量工位	轮对自动测量机	套	15	测量轮对各部分尺寸参数
9	轮对磁粉探伤工位	磁粉探伤机	套	45	磁粉探伤轮对
10	轮对磁粉清洗工位	饱和蒸汽清洗机	套	20	轮对磁粉清洗
		清洗间	套	15	
		转轮器	台	3	
11	车轮旋修	车轮车床	套	—	车轮旋修
12	线上辅助设备	轮对转盘	台	4	轮对输送换向
		拨轮器	台	3	轮对工位间输送
		电机支撑轮驱动装置	套	3	支撑电机驱动行走

5．轮对组装作业线

轮对组装作业线设备汇总如表 6-2-5 所示。

表 6-2-5　轮对组装作业线设备汇总

序号	工位名称	配备设备	单位	功率/kW	设备用途
1	尺寸测量工位	轮对自动测量机	套	15	测量轮对尺寸
2	相控阵探伤工位	相控阵探伤机	套	—	轮对超声波探伤
3	轴颈测量工位	轴颈自动测量机	套	15	测量轴颈尺寸
4	轴承压装工位	轴承压装机	套	15	压装抱轴箱轴承
		轴承轴箱压力组装机	套	2	HXD3 轴承与轴箱组装
5	轴端螺栓组装工位	轴端螺栓组装机	套	10	组装轴端螺栓
6	电机组装工位	电机组装装置	套	15	组装电机
		电机组装装置	套	15	组装电机
7	轴箱组装	轴箱组装助力机械手	套	3	组装轴箱
8	轮对跑和	轮对驱动装置跑和试验机	套	800	驱动装置跑合试验
		轮对驱动装置跑和试验机	套	500	驱动装置跑合试验
9	轮对存储	轮对立体存放库	套	50	轮对存储
10	线上辅助设备	轮对转盘	台	4	轮对输送换向
		拨轮器	台	3	工位间轮对输送
		轮对转盘	台	4	轮对输送换向
		电机支撑轮驱动装置	套	3	支撑电机驱动行走

6．车轴检修作业线

车轴检修作业线设备汇总如表 6-2-6 所示。

表 6-2-6　车轴检修作业线设备汇总

序号	工位名称	配备设备	单位	功率/kW	设备用途
1	轮轴分解工位	多功能轮轴压力分解机	套	50	车轮退卸
2	抱轴箱分解工位	抱轴箱分解机	台	6	拆卸抱轴箱
3	齿轮箱分解	六轴 9 600 齿轮箱分解装置	台	—	组装齿轮箱
4	车轴清洗工位	车轴清洗机	套	80	清洗车轴及大齿轮
5	车轴清磨	车轴旋转装置	套	3	旋转车轴
		车轴清磨工具	套	3	清磨车轴
5	车轴磁粉探伤工位	车轴磁粉探伤机	套	60	对车轴进行磁粉探测
6	车轴磁粉清洗工位	车轴清洗机	套	80	车轴及大齿轮磁粉清洗

续表

序号	工位名称	配备设备	单位	功率/kW	设备用途
7	车轴超声波探伤工位	便携式超声波探伤机	套	—	对车轴进行超声波探测
		车轴旋转装置	套	3	旋转车轴
8	车轴尺寸测量工位	车轴尺寸自动测量机	套	12	测量车轴尺寸
9	车轴输送	车轴步进输送线	套	15	车轴步进输送
10	车轴车修	车轴车床	套		车轴修理
		车轴存放架	套	—	存放车轴
11	车轴磨修	车轴磨床	套		车轴磨修
		车轴磨床	套		车轴磨修
12	齿轮箱组装	六轴 9 600 齿轮箱组装装置	台	—	组装齿轮箱
13	抱轴箱组装	抱轴箱组装机	台	6	抱轴箱组装
		感应加热器	套	5	加热轴承内圈
		工业冰柜	套	10	冷冻轴承外圈
		车轴存放架	套	—	存放车轴
14	轮轴组装	多功能轮轴压装检压机	套	50	轮轴压装及检压

7. 车轮检修作业线

车轮检修作业线设备汇总如表 6-2-7 所示。

表 6-2-7　车轮检修作业线设备汇总

序号	工位名称	配备设备	单位	功率/kW	设备用途
1	车轮制动盘分解工位	车轮制动盘分解台	台	—	轮装制动盘分解
2	车轮翻转工位	车轮翻转机	台	—	车轮翻转
3	车轮制动盘清洗除锈	车轮制动盘喷砂除锈清洗机	套	20	车轮除锈除漆
4	车轮制动盘磁粉探伤工位	荧光磁粉探伤机	套	60	车轮和制动盘磁粉探伤
5	车轮、制动盘磁粉清洗	车轮制动盘磁粉清洗机	套	80	清洗磁粉
6	车轮制动盘超声波探伤	车轮制动盘相控阵探伤	套		车轮制动盘超声波探伤
7	车轮翻转工位	车轮翻转机	台	—	车轮翻转
8	车轮、制动盘静平衡工位	静平衡试验机	套	6	静平衡实验
		悬臂吊 1 t	台	2	吊运车轮制动盘
9	车轮、制动盘组装工位	制动盘组装机	套	5	组装制动盘
10	车轮内孔测量工位	车轮内孔测量机	套	2	测量车轮内孔尺寸
11	制动盘端面跳动测量工位	制动盘跳动测量机	套	1	测量制动盘端跳度
12	涂抹防锈油工位	防锈油涂抹装置	套	1	涂抹防腐油
13	车轮输送	单轨吊	台	10	车轮吊运
		车轮输送线	套	10	车轮水平输送
14	车轮存放	车轮立体库	套	30	车轮存放
15	毛坯轮输送线	输送线	套	15	毛坯轮输送
		车轮翻转机	台	5	毛坯轮在线翻转

注：以上各表格中所列单位功率仅为参考值，应结合具体设备选型考虑。

三、转向架检修流水线总体方案

（一）转向架检修工作量计算

1）日检修机车台数计算（按 1 400 台运用车计算）

二年修需检修台数为 466.67 台/年，每年按 303 个工作日计算，考虑检修不平衡系数 1.1，每日检修台数为：

$$466.67/303\times1.1=1.69$$

六年修需检修台数为 116.67 台/年，每年按 303 个工作日计算，考虑检修不平衡系数 1.1，每日检修台数为：

$$116.67/303\times1.1=0.42$$

2）日检修转向架计算（按 1 400 台运用车计算）

根据日检修车台数 1.69 和 0.42，合计圆整为 2 台，按六轴车考虑转向架检修，则转向架检修库能力为每日检修 4 台转向架。

（二）转向架检修库检修能力分析及库房尺寸确定

1）检修节拍确定

二年修按 60 min 一个流水节拍，每日有效工作时间按 400 min 计，可满足每日检修完成 400/60=6.67>4 个转向架，能力稍微有富余，以满足转向架返修及检修不均衡所产生的工作量。

二年修库停时间 4 天，六年修库停时间 10 天，设计转向架检修时间分别为 3 天和 9 天。根据 HXD3 检修手册，其中二年修与六年修转向架及构架检修工艺基本相同，则将转向架及构架二年修工艺流程与六年修工艺流程合并布置，合并后转向架检修所需工位为 3×400/60=20。

参考动车段转向架流水线，转向架解体（含构架检修）及组装流水线各设 10 个工位（可适当调整）。每工位作业时间最大不超过 60 分钟，可满足日检修完成 4 个转向架。

对于六轴机车，每日 4 个转向架对应 12 条轮轴，按 30 分钟一个节拍，采用单线计算能力为 400/30=13.3>12，能满足能力需要。

车轮检修流水线按 16 分钟一个节拍，采用单线计算能力为 400/16=25>24，能满足车轮检修需要。

2）转向架检修库尺寸确定

大功率电力机车转向架比动车组转向架大，HXD3 轴距为 2 250 mm+2 000 mm，各转向架解体、组装及构架检修工位按 7 300 mm 计，工位空隙按 4 200 mm 计。

其余各检修区如图 6-2-5 所示，总面积为 261×72=18 792 m^2。

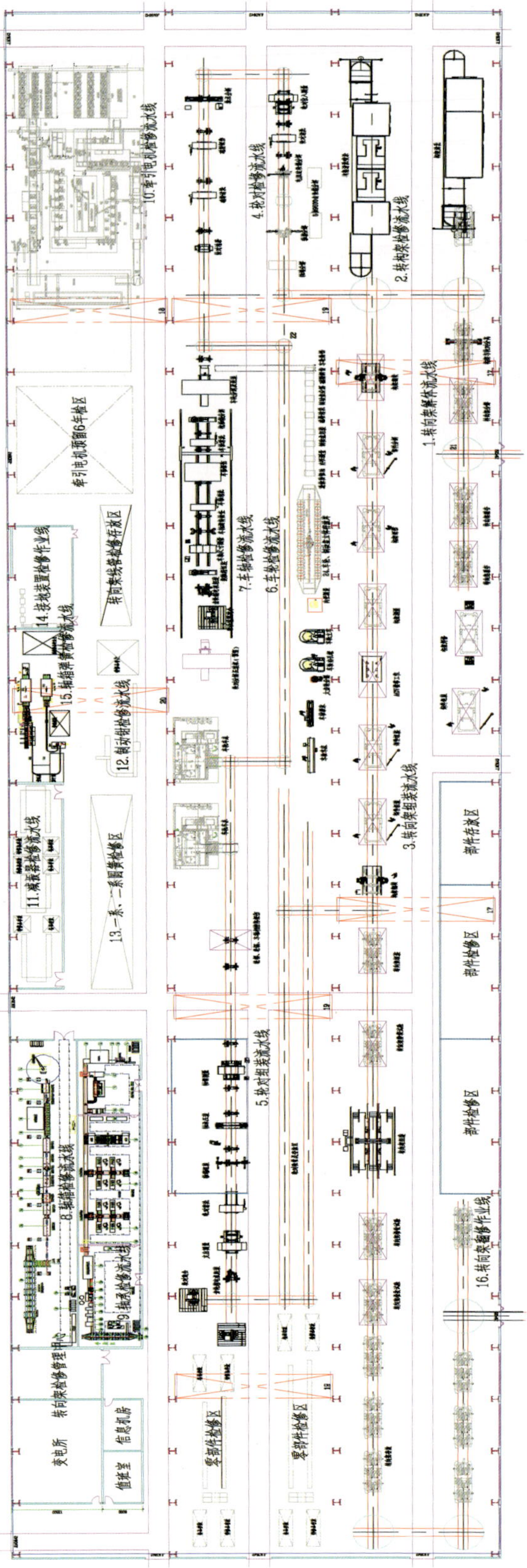

图 6-2-5 转向架检修库平面布置图

第三节　走行部定期落轮检修

走行部是机车的走行部分，除了支承车体上部的重量和传递牵引力、制动力外，它对机车动力学性能、牵引性能和安全性能起着重要的作用。保证轮轨间必要的黏着，使轮轨接触处产生必要的轮轨力，以保证机车正常的牵引和制动。缓和线路对机车的冲击，保证机车运行的平稳性和稳定性，保证机车顺利通过曲线和侧线。走行部定期落轮检修，可以保证走行部性能，对机车正常运行起着关键性的作用。

一、走行部定期落轮检修研究的必要性

走行部主要由构架、轮对装配、轴箱、电动机悬挂装置、基础制动装置、支承装配、牵引装置和附件装配等组成（见图 6-3-1）。

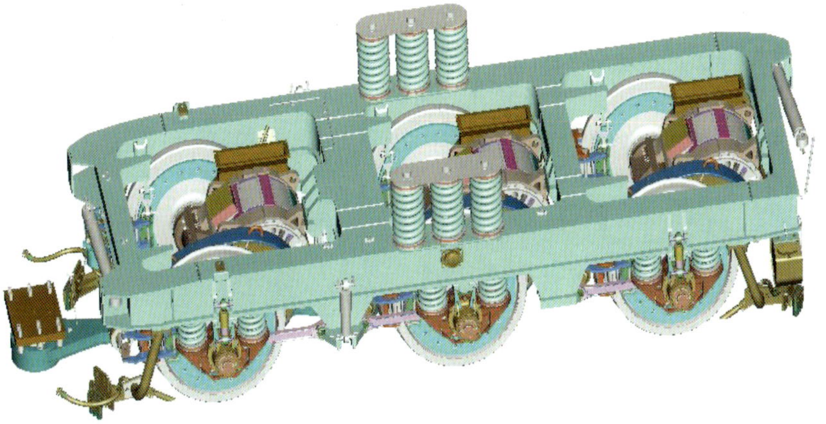

图 6-3-1　大功率机车走行部结构示意图

轮对及驱动装置是转向架最重要的关键件之一。机车绝大部分载荷均通过它传递给钢轨，牵引电动机所产生的扭矩也是通过它传至钢轨以产生牵引力。机车运行时，它还承受钢轨接头、道岔、曲线通过和线路不平顺时的垂向和水平作用力。

轮对及驱动装置由车轴、车轮装配、主从动齿轮、滚动抱轴箱装配和齿轮箱装配组成。

电动机悬挂装置由牵引电机、吊杆等组成。牵引电机一端通过滚动抱轴箱装配支承在车轴上，另一端通过一根两端带橡胶关节的吊杆弹性悬挂在构架的横梁和后端梁上。电动机悬挂装置的吊杆一方面承受牵引电机的静载荷，另一方面承受牵引电机工作时产生的反力。同时在牵引电机工作过程中，它可以随电机纵向和横向自由摆动，并且橡胶关节可以衰减牵引电机传给构架的振动。

牵引装置是连接机车车体与转向架的重要组成部分，其主要作用是传递机车的牵引力或

制动力。主要部件包括牵引销座、牵引橡胶关节、托板、牵引杆等。牵引杆是传递机车牵引力或制动力的关键部件，必须保证其具有足够的强度和刚度。牵引橡胶关节在传递机车牵引力或制动力的同时，保证机车车体与转向架之间的各种相对运动，缓和传力过程中的振动冲击，保证各部件之间的良好作用。

机车运行中，抱轴箱不许有变形及开裂；齿轮箱不许有裂纹、漏油；机车车载安全防护系统（6A 系统）地面专家诊断分析中，温升、振动不许有异常；电机吊杆橡胶关节不许有老化和开裂；牵引杆焊缝、法兰组件（车体端）的连接焊缝进行磁粉探伤检查，不许有裂纹；橡胶关节不许老化、开裂。

走行部定期检修十分重要。而要完成走行部定期检修，落轮检修必不可少。

二、大功率电力机车走行部定期落轮检修的研究

（一）落轮检修简介

1）传统方式落轮对

传统方式落轮对（见图 6-3-2）采用落轮机进行拆解，劳动强度小、效率高。但遇到低位牵引杆的轮对则不能发挥作用。因为拆解低位牵引杆的轮对时，机车驶到落轮机位置，应先将牵引杆拆除，传统方式落牵引杆设备无能为力，只能采用纯人工方式拆解。牵引杆重量大，需几个人合力托举、团结协作才能完成。

图 6-3-2　传统落轮方式

2）传统方式落牵引杆

传统方式落牵引杆（见图 6-3-3）采用具有液压升降支撑体的行走小车进行拆解。行走小车人工推行，整个过程劳动强度大、效率低。

图 6-3-3　液压升降支撑小车

（二）HXD 电力机车走行部定期落轮检修作业过程

机车从进入检修基地到修竣验收，一般按以下流程完成其检修作业过程：

入段→待修→入库→落轮→检修→走行部轮对组装→出库→调试→整备、存车→验交→出段。

（三）检修工艺流程

从检修作业过程中可以看出，落轮检修是一个关键工序节点。机车入库进入落轮区域，拆除牵引杆并移走，拆除轮对与转向架的所有连接，落轮设备托起轮对落入基础坑内，设备垂直轨道横移到另一侧，设备托起轮对升起至地面，用天车将轮对调运至轮对检修区进行检修。

（四）电力机车走行部定期落轮检修方式的比选

传统方式落轮对低位牵引杆的轮对不能发挥作用。四合一解装机实现设备的大过桥与库内钢轨连接和分离；实现大过桥、轮对过桥与检修地沟连接和分离；解决了低位牵引杆落轮对的难题。四合一解装机即可实现在同一工位完成轮对电机、牵引杆的解装作业，可实现在同一工位完成主变压器、车钩缓冲器的解装作业。一机多用，减少了占地面积，降低了劳动强度，提高了工作效率。设备本身性能稳定、安全可靠、兼容性好，适应了铁路行业大力发展现代化技术装备的需求。

三、四合一解装机技术方案研究

（一）基本技术参数

四合一解装机用于大功率电力机车在同一工位完成轮对电机、主变压器、牵引杆和车钩缓冲器的解装作业。

满足的车型包括 HXD1、HXD1B、HXD1C、HXD2、HXD2C、HXD3、HXD3B 等多种。其主要技术参数如下：

电源：	三相 50 Hz 380 V
额定起重能力：	400 kN

走行承载能力：	200 kN
举升行程：	1 920 mm
举升速度：	0.28 m/min
举升功率：	≤7.5 kW
走行速度：	8 m/min
走行轨中心距：	1 900 mm
走行功率：	≤2.2 kW
中间过桥：	轨长 2 470 mm
轨距：	1 435 mm
过桥负荷能力：	500 kN
外廓过桥：	轨长 4 200 mm
钢轨规格：	50 kg/m
横向调整量：	± 50 mm
纵向调整量：	± 50 mm
旋转角度：	± 1°
低压泵站额定压力：	6.3 MPa
高压泵站额定压力：	80 MPa
小油缸额定举升能力：	1 000 kN
小油缸升降行程：	1 000 mm
大油缸额定举升能力：	1 600 kN
大油缸升降行程：	400 mm
手动泵额定压力：	60 MPa

1）举升行程的确定

大过桥高度为 500 mm，大功率电力机车最大轮对高度为 1 300 mm，留出 120 mm 的裕量，故举升行程为 1 920 mm。

2）外廓过桥轨长的确定

HXD1、HXD1B、HXD1C、HXD2、HXD2C、HXD3、HXD3B 多种车型的主变压器的最大长度为 3 960 mm，留出 140 mm 的裕量，故外廓过桥为轨长 4 200 mm。

3）额定起重能力的确定

和谐机车最大轴重为 250 kN（25 t），进行轮对拆解时，需对轴箱弹簧进行压缩。根据落轮机使用情况，加载 400 kN，完全能满足轮对拆解的需要，故额定起重能力为 400 kN。

4）设备组成

设备由中间过桥、外廓过桥、插拔销机构、升降机构、走行机构、主变压器解装装置、牵引杆解装装置、车钩缓冲器解装装置、活动盖板及电气控制系统等组成。插拔销机构负责联结中间过桥、外廓过桥以及库内轨道；升降机构和走行机构负责执行到指定位置；各解装装置分别对应各待解装部件；活动盖板覆盖坑面，使地面平齐贯通；电气控制系统负责整个设备的自动控制，人机交流。

5）中间过桥、外廓过桥、库内轨道的连接

中间过桥（见图 6-3-4）、外廓过桥、库内轨道由插拔销机构连接，形成机车的贯通轨道，不作业时机车可安全通过。中间过桥由活动钢轨、底座、托头、托头拔出装置组成。托头上设有横向定位块，活动钢轨上设有横向定位槽。两侧托头伸出时，托住活动钢轨并将其横向定位，定位性能牢固，不作业时保证机车顺利通过，其承载能力允许 400 kN；两侧托头缩回时，活动钢轨可以由举升装置带动进行升降，动作顺畅。

图 6-3-4　中间过桥结构

6）中间过桥、外廓过桥、库内检修沟的连接

中间过桥、外廓过桥、库内检修沟形成贯通通道，利于机车的检修作业。活动钢轨是独立的，主地沟内完全畅通，作业方便检修和拆装和谐机车的牵引杆。

7）轮对电机解装

轮对电机解装时，中间过桥举升装置升起，轮对横移平车的轮缘定位块托住轮对，将轮对顶起，同时活动钢轨固定销将活动钢轨定位。举升装置（见图 6-3-5）下降，轮对横移平车托着轮对和活动钢轨降到轨道上，轮对电机解装具有足够的空间。

图 6-3-5　举升装置

8）升降同步精度

主变压器解装时，中间过桥与外廓过桥可同步升降，且着重保证同步精度，精度可以达到 0.15 mm。升降机构的升降运行原理，是由一个双输出轴的起重电机来驱动万向轴，然后传动进入蜗轮传动箱，带动丝杠，丝杠旋转完成升降动作。同步升降机构如图 6-3-6 所示。

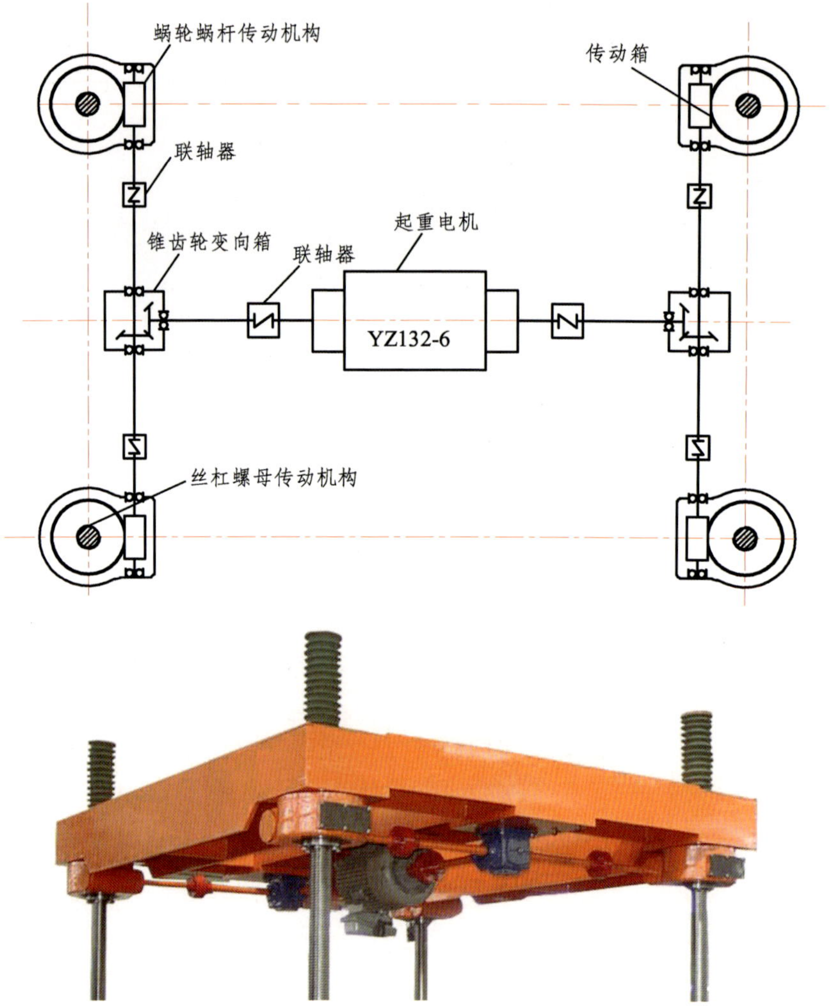

图 6-3-6　同步升降机构

9）升降机构自锁功能

升降机构的升降功能是采用丝杠螺母传动形式来完成，它具有自锁功能。升降机构由一台起重电机、两个锥齿轮传动箱、四个蜗轮减速箱及弹性传动轴组成。通过螺旋丝母、丝杠传动，可以做到升降同步精度小于 0.5 mm。承载螺母采用离心铸造的优质铝黄铜，这种材质具有很好的耐磨性。

10）安全螺母保护

除了丝杠螺母的自锁，升降机构还另有安全螺母保护，提高安全可靠保证程度。

11）走行机构

走行机构（见图 6-3-7）的行走功能，是由两个斜齿-螺旋锥齿轮减速机直接驱动走行轮行走，结构简单，维修方便，故障率低。走行机构通过良好的设计选材，具有足够的强度和刚度，可以保证行走过程安全、平稳。

图 6-3-7　走行机构

12）主变压器解装装置

主变压器解装装置（见图 6-3-8），安装在落轮机升降平台上。拆解和组装变压器时，四个液压千斤顶起到主要支撑作用。承载体既起到支撑作用，同时完成整个调整体的横向移动，包括前后左右移动。角度旋转由万向球支撑来实现，完成现变压器的解装作业。

图 6-3-8　主变压器解装装置

牵引杆解装装置兼顾既有主型和谐大功率电力机车，设备具有升降、纵向调整、横向调整等功能，方便作业人员操作，实现牵引装置的解装。

13）牵引杆解装装置

牵引杆解装装置（见图 6-3-9）推到牵引杆位置，利用横向调整机构和纵向调整机构，将牵引杆对正托架，再利用升降装置接、送牵引杆，方便解体或组装牵引装置。由于此设备采用了与地沟平齐的结构，牵引杆解装装置不作业时，不影响机车的正常通行，同时也保证了小车在推入和推出时的顺畅。升降部分由升降油缸、导向套、导向杆等组成，利用液压缸动作完成升降。液压站由电机、液压泵、电磁换向阀、溢流阀、节流阀、管路等组成，所有元件均采用优质品牌，可靠性高。牵引杆解装装置不作业时，离开解装工位，不会影响机车的正常通行。

14）车钩缓冲器解装装置

车钩缓冲器解装装置（见图 6-3-10），设计结构紧凑，工作性能可靠，操作劳动强度低，且生产效率高。该设备可以实现在不拆卸排障器、不架车的情况下，拆装车钩缓冲器。设备安装有脚轮，可在检修沟内安全移动，拆完车钩缓冲器后，设备沿检修沟移出车体。车钩缓冲器的接送，由两个不同步双级液压升降油缸完成，结构简单合理，操作方便快捷。高压油缸与液压系统采用快速连接，选用优质品牌连接件，密封性好，便于操作和维修。车钩缓冲器解装装置使用时，将车钩缓冲器解装装置推到车钩缓冲器下方，调整位置，采用超高压油缸压缩缓冲器，使缓冲器脱落，利用双油缸接送车钩缓冲器。车钩缓冲器解装装置不作业时，不影响机车的正常通行。

图 6-3-9　牵引杆解装装置

图 6-3-10　车钩缓冲器解装装置

15）盖板

盖板（见图 6-3-11）的作用是在设备不工作时，盖在基坑上面与地面平齐，保证人员的顺利通过，同时保持坑内的卫生清洁。盖板设计选材，满足 3 t 叉车满载时平稳、安全通过的强度。

图 6-3-11　盖板

（二）多种机型的兼容性研究

1）四合一解装机的结构研究

随着我国铁路和谐型大功率交流传动机车的批量投入使用，各机车保有单位迫切需要相应的机车维护设备，以高效方便地对机车检修。研制兼容多种交流传动机车走行部定期落轮检修与时俱进，加快推进铁路技术装备现代化进程，具有十分重要的现实意义。

走行部定期落轮检修的升降机构和走行机构属于低速重载的传动设备。其工作过程中，整个传动机构速度比较低，但其载荷较大，工作状态和起重机类似，安全性要求很高。其设备安装在地面以下，整体精度和同步性上要求更高，研发难度大。随着大功率交流机车的不断发展，通过对走行部定期落轮检修主要结构的研究，有助于拓展走行部定期落轮检修在机车检修中的适用性和提高设备自身的安全可靠性。

大功率交流传动机车的走行部定期落轮检修汇集了当今国内落轮对、落主变的最优设计理念，采用地坑式安装方式，不使用时，所有设备都藏于地面盖板之下，使检修现场能保持整洁干净，视野开阔，工作环境优良。

2）升降机构的研究

一般走行部定期落轮检修的升降机构的最大行程为 2 m 左右，负载不超过 400 kN，升降机构的结构为一套驱动装置和四套举升机构组成。举升体多采用板材焊接结构，具有良好的刚度和抗负载能力，其结构尺寸由长度和负载情况决定。

升降机构采用了由四套丝杠螺母副及相应的驱动等装置组成的新式结构，极大地改善了结构受力情况减轻了整个钢结构的重量，实现了对现有多种和谐型大功率交流电力机车的兼容维修。

3）行走机构的研究

为适应多种大功率交流传动机车的要求，行走机构可以在固定的轨道上自由移动，并且能够按指令停止在正确的位置上。为了适应不同大功率交流传动机车轮对电机、主变压器、牵引杆和车钩缓冲器的解装作业，行走机构通过横移电动减速器驱动行走轮进行横移。

（三）四合一解装机的主要技术特点

走行部定期落轮检修一般安装在地下基础坑内，操作人员在控制台实现升降。走行部定期落轮检修的主要技术特点可以分为两个部分：电气部分和机械部分。

电气控制保证了整套设备的高质量及稳定优越的性能。走行部定期落轮检修的举升和行走由电气控制，提高了工作效率，减轻了操作人员的劳动强度。

大功率交流机车走行部定期落轮检修在机械结构上主要特点体现在以下几个方面：① 考虑到不同用户的需要，能满足我国现有的全部和谐型大功率交流传动机车在同一工位完成轮对电机、主变压器、牵引杆和车钩缓冲器的解装作业需要；② 举升机构为丝杠螺母传动机构，采用梯形螺纹丝杠，具备在任意位置都可以停止并锁定功能；③ 举升丝杠传动机构中设置了防止工作螺母发生意外破坏的安全螺母。

四、四合一解装机的应用前景与推广

（一）应用前景

走行部定期落轮检修考虑到不同用户的需要，能实现我国现有的全部和谐型大功率交流传动机车检修时在同一工位完成轮对电机、主变压器、牵引杆和车钩缓冲器的解装作业。充分考虑了我国铁路机车的使用现状，填补了国内外该领域研究空白。其设备本身性能稳定、安全可靠、兼容性好，适应铁路行业大力发展现代化技术装备的需求。目前，这种走行部定期落轮检修已在乌鲁木齐、库尔勒、嘉峪关、格尔木、太原等机务段陆续进入现场安装、调试环节。

大功率交流机车目前运用在我国大部分货运铁路上，具有牵引功率大、运力强等特点。自从 2007 年大规模投入使用开始，大功率交流机车已经逐渐成为货运铁路的主力军。作为大功率交流机车检修的主要设备之一，走行部定期落轮检修在国内具有十分广阔的应用前景。

第四节　牵引电机检修系统技术研究

一、研制大功率电力机车牵引电机检修流水线的必要性

目前，我国既有的牵引电机检修主要存在以下不足：

（1）牵引电机的检修均采用定位修的方式，其通过能力为 2～3 台电机/天，天车、悬臂吊作为电机检修的主要物流手段，检修效率低。

（2）牵引电机检修流水线通过能力为 12～16 台电机/天，牵引电机检修效率提高 6 倍。

基于上述原因，考虑机务检修工艺装备的技术升级，为了给检修牵引电机提供集中检修、提高机车的检修质量，并且给铁路运输提供质量优良的机车，有必要研制大功率电力机车牵引电机检修流水线。大功率电力机车牵引电机如图 6-4-1 所示。

图 6-4-1　大功率电力机车牵引电机图

二、主要检修工艺

大功率电力机车交流牵引电机的检修分为 2 年检（C4～C5 修）、6 年检（C6 修），具体检修内容如表 6-4-1 所示。

表 6-4-1　大功率电力机车交流牵引电机检修内容

序号	检修规程	检修项目	检修内容
1	第一次 2 年检 （C4～C5 修）	电机吹扫	电机表面浮灰清扫、电机内部灰尘的吹扫
2		修前测试	外观检查，测量绕组冷态直流电阻、绕组对地绝缘电阻、轴承对地绝缘电阻、速度传感器输出波形，电机空载试验
3		轴承检修	轴承注油
4		电机试验	测量绕组冷态直流电阻、绕组对地绝缘电阻、轴承对地绝缘电阻值、速度传感器输出波形，磨合试验、匝间绝缘试验、绝缘耐压试验、电机空载试验、电机振动试验、堵转试验、轴承温升试验
5		电机喷漆	电机喷面漆
6	第二次 2 年检 （C4～C5 修）	电机吹扫	电机表面浮灰清扫、电机内部灰尘的吹扫
7		修前试验	外观检查，测量绕组冷态直流电阻、绕组对地绝缘电阻、轴承对地绝缘电阻、速度传感器输出波形，电机空载试验
8		电机解体	电机附件拆解、定子和转子分离、轴承拆解
9		电机清洗	定子、转子及附件清洗
10		电机烘干	定子、转子及附件烘干
11		轴承检修	更换轴承
12		定子检测	匝间绝缘试验、绝缘耐压试验、吊座探伤
13		转子检测	转轴尺寸测量、转轴探伤、转子动平衡试验
14		附件检测	附件尺寸测量
15		电机组装	轴承安装、定子和转子组装、附件组装
16		电机试验	测量绕组冷态直流电阻、绕组对地绝缘电阻、轴承对地绝缘电阻、速度传感器输出波形，磨合试验、匝间绝缘试验、绝缘耐压试验、电机空载试验、电机振动试验、堵转试验、轴承温升试验
17		电机喷漆	电机拆解后零部件喷漆、电机组装后喷面漆
18	6 年检 （C6 修）	同第二次 2 年检（C4～C5 修）	完成第二次 2 年检（C4～C5 修）所有项目
19		定子检测	增加定子浸漆烘干

三、电力机车牵引电机检修流水线技术方案研究

（一）技术方案与技术路线

大功率电力机车交流牵引电机检修流水线采用先进的信息管理系统和技术装备，可极大地提高电机检修的数量和质量，实现检修作业的机械化、自动化、文明化和信息化。交流牵引电机检修流水线，布置在长 68 m、宽 24 m 的区域内，具备兼容各型和谐型大功率六轴交

流传动电力机车和每天 12 台交流牵引电机的要求。

交流牵引电机检修流水线的总体布置如图 6-4-2 所示。按检修功能分为 4 条检修流水线（电机解体线、转子及附件检修流水线、定子检修流水线、电机组装试验线）、1 个喷漆区和 1 个信息管理系统。设计内容包括工艺流程和工位设计、物流设计、设备设计和信息化管理系统设计。

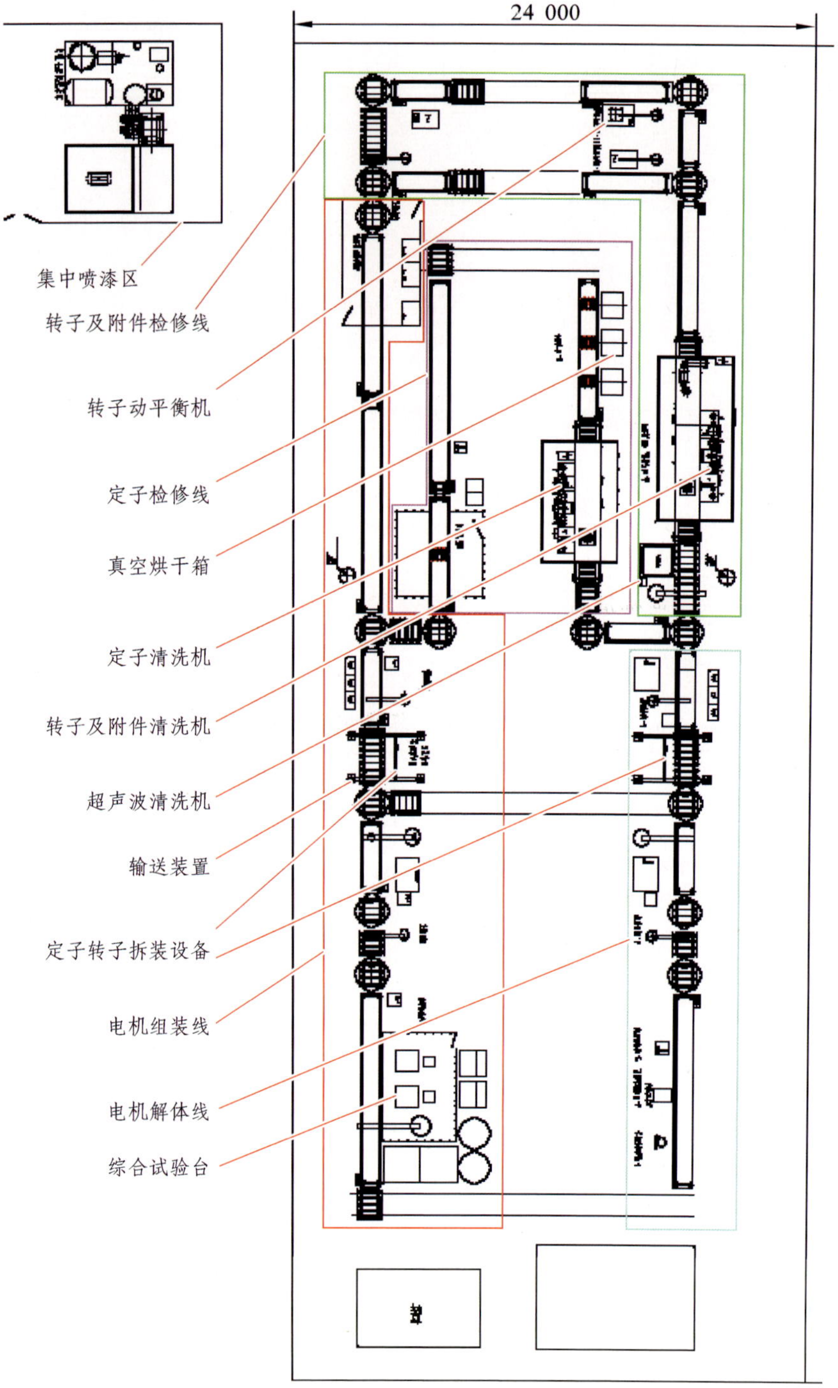

图 6-4-2　交流牵引电机检修流水线布置

1. 工艺流程和工位设计

经过对国内电机厂工艺要求的调查，以《动车组牵引电机 3 级修》(北车集团)、《动车组牵引电机 5 级修》(北车集团)、《HXD1 机车 JD160 型牵引电机 2 年检》(株洲厂和永济厂)、《HXD1 机车 JD160 型牵引电机拆检项目》(株洲厂和永济厂)、《HXD1 机车 JD160 型牵引电机 2 年检范围及修程》(株洲厂和永济厂)、《HXD3 机车 YJ85A 型牵引电机 2 年检范围及修程》(大连厂和永济厂)、JD160 大功率电机设计图纸和相关设计文件为标准，并在征求各动车和机车检修基地的意见后，制定出交流牵引电机检修的工艺流程(见图 6-4-3)。

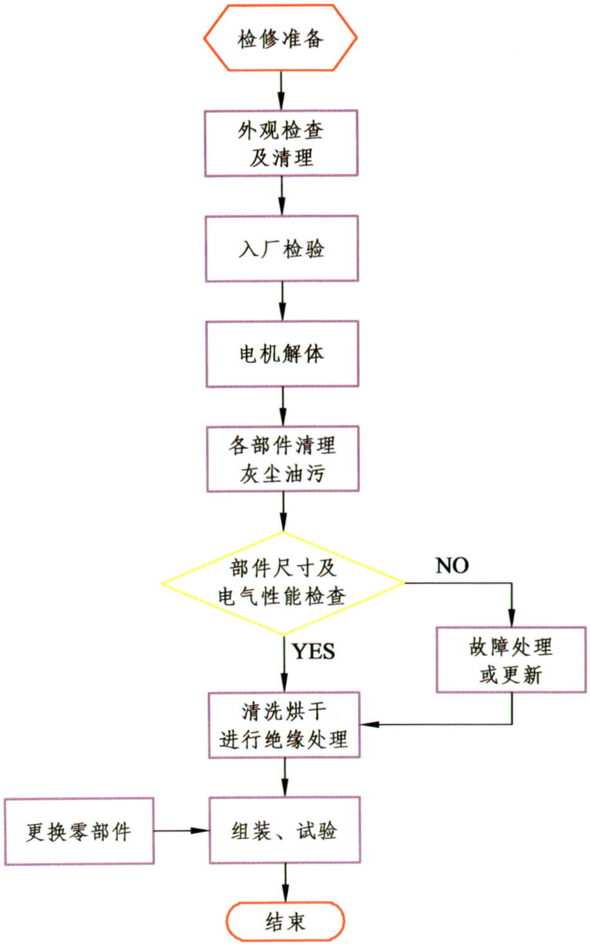

图 6-4-3 交流牵引电机检修工艺流程

工位设计根据工艺流程进行，将交流牵引电机的检修工艺流程的内容分解和合并为若干工位，以达到检修时间均衡分配的目的。其检修流水线工位布置如图 6-4-4 所示。

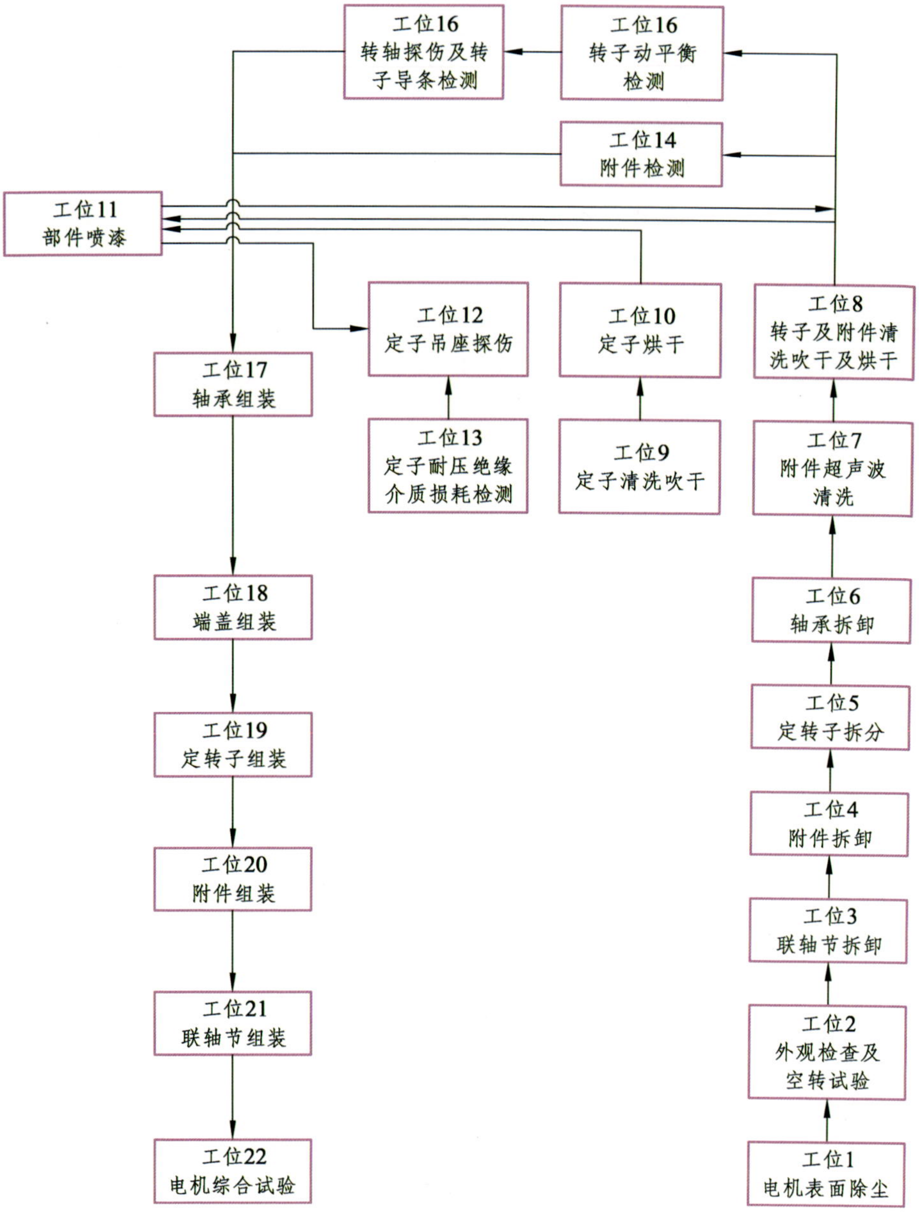

图 6-4-4　交流牵引电机检修流水线工位布置

通过大量的调研、研究及电机检修现场的实际时间的测算，牵引电机检修流水线各工位操作时间如表 6-4-2 所示。由表可见，22 个工位中有 16 个工位的检修时间为 30 min，5 个工位检修时间为 20 min，检修作业的节拍基本均衡，不影响检修流水线的运转。根据工位 10 的最大节拍 30 min 和 8 h 工作制计算，每天可完成 16 台牵引电机检修，完全满足 12 台牵引电机检修量的要求，还有 30% 的检修能力的余度。

表 6-4-2　检修流水线各主要工位及各个工位的检修时间

工位号	工位名称	时间/min
工位 1	电机表面除尘	20
工位 2	电机外观检查及空转试验	30
工位 3	联轴节的拆卸	20
工位 4	附件拆卸	30
工位 5	定转子拆分	30
工位 6	轴承拆卸	30
工位 7	附件超声波清洗	30
工位 8	转子及附件清洗吹干及烘干	30
工位 9	定子清洗吹干	30
工位 10	定子烘干	30
工位 11	部件喷漆	30
工位 12	定子吊座探伤	30
工位 13	定子耐压、绝缘、介质损耗检测	20
工位 14	附件检测	30
工位 15	转子动平衡检测	30
工位 16	转轴探伤及转子导条检测	30
工位 17	轴承组装	30
工位 18	端盖组装	30
工位 19	定转子压装	30
工位 20	附件组装	20
工位 21	联轴节组装	20
工位 22	电机综合试验	30

现将交流牵引电机检修流水线的工位介绍如下：

交流牵引电机检修流水线由电机解体线、转子及附件检修流水线、定子检修流水线、电机组装试验线、1 个喷漆区和 1 个信息管理系统组成。

牵引电机检修流水线总图如图 6-4-5 所示。

图 6-4-5　牵引电机检修流水线总图

1）电机解体线

电机解体线（见图 6-4-6）主要完成电机定子机体部件和电机传动轴两端附件、电机定子与转子以及端盖与轴承的分解等任务。电机解体线包含 1～6 工位。电机解体前首先用起重机将待修牵引电机吊入检修流水线的电机托盘上，然后由输送装置依次传递到后续工位。

图 6-4-6　牵引电机检修电机解体线

工位 1，利用大功率吸尘设备清除电机机壳表面附着物，如图 6-4-7 所示。

工位 2，对电机进行外观检查和登记，用手摇表测量电机的绝缘电阻和定子三相的直流电阻值等，并进行电机的空转试验（见图 6-4-8）（检查电机振动，以确定是否需做转子动平衡试验。检查电机和轴承有无异状并确定故障处所在）。电机外观除尘及登记如图 6-4-7 所示。

工位 3，拆卸定子出线板、接线盒、引出线、导线支架和线夹等外部附件，放入附件托盘。使用液压拆卸器拆卸转子传动端的联轴器（见图 6-4-9）。

图 6-4-6　电机联轴器的拆卸

图 6-4-7　电机空转试验

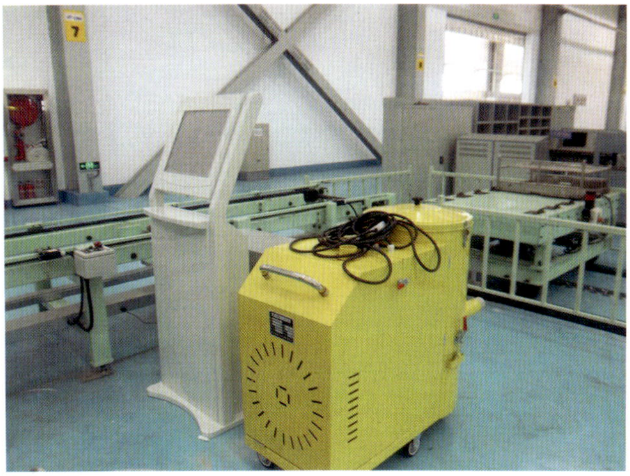

图 6-4-8　电机外观除尘及登记

工位 4，拆卸盖板放入附件托盘内。拆卸速度传感器和温度传感器放入转运小车，运送至信息控制间。速度传感器支架放入附件托盘内。然后拆卸传动端铝端盖。

工位 5，将牵引电机转子的轴伸与定子转子拆装设备紧密连接，从定子中缓慢拔出，放入转子托盘，待转子重量全部由托盘承受后，将转子从定子转子拆装设备上卸下。电机定转子分离如图 6-4-10 所示。

图 6-4-10　电机定转子分离

工位 6，使用工具和液压拆装机拆卸转子传动端的端盖、轴承外环、轴承内环和内外密封环，拆卸转子非传动端的轴承外盖、轴承、内封环和端盖，将拆除零部件放入附件托盘的相应位置（见图 6-4-11）。

图 6-4-11　电机轴承及封环的拆卸

2）转子及附件检修流水线

转子及附件检修流水线主要完成电机转子和附件的清洗、吹干及烘干，转子固有频率检测、磁粉探伤、动平衡试验和附件尺寸测量。转子及附件检修流水线包含 7、8、11、14、15 和 16 工位。转子及附件检修流水线如图 6-4-12 所示。

图 6-4-12　转子及附件检修流水线

工位 7，利用悬臂吊将附件托盘吊入附件超声波清洗机内进行清洗，转子由输送线装置传递至转子清洗机，进行清洗、漂洗、吹干和烘干。同时利用悬臂吊将超声波清洗后的附件放上输送装置，跟随转子一并进入转子清洗机进行二次清洗、漂洗、吹干及烘干。

工位 11，烘干后的转子及附件通过小车转运至喷漆区进行绝缘漆和面漆的喷涂。

工位 14，喷漆后的转子先由转运小车转运至输送装置，再利用机械手运至转子动平衡机上进行检测。

工位 15，动平衡检测后的转子通过输送装置传递进行探伤及固有频率检测。

工位 16，利用专用设备对电机转子附件进行尺寸测量。

3）定子检修流水线

定子检修流水线与转子及附件检修流水线并列布置，主要完成电机定子的清洗、吹干、真空烘干、吊座探伤和电压、电阻的测试。检测数据通过数据采集终端输入数据中心。定子检修流水线包含 9 ~ 13 工位。

工位 9，电机定子通过输送装置进入定子清洗机，定子清洗机的作业程序按 60 °C 洗涤剂清洗 10 min，60 °C 清水漂洗 5 min，压缩空气吹干 5 min 进行。电机自动清洗如图 6-4-13 所示。

图 6-4-13 电机自动清洗

工位 10，清洗后的电机定子，通过输送装置送入真空烘干箱进行烘干（见图 6-4-14）。

图 6-4-14 电机定子烘干

工位 11，烘干后的电机定子通过小车转运至喷漆区，进行绝缘漆和面漆的喷涂。

工位 12，喷漆后的电机定子，由喷漆区通过转运小车转运至定子吊座探伤工位进行探伤。转运小车如图 6-4-15 所示。

图 6-4-15　转运小车

工位 13，探伤后的电机定子通过输送装置送至定子检测工位进行定子的工频对地耐压、匝间冲击耐压、直流电阻和绝缘电阻的测试。其中定子介质损耗检修如图 6-4-16 所示，定子耐压检修如图 6-4-17 所示。

图 6-4-16　定子介质损耗检测

图 6-4-17　定子耐压检测

4）电机组装试验线

电机组装线主要作用是完成转子组装、定子组装、电机总装及电机综合试验等。电机组装试验线包含 17～22 工位。

工位 17，利用感应加热器、烘箱和液压压装机进行转子传动端和非传动端的轴承组装。先将转子传动端的轴承内环和内封环装入轴承端盖中，再将转子非传动端的轴承、内封环和轴承外盖装在转子轴上，然后紧固轴承端盖和轴承外盖的螺栓。

工位 18，利用机械手将定子端盖安装在定子上。

工位 19，利用定子转子拆装设备进行转子与定子的装配。首先将转子传动端的轴伸紧密地与定子转子拆装设备的升降装置连接，并水平升起转子，与转子托盘脱离接触，然后转子托盘通过输送装置返回工位 5，形成转子托盘的循环。接着全面微调定子转子拆装设备的方位，使转子外径与转子内径对准，并缓慢地将转子装入定子。待转子与定子装配到位后，即可从定子转子拆装设备上拆下转子。电机定转子压装如图 6-4-18 所示。

工位 20，进行电机附件组装，安装次序为传感器支架、测速齿轮测速齿轮止动垫片、螺栓、速度传感器出线板、接线盒、引出线、导线支架和线夹等。

工位 21，利用液压拆装器将联轴器压装在电机转子的轴伸上。

工位 22，组装完成的牵引电机由输送装置输送至电机综合试验台工位，利用悬臂吊将牵引电机从输送装置吊至电机综合试验台（见图 6-4-19），依次进行电机冷态直流电阻测量、轴承对地绝缘电阻值测量、绕组对地绝缘测量、转速传感器输出波形测量、空载试验、磨合试验、轴承温升试验、绝缘耐压试验。

图 6-4-18 电机定转子压装

图 6-4-19 电机综合试验

完成综合试验的电机进行喷涂面漆、收尾及存放。

2. 物流设计

交流牵引电机检修流水线的电机及其零部件均由托盘承载，解体前的电机和解体后的定子均放于定子托盘，转子和附件分别置于转子托盘和附件托盘。交流牵引电机检修流水线物流不仅包括电机、定子、转子和附件的循环，还包括托盘的循环。根据电机各部件的检修要求分别对电机、定子、转子、附件及托盘的循环线路进行分析设计。

交流牵引电机检修流水线物流图（见图 6-4-20）表示了电机各部件及托盘在各工位的存在形式及流动方向。转子托盘在工位 5 至工位 19 完成循环，电机托盘和附件托盘在工位 1 至工位 22 间完成循环。

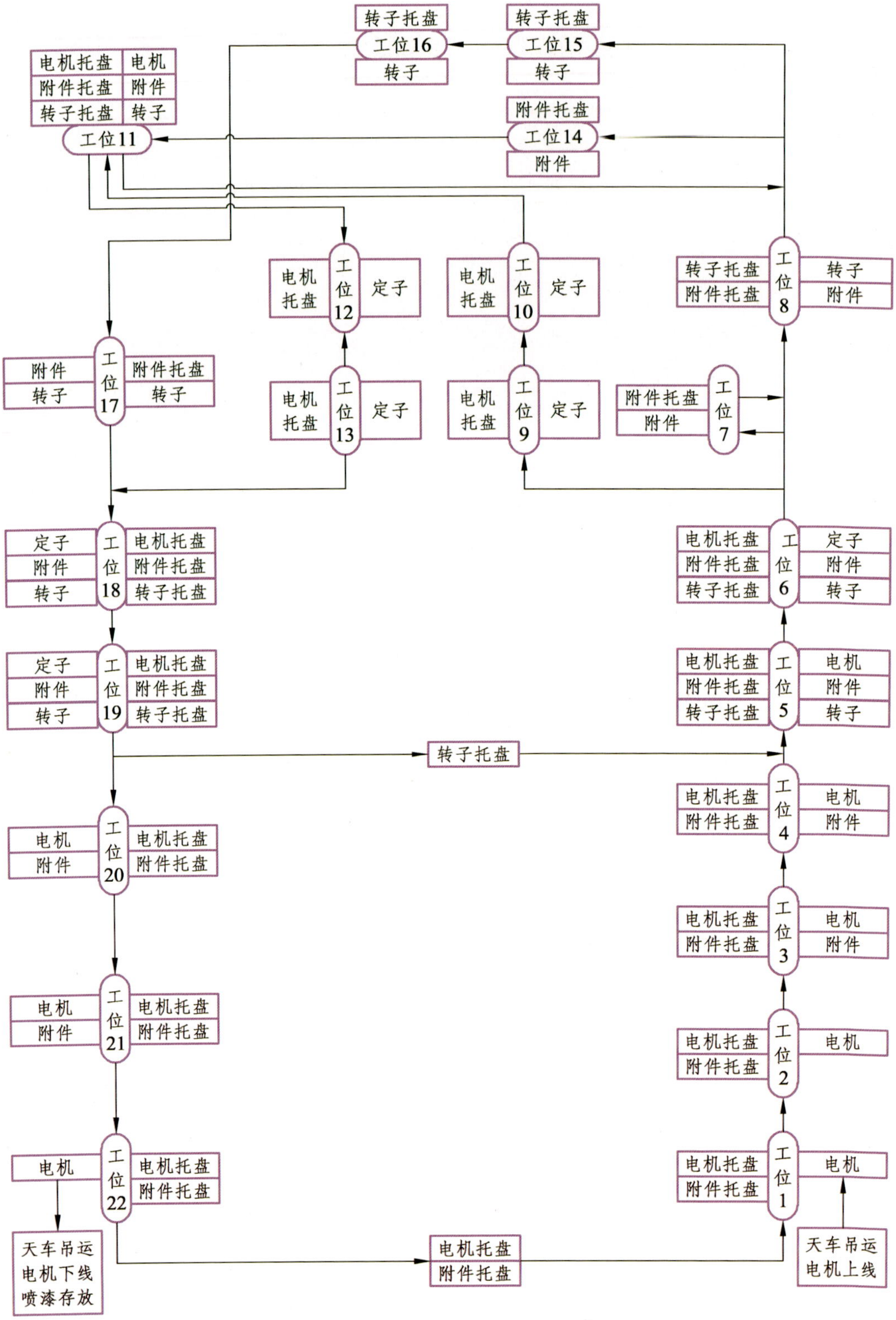

图 6-4-20　交流牵引电机检修流水线物流图

（二）设备设计

交流牵引电机检修流水线每工位的设备配置如表 6-4-3 所示。

表 6-4-3　工位设备配置表

序号	工位号	工位名称	设备名称	数量	单位
1	工位 1	电机表面除灰	工业吸尘器	1	台
2	工位 2	外观检查及空转试验	空转试验台	1	台
			信息输入设备	1	台
3	工位 3	联轴器拆卸	工作台	1	套
			扳手	1	套
			液压拆装器	1	套
4	工位 4	附件拆卸	扳手	1	套
			中频感应加热器	1	台
			机械手	1	台
			悬臂吊	1	台
			工作台	1	台
5	工位 5	定子转子拆分	定子转子拆装设备	1	台
6	工位 6	轴承拆卸	扳手	1	套
			液压拆装器	1	套
7	工位 7	附件超声波清洗	附件超声波清洗机	1	台
			悬臂吊	1	台
8	工位 8	转子及附件清洗、吹干及烘干	转子清洗机	1	台
9	工位 9	定子清洗	定子清洗机	1	台
10	工位 10	定子烘干	真空烘干箱	3	台
11	工位 11	部件喷漆	水幕喷漆设备	1	套
12	工位 12	定子吊座探伤	磁粉探伤仪	1	台
			翻转架	1	台
			工业吸尘器	1	台
			工作台	1	台
13	工位 13	定子耐压、绝缘、介质损耗检测	耐压试验台	1	台
			微欧计	1	台
			匝间耐压仪	1	台
			介质损耗测试仪	1	台
14	工位 14	转子动平衡检测	机械手	1	台
			动平衡机	1	台

续表

序号	工位号	工位名称	设备名称	数量	单位
15	工位 15	转轴探伤及转子导条检测	工作台	1	台
			超声波探伤机	1	台
			磁粉探伤机	1	台
			工业吸尘器	1	台
			固有频率检测仪	1	台
16	工位 16	附件检测	工作台	1	台
			信息输入设备	1	台
17	工位 17	轴承组装	工作台	2	台
			感应加热器	1	台
			液压拆装器	1	套
			烘箱	1	台
			恒温间	1	间
18	工位 18	端盖组装	扭力扳手	1	套
			工作台	1	台
			机械手	1	台
19	工位 19	定子转子压装	定子转子拆装设备	1	台
20	工位 20	附件组装	扭力扳手	1	套
			机械手	1	台
21	工位 21	联轴器组装	液压拆装器	1	台
			工作台	1	台
22	工位 22	电机综合试验	综合试验台	2	台
			悬臂吊	1	台
23		电机传输	输送装置	1	套
24		检修管理	信息管理系统	1	套

四、牵引电机检修流水线的应用前景与推广

（一）应用前景

牵引电机检修流水线考虑到了各种不同型号大功率交流牵引电机的检修需要，能实现我国现有的全部六轴（C_o-C_o 轴式）和谐型大功率交流传动机车牵引电机的检修，填补了国内外的研究空白。其设备本身性能稳定、安全可靠、兼容性好，适应了铁路行业大力发展现代化技术装备的需求。目前，这种牵引电机检修流水线已在武汉、上海等几个城市的大功率交流机车检修基地陆续进入调试、使用阶段。

大功率交流机车目前运用在我国大部分货运铁路上，具有牵引功率大、运力强等特点。自从 2007 年大规模投入使用开始，大功率交流机车已经逐渐成为货运铁路的主力军。作为大功率交流机车检修基地的主要设备之一，牵引电机检修流水线在国内、国际上都具有十分广阔的应用前景。自动化作业程度高，故障率低，带有自检系统，安全防护性能好，非常适宜

作为大功率交流机车的配套检修装备。2012年年初，中国南车株洲电力机车有限公司自主研发的首台大功率交流传动快速客运电力机车成功下线，标志着未来的几年里，交流机车将逐渐成为我国铁路普通干线客运的主力。牵引电机检修流水线以其良好的兼容性，无论是在货运铁路还是客运铁路，都将发挥越来越大的作用。

（二）牵引电机检修流水线的推广及应用实例

牵引电机检修流水线已经在上海、广州、武汉检修基地投入使用。自投入使用以来，各检修基地的牵引电机检修作业彻底告别了电机返厂修的不利局面，大大提高了牵引电机的检修质量和效率，同时提高了段检修水平和检修质量，保障了机车安全。其主要作用如下：

（1）对动车组出入库检修车辆达到实时化，不再出现检修部件不到位、影响机车检修效率的情况。

（2）确保动车段功能完整化及标准化建设。

牵引电机检修流水线的投入使用，加强了段检修项目的完善，有助于动车段现场管理的方便性、快捷性。避免了电机运输过程中造成的不必要浪费和意外。电机的检修也变得可控，保证动车段检修的统一规划。

（3）电机检修流水线实行电机检修的过程控制，提高检修人员的责任感，全面掌控电机检修现场检修作业，为进行生产安排及强化现场管理提供了依据。

牵引电机检修流水线的运用，是大型交流电机检修作业的革命。牵引电机检修流水线的不断应用和完善，将会成为提高机车组检修质量、提升机车运用管理水平、保障机车行车安全的重要基础设施，具有广泛的推广前景。

第五节　9 600 kW 机车整车动态试验台

一、研制大功率电力机车整车试验动态检测系统的必要性

目前，我国既有的机车整车试验台主要存在以下不足：

（1）陪试电机均采用直流电动机，功率较小不能满足大功率电力机车进行负荷试验的需要。

（2）机车上、下试验台，一是采用天车吊装方式，被试机车上下试验台均需要使用两台天车同步将机车吊上或吊下，操作烦琐复杂，作业时间长，效率低、安全性差，耗费大量的人力物力；二是采用浮动尖轨与轨道轮相结合的方式，将机车牵引至试验台上，由于浮动尖轨与轨道轮结合处存在凹槽，对设备及机车的冲击较大，虽然效率有所提高，但安全可靠性仍然不高，作业也较烦琐。因此，上述两种方式均不能满足检修基地检修通过能力的要求。

（3）轴距调整为人工进行，调整时需用天车将轨道轮及其轴系上的所有部件逐个吊装至合适的位置，费时费力且调整精度困难。制约了机车进行整车试验的通过能力，不能满足检修基地多种型号机车频繁进行试验的要求。

（4）机车试验时电能均转换为热能消耗掉，造成大量的能源浪费，增加了设备运用成本，

不符合国家节能、降耗、减排的政策。

（5）需设置大容量的专用电网供电或配备大功率的柴油发电机发电，建设成本高、效率低。

（6）由于受当时技术条件的限制，有的试验台功能单一，只能进行机车牵引特性试验，不能进行机车电制动特性试验，影响了机车整车试验质量。

基于上述原因，同时考虑机车上线路试运行对运输的干扰，考虑机务检修工艺装备的技术升级，为了给检修后的机车进行整车试验动态检测打造一个全方位的技术平台，提高机车的检修质量，为铁路运输提供质量优良的机车，有必要研制满足大功率电力机车进行整车试验的新型整车试验动态检测系统。

二、技术实现

（一）技术方案与技术路线

大功率电力机车整车试验动态检测系统及装备主要包括基础设计、机械系统、移动式接触网供电系统、四象限交流传动控制系统、计算机网络控制系统、计算机数据处理系统等六大关键技术，是一套运用现代控制理论、采用最先进的交流传动和计算机网络控制的现代大型综合试验系统。根据系统关键技术制定如下技术方案和技术路线：

（1）根据机车整车试验动态检测系统整体设计方案与铁道勘察设计院沟通，基础设计考虑 1 500 kN（150 t）机车自重、3 000 kN（300 t）设备自重和 120 km/h 速度下 9 600 kW 负荷的动载荷，确定地基尺寸、承载要求、电源功率和电源引入方式，据此设计机车整车试验动态检测系统土建结构和试验电源引入点。

（2）为满足检修基地年检修 500 台不同型号机车的生产能力，根据不同机车轴距排列规律，研究由不同空行程组合的成组驱动机械机构，根据成组驱动机构特点研制电动轴距自动调整电气控制系统。

（3）试验库内是非标准接触网供电条件，试验库内同时设置用于设备安装和维护的单梁起重机，针对试验库的结构，研制适用于全系列大功率电力机车的侧移式刚性接触网供电设备，满足试验库内非标准接触网条件下向被测试机车提供 25 kV 动力电源，同时开发高压供电侧移式刚性接触网与库内作业人员和设备的安全联锁控制系统。

（4）被测试机车最大功率为 9 600 kW，主电路采用电功率封闭技术大大降低了能耗，机车处于牵引工况时，机车从接触网获取电能，轨道轮通过传动装置驱动陪试电机发电，将电能反馈到接触网；机车处于电制动工况时，陪试电机从接触网获取电能，轨道轮通过传动装置驱动机车轮对，机车电机处于发电状态将电能反馈到接触网；接触网只需要提供 40% 左右的电功率即可试验全功率 9 600 kW 的试验，大大节约了电能。陪试电机采用大功率四象限变流器驱动，研制直接转矩控制系统满足 2 000 kW 交流变频陪试电机的速度和转矩双闭环自动调节，实现轨道轮自动同步运转，同步精度控制在±1% 以内。制作四轴电机对拖控制系统样机，测试电功率封闭技术在工业环境下的工作稳定性和可靠性。

（5）研制车载微机数据视频图像分析系统，研制图像获取模块、图像识别模块、数据传输模块，实现车载微机数据的自动传输和提取，便于试验数据的存储与查询。试验数据全部进入计算机数据库管理系统，为机车提供实验履历数据，便于机车状态的跟踪。

通过以上关键技术的突破，研制适用于 HXD1B、HXD1C、HXD2B、HXD2C、HXD3、HXD3B、HXD3C 大功率电力机车的动态检测系统，在大功率检修基地示范应用。

（二）主要功能

大功率电力机车整车试验动态检测设备适用于 HXD1B、HXD1C、HXD2B、HXD2C、HXD3、HXD3B、HXD3C 型六轴交流传动电力机车进行两年修及以上修程后的线路试运行试验，机车更换大部件后进行大部件运行试验。主要功能：

（1）试验不同的车型时，能够根据不同车型的轴距对试验台轨道轮的轴距进行调整，确保轨道轮轴距调整工作在 1 h 之内完成。

（2）机车能够快速、安全地自行上、下试验台。

（3）试验台各装置设置较完善的接地回流电路，试验台接地回流电路与试验间 25 kV 高压电源贯通接地回流线连接。

（4）整车试验装置确保各轴之间同步运行。

（5）试验间库采用侧移式刚性活动接触网给试验机车供电。

（6）系统电气控制部分采用集成化、模块化的设计思路，采用 PLC 控制技术，实现逻辑控制。

（7）系统具有较完善的保护功能。

（8）为了达到环保节能的目的，系统具有能量反馈功能。

（9）系统轨道轮承重 300 kN，单轴试验功率 1 600 kW。

（三）试验项目

1）机车牵引试验

机车每级位（2 位以上）对应的牵引力、机车速度测试。

机车以不高于 80 km/h 的速度运行里程不低于 20 km。

机车以 50% ~ 100% 图定负载运行试验不少于 20 km。

机车轴箱温升试验

2）机车电制动试验

机车每级位（2 位以上）对应的电制动力、速度测试。

机车以 50% ~ 100% 图定负载运行试验不少于 20 km。

机车轴箱温升试验

3）机车最高运营速度试验

不限负载以 100 ~ 120 km/h 的速度运行试验。

（四）主要技术参数

（1）电力机车电源：单相交流 25（1±10%）kV、50 Hz，容量：6 000 kW。

（2）试验装置动力电源：单相交流 25（1±10%）kV、50 Hz，容量：6 000 kW。

（3）试验装置辅助电源：三相交流 380（1±10%）V、50 Hz，容量：300 kW。

（4）单轴试验功率：1 600 kW。

（5）轨距：1 435 mm±2 mm。

（6）适用车型：C_o-C_o 轴式大功率电力机车。

（7）陪试轮最大承重：300 kN。

（8）陪试轮直径：1 370 mm。

（9）最高试验速度：120 km/h。

（10）车钩中心线距轨面高度：880 mm±10 mm。

（五）机械系统

1. 机械系统总体设计

大功率电力机车整车试验动态检测设备机械部分主要由轨道轮、导轨、轮缘轨道及举升装置、传动装置（包括万向轴、增速齿轮箱和联轴器）、安装平台和轴距调整装置、电动车钩、侧移式接触网等部件组成。机械系统总体设计框图如图 6-5-1 所示。

	轴距调整丝杠				轴距调整丝杠			
地面车钩	轨道轮 1	轨道轮 2	轨道轮 3	连接轨道	轨道轮 4	轨道轮 5	轨道轮 6	地面车钩
	轴距调整丝杠				轴距调整丝杠			
	万向轴	万向轴	万向轴		万向轴	万向轴	万向轴	
	轴距调整丝杠				轴距调整丝杠			
	扭矩传感器	扭矩传感器	扭矩传感器	轴距调整驱动装置	扭矩传感器	扭矩传感器	扭矩传感器	
	同步增速齿轮箱	同步增速齿轮箱	同步增速齿轮箱		同步增速齿轮箱	同步增速齿轮箱	同步增速齿轮箱	
	陪试电机	陪试电机	陪试电机		陪试电机	陪试电机	陪试电机	
	飞轮	飞轮	飞轮		飞轮	飞轮	飞轮	
	轴距调整丝杠				轴距调整丝杠			

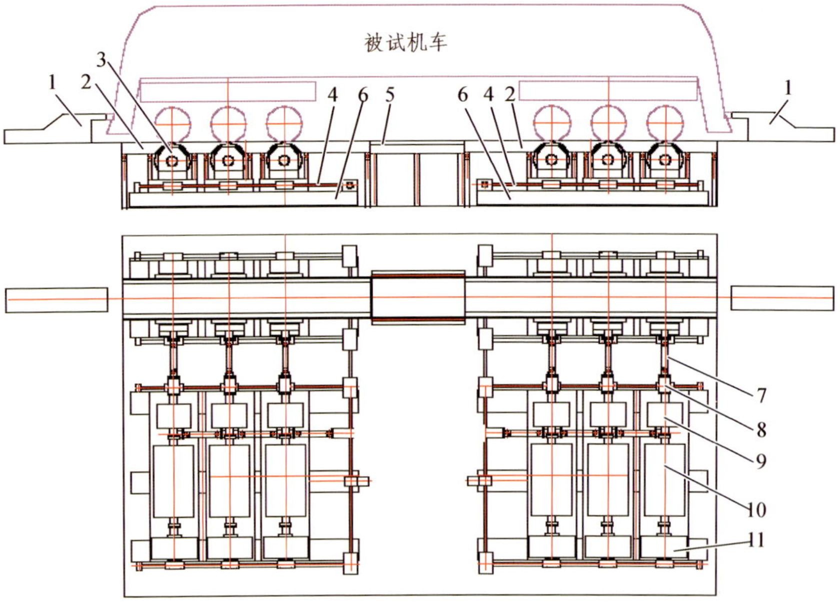

图 6-5-1　大功率电力机车整车试验动态检测设备总体布置图

1—地面车钩；2—轮缘轨道及升降装置；3—轨道轮总成；4—轴距调整装置；5—中间支承；6—导轨；7—万向轴；8—扭矩传感器；9—同步增速齿轮箱；10—陪试电机；11—飞轮

2. 轨道轮

轨道轮对的作用相当于模拟铁路线上的轨道，支撑机车轮对并传递牵引力。轨道轮的外缘截面做成与钢轨头部外形相同的形状，其结构采用铸钢轮心和轧钢轮箍加热套装而成。车轴和两侧的轨道轮用注油压装组合。从模拟机车的轮轨关系和提高轮轨黏着系数的要求出发，轨道轮的直径越大越好，机车试验台选用滚动圆直径 ϕ1 370 mm 的轨道轮，这是目前国内可能采用的最大直径的轮箍。

每组轨道轮由三个轨道轮对组成，每个轨道轮对通过轴距调整机构连接为一个轨道轮对组，由轴距调整机构实现组内轨道轮对彼此的距离调节。轨道轮对轴承座下方设计装有压力传感器及温度传感器，以全程监测被试机车的轴重分布情况及轴温；轨道轮对轴承座安装在导框上，导框安装在可调支座上，由锁紧装置锁定。当机车轮对与轨道轮对出现冲角时，可快速松开锁紧装置，调节轴承座与导框相对位置，消除轨道轮对与机车轮对之间的冲角。然后再将锁紧装置紧固。

轨道轮组件如图 6-5-2 所示，其现场作业如图 6-5-3 所示。

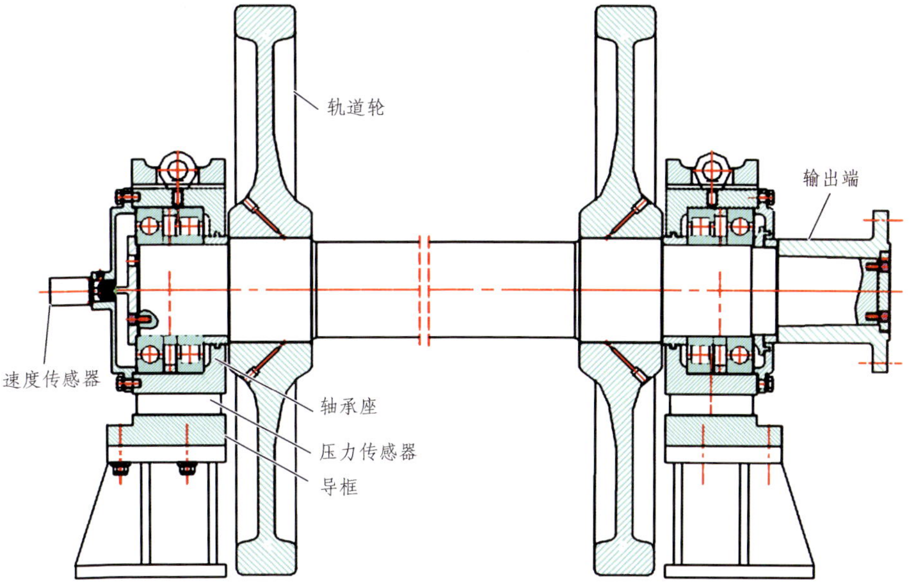

图 6-5-2 轨道轮组件

图 6-5-3 轨道轮现场

3．导轨

导轨是具有矩形槽和V形槽两种铸铁导轨，是安装各机电设备的基础。它通过地脚螺栓紧固在地坑内预制的钢筋水泥地基上，利用斜铁可以调整导轨的水平度。导轨的地脚螺栓与基础的钢筋焊成一体，以提高导轨的紧固强度和减小振动。轨道轮通过一个小平台安装在导轨上。测功电机和增速齿轮箱通过大平台安装在导轨上，共设有20条导轨，导轨现场照片如图6-5-4所示。

图6-5-4　导轨现场安装

4．轮缘轨道及举升装置

轮缘轨道及举升装置是用来引导试验机车到试验台轨道轮上的，被试机车进入测试位是由机车车轮的轮缘在试验台上特别设计的轮缘轨道上滚动实现的；当被试机车在试验台上与轨道轮对好位后，轮缘轨举升装置下降，让机车车轮的走行踏面落在轨道轮接触面上。当被试机车试验完成后，轮缘举升轨装置上升，由车轮轮缘受力将机车托离轨道轮。当机车车轮走行踏面与地面走行轨等高时，举升装置定位，已试验完成的机车通过车轮轮缘离开试验台。安装完毕的轮缘轨道装置如图6-5-5所示。

图6-5-5　安装完毕的轮缘轨道装置

5. 传动装置

传动装置（见图 6-5-6）由万向轴、扭矩传感器、增速齿轮箱、同步万向轴、联轴器、飞轮、负载电机等组成。它的作用是吸收机车运转时产生能量或给机车输送能量，是试验系统最重要的部分之一。

图 6-5-6 传动装置现场安装图

齿轮箱（见图 6-5-7）有两个重要功能：第一个功能是使轨道轮转速与负载电机转速相匹配；第二个功能是使转向架间轮对同步运转。为实现转向架内同步，在齿轮箱的输出端设计有机械同步接口，在齿轮箱结构下部设计有使冷却油循环的电动油泵，将冷却油从箱内下部输送到各个齿轮上，从而润滑并冷却高速运动的齿轮。在齿轮箱顶部设有风机电机组件，以冷却齿轮箱润滑油；在齿轮箱底部设计有排油孔，方便冷却油的更换。齿轮箱最大输入功率为 1 600 kW，齿轮箱输入端通过扭矩传感器与轨道轮对万向轴连接，输出端由联轴器与陪试电机连接，此种连接设计安全可靠，调整方便，维护简单。齿轮箱正常工作条件下的设计寿命为 30 年。

图 6-5-7 齿轮箱现场安装

6．安装平台

安装平台分为负载平台（小平台）和传动系统（大平台）平台，安装在固定的导轨上，沿导轨纵向方向可任意调动，以满足不同轴距机车的试验需要。大、小两种平台是由优级型钢焊接而成，主要型钢为40b槽钢，大平台质量约为6 000 kg，小平台质量约为3 000 kg，每个平台上都装有V形滑轨及矩形滑轨，以与支撑导轨相配合。全部导轨的材料都是HT250，经铸造并退火消除内应力后再机械加工而成。全部导轨由340根地脚螺栓固定在基坑内。导轨下部装有可调节垫片，便于安装调试并有隔振作用。大、小平台的结构和两种导轨及调节垫片的截面示意图分别如图6-5-8、6-5-9所示。

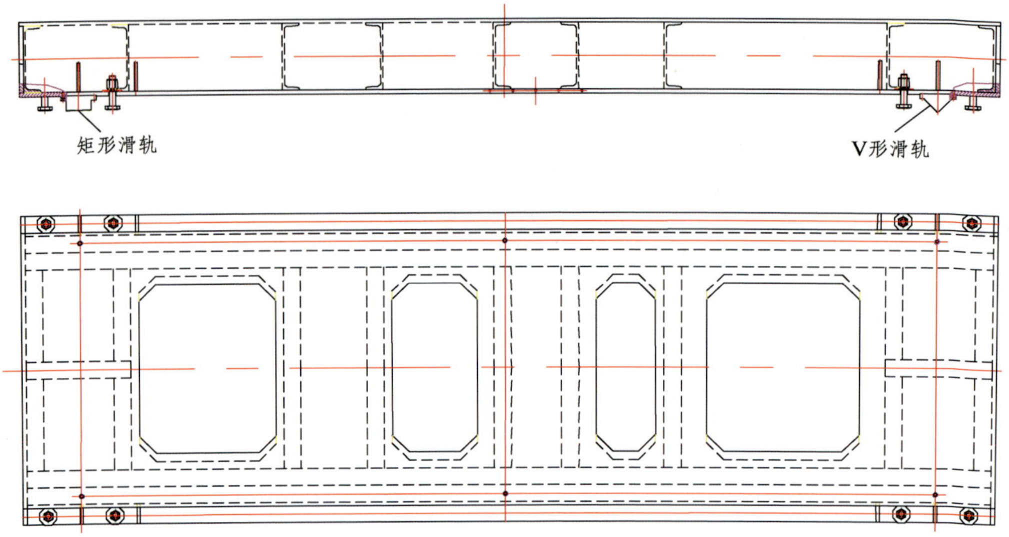

图 6-5-8　大平台结构

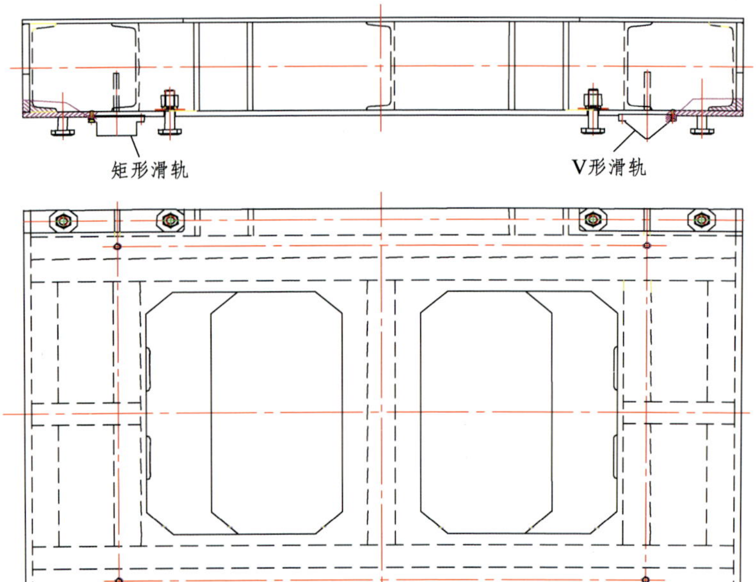

图 6-5-9　小平台结构

大、小平台现场安装如图 6-5-10 所示。

图 6-5-10 大、小平台现场安装

7．轴距调整装置

六轴大功率电力机车目前主要型号有 HXD1B、HXD1C、HXD2B、HXD2C、HXD3、HXD3B、HXD3C，轴式均为 C_o-C_o。其中 HXD1B 与 HXD1C、HXD2B 与 HXD2C、HXD3B 与 HXD3C 的轴距完全相同，机车轴距与定距尺寸关系简图（半部）如图 6-5-11 所示。

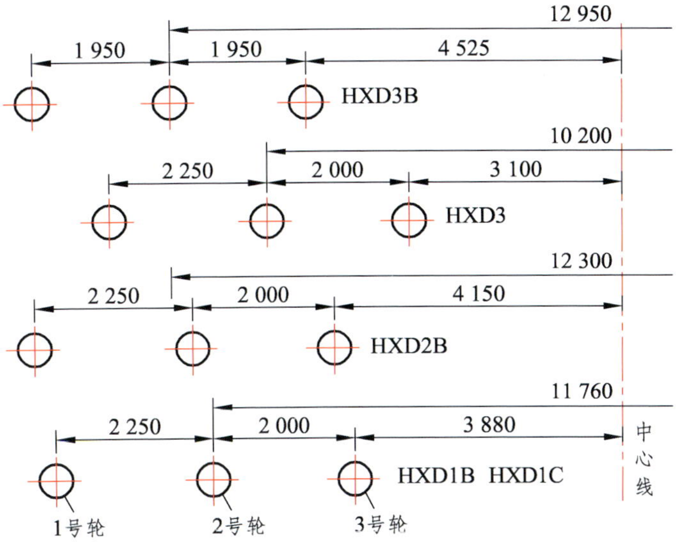

图 6-5-11 各型和谐六轴机车轴距与定距尺寸（单位：mm）

为了让整车试验台适应上述的全部车型，必须设计一套能方便调整整车试验台陪试轮轴距的机构，即轴距调整机构。对于轴列式为 C_o-C_o 的机车，由于两台转向架的结构相同，对称布置，因此，整车试验台设计有 2 套轴距调整机构，以基坑长度方向中心线为基准左右对称分布（见图 6-5-12）。每套轴距调整机构分别调整对应每台转向架的 3 个轮对。

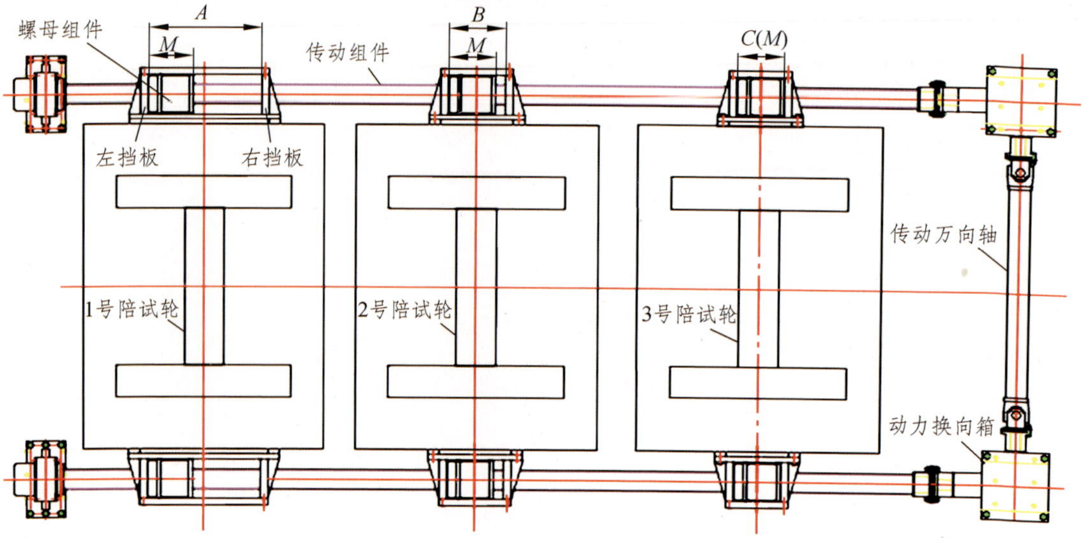

图 6-5-12　轴距调整机构简图

轴距调整机构如图 6-5-13 所示，由传动丝杠，螺母组件，左、右挡板，传动万向轴和动力换向箱组成。各螺母组件的长度是相同的，都设为 M；左、右挡板相距各不相同，分别设为 A、B 和 C，同时设计有：

$$A - M = 350$$

$$B - M = 50$$

$$C = M$$

轴距调整进行时，由动力换向箱传递过来的动力分配到两端的丝杠上，带动丝杠旋转。由于螺母组件不能旋转，则螺母组件只能沿丝杠轴向方向移动，顶住左挡板（或右挡板），从而实现各轮对之间距离的改变。

图 6-5-13　轴距调整装置机械部分现场

轨道轮轴距调节装置具有下列特点：

（1）适用于多种不同类别和不同型号的机车。

（2）采用成组驱动结构，每个轨道轮可同步、平行移动。

（3）改变空行程值可满足不同轴距的变化，3 个轨道轮可以一次调节到位。

（4）结构简单，操作方便，可靠性强。此套轴距调整机构能快速简便地实现轴距调整一步到位，极大地缩短了试验台的准备时间。

第六节　浅坑式移车台

待修机车入段后，需在各个库之间平行转轨作业，浅坑式移车台作为该工序的一项重要工装设备，其技术性能对机车解体作业的时间长短起着关键性的作用。

一、浅坑式移车台研究的必要性

在以往机务段的工艺设计中，根据机车检修工艺要求，在机车进行检修作业时，需进行库内或库间的平行转轨作业（见图 6-6-1），以便于完成检修作业，进行不同库不同股道之间的检修作业。以往的转轨方式为人工调整轨道道岔来实现，该方式存在人工作业量大的缺点。

图 6-6-1　传统变轨方式作业现场

从传统移车作业方式及布置形式上可以看出，存在以下局限性：

（1）作业场地被道岔分割成多个部分，检修人员作业不便。

（2）为保证铁路配件良好使用，需要经常对道岔设备进行检修和补强，以提高道岔设备质量，避免事故的发生，适应性差。

（3）在春融解冻和入冬前，由于气温变化较大，道岔尖轨前后爬行，极易造成道岔外锁设备故障。

（4）传统的道岔占地面积大，现代化程度低，不利于现场检修作业人员的安全，也加大了其工作量。

二、HXD 电力机车检修作业流程

机车从进入检修基地到修竣验收，一般按以下流程完成其检修作业：

入段→吹扫→洗车→待修→入库→机车解体→检修→机车组装→出库→调试→整车试验→喷漆→淋雨试验→整备、存车→验交→出段。

平行转轨移车作业是检修作业的一个关键工序节点。因此，转轨作业时间将直接影响后续工序是否能顺利、快捷地进行，移车台起着控制性的作用。传统机务段移车作业采用手动调节道岔或者机械调节，其转轨时间较长。机务段检修作业量一般年中修机车台数在 200 台以内，平均每天约 0.3 台，转轨移车时间长短对检修时间影响不大。而大功率电力机车检修基地设计能力一般在年检修能力 500 ~ 600 台，平均每天进车数量为 2 台左右，其检修工作量数倍于传统机务段工作量。因此，每道工序要求衔接紧密，时间节拍控制紧凑。

大功率机车检修基地采用了移车台与检修库相邻布置的工艺总体方案，因此移车台的布置需尽可能减少其他作业工序的影响。其中典型布置型式一如图 6-6-2 所示，型式二如图 6-6-3 所示。

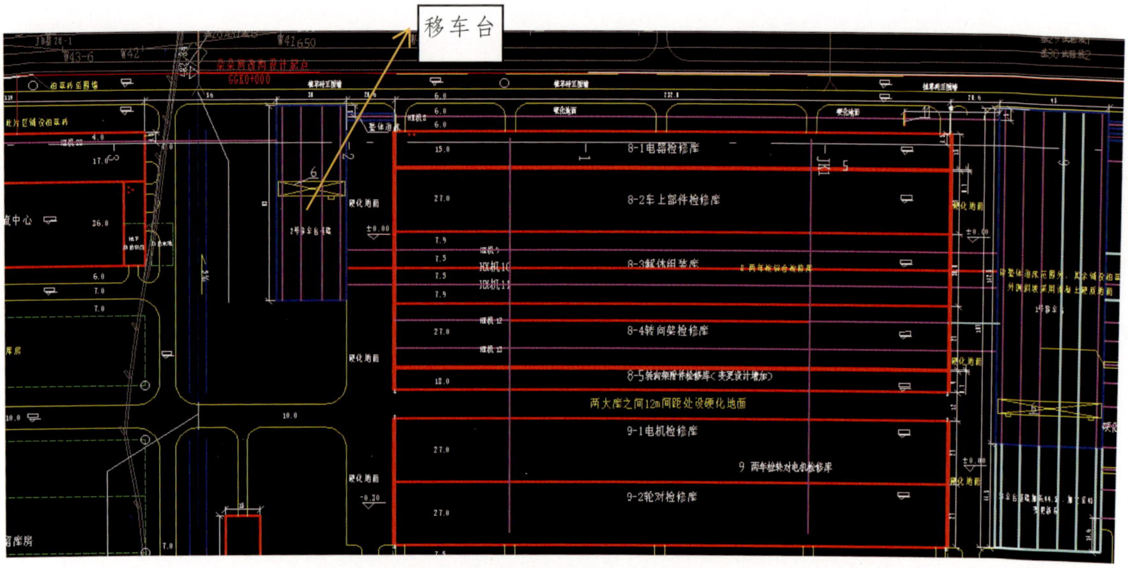

图 6-6-2　移车经典典型布置型式一

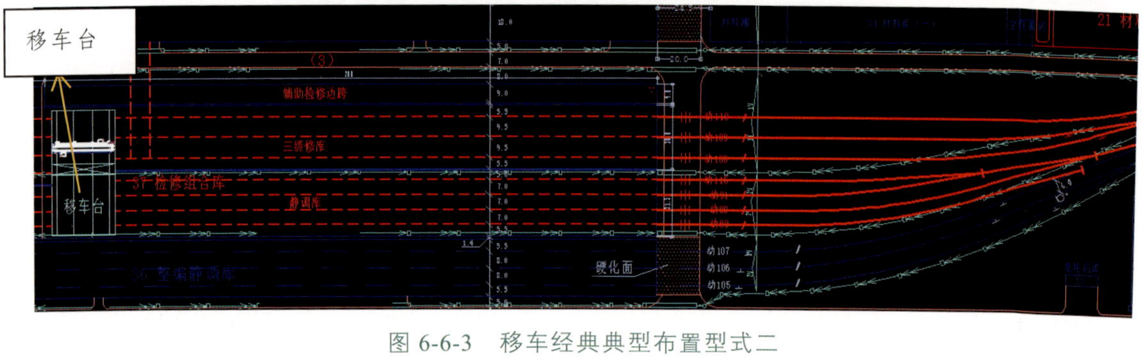

图 6-6-3　移车经典典型布置型式二

三、HXD 电力机车移车方式的比选

综上所述，采用浅坑式移车技术，具有以下明显的技术优势：

（1）浅坑式移车技术更适用于流水修作业模式，可显著提高检修基地的检修能力，作业流畅。

（2）采用浅坑式移车技术，作业空间通畅，占用的空间小，适应多轨的平移转运，极大地减少作业量。

（3）采用浅坑式移车技术，为现代化的操作模式，利用自动对轨和手动无线遥控即可完成机车的平移转轨，方便安全。

因此，在大功率电力机车检修基地的设计过程中，我们推荐采用浅坑式移车工艺。根据工艺设计需求，本课题开展研究浅坑式移车台的研发。

四、浅坑式移车台技术方案研究

（一）基本技术参数

浅坑式移车台主要用于大功率电力机车平行转轨作业，移车台前后移动到指定的位置并与相应轨道对接，然后将轨道车辆牵移到指定的工作轨道上。

大功率交流传动机车浅坑式移车台能适应国内现有各型号大功率电力机车转向架和车体升降的要求。满足的车型包括 HXD1、HXD1B、HXD1C、HXD2、HXD2B、HXD2C、HXD3、HXD3B 等多种。其主要技术参数如下：

电力机车机车型号：	大功率电力机车
移车台总体长度：	45 m（HXD1 和 HXD2），30 m（其他车型）
主体长度：	42 m（HXD1 和 HXD2），27 m（其他车型）
工作级别：	A3
受电方式：	安全滑触线、三相四线制
移车台台面轨道（1 组）：	1 435 mm
载重：	1 800 kN
行走轨道数：	6 条（HXD1 和 HXD2），4 条（其他车型）
移车台台面及轨面与车间地面标高一致，浅坑深度：300 mm	
运行速度：	5 ~ 30 m/min
电机绝缘等级：	F 级/IP54

（二）多种机型的兼容性研究

1. 大功率交流传动机车的参数分析

近几年，随着“和谐型”大功率交流传动机车的下线和交付使用，我国货运铁路的运能有了长足的进步。从大功率交流传动机车投入使用至今，已有 HXD1、HXD1B、HXD1C、HXD2、HXD2B、HXD2C、HXD3、HXD3B 多种车型投入使用。伴随着机车重量的增加及现

代化程度的持续提高，对检修设备部分的要求也在不断提高。多种车型的应用满足了国内复杂的应用环境和运力要求，但给检修设备的研发与制造增加了难度。

以 HXD1 型电力机车为例，它是中国国有铁路的货运电力机车车种之一。这款机车使用交直交传动及双机重联，单机轴式为 B_o-B_o，前后各一个两轴转向架，轴距为固定的 2 800 mm。而 HXD3B 大功率交流传动货运电力机车于 2008 年年底在大连下线，六轴功率为 9 600 kW，其轴距为 1 950 mm。只是这两种车型的参数便差别明显，其他车型之间的差异就更大了。根据上述的分析得知 HXD1 和 HXD2 的机车全长比较长，最长可以达到 38 m，因此移车台的整体长度控制在 45 m，留出 5 m 左右牵引车的使用空间；其他车型长度不大，均不超过 23 m，因此移车台的整体长度控制在 30 m。

2．浅坑式移车台的布置方案研究

由于大功率交流传动机车的检修要考虑其通用性，要实现兼容多种型号的大功率交流传动机车的移车作业，必须研究新的布置方案和结构形式。浅坑式移车台主要由承载的主体、两侧渡桥、走行轮机构等组成（见图 6-6-4）。

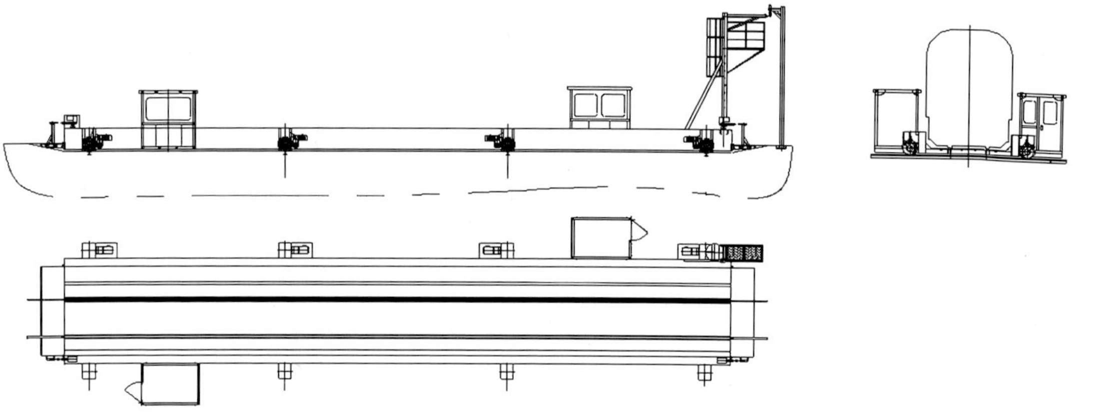

图 6-6-4　浅坑式移车台结构示意图

根据不同长度的移车台主体，需要配置不同条数的走行轨，以上面视图的 30 m 移车台为例，需要设置 4 条走行轨，走行轨承载轮压按 350 kN 设计，采用 P50 钢轨，钢轨应与库内接地网相连，其他要求均按照设计院和图纸要求制作。浅坑式移车台基础布置如图 6-6-5 所示。

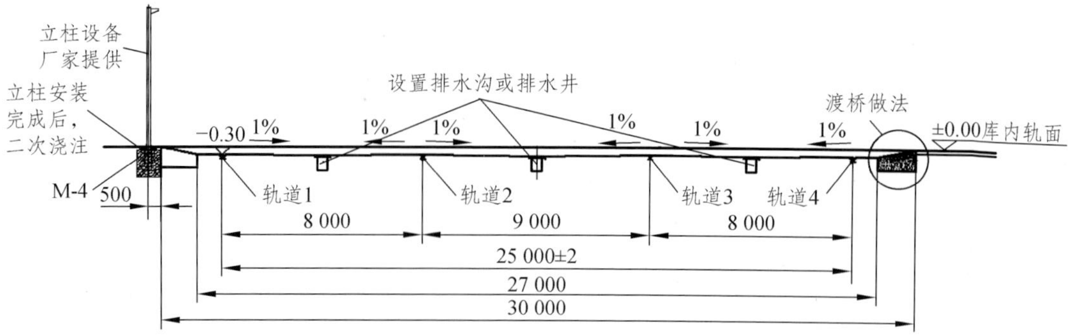

图 6-6-5　浅坑式移车台基础布置图

3. 浅坑式移车台的结构研究

随着我国铁路和谐型大功率交流传动机车的批量投入使用，各机车保有单位迫切需要相应的机车维护设备，以高效方便地对机车进行检修。研制兼容多种交流传动机车浅坑式移车台与时俱进，加快推进铁路技术装备现代化进程，具有十分重要的现实意义。

其工作过程中，整个传动机构速度比较低，但载荷较大，工作状态和起重机类似，安全性要求很高。主体需要极大的承载能力，结构更复杂，走行轮整体精度和同步性上要求更高，研发难度大。随着大功率交流机车的不断发展，通过对浅坑式移车台主要结构的研究，有助于拓展浅坑式移车台在机车检修中的适用性和提高设备自身的安全可靠性。

1）移车台的主体的研究

一般浅坑式移车台的主体的长度为 42 m 和 27 m 两种，负载能力要求达到 1 800 kN，车架采用车轮承载框架式焊接结构，整个结构具有足够的刚度和强度。移车台台面上部铺有防滑花纹钢板，下部设足够支撑梁。制作主体的钢板及型钢组焊前经预处理。

主体钢结构作为移车台的核心部件，其结构经过专业软件 Solidwork 进行有限元应力及位移分析（见图 6-6-6），并最后成型，保证具有足够的强度、刚度和稳定性。

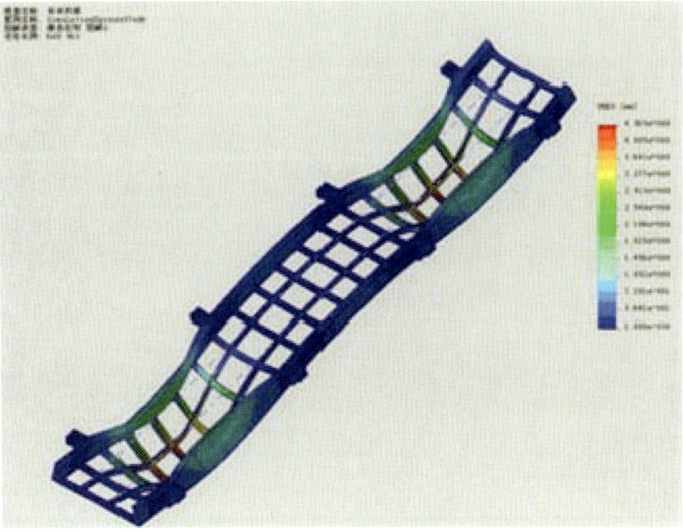

图 6-6-6 主体有限元分析示意图

主体立面如图 6-6-7 所示。

2）走行机构的研究

走行机构驱动车轮转动实现移车台走行、对位、停车和锁定。移车台行走由三合一减速机驱动，集电动机、减速机、制动器为一体，减速机性能稳定可靠（见图 6-6-8）。

减速机集电动机、制动器、减速箱为一体，具有结构简单、维修方便、使用可靠、体积小等特点。

采用变频器控制移车台的运行速度，其速度可根据需要在设计速度范围内改变。

走行机构原理如图 6-6-9 所示。

图 6-6-7　主体立面示意图

（a）主动走行机构　　　　（b）从动走行机构

图 6-6-8　走行机构示意图

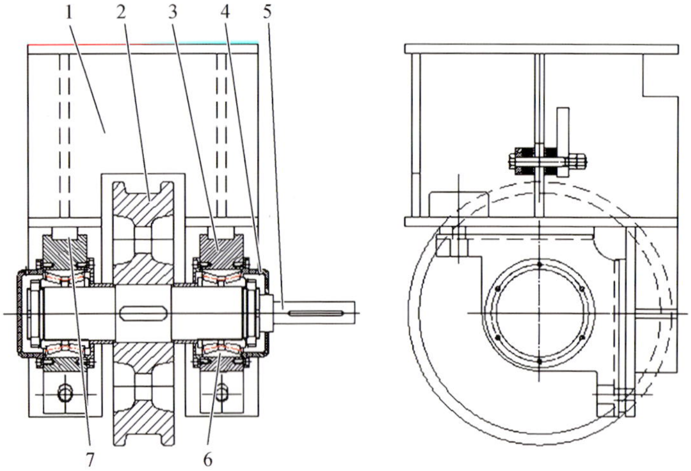

图 6-6-9　走行机构原理

1—车轮架；2—车轮；3—角型轴承箱；4—轴承端盖；5—车轴；6—轴承；7—定位快

（三）浅坑式移车台的主要技术特点

浅坑式移车台作业时，由调车机车或公铁两用车将车辆牵引到移车台位上正确对位。操作人员在总控制台对移车台进行控制。浅坑式移车台的主要技术特点可以分为两个部分：电气控制和机械传动。

大功率交流传动机车浅坑式移车台大规模采用现代成熟的传动和电气控制技术。电气控制采用了先进的传动方案和可靠的传动控制设备，保证了整套设备的高质量及稳定优越的性能。浅坑式移车台的举升由计算机全程控制，计算机内预先加装了符合用户要求控制程序，在移车过程中操作人员操作/监控主操控台就能基本上完成各车型的移车工作，提高了工作效率，减轻了操作人员的劳动强度。

大功率交流机车浅坑式移车台在机械结构上的主要特点体现在以下几个方面：

（1）考虑到不同用户的需要，能满足我国现有的全部和谐型大功率交流传动机车检修时的平行转轨需要。

（2）移车台的设计要求具有足够的刚性，焊接牢固、稳定性和耐久性，运行平稳，操作简单，易于维修和保养。

（3）移动速度可调，最高速度应可达 30 m/min。

（4）移车台具备断电后自动锁死功能，即移车台在运行过程中如发生断电的情况，能够自行锁死，防止得电后突然运行。

（5）移车台具有极限位置保护功能，当移车台运行到两端极限位置时，电控保护装置使移车台自动停车。当移车台两侧极限位置电控失灵，另还需设有机械缓冲装置。

1. 电气部分技术特点

控制系统采用 PLC 可编程控制器、变频器实施对移车台运行、调速、换向、对轨、制动等各种动作的控制，准确控制移车台速度调整，保证移车台平稳启动、运行、停止，提高运行的稳定性和安全性，且制动与运行联锁。

（1）控制系统采用交流变频调速，通过 PLC 输出来控制变频器的频率输出，从而完成对驱动电机的调速与运行。通过为变频器设置加速时间和减速时间能够实现走行驱动电机平稳启动和停止，提高移车台运行的稳定性和安全性。变频器具有报警提示功能，在触摸屏上显示出相应的故障信息，可针对故障性质进行故障排除。停电或意外停机时，各电机抱闸机构断电抱闸，防止突然断电时的惯性滑行。

（2）电气控制采用连锁、程序控制方式，即上步动作未完成，下一步动作不能进行。移车台具备断电后自动锁死功能，即移车台在运行过程中如发生断电的情况，能够自行锁死，防止得电后突然运行。

（3）为了便于移车台操作管理以及非移车台操作人员误操作，移车台设置机械钥匙，操作人员使用专用钥匙方可操作移车台。

（4）移车台的司机室和辅助司机室操作台上均设置紧急停止按钮，如遇紧急事故，可按急停按钮切断电机电源实施停车，同时发出铃声讯号，并同时实施移车台的停车制动。

（5）自动对位：移车台设置成数字定位对轨，分为左侧对轨和右侧对轨。自动对轨运行时，通过操作触摸屏输入需要定位的轨道，确定后，操作手柄发出方向命令，移车台自动调速运行。

地面根据轨道位置设置定位点块和变速点块，PLC 通过传感器检测接收信号，确定位置。当传感器接收到指定数字轨道变速点块信号时，自动减速，慢速运行。当传感器接收到定位点块的信号时，PLC 控制变频器停止运行，移车台停车。

（6）控制面板上配有自动移车十字开关，向左为“前进”，向右“后退”，并通过向上设定对左轨对轨，向下设定对右轨对轨，并设定目标轨。

设定目标轨后，根据位置，通过十字开关给出前进或后退命令，移车台移动。移车过程中，传感器检测到定位块后，先减速，再制动停车。

设置总轨数：在轨数设置设定左\右侧轨数；位置点校正为当前轨数。

总轨道数及每个轨道对应的定位置输入完成后，才能进行自动对轨。

输入目标轨的数值，然后用面板上的十字开关确认对轨侧及移车方向。

输入正确，首先检测是否两侧渡板已经升起到位，有没升起到位的渡板，先升起渡板。

两渡板都升起后（有显示），移车台开始移动。

接近目标轨道，经过减速模块，移车台自动降到最低速度，以便准确对轨。

低速移车到目标轨（接近开关检测到对轨定位块），移车台停止移动，制动停车。

2. 机械部分技术特点

机械部分选用适合工业场所的优良设备，充分考虑环境保护要求，工作噪声小于 75 dB。机械传动设备在环境 $-10\sim50$ °C，相对湿度≤95% 的条件下，能连续运转 20 h，日均运转 12 h。浅坑式移车台具有技术先进、结构设计合理、操作简便、安全可靠、便于维护、维修良好等特点。

1）司机室结构

设置司机室两处，布置在移车台对角位置（见图 6-6-10）。司机室内安装有电器柜和操作台，并设有照明装置，照度满足夜间操作和维修的需求。在操作台上可以实施移车台的行走、换向、紧急停止、渡桥起落等所有操作。操作台有良好的观察视野，操作人员能够及时掌握作业及周边情况。操作台可方便地调整移车台运行参数，并显示移车台渡桥起、落状态，走行驱动装置故障状态等参数。

（a）驾驶室

（b）控制柜

图 6-6-10　移车司机室示意图

2）渡桥机构

渡桥是车辆上下移车台的过渡机构（见图 6-6-11）。渡桥采用电动推杆推动，结构紧凑，使用可靠。渡桥设在移车台两端，其上设有轨道，实现车上轨道和地面轨道对接。移车台对轨牵车时渡桥可落下，行走时渡桥可收上。渡桥落下时移车台锁定不能行走，同时落下渡桥也起到机械止挡的作用，渡桥收上时移车台方可行走。左右渡桥可单独控制。

图 6-6-11　渡桥机构

3）极限位置保护装置系统

移车台走行具有极限位置保护功能，当移车台运行到极限位置时，保护装置使其自动停止运行。极限位置保护装置（见图 6-6-12）由极限停车检测装置和机械止挡两套独立的系统组成，移车台走行基坑两端部分别设有极限停车检测装置和机械止挡。当移车台移动到两端极限位置时，首先通过极限停车检测装置的工作切断系统主回路，使移车台停车；当极限停车检测装置失效时，移车台将通过聚氨酯缓冲器与地面机械止挡的碰撞使移车台停车。移车台每条行走轨道端部都安装安全止挡装置，保证移车台行到两端的极限位置时停止，确保移车台及运载车辆的安全。

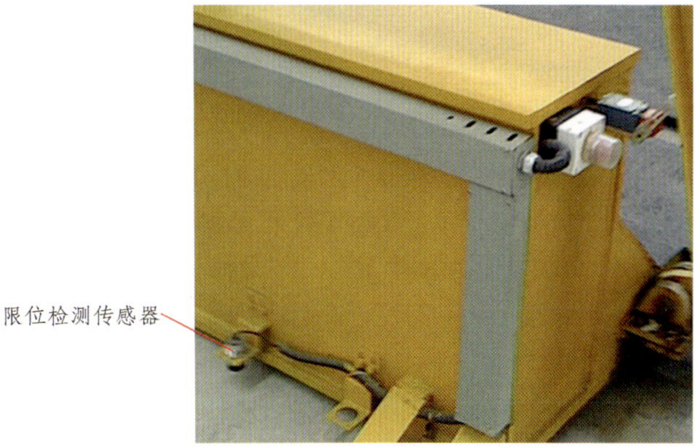

图 6-6-12　极限保护装置系统示意图

（四）供电装置系统

移车台采用架空安全滑触线受电，在车架的一端设置一个受电杆，在移车台运行范围内，为移车台提供电源（见图 6-6-13）。

图 6-6-13　供电装置示意图

五、浅坑式移车台的应用前景与推广

（一）应用前景

浅坑式移车台考虑到不同用户的需要，能实现我国现有的全部和谐型大功率交流传动机车检修时的平行转轨作业。充分考虑了我国铁路机车的使用现状，填补了国内外该领域研究空白。其设备本身性能稳定、安全可靠、兼容性好，适应了铁路行业大力发展现代化技术装备的需求。目前，这种浅坑式移车台已在武汉、天津、上海、广州等几个城市的大功率交流机车检修基地陆续进入现场安装、调试环节。

大功率交流机车目前运用在我国大部分货运铁路上，具有牵引功率大、运力强等特点。自从 2007 年大规模投入使用开始，大功率交流机车已经逐渐成为货运铁路的主力军。作为大功率交流机车检修基地的主要设备之一，浅坑式移车台在国内、国际上都具有十分广阔的应用前景。其自动化作业程度高，故障率低，带有自检系统，安全防护性能好，非常适宜作为大功率交流机车的配套检修装备。2012 年年初，中国南车株洲电力机车有限公司自主研发的首台大功率交流传动快速客运电力机车成功下线，标志着未来的几年里，交流机车将逐渐成为我国铁路普通干线客运的主力。浅坑式移车台以其良好的兼容性，无论是在货运铁路还是客运铁路，都将发挥越来越大的作用。

（二）浅坑式移车技术的推广及应用实例

在成都、武汉、广州等大功率电力机车检修基地的设计中，结合业主的需求，按照不同的工艺布置方式，浅坑式移车技术得到了推广和应用。

1）广州机车基地浅坑式移车工艺布置

本工程实例同样是右侧为三级检修库和静调库（见图 6-6-14），通过移车台可以完成检修库内机车的平行转移。

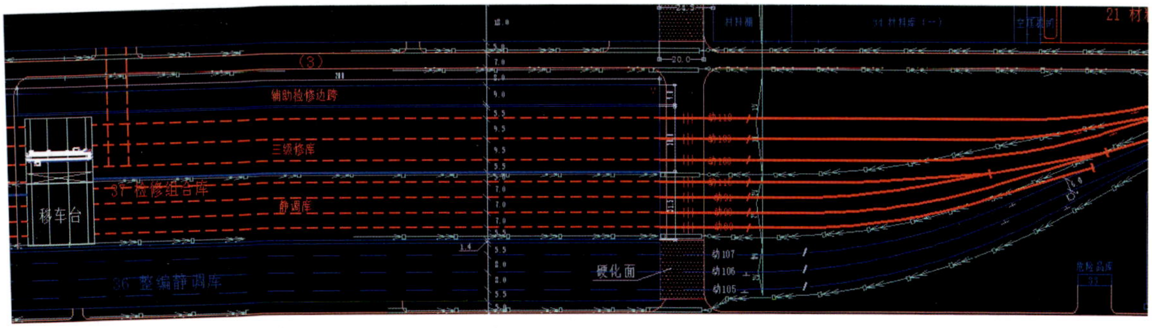

图 6-6-14　广州基地浅坑式移车工艺布置图

2）浅坑式移车台应用实例

浅坑式移车台在广州基地、天津基地已经投产使用，在武汉、上海等基地正安装、调试（见图 6-6-15）。

图 6-6-15　浅坑式移车台在电力机车检修基地的应用实例

第七节　大部件清洗设备

随着大功率电力机车检修“专业化、标准化”的发展，以及检修工作量的逐渐增加，对和谐机车的部件清洗质量及效率提出了新的要求。

一、大部件清洗研究的必要性

铁路机车是复杂的设备，由许多零部件组成，具有外形复杂、加工制造困难的特点，这给机车零部件的检修带来了更高的要求。在机车零部件检修过程中，零件必须清洁后才能进行下一步的检修作业，因此零部件的清洗工作是保证检修质量的首要条件。

检修过程包括对拆解前产品的外观清洗、拆解、零部件的粗测、零部件的清洗、清洗后零部件的精确检测、加工、产品的装配等过程。机车大部件检修流程如图 6-7-1 所示。

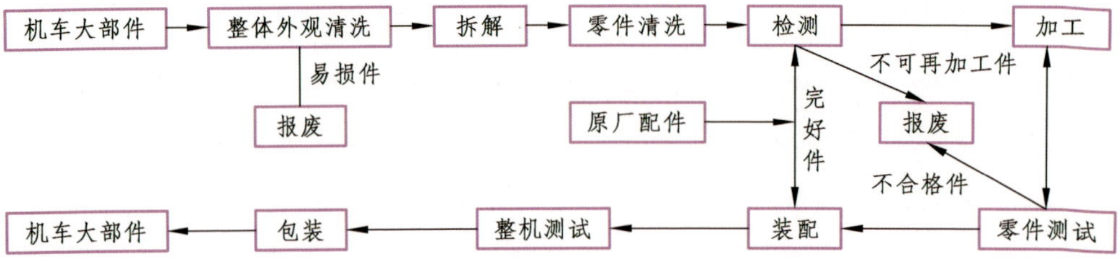

图 6-7-1　机车大部件检修流程

由上图可知，清洗包括拆解前对检修产品外观的整体清洗和拆解后对零件的清洗两部分的内容，前者主要是清除产品外观的灰尘、油污等污物，后者主要是去掉零件表面的油污、水垢、锈蚀、积炭及表面的油漆层等；然后检查零件的磨损情况、表面微裂纹或其他失效情况，以决定零件能否再用或者需要再加工。检修清洗也不同于维修过程的清洗，维修主要是对故障部位及相关零件进行维修前的清洗，而检修过程要求对所有的废旧产品零部件进行全部的清洗，使得检修后零件的质量达到新品的标准。因此，清洗活动在检修过程中占有重要的地位，直接影响着检修产品的成本，需要给予高度重视。

大功率机车检修段、检修基地检修车间内清洗工位存在着脏、黑、乱的现象，劳动强度大，生产效率低，有害物严重地影响工人的身体健康，环境污染严重，且作业的劳动保护问题一直是困扰检修部门的一大难题（见图 6-7-2）。

图 6-7-2　铁路机车传统方式清洗大部件现场

二、大部件清洗技术

（一）机车大部件分类及污垢特性分析

机车大部件主要有转向架构架、轮对、电机、轴箱、齿轮箱、抱轴箱、顶盖、受电弓、集便器、空调、复合冷却器、空压机、干燥器、杆件、通风机组等。如果光从污染特征来分类，则上述部件可分为两类。由于轴承黏附有厚厚的润滑脂，而且润滑脂隐藏在滚柱和保持架的后面，形状特殊，因此轴承单独为一种，其他部件外形多样，污染后大致相同归为一种。

因此经过分析，考虑清洗的原则，根据物件的外形特征和污染特征，可以对上述部件进行分类，主要分为以下几种：

① 转向架构架、杆件；

② 轮对；

③ 电机、轴箱、齿轮箱、轴箱；

④ 轴承。

首先分析转向架的污垢特性。所有的机车大部件中，转向架上的污垢成分最复杂，污染也最严重。转向架长期暴露在外面，工作环境恶劣，上面黏附有鸟类及蚊虫等动物有机体；列车运行带起的沙尘；轮轨摩擦和刹车产生的微细铁粉混合物及其形成的铁锈；矿植物油污以及附着在油污上的尘埃等。转向架上的配件如构架和杆件、轮对、电机外部、齿轮箱和抱轴箱、轴箱的污染物和特性基本与转向架一致。待清洗转向架如图 6-7-3 所示。

图 6-7-3　待清洗转向架

由于电机是机车的“心脏”，其工作质量的好坏直接影响到列车的行车安全。但由于牵引电机工作的环境很恶劣，列车运行时掀起的尘土等易侵入电机内部，使绝缘受潮、电机绝缘能力下降，造成短路等故障，因此电机清洗的要求较高。

在汽车行业已经对清洗的污垢特征进行了详细的研究，列出了污垢特性的数据。在铁路清洗行业，国内外对清洗的污垢特性有关方面的说明，指出在决定清洗方法时，需弄清被洗物的特性和污垢的性质。零件的清洗时间与零部件的污垢程度和尺寸大小等特性有关。在研制铁路清洗设备时还未对机车大部件的污垢特性进行深入的分析，只是停留在污垢的表面，并未对其进行定量分析。

污垢外形、成分、与零件的结合强度、物理化学特性都有所不同，如表 6-7-1 所示。

表 6-7-1　零件上的污垢特征

特　性	外部沉积物	旧漆	锈垢	水垢	积碳	油污
厚度/mm	5 ~ 30	0.5 ~ 1.5	0.1 ~ 2	1 ~ 5	0.3 ~ 10	1 ~ 10
附着力/MPa	0.005 ~ 0.02	5 ~ 10	—	—	0.5 ~ 0.7	0.1 ~ 0.15
密度 /（kg/m^3）	2 500 ~ 2 800	1 000 ~ 1 400	1 500 ~ 2 500	2 300 ~ 2 600	1 050 ~ 1 200	900 ~ 1 500

综上所述，机车零部件上的污垢具有种类繁多、成分复杂、污垢层厚、附着力较强的特点，清洗难度较大。

（二）工业清洗剂的除污机理

1．利用低表面张力除污机理

采用有低表面张力的清洗剂在被清洗物表面及其接触的界面上作用，把污垢清除，如图 6-7-4 所示。在被清洗的 A 和 A、B 层的界面上接触比 A、B 层表面张力小的清洗剂时，其会在 A、B 界面上浸透扩散，起剥离 A、B 层的作用。由于污垢的表面张力一般比 30 N/m 大得多，如用较低表面张力的清洗剂，就有从被清洗物 A 直接剥离污垢 B 的清洗功能。

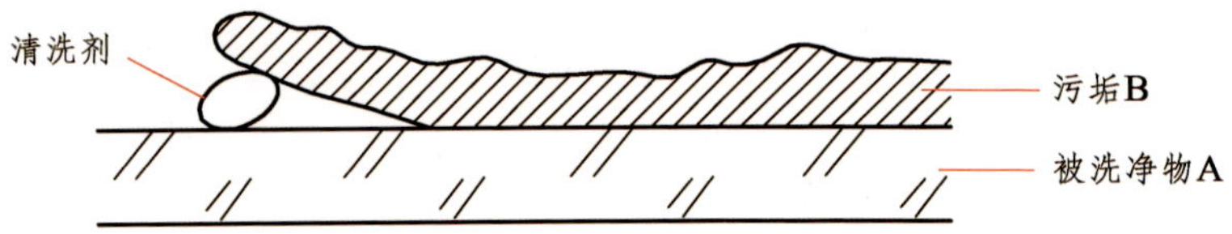

图 6-7-4 低表面张力清洗剂的污垢清洗机理

2．利用表面活性能乳化、分散与增溶的除污机理

水系清洗剂主要利用表面活性剂（SAA）的润湿、渗透、乳化、分散与增溶性能。污垢和工件间虽有黏结力，油水之间存在表面张力，但清洗剂的润湿渗透作用会降低黏结力，清洗剂的乳化作用会使油水交界处的表面张力降低，清洗剂的分散作用会使污垢中碳粉、灰尘、金属粉末分散成许多微粒，清洗剂的乳化增溶作用可有效阻止污垢分子再凝结，并不再沉积在工件表面上。如果再借助热力，机械搅拌与射流等，便可以使污垢脱离工件表面而卷离到清液中，达到除去污垢的目的。

3．利用化学反应溶解分离的除污机理

1）无机酸

无机酸如盐酸、硝酸电离出大量的 H+，在清洗过程中可发生如下化学溶解反应：

$$MeO + 2H^{+} \rightarrow Me^{2+} + H_2O$$

$$MeCO_3 + 2H^{+} \rightarrow Me^{2+} + H_2O + CO_2$$

H^{+} 在上述反应过程起着主要作用。此外，酸根的存在对污垢溶解也有一定作用，有时是关键性的，如 F－的存在可使 SiO_2 发生化学溶解。

2）有机酸

具有代表性的为柠檬酸与乙二胺四乙酸（EDTA），利用其自身的酸性和所带的活性基团优异的螯合能力，能将附着在金属表面的氧化层等特殊污垢螯合、溶解、分散至清洗液中，达到清洗目的。

3）碱

具有代表性的为氢氧化钠、碳酸钠、磷酸钠与硅酸钠。各种碱分别或联合，通过皂化、转化、中和与螯合等作用使污垢解离除去。

4）氧化还原剂

采用卤素及其化合物如次氯酸钠与过氧化物如过氧化氢，通过氧化还原反应使污垢溶解、转化而去除。

（三）清洗剂的清洗工艺

以水系清洗剂清洗工艺为例，其中质量分数、温度与时间是几个较重要的操作条件。可根据清洗要求，采用正交试验法探索最佳方案实施。

清洗质量分数可按产品说明书大致确定，浓缩型的使用质量分数一般为 1% ~ 5%，而使用高压清洗机械的浓度可配成 0.1% ~ 0.5%。

清洗温度一般为 50 ~ 85 °C，清洗稀油污为 50 ~ 60 °C，重油污高熔点脂类则温度要高一些。

清洗时间与采用的清洗方法、油污程度与清洗剂特性有关，一般为 2 ~ 10 min 或更长。

清洗工艺流程一般为：水剂清洗→漂洗→脱水处理→防锈处理。

（四）清洗过程控制管理技术

为了保证清洗工作正常进行并获得满意的清洗质量，克服清洗工作的盲目性，在清洗工作中必须对清洗液和清洗件进行加强分析和监测工作。除在清洗前要对清洗物体表面的污垢成分做定性和定量分析，以帮助和确定适合清洗技术和清洗剂方案以外，还要在清洗过程中对清洗液的成分随时间变化跟踪监测，并及时了解垢层被清洗溶解的程度和规律。

1. 清洗液浓度测量

几乎所有的清洗过程都需要添加化学清洗剂。如果浓度太低，则不能将污物从零件上去除；浓度过高不仅导致成本增加，还会出现不期望的化学反应。清洗系统的操作者有必要了解清洗液中清洗剂的准确浓度。只有这样，才能有效地添加清洗剂，从而保证稳定的清洗效果。清洗剂浓度的信息通过清洗系统液晶显示器输出。

测量原理：测定液体的声学特性，清洗液中清洗剂的含量对这些特性的影响很大。如果这些特性发生更改，代表清洗液中的浓度也改变。通过校准曲线比较，可以比用人工方法（滴定法）更精确地测定介质中的浓度。

产品优点：① 质量和成本优化；② 清洗剂浓度的自动化精确、连续测量；③ 当清洗剂浓度改变时，随时中断清洗；④ 可做到自动添加化学清洗剂；⑤ 减少由于清洗能力不足造成的废品；⑥ 优化清洗液寿命；⑦ 免维护传感器；⑧ 加工可靠性。

清洗液中清洗剂的浓度随时间的变化如图 6-7-5 所示。

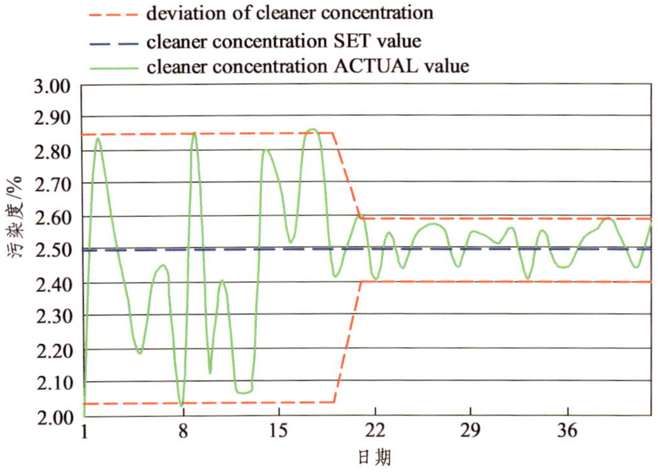

图 6-7-5　清洗剂浓度随时间变化图

由上图可以看出，随着清洗时间的持续增加，清洗剂的浓度在开始之后的一段时间内保持不变，但是过了约 20 天后，清洗剂的浓度突然下降，这会导致清洗质量的下降。通过清洗液监测装置，精确控制清洗剂浓度并保持稳定的清洁能力比人工滴定可靠。清洗液浓度监测装置如图 6-7-6 所示。

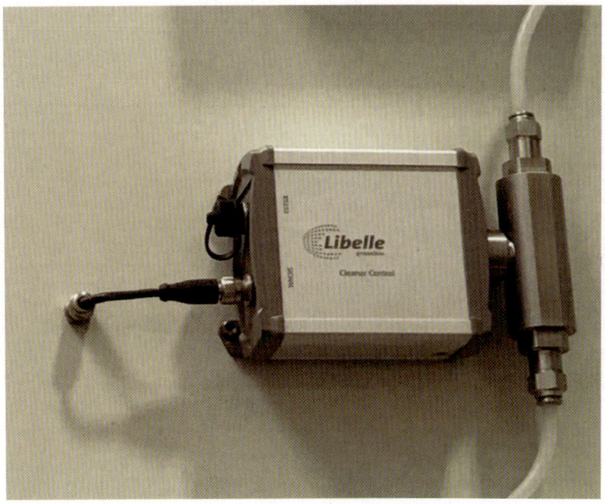

图 6-7-6　清洗液浓度监测装置

2．清洗液污染程度测量

每次清洗过程需要有足够的清洁清洗液才能保证清洗质量。当清洗液被污垢污染得很严重时，就不能达到充分的清洗效果。但是清洗设备的操作者必须知道清洗液的状态，只有这样才能保证恒定的清洗件清洁度。清洗液污染度的信息通过清洗系统液晶显示器输出。

测量原理：测量所述清洗液的吸收特性。如果其在可见光波长范围内增加，表明该清洗液内有过多的污垢。

产品优点：① 质量和成本优化；② 清洗液质量的精确和快速评估；③ 当清洗介质改变时（如过滤器故障），允许直接干预；④ 减少由于清洗不足造成的废品；⑤ 减少昂贵的残留污染分析；⑥ 优化清洗液寿命和清洗液更换；⑦ 加工可靠性。

清洗液的污染程度随时间的变化如图 6-7-7 所示。

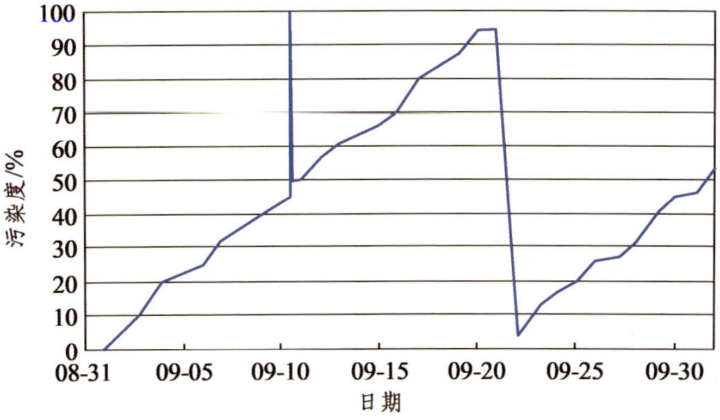

图 6-7-7　清洗液污染程度随时间变化图

监测装置清楚地显示了清洗液污染随着时间持续增加，污染程度越来越高。在 9 月 10

日，污染度出现了突变，这不符合清洗系统的日常运行规律。经过查找原因后，发现过滤器故障。这说明过滤器故障后导致污染度急剧增加，势必会导致清洗质量的下降，从另一方面也说明清洗过滤器的重要性。一个简单的过滤器更换就直接解决了问题。该图还清楚表明了更换后清洗液状态的显著改善。清洗液污染度检测装置如图 6-7-8 所示。

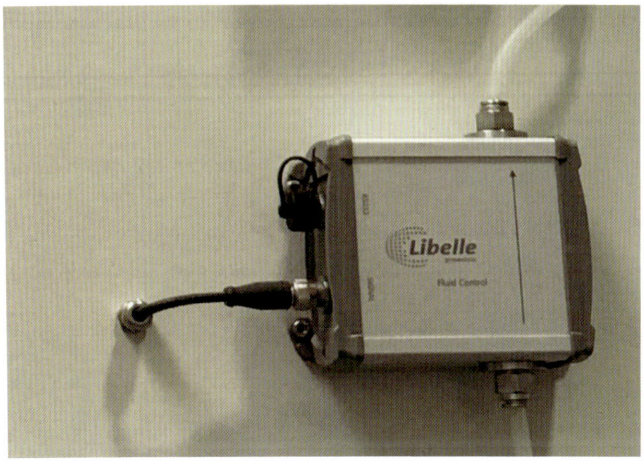

图 6-7-8　清洗液污染度检测装置

三、机车大部件清洗工艺与设备

通过对清洗需求分析后得出清洗机的设计要求，提出了机车大部件清洗的设计内容，对清洗流程、清洗工位、清洗方式进行了设计，并由此研制出了机车大部件清洗机。

（一）牵引电机（转子、定子）清洗机

1. 清洗要求

国内针对和谐型电力机车零部件清洗清洁要求沿用交直流电机的清洗要求，铁路机车零部件清洗清洁的要求说明如下：

清洁度等级说明：

一级清洁度：零件清洗后，用目检的方法直接观察各可见部位，应无明显的油污，但对于不易手工补洗的部位，允许有局部的污迹。

二级清洁度：零件经清洗后，用目检的方法直接观察零件表面基本上无污迹，但用不起毛的卫生纸或绸布擦拭时允许有轻微的油污和污迹。

三级清洁度：零件清洗后，用目检的方法直接观察，零件表面应无油迹，用不起毛的卫生纸或绸布擦拭后，卫生纸或绸布应无污迹。

2. 总体设计方案

考虑到清洗机的设计要求、工艺流程以及实际运行条件等，将牵引电机定子或者转子清洗机设计分为机械结构、辅助系统和控制系统三部分，其中每个部分又由不同的部分构成。清洗机总体设计方案如图 6-7-9 所示。

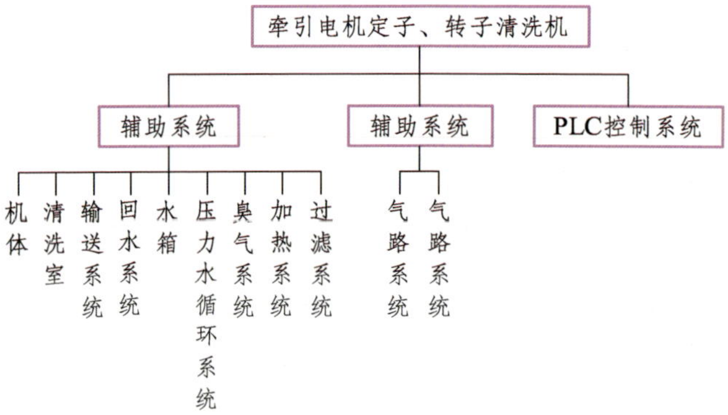

图 6-7-9　牵引电机（转子、定子）清洗机总体设计方案

3．清洗机工作过程

清洗机系统必须含有过滤系统，除油污，除粉尘颗粒和淤泥装置，才能保证清洗液的纯净，避免喷头不堵塞，才能保证清洗后零部件的清洁度。清洗液过滤装置是清洗机系统长期、可靠、稳定的清洗效果的保证。

清洗机工作过程：

将转子或定子吊装到清洗篮上→打开清洗室门→输送机构将清洗篮推入清洗室内→关闭清洗室门→清洗水泵开→清洗篮旋转，清洗喷淋系统开始清洗→清洗延时→水泵关→延时回水→清洗结束→漂洗水泵 I 开→漂洗篮旋转，漂洗喷淋系统开始清洗→漂洗延时→固定喷管完成清洗→水泵关→延时回水→漂洗结束→漂洗水泵 II 开→固定喷管进行漂洗→延时到喷管完成漂洗→水泵关→延时回水→工作结束→打开清洗室门→输送机构将清洗篮拉出清洗室→吊车将转子或定子吊下清洗篮。

牵引电机（转子、定子）清洗机如图 6-7-10 所示。

图 6-7-10　牵引电机（转子、定子）清洗机

（二）轴承清洗机

1. 轴承清洗要求

轴承清洗程序完成后，必须满足下列清洁标准要求：

（1）轴承外表面上的油脂及灰尘已有效清除，用白色棉织布擦摸，无明显污迹。

（2）外表面无水渍。

（3）清水刷洗、喷淋充分，没有污水积聚、洗涤剂残留现象。

（4）对环境不造成污染。

2. 轴承清洗机组成及清洗流程

轴承清洗机是一种快速高效的喷淋清洗油脂及其他污染物的设备。清洗以水为介质，加入各种化学清洗剂，清洗机通过链式传送带传送零件。在零件滚入上料区域后，被连续驱动进入清洗区域和漂洗区域。在漂洗区域将所有清洗剂及残留物漂洗干净。零件在不同区域间完全隔离以避免液体混流，带水零件在吹水区域通过空气将水吹走，零件吹干后接着进行热风吹干，最后下料。

清洗步骤分为三步：清洗、漂洗、吹干和烘干。

泵将加热的清洗液（浓度为 2% ~ 5%）从清洗水箱内抽出，并通过带有平式喷嘴的喷淋架喷射到零件的表面。喷嘴和流向的分布可以保证零件的各个面都能得到有效的清洗。漂洗是由独立的泵和清洁的热水在单独的漂洗区域完成，以防止液体混流。当液面过低时，从固定水源自动补水至漂洗水箱、清洗水箱。这就保证了加热装置和泵的安全工作，并保证了补充清洗液的配量准确。

轴承清洗机主要包括一个钢结构清洗室、一个钢结构漂洗室和一个钢结构吹水室，一个清洗水箱、一个漂洗水箱，一台清洗泵、一台漂洗泵、链式传动输送机构、加热系统、排风冷凝系统、固定式喷管、管路阀门系统、气动系统、控制系统等，如图 6-7-11 所示。

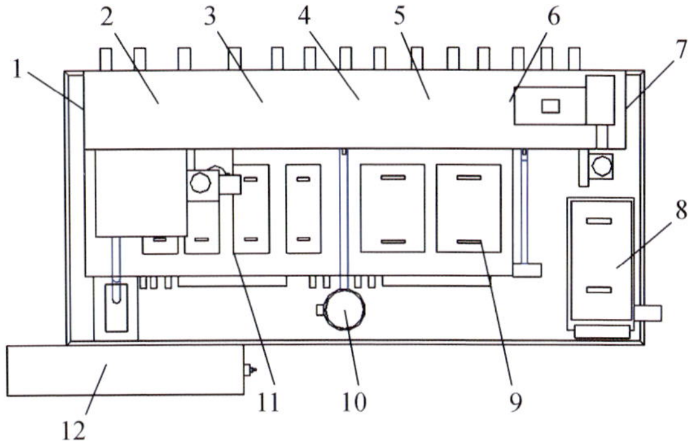

图 6-7-11　轴承清洗机结构简图

1—上料口；2—脱脂区；3—清洗区；4—漂洗区；5—切水区；6—干燥区；7—下料口；8—过滤装置；9—漂洗水箱；10—清洗泵；11—清洗水箱；12—电控柜

轴承清洗机清洗工艺流程如图 6-7-12 所示。

图 6-7-12　轴承清洗机清洗工艺流程

3．主要技术参数

电源：AC380 V（三相五线，500 A）/50 Hz，250 kW（电加热）；
压缩空气：1/2 英寸管，0.6 MPa；
水源条件：不小于 0.3 MPa，DN25；
长×宽×高（占地面积）：分两部分：
清洗机：5 900 mm×2 800 mm×3 000 mm；
电器控制柜：2 500 mm×1 100 mm×2 000 mm。

（三）构架清洗机

1．转向架清洗要求

转向架清洗程序完成后，必须满足下列清洁标准要求：
（1）车体外表面上的油脂及灰尘已有效清除，用白色棉织布擦摸，无明显污迹。
（2）车体外表面无水渍。
（3）清水刷洗、喷淋充分，没有污水积聚、洗涤剂残留现象。
（4）对车辆结构、表面油漆、密封橡胶、轨道等不造成（化学、机械）损伤或潜在损伤。
（5）对环境不造成污染。

2．转向架清洗机组成及工作过程

转向架清洗机主要包括一个钢结构清洗室、两个钢结构水箱（分别为清洗水箱和漂洗水箱）、一台清洗泵和一台漂洗泵、一套输送机构、回水气动阀、承载车体、排风系统、往复移动式喷管、管路阀门系统、气动系统、控制系统等，其结构简图如图 6-7-13 所示。

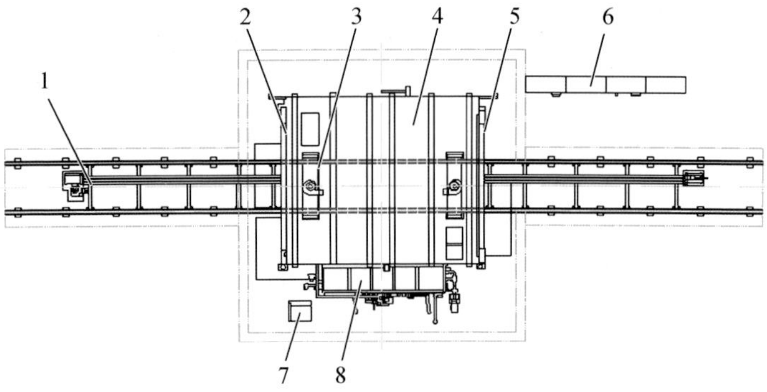

图 6-7-13　转向架（构架）清洗机结构简图

1—驱动系统；2—升降式门；3—冷却排风系统；4—清洗室（往复移动式喷管）；5—升降式门；6—电控柜；7—过滤器；8—清洗水箱、漂洗水箱

转向架清洗机工作过程：

将转向架构架吊装到承载车上→打开清洗室门→输送机构将承载车推入清洗室内→输送机构退出清洗室→关闭清洗室门→清洗水泵开→活动喷管往复移动进行清洗→清洗延时→活动喷管完成清洗→水泵关→延时回水→清洗结束→开始漂洗水泵开→活动喷管往复移动进行漂洗→延时到活动喷管完成漂洗→水泵关→延时回水→工作结束→打开清洗室门→输送机构将承载车拉出清洗室→吊车将转向架吊下承载车。

3. 主要技术参数

电源：	AC380 V（三相五线）650 kW
水源条件：（工业自来水）	≮0.1 MPa
气源条件：	≮0.6 MPa
排冷气管道：	ϕ250，通向室外
外形（长×宽×高）：	8 000 mm×5 500 mm×4 800 mm（地面以上），2 000 mm（地面以下）
转向架（长×宽×高）：	6 800 mm×3 000 mm×1 250 mm
排水管道：	DN100

（四）轮对清洗机

1. 清洗要求

轮对清洗程序完成后，必须满足下列清洁标准要求：

（1）轮对外表面上的油脂及灰尘已有效清除，用白色棉织布擦摸，无明显污迹。

（2）轮对外表面无水渍。

（3）清水刷洗、喷淋充分，没有污水积聚、洗涤剂残留现象。

（4）对轮对结构、表面油漆、密封橡胶、轨道等不造成（化学、机械）损伤或潜在损伤。

（5）对环境不造成污染。

2. 轮对清洗机组成及清洗流程

轮对清洗机主要包括一个钢结构清洗室、两个钢结构水箱（分别为清洗水箱和漂洗水箱）、一台清洗泵和一台漂洗泵、一套输送机构、回水气动阀、排风系统、固定式喷管、管路阀门系统、气动系统、控制系统等，如图6-7-14所示。

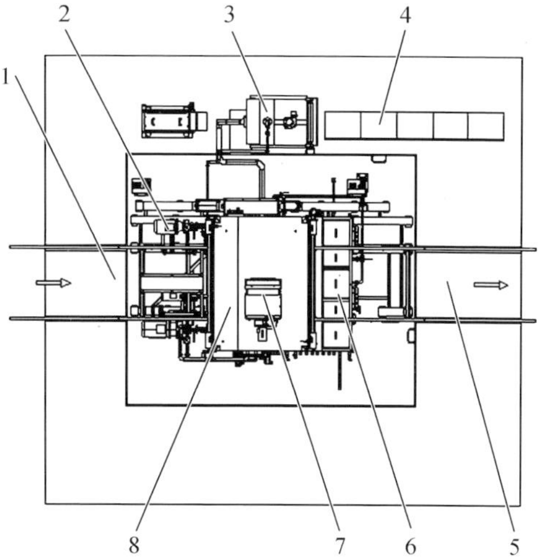

图 6-7-14　轮对清洗机方案简图

1—上料机构；2—清洗泵；3—过滤器；4—电控柜；5—下料机构；6—清洗水箱、漂洗水箱；7—冷却排风系统；8—清洗室（喷嘴和喷管）

清洗机工作过程：

将轮对输送到清洗室门前→打开清洗室门→输送机构将轮对推入清洗室内→关闭清洗室门→清洗水泵开→固定式喷管进行清洗→清洗延时→喷管完成清洗→水泵关→延时回水→清洗结束→开始漂洗水泵开→喷管进行漂洗→延时到活动喷管完成漂洗→水泵关→延时回水→工作结束→打开清洗室门→输送机构将轮对推出清洗室

3. 主要技术参数

电源：	AC380 V（三相五线）200 kW
水源条件：（工业自来水）	≮0.1 MPa
气源条件：	≮0.6 MPa

排冷气管道：	ϕ250，通向室外
外形（长×宽×高）：	3 500 mm×3 200 mm×4 300 mm
排水管道：	DN100

（五）轴箱、转向架附件（制动件、拉杆）等清洗机

1. 清洗要求

轴箱、转向架附件清洗程序完成后，必须满足下列清洁标准要求：

（1）外表面上的油脂及灰尘已有效清除，用白色棉织布擦摸，无明显污迹。

（2）外表面无水渍。

（3）清水刷洗、喷淋充分，没有污水积聚、洗涤剂残留现象。

（4）对零件结构、表面油漆、密封橡胶、轨道等不造成（化学、机械）损伤或潜在损伤。

（5）对环境不造成污染。

2. 清洗机组成及工作流程

轴箱、转向架附件清洗机是一种喷淋清洗设备，带自动升降门。所有的工艺步骤都在一个腔室内完成。通过工件夹具绕U型的特殊喷嘴系统旋转，确保全方位的彻底清洗，喷嘴布置和牵引电机清洗机一致。

轴箱、转向架附件清洗机主要包括一个钢结构清洗室、一个清洗水箱、一个漂洗水箱、一台清洗泵、一台漂洗泵、旋转清洗篮、排风冷凝系统、固定式喷管、管路阀门系统、气动系统、控制系统等，其方案结构如图 6-7-15 所示。

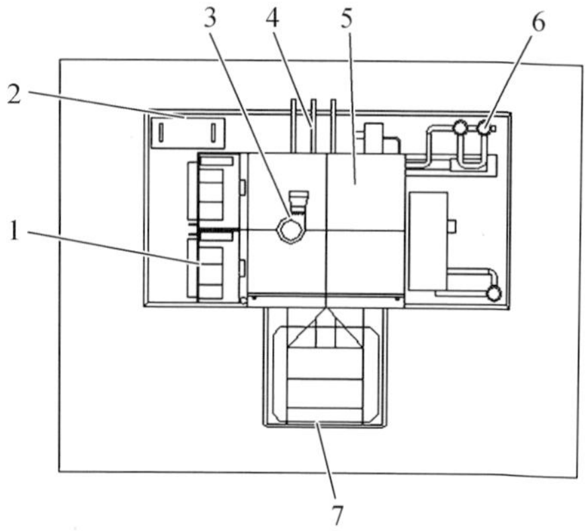

图 6-7-15　零部件清洗方案结构

1—清洗水箱、漂洗水箱；2—过滤器；3—冷却排风系统；4—加热系统；5—清洗室（喷嘴和喷管）；6—清洗泵；7—上、下料机构

清洗机工作过程：

将配件吊装到清洗篮上→打开清洗室门→输送机构将清洗篮推入清洗室内→关闭清洗室门→清洗水泵开→清洗篮旋转，清洗喷淋系统开始清洗→清洗延时→水泵关→延时回水→清洗结束→漂洗水泵 I 开→漂洗篮旋转，漂洗喷淋系统开始清洗→漂洗延时→固定喷管完成清洗→水泵关→延时回水→漂洗结束→漂洗水泵II井→固定喷管进行漂洗→延时到喷管完成漂洗→水泵关→延时回水→工作结束→打开清洗室门→输送机构将清洗篮拉出清洗室→吊车将配件吊下清洗篮。

3. 主要技术参数

电源：	AC380 V（三相五线）60 kW
水源条件：（工业自来水）	≮0.1 MPa，DN25
气源条件：	≮0.6 MPa
排冷气管道：	ϕ250，通向室外
外形（长×宽×高）：	4 500 mm×4 500 mm×4 000 mm
排水管道：	DN100

第七章　总结与展望

为适应我国铁路货物运输“快速、重载”的发展需要，从 2007 年开始，我国逐渐采用速度快（120 km/h）、牵引质量大（20 000 t）、牵引功率世界最大（9 600 kW）的交流传动电力机车，取代速度慢（60 km/h）、承载轻（4 000 t）、牵引功率小（4 800 kW）的传统直流传动机车。随着我国铁路建设的快速发展，大功率机车数量将达到 10 000 台，会覆盖全国，为我国经济社会发展提供重要支撑。

针对我国大功率机车多车型、数量庞大、成网运行的特点，为保障列车运行安全、提高机车运用检修效率，分别研发了轮对检测、安全监控、作业评价、脉冲式气力输送固定上砂、洗车、临修、镟轮、悬挂式综合管廊等能够提高机车运用整备效率和自动化程度的设备以及固定式架车机、转向架检修流水线、走行部定期落轮检修、牵引电机检修系统、9 600 kW 机车整车动态试验台、浅坑式移车台、大部件清洗等机车检修关键工艺装备。

铁路运输的关键是安全和高效。为了保障在我国各种复杂气候条件下运营的上万台大功率机车，机车的运用整备和检修工作不容失误。因此，需要我们不断探索更加节约、更为先进的技术手段，以适应我国自然资源日益紧缺、环保要求越发苛刻、人文关怀思想越来越重要的社会发展趋势。

同时，随着社会的发展和进步，精细化和智能化的铁路运输已经提上日程，如何让我国铁路更加精细化和智能化是今后需要进一步研究的方向。因此，我们需要用长远发展的眼光，不断突破技术瓶颈，研发与社会发展相适应的运用整备及检修系列装备，建设人性化、现代化的检修基地工程。

参考文献

[1] 中国铁路总公司. 和谐型大功率机车标准化整备建设调研报告[R]. 北京：中国铁路总公司，2013.

[2] 中国铁路总公司. 中国铁路总公司关于公布和谐型交流传动机车修程修制改革方案的通知[R]. 铁总运〔2015〕30 号，北京：中国铁路总公司，2015.

[3] 中国铁路总公司. 中国铁路总公司关于印发加强机车整备能力建设的指导意见的通知[R]. 铁总运〔2013〕90 号，北京：中国铁路总公司，2013.

[4] 中国铁路总公司. 加强机务段机车整备能力建设的指导意见（讨论稿）[R]. 北京：中国铁路总公司，2013.

[5] 中国铁路总公司. TG/JW 149—2014 机车段修管理规则[S]. 北京：中国铁道出版社，2014.

[6] 中铁第四勘察设计院集团有限公司. 和谐型机车整备作业标准化技术研究[R]. 武汉：中铁第四勘察设计院集团有限公司，2015.

[7] 中铁第四勘察设计院集团有限公司. 和谐型大功率电力机车检修基地关键技术研究[R]. 武汉：中铁第四勘察设计院集团有限公司，2012.

[8] 中铁第四勘察设计院集团有限公司. 和谐型电力机车 C4 修工艺技术研究[R]. 武汉：中铁第四勘察设计院集团有限公司，2017.

[9] 交通大辞典编委会. 交通大辞典[M]. 上海：上海科学技术文献出版社，2008.

[10] 中华人民共和国铁道部. TB 10004—2008/J833—2009 铁路机务设备设计规范[S]. 北京：中国铁道出版社，2008.

[11] 邱绍峰. 广州大功率机车检修基地系统优化的总体工艺方案[J]. 国外铁道车辆，2014，51（5）：42-46.

[12] 艾刚. 广州大功率机车检修基地总体工艺方案优化[J]. 铁道标准设计，2013（7）：123-126.

[13] 邱建平. 和谐型电力机车检修基地检修工艺布局的研究[J]. 铁道机车车辆，2008，28（6）：27-31.

[14] 周海凤. 武汉和谐型大功率机车检修基地方案研究[J]. 铁道标准设计，2009（4）：114-116.

[15] 邱建平. 和谐型大功率机车检修基地车体直线与 U 型流水修的工艺比较[J]. 铁道机车车辆，2011，31（4）：95-98.

[16] 邱建平，黎莎，张伟. 和谐型大功率电力机车整车动态试验库[J]. 中国水运（下半月），2014，14（11）：365-367.

[17] 李虎. 信息技术在机务整备作业中的应用及发展趋势[J]. 铁路计算机应用，2016，25（12）：40-44.

[18] 郑青松. 机车脉冲式气力输送固定上砂设施探讨[J]. 铁道标准设计，2016，60（4）：130-133.

[19] 郭金龙. 机车车辆轮对踏面故障检测系统研究[D]. 石家庄：石家庄铁道大学，2016.

[20] 黄小霞. 列车轮对轴承故障实时检测系统研究[D]. 成都：西南交通大学，2017.

[21] 孙凯峰，姜琳，农时猛，等. 止压密相气力输送在机车上砂中的应用[J]. 起重运输机械，2015（2）：116-118.

[22] 刘华，高殿柱，王磊. 重载机车安全监控系统的应用[J]. 电力机车与城轨车辆，2014（5）：62-66.

[23] 郭施霖. 高速机车车轴的数字化超声波探伤技术研究[D]. 沈阳：沈阳理工大学，2014.

[24] 艾刚. 和谐型机车车轮车轴综合探伤技术体系的研究[J]. 铁道经济研究，2013（2）：54-57.

[25] 王玉国，李雄兵，宋永锋，张书增. 机车车轴超声自动检测系统设计[J]. 铁道科学与工程学报，2012，9（03）：27-31.

[26] 张甬成. 车辆轮对动态检测装置[D]. 成都：西南交通大学，2011.

[27] 吴庆立. 电力机车整备作业安全监控控制系统的设计与开发[D]. 兰州：兰州交通大学，2008.

[28] 郑青松. 和谐型机车走行部动态检测方案探讨[J]. 中国铁路，2015（11）：37-42.

[29] 韩永军，严翰新，冯帅，等. 铁路机车、动车大部件清洗现状及解决措施[J]. 铁道标准设计，2017，61（7）：181-186.

[30] 田军，孙小美，高晓蓉，等. 在役机车实心轴超声探伤方法[J]. 铁道技术监督，2010，38（9）：17-20.

[31] 张伟. 和谐型大功率机车牵引电机检修流水线工艺设计研究[J]. 铁道机车车辆，2012，32（3）：114-117.

[32] 宋云超. 基于 QC 方法的缩短机车整车试验台检修时间技术研究[J]. 铁道建筑技术，2016（2）：114-117.